대통령 노무현,
한국 정치에 무엇을 남겼나?

대통령 노무현,
한국 정치에 무엇을 남겼나?

초판인쇄 2022년 1월 21일
초판발행 2022년 1월 21일

지은이 박용수 외
펴낸이 채종준
기획 · 편집 양동훈
디자인 김연자
마케딩 문선영

펴낸곳 한국학술정보(주)
주 소 경기도 파주시 회동길 230(문발동)
전 화 031-908-3181(대표)
팩 스 031-908-3189
홈페이지 http://ebook.kstudy.com
E-mail 출판사업부 publish@kstudy.com
등 록 제일산-115호(2000. 6. 19)

ISBN 979-11-6801-279-0 03340

대통령
노무현,

박용수 · 채진원
이송평 · 조기숙
이소영 · 김종철
정태호 지음

한국 정치에
무엇을 남겼나?

우리가 외면한 노무현의 유산들

권력 카르텔에 격렬하게 맞선 타협을 모르는 진보주의자.

행정수도 이전, 대통령 선거 중립 논쟁 등, 헌법에 도전한 대통령.

과도하고 무모하다기까지 할, 적어도 의욕만 앞섰던 무리한 언론 개혁.

그리고 결과적으로 실패한 대통령.

지지 여부를 떠나 적지 않은 사람들이 가진 대통령 노무현에 대한 인상이고 평가다. 그러나 이것은 노무현의 일면에 불과하거나 왜곡이라는 생각이다.

적대적 세력과도 토론하고 설득하려 했던 공화주의자.

진보와 보수의 공존을 위해 대화와 타협의 시대를 열려 했던 민주주의자.

지역 구도를 뒤흔들고 이익 중심의 정당 체계로 판을 바꾼 정치 개혁가.

끊임없는 설득과 합리적 제도화를 바탕으로 추진했던 언론 개혁.

헌법을 정치 현실에 호출하고 그 원리에 충실했던 헌정주의자, 법치주의자.

국가 재정 시스템을 개혁해 냈고, 공무원의 일하는 방식을 바꾸려 했던 혁신가.

스스로는 실패했다고 했지만 크고 오래 갈 많은 자산을 남긴 대통령.

적어도 이것이 노무현의 다른 면, 어쩌면 그 본모습이지 않을까?

책의 저자들은 이 주제를 정면으로 다루고 있다. 모두가 내 생각과 같다고 한다면 스스로의 안목을 주제넘게 과장하는 것이 될 것이지만, 몇 가지는 노 대통령을 옆에서 지켜보며 가졌던 생각이기도 하고, 또 다른 몇 가지는 노무현시민학교장을 맡고 참여정부 5년을 되짚어 보면서 '다시 발견한 노무현'이기도 하다. 뒤늦은 깨달음에 부끄러움을 느끼기도 하면서….

감사하게도 이 책이 토론을 통해 만들어지는 과정을 한두 번 들여다볼 기회가 있었고 그 출간을 기다려 왔다. 함부로 평가할 능력은 없지만, 노무현에 대한 편견과 왜곡을 학술로서 바로 세우고 그것을 공적인 자산으로 만들어 낸 치열한 학문적 성과라고 감히 말씀드리고 싶다.

나아가 이 책이 그저 학술서에 머물지 않고 당면의 실천적 성찰의 준거가 되기를 기대한다.

　일견 중립적인 듯한 잘못된 평가에 무의식적으로 동조해 온 것은 아닌가?

　노무현의 한계와 성과마저 오류라고 덩달아 치부해 버린 것은 아닌가?

　노무현의 분명한 성과도 최선의 방법도 폐기해 버린 건 아닌가?

　노무현이 남긴 소중한 자산을 너무 많이 잊어버리거나 잃어버린 것은 아닌가?

　지금의 정치를 보면서 이런 뼈아픈 자책성 질문들이 머릿속을 떠나지 않기 때문이다.

　《대통령 노무현, 한국 정치에 무엇을 남겼나》를 펼쳐 놓고 다시 토론이 시작되었으면 한다. 노무현이 혼신을 다해 이루었던 성과, 이루려고 했던 과정과 방법, 제대로 진단된 한계와 오류. 이 모두를 보수 진보를 뛰어넘는 한국 정치의 자산으로 만들어야 한다. 스스로 노무현을 이어간다고 자임하는 정치 세력에게는 더더욱 미루어서는 안 될 무거운 의무일 것이다.

노무현재단 이사, 노무현시민학교장

천호선

대통령 노무현의 성과에 대한 체계적 평가와
심화된 논쟁을 기대하며

《대통령 노무현, 한국 정치에 무엇을 남겼나》는 노무현 대통령에
대한 '민주주의 리더십 연구회'의 기획 단행본이다. 민주주의 리더
십 연구회는 2008년 구성 이래 현재까지 노무현재단에서 노무현 대
통령의 정책과 정치 그리고 대통령 리더십을 주제로 월례 토론회를
지속해 왔다. 연구회는 그 결과물로서 《한국 민주주의 어디까지 왔
나》(2012), 《노무현의 민주주의》(2016)라는 두 권의 단행본을 출간
한 바 있으며, 이번 책은 그 뒤를 잇는 세 번째 책이다. 다음 기획으
로 노무현 대통령이 주도한 참여정부의 '시스템 정치(국정 운영)'에
관한 연구가 진행되고 있다.

이 책의 취지는 노무현 대통령 집권 5년의 주요 성과를 정치적,
정책적 측면에서 정리하는 것이다. 연구회의 첫 번째 기획 단행본
《한국 민주주의 어디까지 왔나》는 민주화 이후 이명박 정부 시기까
지 한국 민주주의의 공고화 과정에서 차지하는 노무현 정부의 의미
를 검토했고, 《노무현의 민주주의》는 집권 기간 왜곡되거나 무시되
었던 노무현 대통령의 민주주의 인식과 민주주의 진전을 위한 조치

에 초점을 맞추었다. 이번 책은 좀 더 넓은 시야에서, 집권 기간 또는 그 이후에도 충분히 주목받거나 평가받지 못했던 노무현 대통령의 리더십과 참여정부의 정치적, 정책적 성과에 좀 더 비중을 두고자 했다.

최근 역대 대통령에 대한 여론 조사에서 노무현 대통령은 가장 높은 점수를 받곤 한다. 과거 박정희 대통령이 압도적으로 1위를 차지하는 경우가 많았지만, 이명박, 박근혜 대통령을 경험한 후로는 많은 여론 조사에서 노무현 대통령이 가장 높은 평가를 받는다. 예를 들어 2017년 3월 입법 국정 전문지《더 리더》에 따르면, 노무현 대통령은 호감도, 비전과 의제 설정, 행정 능력, 경제 관리, 위기 대응, 외교 안보 역량, 국회와 민주주의, 법치 준수, 청렴 도덕성 등 7개 항목에서 1위를 차지했고, 단지 업적 항목에서 박정희 대통령에 이어 2위를 차지했다.[1]

노무현 대통령에 대한 주요 정당의 평가도 크게 달라졌다. 민주당은 2002년 대선 과정에서 노무현 후보를 제대로 지원하지 않았고, 대통령 당선 이후 국회의 탄핵 소추에 참여했다. 임기 말 노무현 대통령은 집권당(열린우리당)을 탈당해야 했고, 그 이후에도 열린우리당 의원들은 당을 해체하면서 노무현 대통령과 거리를 두고자 했다. 그렇지만 2012년과 2017년 민주당 대선 후보로 노무현 대통령의 최측근이었던 문재인이 출마했으며, 제20대 대선을 앞둔 2021년 현재 민주당 대선 후보들의 노무현 대통령 계승 경쟁도 치열했다. 최근에는 보수 야당조차 노무현 대통령을 긍정적으로 인식하는 경향이 강해지고 있다. 예컨대 보수 정당이 위기에 처했을 때 노무현 대통령의 측근 자문 인사를 비상대책위원장으로 영입하거나, 민주당을 비판할 때 노무현 정신을 앞세우는 경우가 늘어나고 있다.

그러나 여론 조사나 정당과 달리, 학술 영역에서 노무현 대통령과 참여정부에 대한 평가는 아직 낮은 수준에 머물러 있는 것으로 보인다. 학술 평가가 여론이나 정당의 반응과 같을 필요는 없으며, 필자들도 노무현 대통령에 대한 긍정적 평가를 추구하는 것은 아니다. 다만 노무현 대통령이나 정부 성과에 대한 학술 평가가 좀 더 체계적이고 객관적이며, 미래 지향적이길 바란다.

대통령직의 수행 평가는 그 정부의 성과 평가와 구분할 필요가 있다. 대통령은 국정의 최종적이고 포괄적인 책임을 지지만, 정부성과는 당시 대외 환경이나 국내 상황에 따라 대통령 리더십의 한계에도 불구하고 나쁘지 않은 정부성과가 가능하고, 대통령 리더십 효과에도 불구하고 임기중 정부성과를 확인하기 힘든 경우도 있기 때문이다. 그리고 대통령 권한이 강하고 견제받지 않는다는 의미에서 제왕적 대통령제로 규정하기도 하지만, 한국 대통령직의 제약이나 딜레마도 분명하다. 견제받지 않는 제왕적 권력을 위해선 집권당에 대한 통제, 권력 기관의 선별적 동원, 집권 세력과 언론의 유착 등이 필요하지만, 한국 대통령이 제도적으로 이를 충족하기란 어렵다. 물론 이를 편법으로 확보하려는 대통령도 있었지만, 어느 측면에서도 노무현 대통령은 이에 해당되지 않는다. 한편, 대통령 리더십은 유형이 다양하며 각자의 장단점이 있을 뿐, 특정 유형이 다른 것에 비해 부적절한 것은 아니다.

　노무현 대통령에 대한 현재까지의 평가가 이러한 측면을 충분히 고려한 종합적인 것이라고 할 수 있을까. 대통령 리더십은 언론을 통해 드러난 가시적 측면만으로는 충분히 이해할 수 없지만, 언론을 통해 형성된 대통령의 이미지는 쉽게 변하지 않는다. 임기 중 노무현 대통령에 대한 언론의 외면과 침소봉대, 왜곡 경향이 큰 편이었고, 이러한 요소는 노무현 대통령에 관한 연구에서 계속 참조 자료가 되며 학술 평가에 편향적 영향을 미치고 있다. 또한 대통령 선거는 회고 투표보다 후보 중심의 전망 투표가 강한 편임에도, 제17대 대선 결과에 대한 책임을 노무현 대통령에게 부과하는 경향도 강한 편이다. 필자들의 민주주의 리더십 연구회의 연구도 부족한 면이 많지만, 기존 연구의 이 같은 한계를 넘어서려는 노력을 지속해 왔다.

이 책에서 필자들은 한국 민주주의의 공고화를 위한 조건으로 정치제도뿐 아니라 특히 정치문화 측면에서 노무현 대통령의 리더십과 참여정부의 성과를 바라보고자 했다. 이러한 관점에서 정리된 일곱 개 글의 주제는 공화주의, 민주주의 전략, 지역구도 극복, 소통혁신, 입헌주의, 법치주의, 재정혁신 등이다.

첫 번째 글 〈노무현 대통령의 공화주의 정신: 분권과 자율, 대화와 타협, 시민 참여〉는 노무현 대통령의 공화주의 정신을 특히 숙의와 공론의 측면에서 대화와 타협을 중심으로 설명한다. 숙의와 공론은 특히 정쟁이 심한 한국 정치의 고질적 한계를 넘기 위한 핵심 절차다. 노무현 대통령은 정치와 국정 운영에서 원칙을 중시했고, 특히 개혁과 민주주의에 대한 신념이 강했던 만큼 비타협적인 이미지가 강한 편이다. 그렇지만 토론 공화국이라는 표현이 그의 국정 운영 방식을 대표할 만큼 노무현 대통령은 국정 운영에서 회의를 중시했고, 야당에 지속적인 협상과 과감한 타협안을 제시하기도 했다. 필자(채진원)는 이러한 국정 운영 방식을 숙의와 공론을 통한 비지배적 자유의 관점의 공화주의로 규정한다. 공공성에 기반하는 공화주의는, 시민 주권과 다수 지배의 민주주의와 함께 현대 정치 체제의 기본 원리다. 이 글은 숙의와 공론을 통해 공공성을 추구하는 공화주의를 민주주의와 구별하고, 이를 민주화 이후 한국 정치의 발전 방향이자 노무현이 추구했던 정치적 가치로 규정한다는 특징과 의미가 있다.

두 번째 글 〈한국 민주주의를 위한 노무현 대통령의 전략〉은 노무현 대통령의 민주주의에 대한 전략적 인식이 한국 민주주의의 진전과 한계에 밀접히 연결되어 있음을 보여준다. 민주주의는 권위주의로부터의 이행뿐 아니라 지속과 심화를 위해서도 다수의 의식적 노력이 필요하다. 그것은 다수의 결정에 따라 제도적 절차를 거쳐 언제든지 퇴행하거나 폐지될 수 있기 때문이다. 필자(이송평)는 노무현 대통령의 1980년대 인권 변호사로서 권위주의 체제에 대한 저항, 1990년대 정치인으로서 지역 구도에 대한 저항과 풀뿌리 지방자치의 추구, 이후 2000년대 대통령으로서 사회, 문화의 민주적 변화의 방법인 '혁신'에 주목했다. 또한 필자는 노무현 대통령이 민주주의 전략의 세 가지 목표로 '민주주의 실현', '민주주의 권력의 성공', '진보와 보수의 세력 균형'을 설정했으며, 그에게 혁신은 민주주의 권력의 성공뿐 아니라 진보와 보수의 세력 균형을 통해 원칙과 신뢰의 정치적, 문화적 기반을 마련하기 위한 것이었다고 진단한다.

세 번째 글 〈노무현 대통령의 도전과 한국 정당 체계의 재편성〉은 노무현 대통령을 통해 '지역에서 이익으로'의 정당 체계 재편성이 전개되었음을 설명한다. 이 글에 따르면 노무현 대통령은 대통령 당선과 대통령직 수행 그리고 사후 영향력을 통해 지역 구도 해체라는 필생의 과제를 달성한 셈이다. 정당 체제는 사회의 기본 균열 구도에 따라 편성되고, 전쟁이나 혁명을 겪지 않는 한 급격히 바뀌지 않는다. 다만 필자(조기숙)가 제시한 이론에 따르면, 정당 체제의 재편은 거시적 정치 조건, 다수 유권자의 요구, 이를 결합하는 정치 엘리트라는 세 조건이 충족될 때 점진적으로 일어날 수 있다. 즉 지역 구도는 민주화 직후 라이벌 정치 지도자 김영삼, 김대중으로 대표되는 한국 정당 체제를 규정하는 균열 구조였고, 그 극복은 1987년 정당 체계의 재편을 의미했으며, 노무현 대통령은 지역주의에서 복지 쟁점 구도로 점진적 정당 체계 재편성을 가능하게 만든 정치 엘리트에 해당한다. 이 글을 통해 독자들은 정당, 선거 이론에 기초하여, 민주화 이후 제2당이었던 민주당이 점차 다수당으로 재편되는 양상과 그 바탕에 있는 노무현 대통령의 영향을 이해할 수 있을 것이다.

네 번째 글에서 필자(이소영)는 변혁적 리더십의 관점에서 〈노무현 대통령의 소통 혁신과 언론 개혁〉을 설명한다. 대통령의 대국민 소통은 대통령직의 딜레마에 가깝다. 대통령의 대국민 소통은 국회 설득을 우회하는 포퓰리즘이라는 비판을 받기 쉬우며, 효과 측면에서 지지뿐 아니라 반대도 동원하기 때문이다. 다른 한편 전국 단위의 유권자에 의해 선출된 대표인 대통령에게 대국민 소통은 의무 성격도 있다. 만약 언론이 대통령 및 정부와 국민 간의 소통을 제약하거나 왜곡한다면, 그 대안으로서 소통 혁신과 언론 개혁은 대통령 의무의 연장으로 해석될 수 있다. 한국 언론은 민주화 이후 자율성이 높아졌지만, 기존 취재 시스템은 바뀌지 않은 부분이 많았다. 소통 혁신과 언론 개혁은 거의 적대적이었던 당시 상황에서 노무현 대통령의 변혁적 리더십을 제외한다면 이해하기 힘들다. 이 글을 통해 필자는 한국 정치에서 변혁적 리더십에 충만한 대통령이 직면하는 어려움 그리고 현재도 여전한 언론 개혁의 필요성을 생생하게 보여준다.

다섯 번째 글에서 필자(김종철)는 〈노무현 대통령의 입헌주의 정치 담론〉을 설명한다. 법치주의는 공화주의, 민주주의와 함께 한국 정치 체제의 기본 원리이며, 특히 헌법과 관련한 헌정주의의 이해는 민주주의의 안정과 심화에 기본 조건이다. 한국은 1980~1990년대 민주화를 경험한 국가 중에서 민주주의를 진전시킨 대표적 성공 사례이다. 그렇지만 한국 민주주의는 내용상 아직 불안정성을 갖고 있으며, 담론 정치에서 법치주의와 헌정주의에 대한 인식의 한계도 드러난다. 한국에서 정치 담론은 정치인의 사적 도덕성, 좌파나 종북 등 반공주의 이념 낙인 등이 지배적이다. 교육 현장이나 공공 영역에서의 정치 담론은 금기시되며, 법원이나 검찰의 독립성과 중립성을 절대시한다. 지배적 정치 담론은 민주적 정당성이나 책임성에 소홀하며, 헌법 해석 역시 정치적 이해관계나 이념 대립 구도에서 편향적으로 활용되기도 한다. 이러한 인식에 기초하여 필자는 당시 비판과 제재를 받았던 노무현 대통령의 정치 담론이 오히려 헌정주의 원리에 충실했음을 보여 준다.

여섯 번째 글 〈노무현 대통령의 헌정 질서 수호〉에서 필자(정태호)는 노무현 대통령의 선거 중립 의무 논란 사례를 법치주의와 헌정주의에 대한 대통령직의 특성 측면에서 다룬다. 대통령직의 딜레마 가운데 하나는 헌정 질서를 수호하는 동시에 부적절한 부분을 개혁해야 한다는 점이다. 한 사회는 수많은 법령으로 제도화되어 있으나, 이들이 모두 조화롭게 구성되거나 운영되는 것은 아니다. 예를 들어 대통령제에서 대통령의 선거 중립 의무는 정당 소속 선출직 대통령의 성격을 무시하는 제도이자 해석 관행에 해당한다. 국회의 탄핵 소추나 선관위의 규제를 감수하면서도 노무현 대통령은 정당 소속 선출직 대통령으로서의 소신을 굽히지 않았다. 이 글에 따르면, 노무현 대통령의 소신 있는 태도는 그의 리더십 특성에 기인한다기보다는 법치주의와 헌정주의에 충실한 것이었다. 노무현 대통령에게 강요되었던 정치적 중립 의무는 대통령제의 기본 성격을 무시하는 것이고, 야당의 정책적 혹은 정치적 정부 비판에 대한 방어는 대통령의 역할이자 의무이며, 표현의 자유는 대통령에게도 예외가 아니기 때문이다.

마지막 일곱 번째 글 〈노무현 대통령의 재정 혁신〉에서 필자(박용수)는 노무현 정부의 재정 혁신을 예산 편성 방식의 변화를 중심으로 정리했다. 한국 정부의 예산 편성은 기본적으로 경제 관료가 통제하고, 부서 간 내립하는 관료 정치를 통해 기본 틀이 결정되었다. 이렇게 관료가 통제해 온 경직된 예산 편성 관행은 대통령의 개혁 추진에 대한 행정부 내부의 제약 요인이었다. 노무현 정부는 민주화 이후 지속된 재정 혁신을 종합하여 매듭지었고, 재정을 관료 통제의 기존 관행에서 벗어나게 했다. 그 제도적 방식이 정부 예산의 총액 배분 자율 편성 방식, 국가재정 전략회의, 중기 재정계획, 성과 중심 재정 운용, 통합재정 시스템 등이었다. 2006년 국가재정법으로 제도화된 노무현 정부의 재정 혁신은 1961년 예산회계법 이래 가장 근본적인 변화였고, 이후 세 차례의 정권 교체에도 불구하고 현재까지 이어지고 있다. 이 글은 국회의원 시기부터 대선 과정 그리고 대통령 집무 기간 노무현 대통령의 재정 혁신에 관한 인식과 그 추진 과정을 보여 준다.

이 책의 기획 단계에서는 미처 인식하지 못했지만, 원고를 취합하고 마무리하는 과정에서 노무현 대통령이 한국 정치와 정책에 미친 영향이 근본적이며 광범위하다는 것을 알 수 있었다. 물론 이 책의 내용 역시 하나의 해석이자 관점이며, 필자들 간에도 충분히 해소되지 않은 쟁점들이 남아있다. 이 책을 통해 관련 주제에 관한 풍부한 연구와 논쟁이 이어지고, 나아가 한국 대통령과 대통령제에 대한 보다 깊이 있는 이해가 가능해지길 바란다.

끝으로 이러한 논의와 기획을 진행하고, 이를 출간할 수 있도록 지원해 준 노무현재단에 감사드린다.

2021.11.

편집자 박용수

목차

- 이 책의 다음 두 개 글은 저자가 발표한 논문 등의 일부를 보완, 수정한 것임을 밝힙니다.

• 노무현 대통령의 공화주의적 정신: 분권과 자율, 대화와 타협, 시민 참여

  채진원. 2020. 〈노무현 대통령의 공화주의적 정신: 분권과 자율, 대화와 타협, 시민참여〉. 《인문사회21》, 제11권
  제2호.

• 노무현 대통령의 도전과 한국 정당 체계의 재편성: 지역에서 이익으로

  조기숙. 2011. 〈정당재편성 이론으로 분석한 2007 대선〉. 《한국과 국제정치》, 제27권 제4호. 경남대학교 극
  동문제연구소; 조기숙. 2020. 〈한국 정당재편성의 역사와 기제: 세대교체, 전환, 혹은 동원?〉. 《한국정당학회
  보》, 제19권 제2호. 한국정당학회.

- 이 책에 있는 노무현 대통령의 각 사진은 모두 노무현재단에서 제공받았습니다.

01

노무현 대통령의 공화주의적 정신:

분권과 자율, 대화와 타협, 시민 참여

채진원

1

정쟁 극복에 대한 노무현의 화두는
여전히 유효한가?

노무현은 민주당 후보로서 2002년 12월 19일 대통령 선거에서 한나라당 이회창 후보를 57만 표 차로 이기고 대통령에 당선됐다. 그는 대선 과정에서 인터넷의 젊은 지지층 결집을 이끌었다. 그는 참여정부를 표방하며 이듬해인 2003년 2월 25일 대한민국 제16대 대통령으로 취임하였다.

대통령 취임 전인 2003년 1월 14일, 대통령 당선인인 노무현은 "토론을 국정 운영 방법으로 정했으면 한다"라며, "토론 공화국이라 말할 정도로 토론이 일상화되면 좋겠다"라고 언급하였다. 이런 노무현의 언급은 그가 누구보다도 자유 토론과 숙의 및 공론의 중요성을 강조했음을 보여 준다.

2008년 2월 25일 대통령 퇴임 후 시민으로 돌아간 노무현은 2009년 5월 23일 서거했다. 2021년 노무현 전 대통령 서거 12주년을 맞이하여, 노무현 정신을 계승하겠다는 정치인과 지지가 주변에 많다. 하지만 노무현 정신이 시간에 따라 어떻게 전개되었는지를 제대로 알고 실천하거나 계승하자는 사람은 드물다.

노무현 정신의 핵심을 정리하고 공유하는 일은 시간이 흐를수록 중요한 일이 되었다.《운명이다: 노무현 자서전》을 참조할 때, 노무현의 정신은 크게 세 시기로 그 특성을 분류할 수 있다.

첫 번째 시기는 대통령 직무 이전 시기다. 이 시기 노무현은 공정한 민의의 대표자 정신을 강조한다. 자기에게 유리하면 부정의로 반칙하고 특권과 기득권 세력과 야합하는 등, 지역 분열과 3당 합당에 따른 계파 분열로 국민을 분열시킨 기회주의 세력과 타협하지 않으면서 투쟁하고, 저항하고자 했다. 즉 이는 민주 투사로서의 전기前期 노무현 정신이라 할 수 있다. 이 시기 노무현은 민주 투사로서 민권과 민의를 대변하는 변호사와 국회의원으로서 활약하였다.

두 번째 시기는 대통령 직무 시기다. 노무현은 분권과 자율, 대화와 타협 등을 언급하고 '성숙한 민주주의 담론'과 함께 '깨어있는 시민들의 조직된 힘' 등을 강조하며, 덕성 있는 시민들이 국정 운영과 정치 과정에 참여하는 것을 중요시했다. 이는 공화주의자로서의 중기中期 노무현 정신이다. 국민 통합을 위한 정치 행위로서, '대연정'과 '개헌 제안' 등이 돋보였다.

세 번째 시기는 대통령 직무 이후 시기이다. 노무현은 경남 봉하마을로 낙향한 후 생태 농업, 생태 하천 복원, 자율적 마을 만들기 등 탈물질주의적 가치를 표현했다. 즉 이 시기에는 풀뿌리 자치주의로서의 후기後期 노무현 정신을 살펴볼 수 있다.

민주 대 반민주, 혹은 진보 대 보수라는 구도 속에서 민주 투사로서의 노무현, 전투적 민주주의자로서의 전기 노무현 정신은 지금까지 많이 조명되었다. 하지만 대화와 타협, 상생과 국민 통합 등으로 상징되며, 학술적으로는 비지배적 자유를 핵심 가치로 내세우는 '노무현의 공화주의 정신'은 다소 소홀하게 다뤄진 면이 있다. 향후에는 중기 노무현 정신에 주목함으로써 그의 언행에 드러난 '공화주의 정신'을 통해 한국 정치가 나아가야 할 방향성과 대안적 시사점을 찾을 필요가 있다.

　'공화주의republicanism'라는 표현은 '인민의 일' 또는 '공공의 것'을 뜻하며, 고대 로마에서 평화와 번영의 이상 국가를 의미했던 표현인 'res publica레스 푸블리카'가 그 기원이다. 로마의 공화파 정치가였던 키케로Cicero(BC 106~43)는 자신이 쓴 《국가론》에서 "공화국은 인민의 것이다… 참주가 있는 곳에[는] 공화국이 없다"라고 말하며,[1] 이상적인 국가는 '혼합 정체'를 가져야 한다고 주장했다.

　키케로가 언급한 것처럼, 혼합 정체의 운영에서 파생한 공화주의의 구성 요소로는 ① 시민의 적극적인 정치 참여, ② 비지배적 자유, ③ 법의 지배(법치주의), ④ 공공선, ⑤ 시민 덕성 등이 있다.[2] 이 가운데 공화주의의 핵심 요소는 비지배적 자유freedom as non-domination다. 이는 누가 누구를 지배하거나 반대로 누구에게 예속되거나 종속되는 것을 거부하는 자유로서, 국민의 동의와 지지에 따라 성립하는 국민 통합과 법의 지배를 지지하는 자유이다. 일찍이 마키아벨리Machiavelli는 자유에 대한 인민의 열정은 지배하려는 욕구가 아니라 지배받지 않으려는 '비지배적 욕구'에서 나온다고 보면서, 비지배적

대통령 노무현, 한국 정치에 무엇을 남겼나

자유의 중요성을 강조했다.[3] 즉 그것은 지배와 간섭 자체를 받지 않는 것이 아니라, 자의적인 지배와 간섭은 거부하는 대신 시민 참여와 숙의를 통해 서로 동의하고 합의한 '법의 지배rule of law'를 받겠다는 의미를 지닌다.[4] 요컨대 공화주의는 혼합 정체인 공화정republic을 구현하는 법 제도와 시민이 살아가는 생활 방식을 서로 일치시키려는 정신으로서, 참여 시민의 자유를 통해 실현되고 법과 제도로 보장되는 시민적 미덕civic virtue을 지닌 이들이 국가의 공공선과 공공복리, 법 제도에 자유롭게 참여하는 것을 핵심으로 한다.

공화주의가 강조하는 비지배적 자유 정신은 '분권과 자율', '대화와 타협', '시민 참여' 등을 통해 노무현에게서 본격적으로 드러난다. 특히, 대화와 타협은 분권과 자율, 시민 참여를 전제로 하는 목적 그 자체라는 점에서 매우 중요하다.

대화와 타협은 노무현이 왜 자신이 당한 바 있는 '배제의 정치'에 대해 복수, 보복, 분노, 증오로 똑같이 반응하며 '또 다른 배제의 정치'를 선택하지 않았는지, 그 대안으로서 대화와 타협의 정치를 선택했는지에 대한 근본적인 성찰과 연관된다. 그 문제의식은 2004년 5월 27일 연세대 초청 연설에서 또렷하게 등장한다.

> 왜 대화와 타협을 강조하느냐 하면, 그동안 우리 사회의 권력을 가지고 있던 사람들, 지배적인 힘을 가지고 있던 사람들은 그들을 반대하는 사람들, 그들의 기득권에 도전하는 사람들을 용납하지 않았습니다. 배제했습니다. 말하지 못하게 하고, 말하면 잡아 가두고, 또 잡아넣기 위해서 때리고, 심하면 죽이고 그랬습니다. 배제의 시대를 우리가 수십 년간 살아왔던 것입니다. 그 배제의 시대에 싹튼 저항

의 논리가 또한 비타협 저항입니다. 비타협 투쟁노선입니다. 지금도 학생운동의 일부에 그 노선이 살아남아 있죠? 그런데 문제해결이 안 됩니다. 우리나라는 이제 대화와 타협으로 문제를 풀어갈 수 있는 정치적 조건이 형성되었다고 말할 수 있습니다. 지금 여야가 죽기 살기로 싸우지 않더라도 실적에 따라서 4년 뒤에 다시 심판하지 않습니까?[5]

법률가이자 인권 변호사이며 정치인인 노무현을 국민이 기억하고 사랑하는 이유는, 자신이 직접 겪은 고통스러운 사회의 문제점을 정치인이 된 후 하나씩 개선하고자 일관적으로 실천하고 노력했기 때문일 것이다. 무엇보다도 그가 우리 헌법 1조 1항과 2항을 사랑하고, 그것을 지키기 위해 노력했기 때문일 것이다.

우리 헌법 제1조는 "대한민국은 민주공화국이다"라고 규정한다. '민주 공화국'이란 공공의 일과 관련하여 '시민 참여에 기초한 공화주의'를 표방하는 체제를 일컫는다. 다시 말해 민주 공화국이란 일반적으로 다수의 시민이 자유로운 선거 참여를 통해 대표자를 선출하고, 이 대표자들에게 대화와 토론에 기초한 성숙한 민의와 공공선을 위임하는, 즉 권력 분립과 대의 민주주의를 통해 견제와 균형을 추구하는 법치주의 체제를 일컫는다.

이에 민주 공화국의 운명과 성패는 시민 참여에 기초한 공천과 보통선거를 통해서 공공선을 위협하는 '파벌의 해악'을 멀리하면서, 편파적이지 않은 공정한 대표자를 선택하는 것에 달려 있다. 그러나 한국 사회의 모든 선거에서는 '영호남 지역 대결 주의'(특정 지역의 이익을 과대 대표하는 지역주의적 파벌주의)와 '보수·진보의 이

넘 대결 주의'(좌우 진영의 이념적 파벌주의)가 결합한 파벌의 해악,
즉 잘못된 정당 공천에 따른 파벌주의가 강력하게 작용한다. 그럼에
도 많은 법률가와 정치가는 그것이 민주 공화국의 근간인 공화주의
정신과 배치되며, 그에 의해 민주 공화국 운영이 위협당하고 있다는
사실조차 제대로 인식하지 못하는 실정이다.

노무현의 공화주의 정신을 처음 연구하고 평가한 것은 2009년 7
월 7일《한겨레》와《경향신문》이 공동 후원하고 광장, 새로운 사회
를 여는 연구원, 생활정치연구소, 세교연구소, 좋은정책포럼, 진보와
개혁을 위한 의제27, 코리아연구원, 한국미래발전연구원 등이 공동
주최한 심포지엄 '노무현의 시대정신과 그 과제'에서였다.

당시 심포지엄에서 안병진 경희사이버대 교수는 노 전 대통령을
"헌정사상 처음으로 공화주의적 가치를 초보적 형태로나마 구현하
려 했다"라고 평가했다. 안병진 교수는 노무현이 검찰, 국정원, 감사
원 등을 통한 권위주의적 통제를 스스로 포기했다고 보았으며, 의
회, 정당, 언론, 시장 등에 대해서는 '설득의 패러다임'을 적용했다고
분석했다. 동시에 그는 "마키아벨리적 공화주의로 특권층을 견제하
면서도 매디슨적 공화주의로 지배 엘리트를 적절히 설득하는 전략"
에 있어서 노무현 대통령이 서툴렀다고 평가했다. 한나라당을 향해
대연정이나 개헌을 제안한 것은 '메디슨적 정치 구현'에 매달린 결
과로, 결국 이는 핵심 지지 기반을 침식했다는 것이다. 즉 특권층을
비판하며 대중의 지지를 얻고서도, 오히려 지배 엘리트와 타협하는
데 많은 정력을 기울였다는 분석이다.[6]

노무현이 마키아벨리적 공화주의와 매디슨적 공화주의에 서툴렀

다는 안병진 교수의 진단과 평가는 논쟁의 여지가 있고, 더 많은 논의가 필요하다. 이 글에서는 노무현이 공화주의 정신에 근접하면서도 한나라당과의 대연정 제안 등에 있어 서툴렀다는 부정적인 평가에 반론하는 차원에서, 그가 성숙한 민주주의자로서 공화주의 정신을 더욱 과감하게 추구한 '적극적 실천가'였다고 평가하고자 한다.

노무현이 강조했던 '대화와 타협에 기초한 성숙한 민주주의'는 문재인 정부에서도 계속 추구되고 있다. 2019년 1월 2일 신년사에서 문재인 대통령은 "대화와 타협, 양보와 고통 분담 없이는 한 걸음도 나아갈 수 없다"라고 말하며, "기업, 노동자, 지자체, 정부가 머리를 맞대고 사회적 대타협을 이루어 나가야 할 것"이라고 밝혔다.

이와 같은 대화와 타협, 사회적 대타협에 대한 문재인 대통령의 언급은 '여야정협의체'의 운영으로 시작되었다. 여야정협의체 운영은 대통령의 대선 공약으로 2018년 8월 문 대통령과 여야 5당 원내대표의 청와대 오찬 회동에서 분기별 1회 개최하기로 결정된 바 있다. 이에 2018년 11월 5일 청와대에서 문재인 대통령과 여야 5당 원내대표가 모여 민생과 정책 현안을 논의하는 '여야정 국정상설협의체' 회의가 진행되었다. 1차 여야정협의체는 탄력 근로제 확대 적용, 아동 수당 확대, 규제 혁신 법안 적극 처리 등을 비롯해 불법 촬영 유포 행위의 처벌을 강화하는 법안, 강서 피시방 사건과 관련한 후속 입법, 음주 운전 처벌을 강화하는 법안의 공동 추진 등 12개 합의 사항을 발표했다.

하지만 여야정협의체의 이러한 긍정적 흐름은 선거법, 공수처법 패스트트랙 추진에 따른 자유한국당의 반발로 인해 지속되지 못했다. 문재인 정부 출범 2주년 즈음에 있었던 KBS 대담 프로 〈대통령에게 묻다〉에서 야당 대표들에게 여야정협의체 개최를 다시 요청할만큼, 2019년 1월 이후 여야 관계는 파행과 위기를 맞았다. 이는 한국 정치가 겪고 있는 정쟁의 고통이 어느 정도인지를, 그리고 협치와 더불어 대화와 타협을 위해 끊임없이 노력해야 하며, 새로운 대안을 추구해야 한다는 점을 상징적으로 보여 준다.

국회가 정쟁에 빠질 때마다 정치권에서 언급되는 국회선진화법 개정도 마찬가지다. 실상 국회선진화법이 존재하더라도 대화와 타협의 정치 문화를 정착시키지 못한다면, 국회는 언제든 다수 여당의 강행 처리 또는 소수 야당의 폭력 저지로 인해 위기에 빠질 수 있다. 법조문의 개정이 아니라 대화와 타협의 정치 기술을 훈련하고 정치문화(습속, 습관)를 개선하는 데 큰 노력을 기울여야 한다.

문재인 정부의 정쟁 극복을 위한 협치, 대화와 타협을 위한 시도는 일찍이 참여정부를 탄생시켜 국정을 이끌었던 노무현이 추구하고 시도했던 정치적 유산과 지혜의 축적물이다. 그런 점에서 이는 노무현의 유산에 빚을 지고 있다고 볼 수 있다. 특히 여야 관계의 갈등은 좌우 진영을 넘어 누가 집권당이더라도 한국 정치의 관행적인 변수로 작동하는 만큼, 노무현이 던진 정쟁 극복의 화두와 대화와 타협의 정신은 계속해서 사용되고 응용될 것으로 보인다.

정치가로서 노무현이 한국 정치에 던진 정쟁 극복의 화두는 지금도 여전히 유효하며, 충분히 계승하고 제대로 발전시킬 필요가 있다. 한국 정치가 나아가야 할 대안으로서 노무현이 추구한 대화와 타협의 정치는, 그의 공화주의 정신의 본령이라는 점에서 더 풍부하고 새롭게 조명될 필요가 있을 것이다.

2
노무현의 '성숙한 민주주의론'에서의 공화주의 정신

매디슨 공화주의와의 유사성

노무현은 정치가로서 '공화주의'라는 학술적인 개념어를 명시적으로 사용하지는 않았다. 하지만 그는 자신이 남긴 수많은 연설문과 문헌에서 민주주의 1단계와 2단계를 뛰어넘는 '민주주의 3단계'를 언급했고, '대화와 타협, 상생의 민주주의', '성숙한 민주주의', '진보적 민주주의'라는 개념어 등을 통해 학술적 맥락의 공화주의 정신을 분명하게 표현하였다. 특히 공화주의가 강조하는 비지배적 자유의 구현은 노무현에게서 상생의 기본 조건 개념으로 등장하였다.

> 상생을 하는 기본조건을 갖추어야 됩니다. 상대를 존중할 줄 알아야 합니다. 배제의 습관이 남아서, 지금도 계속 배제하려고 하는 방법으로는 상생할 수 없습니다. 상생은 결국 대화, 토론, 설득, 타협, 그리고 거의 다 합의가 된 것 같은데 마지막 결론이 안 날 때 그 때 표결하는 겁니다. 그렇죠, 표결하고 승복하는 겁니다. 승복해야 상생이 이루어질 수 있는 것 아닙니까, 그 규칙을 무시하면 상생이 안 됩니다.[7]

상생의 기본 조건에 관한 언급에서 볼 수 있듯이, 노무현의 공화주의 정신은 민주주의를 최소주의적 개념으로서 '다수결주의'로 이해하는 정치권의 풍토와 사회적 인식을 넘어서고자 했다. 이 개념은 2009년 3월 2일 쓴 〈민주주의와 관용과 상대주의〉에서 "민주주의의 핵심 원리는 다수결이 아니라 대화와 타협"이라고 밝히면서 더 분명한 형태로 등장한다.[8]

〈민주주의와 관용과 상대주의〉는 쟁점 법안의 직권 상정 문제를 둘러싸고 여야가 극한 대치를 벌였던 날, 노무현이 개인 홈페이지 '노무현의 사람 사는 세상'에 올린 것이다. 그는 여기서 "흔히 민주적 과정으로서 다수결을 말하지만, 다수결은 결코 만능의 방법이 아니다"라고 밝힌다. 이어서 그는 "다수결 결정을 하기 전에 대화를 통해 인식의 차이를 좁히고 이해관계를 조정하는 설득과 타협을 거쳐 충분한 토론과 조정이 이뤄져야 다수결 절차에 합의를 이루게 되고, 표결 결과에 대해 흔쾌히 승복은 하지 않더라도 적어도 적극적 방해는 하지 않게 되는 것"이라고도 하며, 끝으로 "민주주의 공동체의 성공적 운영을 위해서는 다름을 인정하는 소극적 의미의 관용을 넘어 다름을 존중하고 대화와 타협을 통해 공동체의 가치와 이해관계로 통합해 나가는 적극적 관용의 원리가 중요하다"라고 덧붙인다.

문헌상으로 볼 때, 노무현이 민주주의의 핵심 원리로서 다수결주의가 아닌 대화와 타협 등을 본격적으로 언급한 것은 대통령 후보 시절과 대통령이 된 직후부터다.

노무현은 2002년 8월 25일 공무원들과의 온라인 대화에서 "[반목과 대립의 정치를 없애고 새로운 정치를 하기 위해선] '미국식 대통령제'가 한국에 필요하다"라고 주장했다. 2002년 12월 11일《국민일보》인터뷰에서는 "여·야 모두가 원만한 협력관계를 유지하면서 국민들의 지지를 바탕으로 초당적 국정 운영을 해나갈 생각"이라고 밝히기도 했다. 또한 노무현은 2003년 1월 22일 대통령 당선이후 헌정사상 처음으로 야당 당사를 직접 방문해서 국정 협조를 요청하는 등, 정치권의 '초당적 협력'을 위해 스스로 몸을 낮췄다. 동년 4월 17일에는 야당 지도부를 초청하여 청남대에서 삼겹살 파티를 열기도 하였다.[9]

노무현은 집권 초의 여소 야대의 분점 정부 상황에서 국정 운영을 원활하게 하려면 대통령과 국회가 정당을 넘나들면서 대화하고 타협하는 협력 정치가 필요하다고 판단했다. 노무현의 이 같은 대화와 타협의 정치는 후보 시절부터 이어진 것이었다. 2004년 1월 10일 노무현은 대통령 비서실 직원들의 연수에서 '엘리트 민주주의를 넘어 대중 민주주의 시대로'란 제목으로 특강을 한다. 그는 거기서 다음과 같이 언급하였다.

> 엘리트 민주주의가 아니라 대중 민주주의 시대를 열어야 합니다. 모든 국민이 민주적 권리를 누리고 참여하는 문화가 대중적 토대 위에 섰을 때 진정한 민주주의가 실현될 수 있습니다. 그렇다면 이 길을 어떻게 갈 것입니까. 원칙을 바로 세우고 국민들의 신뢰를 받아야 합니다. 투명한 정치, 투명한 사회가 공정한 사회를 만들고, 한 사람보다 열 사람의 아이디어가 좋다는 믿음을 가져야 합니다. 창의를 목표로 한 분권과 자율, 대화와 타협이라는 새로운 국정 운영의 패러다임을 가져야 합니다.[10]

위의 연설에서 드러난 노무현의 언급 중 분권과 자율 그리고 대화와 타협은, 미국의 공화주의 정부와 헌법을 설계한 제임스 매디슨의 연방주의적 민주 공화국론에서 나타나는 세로축의 권력 분립과 균형(지방과 연방 간 권력 분립에서의 견제와 균형) 및 가로축의 권력 분립과 균형(입법과 사법, 행정 간 권력 분립에서의 견제와 균형)과 각각 유사하다.

제임스 매디슨은 훨씬 더 넓은 영토와 훨씬 더 많은 시민을 지닌 현대적인 공화주의 정부를 설계하면서 문제로 제기되었던 '다수결의 전횡tyranny of majority'과 '파벌의 해악'에서 벗어날 해법을 고민하였다. 그 대안으로서 그는 광역선거구에서의 탁월한 대표자 선출과 그에 의한 통치 위임, 입법과 사법, 행정의 권력 분립과 권력 공유, 사법부의 최종적인 입법 판단, 하원과 상원의 견제와 균형을 통한 양원제 의회, 지방 자치와 연방제 국가, 정당 간의 경쟁 등을 제시하였다. 동시에 그는 파벌의 해악을 막을 공공선 추구의 대변자, 즉 "공정하고 사심 없는 심판자impartial and disinterested umpire"라는[11] 대표자 상像을 제시하였다.[12]

제임스 매디슨이 순수한 민주정pure democracy보다 대의 민주주의와 권력 분립을 통한 혼합정 성격을 갖는 공화정을 더 우월한 정부 형태로 지지한 이유는 무엇일까? 이는 그가 순수한 민주정은 대표자의 선출 시 작은 영토와 소규모 인구로 인해 파벌들의 사적인 이해가 과대 대표됨으로써 다수결의 전횡과 파벌의 해악에서 벗어나기가 어렵다고 판단했기 때문이다. 마치 한국의 영호남 지역주의처럼 말이다.

제임스 매디슨이 파벌의 해악에서 벗어나고자 대안을 제시한 것처럼, 노무현은 '바보 노무현'이란 소리를 들으면서도 공화주의 정신을 방해하는 한국 사회의 고질적 병폐이자 파벌의 해악인 '지역주의적 파벌주의'와 '좌우의 이념적 파벌주의'를 극복하고자 노력하였다. 그가 대통령에 당선된 이후 민주주의의 핵심 원리로서 다수결주의가 아닌 분권과 자율 그리고 대화와 타협을 본격적으로 제기한 것은, 제임스 매디슨의 민주 공화국론에 기초한 공화주의 정신과 매우 유사하다고 할 수 있다.

노무현이 추구했던 '대화와 타협의 정치' 관련 문헌들

　노무현이 성숙한 민주주의를 위해 대화와 타협의 정치를 일관되게 강조한 문헌들은 아래와 같다. 이들은 그가 자신의 독특한 시각으로 한국 정치의 고질적인 병폐를 진단하고 처방하고자 얼마나 고심했는가를 보여 준다.

　1) 독선과 아집, 그리고 배제와 타도는 민주주의의 적

　분열을 끝내고 국민의 힘을 하나로 모아야 합니다. 그러자면 상대와 상대의 권리를 존중하고 의견과 이해관계의 다름을 인정해야 합니다. 대화로 설득하고 양보로 타협할 줄 알아야 합니다. 끝내 합의를 이룰 수 없는 경우라도 상대를 배제하거나 타도하려고 해서는 안 됩니다. 이제 절대반대도 결사반대도 다시 생각합시다. 규칙에 따라 결론을 내고 그 결과에 승복해야 합니다. 이것이 민주주의입니다. 독선과 아집, 그리고 배제와 타도는 민주주의의 적입니다. 역사발전

의 장애물입니다. 우리 정치도 적과 동지의 문화가 아니라 대화와
타협, 경쟁의 문화로 바꾸어 나갑시다.[13]

2) 새로운 국정 운영의 패러다임을 가져야 할 때

노무현이 뭐했냐고 한다면, 감히 부조리의 핵심에 들어와 유착과 부
조리의 핵심적 구조를 해체하고 있다고 말하고 싶습니다. 이것을 하
자면 저비용 정치를 구현하고 제도화해야 합니다. 유착구조의 해체
만이 우리의 목표는 아닙니다. 엘리트 민주주의가 아니라 대중 민주
주의 시대를 열어야 합니다. 모든 국민이 민주적 권리를 누리고 참
여하는 문화가 대중적 토대 위에 섰을 때 진정한 민주주의가 실현될
수 있습니다. 그렇다면 이 길을 어떻게 갈 것입니까. 원칙을 바로 세
우고 국민들의 신뢰를 받아야 합니다. 투명한 정치, 투명한 사회가
공정한 사회를 만들고, 한 사람보다 열 사람의 아이디어가 좋다는
믿음을 가져야 합니다. 창의를 목표로 한 분권과 자율, 대화와 타협
이라는 새로운 국정 운영의 패러다임을 가져야 합니다.[14]

3) 대화와 타협, 상생의 민주주의 실현할 때

상생협력의 결단이 필요합니다. 그것이 우리 민주주의가 나아가야
할 방향입니다. 과거 1970~80년대에는 부당한 독재와 맞서 싸우
는 것이 우리나라 민주주의의 과제였습니다. 1987년 이후에는 권력
의 투명성과 합리성을 높이는 것이 우리 민주주의 과제였습니다. 그
러나 이제 이런 문제들은 대부분 해결되었습니다. 앞으로 남은 것은
대화와 타협, 그리고 상생의 민주주의로 우리 민주주의 수준을 한
단계 끌어올리는 일입니다. 이제 우리 정치권을 비롯한 사회 각계와
지도층들이 결단을 해야 할 때입니다. 각자의 목소리만 내세울 것

이 아니라, 대화하고 타협하고 서로 양보하는 새로운 사회문화를 만들어 가야 합니다. 특히 교섭력이 취약한 노동조합에 대해서는 우리 경제계가 먼저 한 발 양보해서 대화의 물꼬를 터 줘야 합니다. 이러한 결단이 노·사·정 대화로, 그리고 사회적 대타협으로 이어져야 합니다. 새롭게 사고해야 합니다. 책임 있게 행동해야 합니다. 대화와 타협으로 상생의 문화를 함께 만들어야 합니다.[15]

한국 민주주의는 투쟁의 시대를 걸어 왔습니다. 그리고 지난 20년간 청산과 개혁을 통하여 적어도 형식적인, 제도적 민주주의를 공고히 만들어 왔습니다. 이제 성숙한 민주주의, 그리고 내실이 있는 민주주의를 할 때입니다. 성숙한 민주주의는 대화와 타협, 그리고 통합의 민주주의를 말씀드리는 것입니다. 내실이 있는 민주주의는 바로 진보적 민주주의를 뜻하는 것입니다. 가장 중요한 것은 통합의 민주주의입니다. 지역주의 극복, 협상 민주주의와 같은 여러 가지 이름이 붙는 그런 대화와 타협의 민주주의입니다.[16]

참여정부는 한 시대를 정리하고 새로운 시대로 넘어가는 다리를 놓고, 새로운 시대의 기반을 다지는 일을 착실히 수행하고 있습니다.
- 민주주의 1단계 과제 - 반독재투쟁: 150년 전, 우리는 근대화의 흐름을 놓쳐버렸습니다. 그 결과 참혹한 식민지 시대를 겪었습니다. 해방이후시대, 우리에게 부여된 역사적 과제는 민족의 통합과 자주독립 국가의 건설, 그리고 민주주의와 경제건설입니다. 경제의 건설은 일찍 시작되었으나 민주주의는 여러 차례 좌절하고 독재에 짓밟혔습니다. 독재시대의 과제는 반독재 투쟁이었습니다.
- 민주주의 2단계 과제 - 투명·공정사회 구축과 지역구도 통합: 87년 6월 항쟁으로 우리 국민들은 독재정권을 무너뜨렸습니다. 6월 항쟁 이후 시대의 과제는 독재체제에서 구축된 특권과 반칙, 부정과 부패의 유착구조를 해체하고, 권위주의 문화를 청산하고, 투명하고 공정한 사회를 만드는 것입니다. 그리고 독재정권이 만들어

놓은 지역 간의 분열구도를 통합하는 것이었습니다. 저는 이것을 민주주의의 2단계 과제라고 부르고 있습니다.

- 민주주의 3단계 과제 – 대화와 타협의 민주주의 정착: 그 다음 시대의 과제는 관용의 정신을 바탕으로 하는 대화와 타협의 민주주의로 가는 것입니다. 정책을 중심으로 토론과 타협이 일상화되고, 연정, 연합정부가 자연스럽게 받아들여지는 수준의 민주주의를 하는 것입니다. 대화와 타협의 민주주의는 아직 성공하지 못하였습니다. 연정, 대연정을 제안했다가 안팎에서 타박만 당했습니다. 너무 시대를 앞선 성급한 제안이었던 것 같습니다. 이것은 다음 시대의 과제로 넘겨야 할 것 같습니다.[17]

그러므로 실제 민주주의 과정에서는 다수결로 결정을 하기 이전에 충분한 대화를 통하여 인식의 차이를 좁히고, 이해관계를 조정하는 설득과 타협의 과정을 거쳐서 다수결에 붙일 수 있는 안을 다듬어 냅니다. 이 과정에서 많은 쟁점은 합의를 이루게 되고, 일부 합의가 되지 않은 쟁점이라 할지라도 충분한 토론과 조정이 이루어지면 다수결 절차에 합의를 이루게 되므로, 표결의 결과에 흔쾌히 승복은 하지 않더라도 적어도 적극적인 방해는 하지 않게 되는 것입니다. 그러므로 민주주의 핵심 원리는 다수결이 아니라 대화와 타협입니다. 민주주의에 필요한 관용은 바로 이런 의미의 관용이라야 합니다. 말하자면 다른 생각과 이해관계를 인정하고 방임하는 수준을 넘어서, 서로 다름을 존중하고 대화와 타협을 통하여 다름을 상호 수용하여 이를 공동체의 가치와 이해관계로 통합할 줄 아는 사고와 행동이 필요하다는 것입니다. 저는 바로 이런 의미의 관용을 적극적 관용이라 말하고, 이를 민주주의의 핵심 원리라고 말하고 있는 것입니다.[18]

4) 규칙에 따라 승부하고 결과에 승복해야, 성숙한 민주주의

선진한국으로 가기 위한 또 하나의 과제는, 원칙과 상식이 통하여 예측 가능성이 높은 사회, 약속과 책임을 존중하여 신뢰성이 높은 사회, 서로를 인정하고 규칙을 존중하는 대화와 타협의 문화로 통합력이 높은 사회를 만드는 것입니다. 우리 국민은 독재권력을 물리친 데 이어, 정경유착, 반칙, 특혜와 같은 특권 구조를 청산하고, 보다 투명하고 공정한 사회를 위한 개혁에도 성공하고 있습니다. 그러나 원칙과 신뢰, 통합과 같은 사회적 자본은 아직 낮은 수준에 머물러 있습니다. 이제 이것도 뛰어넘어야 합니다. 그러자면 우리 민주주의를 한 단계 더 성숙한 민주주의로 발전시켜 나가야 합니다. 관용의 문화를 뿌리내려야 합니다. 상대의 생각이 옳을 수도 있다는 원리를 인정해야 합니다. 대화와 타협으로 서로 설득하고 설득이 되어 의견을 모으고, 양보와 타협을 통해 이익을 서로 교환할 줄 알아야 합니다. 그래야 공동의 목표를 향해 힘을 모을 수 있습니다. 이것이 성숙한 민주주의입니다. 선진 민주국가입니다.[19]

시민 참여를 주창하는 노무현의 문헌들

노무현은 이하의 사례들과 같이 시민 참여를 강조하였다. 노무현은 시민 참여를 전제로 자신의 공천권을 포기했으며, 청와대의 정당 지배를 막기 위해 당정 분리론을 실천하였다. 이는 노무현이 기존의 보스 정치와 계파 정치의 관행대로 작동했던 정당 공천권을 상향식 공천, 즉 국민 참여 경선제로 바꾸기 위해 얼마나 고민했는지를 보여 준다.

1) 깨어 있는 시민의 조직된 힘이 민주주의 최후의 보루

민주주의에 완성은 없을 것입니다. 그러나 역사는 끊임없이 진보합니다. 우리 민주주의도 선진국 수준으로 가야 합니다. 그리고 거기에 만족하지 않고 성숙한 민주주의를 이뤄 가야 합니다. 민주주의의 핵심적 가치인 대화와 타협, 관용, 통합을 실천해야 합니다. 미래를 내다보고 민주주의의 완전한 이상과 가치를 실현하기 위해 끊임없이 노력해 나가야 합니다. 민주주의 최후의 보루는 깨어있는 시민의 조직된 힘입니다. 이것이 우리의 미래입니다.[20]

2) 진보적 시민 민주주의를 제안하며

사인할 때 저의 표어는 '사람 사는 세상'입니다. 여러분은 본질적으로 시민입니다. 그리고 민주주의 사회에서, 국민주권 국가에서 여러분은 주권자입니다. 어떤 정부를 가질 것인가는 여러분이 선택합니다. 어떤 정부가 앞으로 만들어질 것인가에 대해서는 여러분의 책임입니다. 저는 여러분에게 진보적 시민 민주주의를 한번 해 보자고 제안합니다. 시민민주주의는 역사적 개념이어서 이 시민에는 옛날에 흔히 말하는 부르주아 계급만 포함되고, 돈이 많지 않은 사람은 포함 안 되는 개념으로 그렇게 이미지가 남아 있습니다. 그러나 그것은 그 시기 민주주의가 잘못되어서 시민이라는 말이 잘못 사용된 것이고 민주주의가 올바르게 갔을 때, 보편적 시민이 주도하는 민주주의가 됐을 때는 시민 민주주의라고 이름을 부르는 것이 적절하다고 생각합니다. 멀리 보는 시민, 책임을 다하는 시민, 행동하는 시민이 주권자입니다. 저는 여러분들이 시장에서 기업인으로 성공하시길 바라고, 시장의 주류가 아니라 새로운 사회, 진보된 시민사회의 주류가 돼 주시길 바랍니다. 그래야 우리가 정의로운 사회로 갈 수있고 풍요롭고 행복한 사회, 항상 희망이 보이고 활력이 있는 사회로 갈 수 있다고 생각합니다. 그래서 여러분께 오늘 제가 뭘 구체적으로 해 보자가 아니라 같은 방향으로 가 봅시다, 어디서 따로 만나서 깊이 있는 생각도 해 봅시다, 이런 제안을 드리고 싶습니다.[21]

3) 시민 참여에 기반한 정당 개혁을 강조한 문헌들

김대중 총재의 당선을 위해 열심히 뛰었다. 김총재는 가끔 불러서 귀한 충고를 주었고, 대통령이 되자 해양수산부 장관 발령을 냈다. 그러나 나는 공손한 부하가 아니었다. 야권통합을 할 때 조직강화특위 회의장을 여러 번 박차고 나왔으며 공천심사위원회 결정을 당 지도부가 뒤집었을 때는 발언권도 없는 대변인이면서도 '당 대표가 그럴 권한이 있느냐'고 들이받았다. 김대중 대통령은 나에 대해 불안하다는 인상을 가지고 있었을 것이다.[22]

정당은 민주적으로 운영해야 한다. 나는 정당 운영을 민주화하려고 오랫동안 노력했지만 1997년 국민회의에 입당해 김대중 총재를 모시고 정치를 하는 동안은 이 소망을 접어 두었다. 정권교체와 한반도 평화, 서민을 위한 정책을 원했기에 김대중 총재를 지지했을 뿐 정당 민주화와 관련해서는 큰 기대를 하지 않았다.[23]

노무현은 2002년 8월 23일 민주당 정책위원회 워크숍 연설에서 자신의 당정 분리론에 대해 다음과 같이 언급하기도 했다.

우리는 당 개혁 방안을 통해 당정분리와 국민경선제, 상향식 공천제 등 혁신적 제도개혁을 시행하고 있습니다. 우리는 이를 정착시킴과 동시에 정치시스템도 과거의 피라미드식 수직 시스템에서 수평적 네트워크 시스템으로 바꿔야 합니다. 권력부패의 원인인 제왕적 권

력문화를 타파하는 길입니다.[24]

또한 노무현은 대통령 후보 선대위 출범 선언 기자회견에서도 당정 분리론에 대해 다음과 같이 언급하였다.

민주당도 혁명적으로 개혁해야 합니다. 우리 당은 새 정치를 위한 실험에 착수해 위대한 업적을 남겼습니다. 국민경선제, 당정분리, 상향식 공천제 등이 그 증거입니다. [중략] 낡은 체질을 과감하게 던져버리고 당원들이 주인이 되는 정당 민주화를 이루어내야 할 것입니다.[25]

나아가 같은 해 12월 26일 새천년민주당 중앙 선대위 연수에서 대통령 당선인으로서 격려사를 발표하며, 당정 분리론을 제안한 배경과 공천권 포기 약속에 대해 언급하였다.

당정분리가 나오게 된 계기가 대통령이 당의 총재로서 또는 명예총재로서 당을 지배함으로써 빚어지는 하향식 정치문화, 수직적 정치문화 그래서 자율성과 창의성이 떨어져가는 이런 병폐를 막자고 하는 것이고, 당정분리라는 것은 당직임명권과 공천권을 의미하는 것이기 때문에 이것은 확실하게 배제되어야 하고 스스로 공천권을 가진 당직을 맡는 것도 맞지 않기 때문에 그래서 저는 평당원의 자격을 가지려고 합니다.[26]

공천권을 스스로 포기한 것과 같이, 공당公黨을 위한 정당 개혁에 있어서 노무현의 접근 방식은 그 의의와 별도로 한계도 드러냈다. 즉, 당시 한나라당 박근혜 대표가 공천 개혁에 소극적이었던 역학 관계에서 노무현 대통령 자신만 정당 공천권을 포기하는 방식은 결과적으로 레임덕과 함께 당내 계파 간의 분열을 촉진하고 말았다. 이런 문제점을 볼 때, 당시 국민 참여 경선제를 법제화하지 않은 상태에서 공천권을 포기한 선택은 그 선도적 의의에도 불구하고 일정 부분 성급한 측면이 있었다.

3

대화와 타협의 공화주의 정신: 대연정과 새마을 운동

대결과 투쟁의 정치를 끝내고 대화와 타협의 정치를 하겠다는 노무현의 구상은 대통령직에 취임한 이후 경쟁자인 한나라당 박근혜 대표에 대한 '대연정 제안', 그리고 일견 사소해 보일 수 있는 '새마을 운동'에 대한 관심으로 구체화되었다. 특히 연정과 대연정은 당시 잇따른 재보선 패배 등 여소 야대의 국면이 나타나면서 여야 갈등을 해결하기 위한 신속한 조치로서 등장했다.

물론 노무현 대통령의 대연정 제안은 다당제와 내각제 등에 기반하는 독일의 정치 구조처럼 '합의제 민주주의'의 사례로 볼 수도 있다. 하지만 그는 2002년 10월 28일 《경향신문》 인터뷰에서 "현행 헌법체계 하에서 내각제 또는 이원집정부제를 운영해볼 생각이다"라고 언급한다. 즉 노무현의 대연정 제안은 합의제 민주주의의 사례라기보다는, 대통령제와 양당제 국가라는 조건 아래서 대화와 타협의 정치를 강조하는 공화주의 정신의 사례로 보는 게 적절하다.

대연정

노무현은 후보 시절부터 오랫동안 여소 야대와 지역 구도에 기반한 대결 정치를 극복할 수 있는 정치적 대안을 고민했으며, 대화와 협력이 가능한 정치 구조와 문화를 만드는 것이 성숙한 민주주의를 위한 과제라는 인식이 확고했다. 이러한 노무현의 정치적 고민은 대통령 후보 시절인 2020년 10월 28일《경향신문》인터뷰에 잘 나타나 있다.

> 집권 초기인 2003년까지 국회의원 중대선거구제를 도입해 정치구도를 정책지향의 정당체제로 재편하겠다. 중대선거구제를 통한 총선결과를 토대로 다수당에 총리지명권을 부여, 현행 헌법체계 하에서 내각제 또는 이원집정부제를 운영해볼 생각이다.[27]

실제로 노무현은 2003년 4월 취임 후 첫 국정 연설에서 총리를 중심으로 대통령의 권력을 이른바 이원집정부제(프랑스식 동거 정부 등)의 구상을 천명하였다.

> 내년 총선부터는 특정 정당이 특정 지역에서 2/3 이상의 의석을 독차지할 수 없도록 여야가 합의하셔서 선거법을 개정해 주시기 바랍니다. 이러한 저의 제안이 내년 17대 총선에서 현실화되면, 저는 과반수 의석을 차지한 정당 또는 정치연합에게 내각의 구성권한을 이양하겠습니다. 이는 대통령이 가진 권한의 절반, 아니 그 이상을 내놓는 결과가 될 것입니다. 많은 국민들이 요구하는 '분권적 대통령제'에 걸맞은 일이기도 합니다. 헌법에 배치된다는 지적도 있습니다만, 국무총리의 제청권을 존중하면 가능한 일입니다.[28]

〈표 1-1〉은 노무현의 대연정 관련 발언이 진행된 일정표로서, 그가 대화와 타협의 정치를 구현하고자 대연정에 관하여 얼마나 고민하고 있었는지를 보여 준다.[29] 2005년 6월 24일 저녁, 노무현 대통령은 총리공관에서 열린 당정청 지도부 만찬에서 연정 관련 이야기를 처음 공식적으로 꺼냈다. 당시는 연정에 대한 구상이 구체화된 시점은 아니었으며, 당 지도부와 참모들의 의견을 듣고자 했던 것이었다. 그러나 며칠 뒤 언론은 대통령의 연정 발언을 공개하였다. 이에 노무현 대통령은 대국민 서신 〈한국정치 정상으로 돌아가야 한다〉를 통해 구상 단계에 있던 연정 관련 내용을 좀 더 구체적으로 공개하기에 이른다.

표 1-1. 대연정 관련 대통령의 발언 일정[30]

일자	구분	주요 내용
2005.06.24.	당정청 수뇌부 회의	"한나라당이나 민주노동당, 민주당 등 야당과 연정(연립정부)이라도 해야 하는 것 아니냐."
2005.07.04.	수석보좌관 회의	"야당과 사안별로 공조하는 것이 단기적으로 가능한 대안."
2005.07.07.	언론사 국장간담회	"내각제 수준으로 대통령의 권한을 이양할 용의."
2005.07.29.	당원에게 보내는 편지	"대연정이라면 당연히 한나라당이 주도하고 열린우리당이 참여하는 대연정을 말하는 것."
2005.08.13.	국무위원 간담회	"아직은 거부당하고 있지만, 우리 국민들한테 새 희망을 한번 줄 수 있는 뭔가를 해보자는 이 제안을 계속 유지해 나갈 생각."
2005.08.19.	언론사 정치부장 간담회	"합당을 하자는 말이 아니고, 대연정이 안 되면 대연정을 생각하는 과정에서 어떻든 정책합의라도 이뤄나갈 수 있는 변화를 가져와야 된다."
2005.08.25.	KBS 국민과의 대화	"연정 그 정도 갖고는 얽혀서 골치 아프니까 권력을 통째로 내놓으라면 검토해 보겠다."
2005.08.31.	우리당의원 만찬	"필요한 도전이 있으면 도전할 것이고 기득권의 포기, 희생의 결단이 필요하다면 할 것."

일자	구분	주요 내용
2005.09.01.	중앙 언론사 간담회	"여소야대 정부의 교착상태를 해소하기 위한 여러 제도적, 정치문화적 대책이 필요하다."
2005.09.07.	박근혜 대표 회담	"상생과 타협의 정치가 필요하다."
2005.09.21.	수석보좌관 회의	"가장 큰 문제의식은 분열주의와 대결적 문화를 극복하고 악순환의 고리를 끊어내는 것."

국회와 정부, 여당과 야당이 부딪치는 일이 많다 보니 생산적일 수가 없습니다. 생산적인 정치를 위해서는 무언가 대안이 나와야 합니다. 대부분의 나라들은 이런 경우 연정을 합니다. [중략] 연정은 대부분의 국가에서 이뤄지는 아주 자연스러운 일입니다.[31]

노무현 대통령이 연정을 제안할 당시 연정의 구체적인 대상은 열려 있었다. 그러나 그가 연정을 공개적으로 제기하자, 정치권은 갑작스럽고 당황스럽다는 반응을 보였다. 당장에 '국면 전환을 위한 편의적 발상', '정권 재창출 음모'라는 비난이 뒤를 이었다. 2005년 7월 6일 박근혜 한나라당 대표는 당 최고중진연석회의에서 "경제성장 잠재율이 떨어지고 국민이 이렇게 고통스러운데, (노 대통령이) 무슨 다른 생각할 겨를이 있느냐"라고 대통령의 구상을 비판하면서 강한 거부감을 드러냈다.

한나라당의 강한 거부와 다른 야당의 소극적인 태도가 계속되자, 노무현 대통령은 2005년 7월 25일 〈당원에게 보내는 편지(지역구도 등 정치구조 개혁을 위한 제안)〉를 통해 연정을 본격적으로 제안하는 수순을 밟았다.

연정이 성공하면 독재와 타도, 불신과 대결로 점철되어온 우리 정치에 신뢰와 협력, 대화와 타협이라는 새로운 정치가 시작될 것입니다. 그것은 우리 정치가 투쟁의 민주주의 시대에서 관용의 민주주의 시대로 한 단계 성숙한다는 것을 뜻합니다. 그런 의미에서도 우리는 비타협의 선명성을 자랑할 것이 아니라 마음을 열고 연정에 대한 논의를 진지하게 수용해야 할 것입니다. [중략] 제가 동거정부 이야기를 다시 꺼낸 데는 좀 특별한 뜻이 있습니다. 비록 야당이라 할지라도 연합까지 해가면서 반대만 하는 것이 공당의 도리가 아니라는 말을 하고 싶은 것입니다. [중략] 정당이 연합을 하여 국회 과반수를 만들 때는 정권을 잡아서 책임 있는 일을 하기 위한 것이어야지 오로지 정권에 반대하고 흔들기 위한 것이어서는 안 된다는 생각이었습니다. [중략] 여야가 이 합의를 이룬다면 우리 정치는 새로운 역사를 열게 될 것입니다. 이 합의를 한다는 것 자체가 모두가 기득권을 포기하는 어려운 결단을 하는 것입니다. [중략] 관용과 상생의 정치, 대화와 타협의 정치가 시작될 것입니다. 우리 정치의 수준을 한 단계 높이자는 것입니다.[32]

노무현 대통령의 좀 더 강도 높은 연정 제안이 있자, 박근혜 대표와 강재섭 원내대표를 비롯한 한나라당 지도부는 연정 거부 의사를 분명히 밝혔다. 한나라당은 '위헌적 정치 놀음'이라며 반대 견해를 나타냈다.

이에 노무현 대통령은 7월 29일 춘추관에서 기자 간담회를 열어 한나라당에 제안한 대연정에 관하여 45분 동안 조목조목 설명했다. 연정 제안이 정치권의 무관심과 의도적 외면 속에서 지지부진해진 가운데, 노무현 대통령은 2006년 1월 25일 《연합뉴스》 신년 기자회견에서 연정 제안의 불씨를 살려 대화와 타협의 새로운 정치 모델에 도달하려는 애착심을 보여 주었다.

　대통령 노무현, 한국 정치에 무엇을 남겼나

결국 대연정은 압도적인 우세를 가진 정치세력이 없을 때, 말하자면 여야의 정치세력이 팽팽하게 대립돼서 풀어야 될 국가적 과제가 제대로 풀리지 않을 때 그것을 풀어 나가는 하나의 정치적 형태로서 얼마든지 생각해 볼 수 있는 것이고, 여러 번 얘기했던 것입니다. 소위 '합의의 형태'로 가자고 이런 제안을 드린 것입니다. 용어는 생소하게 들렸을지 모르지만 내용은 이미 여러 차례 예고했던 것입니다. [중략] 이 문제는 앞으로도 내각제냐 대통령제냐 하는 논의보다는 정치운용의 현실에 있어 압도적 다수가 끌고 가는 정치, 소연정이라고 하는 합의를 통해, 연대를 통해서 과반수를 차지해서 타협과 대립의 정치가 적절하고 조화롭게 가는 정치 모델, 그리고 그조차도 잘 이루어지지 않을 때 이번 독일의 예에서 보듯이 대연정 구조, 큰 정치세력의 합의적 형태를 통해서 국가적 과제를 해결해 나가는 이와 같은 정치 모델, 이런 데 대해서 앞으로도 관심을 좀 가져 주시면 좋겠다고 생각합니다. 그래야 우리 정치가 발전할 수 있습니다.[33]

이처럼 노무현 대통령은 성숙한 민주주의의 과제를 해결하기 위해서는 연정을 정당한 정치 행위로 간주해야 한다고 믿었다. 연정을 통해 대화와 타협의 상생 정치를 구현할 수 있다고 믿은 것이다. 2007년 제47주년 4.19 기념식에서도 연정을 논의할 수 있는 수준의 성숙한 민주주의를 다음과 같이 역설했다.

우리는 성숙한 민주주의에 이르지 못하고 있습니다. 보다 성숙한 민주주의를 위해서는 관용과 책임의 정치문화가 필요합니다. 관용은 상대를 인정하는 것입니다. 상대를 존중하고 대화와 타협으로 문제를 풀어야 합니다. 협력의 수준을 연정, 대연정이 가능한 수준으로 끌어올려야 합니다. 타협이 되지 않는 일은 규칙으로 승부하고 결과에 승복해야 합니다. 이렇게 해야 인권이 신장되고, 보다 공정하고 효율

적인 민주주의를 할 수 있습니다. 그리고 국민 통합을 이룰 수 있습니다.[34]

대화와 타협의 정치를 위한 노무현 대통령의 연정 제안은 결국 야당의 공론화 거부로 인해 실현되지 못하고 한국 사회의 미래 과제로 남았다. 노무현 대통령은 2007년 10월 11일《오마이뉴스》인터뷰에서 자신의 대연정 제안에 관하여 "내 전략이 보통은 옳았다고 하는 자만심이 만들어낸 오류"라고 심경을 밝혔다.

그러나 그가 연정 공론화에 실패했다고 해서 연정 제안에 담긴 대화와 타협을 위한 상생 정치의 필요성에 오류가 있었다고 보기는 어렵다. 특히 대연정 제안이 담은, 지역 구도 해소를 위한 선거 제도의 개혁과 여소 야대와 대결 정치의 극복, 이를 위한 다양한 정치적 모색이라는 대통령의 오랜 문제의식은 우리 사회가 해결해야 할 당면한 과제에 적절히 접근한 것이라 할 수 있다.[35]

노무현 대통령은 우리의 헌법이 대통령제를 주로 하지만 내각제 요소를 혼합하고 있음에 착목하여, 다당제나 내각제로의 개헌이 아니더라도 이를 대화와 타협의 정치를 위한 해법의 실마리로 활용하고자 했다. 이런 노무현 대통령의 시도는 매우 독창적이라고 평가할 수 있으며, 나아가 문재인 정부의 '대통령제하에서의 협치'란 화두로 이어지고 있다고 볼 수 있다.

새마을 운동에 대한 지속적인 관심

노무현 대통령은 자신의 정치적 반대자인 박정희 대통령이 만들어 놓은 새마을 운동에 대하여 계속 관심을 보이며 그 의의를 칭찬했다. 그는 대통령 퇴임 후에도 새마을 운동을 환경 운동과 연결하여 실천하고자 노력했으며, 여러 차례 새마을 운동을 긍정적으로 언급했다. 이런 지속적인 관심은 자신이 추구했던 대화와 타협의 정치와 깊은 연관성이 있었다.

노무현 대통령은 2003년 전국새마을지도자대회에서 "바깥에 나가 보니까 정말 많은 나라 지도자들이 우리 새마을운동을 부러워하며 칭찬하고 있다"라면서, "새마을운동은 앞으로도 지속 발전해 나갈 것이고 우리 대한민국의 역사에 영원히 기억될 것"이라고 언급했다.[36] 또한 2004년 12월 8일 전국새마을지도자대회 당시에는 외국 순방 중임에도 영상 메시지를 전하는 알뜰한 '애정'을 보여 주었다. 그는 영상 메시지에서 "새마을운동은 역동적인 대한민국을 잘 보여 주는 범국민운동"이라며, "세계가 놀라는 경제성장의 바탕에는 새마을운동이 있었다"라고 말했다.[37] 2005년 전국새마을지도자대회에서도 "새마을운동은 오늘 대한민국을 이룩하는 데 크게 기여했다"라고 언급하는 한편, "이제는 균형발전시대"로서 "균형발전 없이는 지속가능한 발전도, 국민의 삶의 질 향상도 어렵다"라고 밝히며 균형 발전론을 주요 내용으로 강조하기도 했다.[38]

대통령 퇴임 이후에도 노무현은 2008년 3월 4일 〈봉하에서 띄우는 두 번째 편지〉란 글에서 "새마을 운동을 다시 하자고 해볼까 싶다"라고 밝혔다. 노무현은 이날 홈페이지에 올린 편지에서 "새마을 운동이라는 이름에는 부정적인 기억이 남아 있는 것이 사실이지만, 우리 농촌의 환경을 되살리는 데는 효과적인 방법이 아닐까 생각한

다"라고 밝혔다.[39]

4

대화와 타협의 공화주의 정신:
제3의 길과 연대 임금제

노무현이 추구한 대화와 타협의 공화주의 정신은 정치권 내 반대 당과의 상생·협력만이 아니라 계층 간의 상생·협력으로도 구체화되었으며, 이는 노동자와 사용자, 정규직과 비정규직 간의 상생을 추구하는 장기 국가 발전 계획 '비전 2030'으로 가시화되었다.

이는 당면한 목표인 동반 성장과 양극화 해소를 위해 국민 총생산 대비 복지 지출을 2020년까지 미국·일본 수준으로, 2030년까지는 유럽 수준으로 높이자는 방안이었으며, 한편으로는 한미 자유무역협정FTA이나 대·중소기업의 상생·협력 및 비정규직 문제를 해결하기 위한 현실적인 대안 노선이기도 했다. 이와 관련하여 노무현은 세계화 대 민족주의, 반미 대 친미, 좌파 대 우파, 사용자 대 노동자라는 극단적인 좌우 진영 간의 대립과 갈등을 풀고자 '제3의 길'과 같은 유연한 진보 노선, '연대 임금제'와 같은 공화주의적 처방을 제시하였다.

제3의 길(유연한 진보) 추구

보수 언론들은 노무현을 반미주의자이자 좌파로 규정하고 공격했으나, 실제 그가 임기 중에 펼친 정책은 그러한 노선과는 거리가 멀었다. 실제로 진보 진영은 한미 FTA 추진과 이라크 파병 등 노무현 정부의 정책이 신자유주의 우파에 가깝다고 비난하기도 했다.

이와 관련하여 참여정부 당시 김병준 정책실장은 "노무현 대통령이 숱한 반대를 물리치고 추진한 '한미 FTA'에 대해 왜 했는지도 모르면서 '노 대통령이 실수했다'는 소리를 하는 사람을 어떻게 친노로 묶나. 묶어서 또 어쩌자는 건가"라며 반문한다. 김병준 정책실장은 19대 총선에서 야권 연대를 하면서 내걸었던 한미 FTA 폐기론을 "명분이 없다"라고 비판하기도 했다.[40]

김병준 정책실장은 노무현 대통령이 한미 FTA를 추진하다가 뒤늦게 미국 금융 위기가 오자 잘못 생각했다고 여기고 재협상을 주장하고 나섰다는 주장에 대해서도 그렇지 않다고 말하며, 단호한 어조로 노 대통령의 생각이 변한 게 아니었다고 말한다. 그는 당시 노무현 대통령이 수출을 통해 경제 영토를 넓히지 않고서는 도저히 살아갈 수 없는 자원 빈곤국인 한국으로서 '불가피한 선택'을 한 것이며, 자기 책임을 다하고자 한 것이었다고 평가한다. 그렇다면, 노무현 대통령의 한미 FTA 추진을 신자유주의라고 비판하고 이를 매국노라고 반대했던 사람들은 과연 누구였을까? 2012년 총선에서 통합진보당과의 선거 연대를 조건으로 노무현 대통령의 한미 FTA 추진을 오류라고 비판하며 사과한 사람들은 누구였을까? 과연 이들을 노무현의 공화주의 정신의 창조적 계승자라고 말할 수 있을까?

2007년 노무현 대통령은 한미 FTA 추진을 반대하는 흐름에 대해 다음과 같이 반론한 바 있다.

저는 신자유주의자가 아닙니다. 그렇다고 한나라당이나 일부 정치 언론이 말하는 그런 좌파도 아닙니다. 저는 진보의 가치를 지향하는 사람이지만, 무슨 사상과 교리의 틀을 가지고 현실을 재단하는 태도 에는 동의하지 않습니다. 오늘날은 개방도, 노동의 유연성도 더 이 상 이념의 문제가 아니라 현실적 효용성의 문제입니다. 세계시장이 하나로 통하는 방향으로 가는 시대의 대세는, 중국의 지도자들도 거 역하지 못한 일입니다. 이런 마당에 개방을 거부하자는 주장이나 법 으로 직장을 보장하자는 주장은 현실이 아닙니다. [중략] 저는 이제 우리 진보가 달라지기를 희망합니다. 그리고 진보의 가치를 실현하 는 데 필요하면 그것이 신자유주의자들의 입에서 나온 것이든 누구 의 입에서 나온 것이든 채택할 수 있는 유연성을 가져야 합니다. 유 럽의 진보진영은 진작부터 이런 방향으로 가고 있습니다. [중략] 참 여정부의 노선은 이런 것입니다. 굳이 이름을 붙이자면 '유연한 진 보'라고 붙이고 싶습니다. '교조적 진보'에 대응하는 개념이라 생각 하고 붙인 이름입니다.[41]

노무현은 유작인《진보의 미래》에서 당시 한미 FTA 추진을 신자 유주의라고 악마화하고 적대화했던 진보 지식인들과 민노당 후계 정당 등 시장을 반대하는 세력들을 '구좌파'로 비판한다. 동시에 자 신은 시장을 반대하지 않는 제3의 길을 걷는 '유연한 진보'라고 규 정하며 다음과 같이 말한다.

한국의 보수주의자들은 김대중, 노무현 정부를 좌파정부라고 한다. 정통 진보라고 자처하는 사람들은 김대중, 노무현 정부를 신자유주의 정부라고 한다. 진보와 보수를 가르는 기준은 무엇인가?[42]

진보주의의 대안과 전략은 진보원리주의와 제3의 길로 갈린다. [중략] 진보진영도 수용할 것은 수용하고, 수용의 정도를 가지고 타협하는 것이 현명한 전략이 아닐까? [중략] 나는 제3의 길이라는 것이 이런 길로 가고 있는 것으로 생각하고 있다.[43]

그는《진보의 미래》에서 우리나라 진보가 정통 구좌파의 원리주의에 따르는 교조적 진보에 빠져서는 안 되며, 제3의 길로서 유연한 진보를 고려해야 한다고 강조했다. 진보 원리주의에 대한 비판과 함께 유연한 진보를 고려하라는 노무현의 언급은 많은 시사점을 준다. 특히, 현재 586 운동권 출신들이 변화한 상황에 부합하는 혁신 없이 종전의 기득권만 지킨다고 비난받는 분위기에서 그 반성적 대안으로서 시사하는 바가 크다. 586 운동권 출신들이 욕을 먹는 이유는 '독재와 싸운 경력' 때문이 아니다. 그것은 민주화된 지 30년 넘어가는 변화된 21세기 시대 상황을 무시하고, 독재와 싸웠던 관성대로 무엇이든 민주 대 반민주, 진보 대 보수라는 이분법적 구도로 국민의 편을 가르기 때문이다. 다시 말해 쓸데없이 강경한 태도만을 고수한 채 도덕군자 행세를 하며, 정작 낡은 관행을 타파하는 데 무기력한 것으로 보이기 때문이다.

연대 임금제

비정규직 문제도 다르지 않습니다. 정규직에 대한 강한 고용보호를 양보하지 않고 비정규직의 보호만 높여달라고 한다면 해결의 길이 나오기 어렵습니다. 연대임금제나 일자리 나누기에 대한 제안 없이 어떻게 노동자 간 임금 격차를 해소할 수 있겠습니까? 가능한 방안을 찾고 수용할 것은 수용해야 합니다.[44]

노무현 대통령은 2005년 2월 25일 국회 국정 연설회에서 당시 정규직 노동자와 비정규직 노동자 간의 임금 격차 그리고 대기업 노동자와 중소 하청 노동자 간의 소득 양극화를 해소하기 위해 연대 임금제와 같은 특단의 정책을 대기업과 노조가 수용할 것을 촉구하였다. 나아가 그는 2005년 7월 5일 청와대에서 열린 '대-중소기업 상생협력 점검회의'에서 "연대임금제와 같은 대-중소기업 노동자 간 협력 방안을 검토해 보라"라고 지시한 바 있다.

노무현 대통령은 2005년 8월 15일 광복절 경축사에서도 "기업이 어려움에 처해도 정리해고가 어려운 제도 아래서 비정규직과 대다수 노동자들이 피해를 보고 있다"라며, "막강한 조직력으로 강력한 고용보호를 받고 있는 대기업 노조가 기득권을 포기하는 과감한 결단을 해야 한다"라고 말했다. 이어 그는 "노조는 해고의 유연성을 열어주고 정부와 기업은 정규직 채용을 늘리고 다양한 고용기회를 만들어주는 대타협을 이뤄내야 한다"라며 구체적 방법론까지 제시하였다.[45]

동년 광복절 경축사에서 나온 이 같은 발언은, 노무현이 대기업 노조의 지나친 이기주의가 하청 중소기업이나 비정규직 노동자의 이익을 침해한다고 인식하고 있었음을 보여 준다. 즉 참여정부가 추진했던 노사정 대타협과 비정규직 문제 해결이 지지부진한 가장 큰 이유 가운데 하나가 비협조적인 대기업 노조 때문이라고 판단한 것이다.

연대 임금제는 노사가 중앙 교섭을 통해 동일 업종 내 저임금 기업의 임금 상승을 촉진하고, 고임금 기업의 임금 상승을 억제해 노동자 간의 임금 격차를 줄이는 제도를 말한다. 물론 이 제도가 성공하기 위해서는 상층 자본과 상층 노동의 기득권 타파와 함께 노사정 대타협이 필요하다. 스웨덴 사민당과 노사는 '살트쉐바덴 협약'과 '렌-마이드너 모델'을 통해 연대 임금제를 구체화한 바 있다. 그 핵심 원리는 다음과 같다.[46]

노조는 고임금을 자제하는 대신 자본 측에 고용 안정과 초과 이윤의 일부를 공동 주식으로 전환하는 임금 노동자 기금을 요구한다. 자본 측은 노조에 고용 안정과 공동 주식을 주는 대신 고율의 법인세를 정부에 제공하고, 정부는 고율의 법인세와 노동자의 재산세 수입을 기반으로 재취업을 위한 재교육, 재훈련, 고용보험 등 광범위한 사회 복지를 노동자와 사회적 약자에게 제공한다. 또한 정부는 연대 임금을 제공할 수 없는 경쟁력 없는 한계 기업들에 구조 조정 또는 재생할 수 있는 금융과 행정을 지원함으로써 성장과 분배의 선순환을 조직한다.

연대 임금제의 실현은 노사정의 대타협이 필요한 만큼 기본 소득만큼이나 기득권의 저항이 있을 수밖에 없다. 연대 임금제를 성공한 스웨덴 사민당 역시 기득권의 저항에 부딪혔지만, '다 함께 성장론'

으로 이를 극복하였다. 그들은 지지 기반인 노조에는 기업이 없으면 국가 경제도 없으며 일자리도 사라진다고 쓴소리를 하면서, 파업을 계속한다면 어쩔 수 없이 법을 만들어 노조의 파업을 금지하겠다고 경고했다. 또한 기업에는 노조와 불필요한 기 싸움을 그만두고 타협에 임해 달라고 요청하면서, 그렇지 않으면 국가가 나서서 직장 폐쇄 금지법을 만들겠다고 경고했다.

이 같은 연대 임금제는 문재인 정부가 추진하는 소득 주도 성장책에 실질적인 도움이 될 것이다. 즉, 최저 임금을 올리지 않고 현상 유지하면서도 비정규직 임금을 올리는 방법으로서 소득 성장을 이끄는 방안이 될 수 있다. 소상공인과 그 소속 노동자의 지속 가능한 연대 임금제 실현을 위해 상층 자본과 상층 노동의 기득권 담합을 축소하면서, 선先 연대 임금제부터 실시할 필요가 있다. 예컨대 우선 상위 소득 1%의 상층 자본과 차상위 소득 10%인 상층 노동의 임금 인상을 동결하고, 그 동결분의 보상으로 기업의 (공동) 주식을 지급하고, 비정규직 노동자에게 정규직 임금의 80%까지 배분하는 연대 임금제를 실천할 수 있을 것이다. 그러한 비정규직 연대 임금의 상승에서 나오는 '더 얇고 더 폭넓은' 세금을 확보하면, 더 열악한 소상공인 소속 노동자의 임금 상승을 실현하도록 소상공인 구조 조정 기금과 노농자 재취업 훈련 비용을 지원할 수 있다.

연대 임금제를 실현하기 위해서는 노-사-민-정 거버넌스 구축이 선행해야 한다. 이를 위해 노동 조합과 사용자, 시민 사회단체와 정부가 한 테이블에 모여 타협안을 도출하고, 더불어 협의된 '한국형 연대 임금제'를 정착시켜야 할 것이다.[47]

5

계승해야 할 노무현 정신의
핵심 가치와 유산

　지금까지 정치가로서 노무현이 추구한 정치 노선을 공화주의 정신의 관점에서 살펴보았다. 공화주의에서 강조하는 비지배적 자유의 정신은 노무현의 민주주의 3단계 발전론, 특히 세 번째 단계인 성숙한 민주주의와 대화와 타협의 정신 등에서 구체화된다. 이렇듯 노무현이 강조한 성숙한 민주주의는 제임스 매디슨의 공화주의 노선과 유사성이 있으며, 이는 분권과 자율, 대화와 타협, 시민 참여 등을 통해 알 수 있다. 또한 그 사례로서 대연정과 새마을 운동에 대한 관심, 제3의 길, 연대 임금제 등을 꼽을 수 있다.

　제임스 매디슨의 공화주의는 국가의 공공선을 가로막는 방해물을 파벌의 해악으로 보고 이를 막기 위해 입법, 행정, 사법의 권력 분립과 지방-연방 정부의 권력 분립을 전제로 한 견제와 균형을 추구했다. 특히 파벌의 해악을 막는 불편부당한 대표자를 선출하기 위해 대의제와 광역 선거구제를 추구하였다. 이는 노무현이 추구한, 지역 구도를 청산하고 이념적 파벌 정당을 막으려 했던 여러 시도(정당 민주화, 상향식 공천 개혁, 당정 분리론, 유연한 진보로서의 제3의 길 추구, 분권과 자율을 위한 지역 균형 발전과 행정 수도 이전, 대화와 타협의 정치 문화 구축을 위한 대연정 제안 등)와 닮아 있다.

노무현은 정당 민주화와 상향식 공천을 구현하기 위해 대통령이 지닌 공천권을 아예 포기하고 이를 참여 시민들에게 돌려주려 했다. 특히, 탈계파 정치와 상생 정치를 위해 국무총리 지명권과 조각권을 야당인 한나라당에게 주는 대연정 방안을 제시했다. 이런 점에서 그의 정신은 탈계파 정치를 위한 공화주의 정신(비지배적 자유, 국민 통합)에 맞닿아 있다. 무엇보다 협치와 시민 참여를 통한 대화와 토론을 중시하는 숙의 민주주의와 관련이 깊다.

노무현의 정치 노선을 공화주의 정신으로 보려는 이상의 접근은 실험적 시도로서 의의와 함께 많은 한계를 가지고 있다. 학계에서조차 아직 공화주의 개념에 대한 정답이 없어 논쟁이 이어지고 있는데, 이를 노무현의 정신과 연관시키는 일은 더 많은 논쟁을 부를 수밖에 없다. 이러한 한계는 추후 비판과 보완을 통해 개선할 필요가 있겠다.

그럼에도 노무현의 공화주의 정신에 주목하는 이유는 무엇일까? 핵심은 민주화, 세계화, 후기 산업화, 탈물질주의, 탈냉전 등으로 표현되는 21세기 전환기적 시대 상황에서, 좌우 진영, 대립과 적대를 넘을 수 있는 새로운 한국 정치와 국정 운영 패러다임이 절실히 필요하기 때문이다. 이러한 배경을 열거하면 다음과 같다.

첫째, 1987년을 기준으로 민주화를 시작한 지 33년이 지나 한 세대가 지난 시점에서, 우리나라는 민주적 절차를 어느 정도 달성하였다. 그만큼 우리나라 국호인 '민주 공화국'을 실현하기 위한, 즉 '민주' 단계에서 '공화' 단계로 나아가기 위한 새로운 시각 전환이 요구되고 있으며, 그 전환의 방향을 지침하는 데 있어 공화주의적 가치를 일찍이 실천했던 노무현의 정신을 복기하여 공유하는 적실성이 크기 때문이다.

둘째, 21세기 자유주의와 자유 지상주의 다원주의가 사회 이익을 더욱 파편화함으로써 국민 통합과 국가 통합에 더 많은 한계가 노정하고 있다는 반성과 함께, 그 대안의 모색이 필요하기 때문이다. 이에 대의 민주주의를 정상화하기 위한 대안적인 공공철학의 한 노선으로 공화주의가 주목받고 있는바, 일찍이 공화주의적 가치를 실천했던 노무현의 정신을 살펴볼 가치가 크기 때문이다.

한국 정치의 고질적인 병폐로 지적된 대립과 갈등, 분열의 정치는 이제 민생과 국민 통합을 위한 대화와 타협의 정치로 전환되어야 한다. 문재인 정부 이후 국정 과제로 등장한 여야 협치를 통해, 대화와 타협의 정치로 상징화된 노무현의 공화주의 정신이 새롭게 개념화되고 있다고 볼 수도 있을 것이다. 협치란 세계화와 네트워크 시대에 부응하는 새로운 통치 양식인 'Governance거버넌스'의 번역어이다. 협치의 핵심은 중앙 정부의 권력과 권위를 다양한 행위자에게 위임·분산하여 그들의 참여를 독려함으로써 함께 협력하는 것이다. 이때 협치에 참여하는 중요한 행위자는 당연 '덕성 있는 시민들'과 '시민 단체의 대표자들'이다.

이러한 원리를 정당 협치에 적용하면 당 지도부나 계파 보스가 지녔던 공천권과 정책 결정권을 당원과 지지자, 일반 유권자에게 돌려주고, 그들의 참여를 독려함으로써 당의 기반과 체질을 수평화·개방화하는 것이 된다. 즉 정당 협치는 이른바 시민 참여형 네트워크 정당 모델이나 시민 플랫폼 네트워크 정당 모델로 구현된다.

특히, 시민이 공천에 참여하는 공천 협치는 국민 참여 경선제의 법제화로 구현된다. 노무현은 공천권 포기와 상향식 공천 노선을 제도화하지 않은 상태로 추진했으며, 그 결과 선의에도 불구하고 자신과 그의 계승자들이 정치적 손해를 입게 되었다. 즉 노무현은 상향식 공천을 제도화하지 않은 상태에서 그에 반대하는 정당과 계파의 반발을 효과적으로 방어하고 설득할 수 없었다. 공천권이 없는 대통령은 레임덕에 빠져 정치적으로 무기력해진다는 점을 간과한 것이다. 이는 19대와 20대 총선에서 계파 공천을 끝까지 포기하지 않은 박근혜의 경우와 분명히 비교된다. 따라서 노무현의 상향식 공천제는 여야가 동시에 시행하는 국민 참여 경선제의 법제화로 계승되도록 치밀하게 설계할 필요가 있다.

노무현의 공천권 포기와 대연정 제안은 공천권을 무기로 의원의 자율성을 억압하고 집권당과 국회를 장악하여 대통령과 행정부 중심의 일방적인 국정을 운영하면서, 결국 야권의 반발과 파행을 불러오는 소위 '제왕적 대통령제 관행'을 개선하려고 했다는 점에서 큰 의미가 있다. 이는 친박 공천과 일방적인 국정 독주를 고집한 박근혜의 경우와 선명히 비교된다.

특히 대연정 제안은 계파 정치에 따른 파당적 대립과 갈등을 개선하려는 협치의 기원으로, 상생과 협력에 기반한 협치 모델에 시사하는 바가 크다. 그런 만큼 노무현 정신의 계승을 적실성을 가지고 재구성할 필요가 있다. 즉 민주 투사로서의 전기 노무현 정신만큼이나 공화주의자로서의 중기中期 노무현 정신을 계승하여 혁신과 통합의 리더십이 어떤 것인지에 주목할 필요가 있다. 예컨대 대통령 당선 이후 그가 정당의 계파 정치를 청산하기 위해 공천권을 포기하고, 여소 야대의 파당적인 대립과 갈등을 막기 위해 한나라당에 대연정을 제안하여 공화주의자로서 변신을 시도했던 사례를 더욱 심도 있게 분석하여, 그의 공화주의 정신을 제대로 계승할 필요가 있다.

동시에 노무현 정신의 계승을 자처하는 사람들은 자신의 실력과 역량을 키우지 않은 채 민주 대 반민주, 혹은 진보 대 보수와 같은 좌우 진영 논리에 기대는 일이 없어야 하며, 이른바 노무현의 명망을 팔거나 그와의 인연과 친함에 기대서 정치하려는 '노무현 마케팅'을 벗어날 필요가 있다. 나아가 민주화 이후 필요한 지방 분권과 자치 운동, 국민 통합을 위한 공화와 협치 모델, 시민 참여형(플랫폼) 네트워크 정당 모델, 완전 국민 참여 경선제의 법제화, 숙의 민주주의, 시민 공화주의, 민주 공화주의론 등의 공공재 담론과 정책을 더 많이 생산하고 공유하고 확산하면서, 한국 정치의 담론 지형을 더욱 성숙하게 선도할 필요가 있다. 예컨대 2018년 문재인 정부의 지방 분권형 개헌안은 국회가 거부하면서 추진되지 못하였지만, 노무현이 제기했던 지방 분권과 주민 자치를 위한 운동, 개헌 논의는 계속 진행할 필요가 있다.

02

한국 민주주의를 위한
노무현 대통령의 전략

이송평

1

노무현의
유산

노무현이 한국 정치에 남긴 가장 중요한 유산은 한국 민주주의 발전을 위해 구상하고 실천했던 그의 전략이다. 노무현은 민주화 이후 한국 사회의 좌절과 희망을 상징한다. 노무현은 민주주의 이행기뿐만 아니라 공고화 단계에서도 한국 사회의 모순에 정면으로 맞섰던 인물이다. 그 과정에서 그는 한국 민주주의 발전을 위한 자신만의 전략을 수립했고 이를 실천했다. 물론 그의 노력이 항상 성공적이었던 것은 아니다. 그러나 그는 많은 좌절 속에서도 희망을 싹틔웠고 이는 한국 민주주의 발전의 밑거름이 되었다. 노무현의 좌절은 한국 민주주의의 좌절이었으며, 노무현의 성공은 한국 민주주의의 성공이었다.

노무현의 민주주의 전략을 이해하기 위해서는 먼저 노무현의 정치적 삶을 이해해야 한다. 특히 일관되게 시민으로서의 정체성을 견지해 온 그의 태도에 주목해야 한다. 노무현은 1991년 부림 사건으로 한국 사회의 모순에 맞서기 시작한 이래 2009년 스스로 목숨을 끊을 때까지 항상 시민이고자 했던 인물이다. 시민운동가일 때나 정치인일 때나 대통령일 때나 그는 한결같이 시민이었다. 여전히 한국 민주주의는 미완성이며 사회 구성원의 시민으로서의 정체성도 온전하게 확립되지 못했다는 점에서, 그의 태도는 오늘을 사는 우리에게 귀감이 된다. 또한 이러한 그의 태도로 인해 노무현의 민주주의 전략 역시 더 큰 의미를 획득하게 된다.

노무현은 정치인 가운데 87년 체제의 속성을 가장 잘 이해했던 인물이다. 권위주의 시대를 넘어서려는 한국 사회는 필연적으로 민주화와 자유화를 선택했다. 그러나 권위주의 세력과 민주주의 세력의 타협이라는 내재적 한계 때문에 한국 사회에서 격렬한 정치적 대립은 일상이 되었다. 노무현은 이 대립의 중심에 민주화와 자유화가 있음을 간파했고, 민주화와 자유화의 안착을 통한 87년 체제의 극복을 정치적 실천 과제로 설정했다.

87년 체제를 넘어서는 것이 여전한 우리의 목표라고 한다면 노무현의 역사 인식과 전략적 태도에 주목할 필요가 있다. 노무현의 화두는 언제나 '한국 민주주의 어디까지 왔나?'였다. 노무현은 대통령이 되기 전부터 여러 강연에서 이 주제를 다루었다. 강연에서 그는 시기마다 시기에 맞는 단기적 전망과 장기적 전망을 내놓고 이런 전망 속에서 자신과 한국 사회가 나아갈 방향을 제시하곤 했다. 대통령에 출마하면서 그는 강연에서 축적한 생각을 바탕으로 공약을 제시하는데, 이것이 대통령 재임 시절 그가 구사한 민주주의 전략의 원형이었다.

노무현은 전략을 중요시한 인물이었다. '전략'이란 오늘날 다양하게 확장되어 사용되지만 정치학에서는 상대적으로 외면받는다. 전략적 정치학의 모색에서 나온 '정치 공학'이란 용어가 주로 부정적인 의미로 사용되는 예에서 보듯이 정치학은 전략적 개념의 빈곤에 시달리고 있다.[1] 정치의 본질을 "적과 동지를 구분하는 행동이나 동기"라 하는 슈미트의 언술을 따른다면 정치학적 외면은 차라리 위선에 가깝다. 정치 공학이든 전략이든 그 자체가 비판의 대상일 수는 없다. 비판의 초점은 그 목표가 공공의 이익에 부합한 것인지에 맞춰져야 한다. 이런 점에서 정치 영역에서의 전략적 접근은 오히려 권장할 만하며 노무현은 그 좋은 예가 된다.

노무현의 정치적 삶과 전략적 목표는 한국 민주주의의 발전이었다. 민주화 이전에는 민주화가 그의 목표였으며 민주화 이후에는 민주주의의 공고화가 그의 목표였다. 노무현은 시기마다 그에 맞는 전략을 구상했고 이를 실천하는 삶을 살았다. 그가 가장 전략적인 태도를 보였던 대통령 시절, 그의 목표는 87년 체제를 넘어서기 위한 시대적 과제의 해결이었다. 그래서 그는 민주화의 과제를 국정 과제로까지 승격하여 수행했고, 자유화의 과제 또한 지지층의 이반을 무릅쓰면서까지 수행했다. 이 모든 것이 그의 민주주의 전략에 기초한 것이었다.

한편 노무현은 퇴임 후에도 87년 체제 이후를 전략적으로 준비했다. 대통령 재임 시절의 성과만으로는 87년 체제를 넘어서기에 역부족이었다는 성찰 때문이었다. 그리하여 자신의 노력을 비판적으로 성찰하며 새로운 시민사회 운동을 목표로 했다. 그렇지만 이 새로운 전략 구상은 채 완성되기도 전에 그가 생을 마감함으로써 무산되고 말았다. 바로 이 점이 역설적으로 노무현을 미완성의 민주주의 체제인 87년 체제를 상징하는 인물로 만든다.

후임 대통령들의 시대인 이명박, 박근혜, 문재인 시대를 거치면서 한국 사회는 87년 체제를 성공적으로 극복하고 있는가? 유감스럽게도 나는 그러하다고 장담하지 못하겠다. 지금 우리는 노무현이 다 가지 못한 길의 초입에 서 있다고 말하는 편이 옳다고 본다. 그렇기에 나는 노무현의 민주주의 전략은 그가 한국 사회에 남긴 소중한 유산이며, 더 늦기 전에 우리 모두가 그의 민주주의 전략을 재검토하고 이를 현실에 맞게 수정하여 계승해야 한다고 믿는다.

2

민주주의 전략
이해의 기초

언술 속의 민주주의 전략

유감스럽게도 노무현이 퇴임 후 준비한 민주주의 전략이 완성되지 못한 탓에 과거에 그가 구상하고 실천했던 민주주의 전략도 그를 통해 직접 설명되진 못했다. 그러므로 이 글에서 필자는 노무현의 민주주의 전략의 존재 여부에서부터 전략적 목표와 과제, 그리고 그것이 어떻게 실천되었는지를 모두 설명해야만 한다. 그중 가장 먼저 따져 볼 것은 전략의 실재 여부인데 이것은 비교적 쉽다. 노무현의 언술에서 '노무현의 민주주의 전략'의 존재를 확인할 수 있기 때문이다. 대통령 퇴임 후인 2008년 12월 31일의 기록 속에서 노무현은 이렇게 말한다.

> 지금 우리가 얘기하는 게 민주주의 국가는 무엇을 해야 하는가 이런 거 아닌가? [중략] 그런데 민주주의라는 것이 두 가지가 있습니다. 민주주의가 지향해야 될 가치가 있고, 민주주의를 실현하기 위한 전략론이 있을 수 있거든? 내가 뒤로 미루자고 하는 것은 민주주의 전략론이에요. [중략] 지금 우리가 얘기하고 있는 것은 민주주의 국가의 정책론입니다, 사실은.[2]

노무현은 대통령 퇴임 후 몇 권의 책을 집필하려 했다. 그가 맨 먼저 쓰려고 했던 책은 민주주의 국가의 역할과 관련한 내용이었는데, 이는 위 발언에 나오듯이 '민주주의 국가의 정책론'이었다. 사후에 유고를 모아 펴낸《진보의 미래》가 바로 그것으로 민주주의 전략에 대한 언급은 첫 번째 책의 구상에 대한 설명에서 나온다.

> 민주주의 전략론에는 내가 얘기하는 정치란 무엇인가, 민주주의란 무엇인가, 물론 이념 얘기도 들어가게 되겠지요. [중략] 민주주의를 구현하기 위한 전략과 전술에 관한 것은 소위 정치란 무엇인가라는 것에서부터 출발해서 권력 투쟁을 이해해야 하고 그 권력 투쟁 속에서 민주주의 권력이 성공하기 위한 제반 전략들을 얘기해야 하는 것이죠. 그래서 그거는 지금 여기 묶일 거는 아니라고…"[3]

위 발언은 노무현의 구상 속에 이미 민주주의 전략이 자리 잡고 있음을 보여 준다. 그런데 전략적 목표로서 민주주의의 구현 외에 민주주의 권력의 성공을 꼽은 것은 다소 특이하다. 이는 국면의 변화와 관련이 있다. 같은 전략이라도 국면이 변하면 목표 또한 그 영향을 받는데 이 경우가 바로 그러하다.

대통령 재임 전과 후를 비교해 보자. 노무현은 극적인 승리로 대통령에 당선됐으며 성공한 대통령을 꿈꾸었다. 그러나 임기 첫해부터 권위를 도전받았고 결국 탄핵 사태를 맞았다. 탄핵 이후에도 좌파와 우파 양쪽 모두로부터 계속 공격받다 썩 만족스럽지 못한 지지율로 대통령직에서 물러난다. 권력은 민주주의 발전이라는 과제를 거추장스럽게 여기는 정치 세력에 넘어갔다. 노무현이 자신의 민주주의 전략의 목표 가운데 하나로 '민주주의 권력의 성공'을 꼽은 것은 이런 국면의 변화와 연결하여 이해해야 한다.

국면의 변화는 외부적 변화에 따라 객관적으로 주어지지만, 형세를 판단하고 상황을 인식하는 것은 어디까지나 주관적일 수밖에 없다. 그러므로 전략적 목표와 그 변화를 이해하기 위해서는 노무현의 주관적인 시대 인식 혹은 역사 인식 또한 이해할 필요가 있다.

노무현의 역사 인식

역사를 보는 눈은 변한다. 노무현의 역사 인식 또한 그러할 것이다. 부림 사건을 계기로 한국 사회의 모순에 눈을 뜬 시기의 그것과 대통령 퇴임 이후의 그것이 똑같다고 말할 수는 없다. 그러나 큰 변화가 있었던 것은 아니다. 시간의 흐름 속에서 좀 더 체계적으로 정리되었다고 하는 편이 옳다.

노무현이 자신의 역사 인식을 구체적으로 드러내기 시작한 시점은 2000년 전후이다. '한국 민주주의 어디까지 왔나?'라는 주제의 강연을 통해 노무현은 자신의 역사 인식을 드러내곤 했다. 이는 대통령에 입후보할 무렵 더 구체적이고 체계적으로 나타난다.

> 한국이 지금 어디쯤 왔는가, 최종적인 목표가 정확하게 어디인지는 모르지만 과연 어디쯤 왔는가, 이런 생각도 해봅니다. [중략] 1945년 우리나라가 일제의 식민지 지배로부터 해방되었을 때, 지금 돌이켜 보면 무엇을 했어야 했을까요? 제일 먼저 민주국가를 건설했어야 합니다. 자주 독립 국가를 건설했어야 했고요, 조금 살기 넉넉한 경제건설을 했어야 할 것으로 생각하고, 민족이 하나로 되는 통합된 국가를 건설했어야 했을 거라고 생각합니다. 이때를 출발점이라 했을 때 지금 우리가 성취한 것은 무엇이며, 성취하지 못한 것은 무엇인가? [중략] 한국이 성취한 것은 산업화 한 가지다 이겁니다. 통합은 멀었고 민주화는 어느 정도 왔습니다. 그래서 한국은 소위 근대화된 선진 민주국가와 어깨를 나란히 겨루기 위해서는 해결해야 할 많은 문제들이 남아 있다고 생각합니다.[4]

　　이 강연에서 노무현은 해방 이후 한국이 이루었어야 할 과제 가운데 첫 번째로 민주 국가의 건설을 거론한다. 그리고 근대화된 선진 민주 국가를 만들기 위해서 한국 사회가 해결해야 할 과제를 설명하는 데 시간 대부분을 쓴다. 이 시기가 대통령 출마 선언 직전임을 상기할 필요가 있다. 왜냐하면 노무현은 자신의 역사 인식을 자신이 대통령이 되어야 하는 근거로 삼고자 했기 때문이다. 즉 한국 민주주의의 발전에 자신이 쓰임새가 있음을 강조하고자 한 것이다.

대통령 임기 내내 노무현은 자신의 역사 인식을 수시로 드러낸다. 이런 역사 인식이 가장 잘 정리되어 제시되는 것은 임기 마지막 해이던 2007년의 신년 연설이다. 2007년 노무현은 참여정부 평가포럼, 원광대학교 특강, 벤처기업인을 위한 특강 등, 대통령직 수행 경험을 바탕으로 한국 사회가 나아갈 방향을 제시하는 몇 차례의 중요한 강연을 진행하는데, 모든 강연은 2007년 신년 연설에서 제시한 역사 인식을 기초로 한다. 그래서 이 신년 연설은 무엇보다 중요하다.

> 독재시대의 과제는 반독재 투쟁이었습니다. 87년 6월 항쟁으로 우리 국민들은 독재정권을 무너뜨렸습니다. 6월 항쟁 이후 시대의 과제는 독재체제에서 구축된 특권과 반칙, 부정과 부패의 유착구조를 해체하고, 권위주의 문화를 청산하고, 투명하고 공정한 사회를 만드는 것입니다. 그리고 독재정권이 만들어 놓은 지역 간의 분열구도를 통합하는 것이었습니다. 저는 이것을 민주주의의 2단계 과제라고 부르고 있습니다. 그 다음 시대의 과제는 관용의 정신을 바탕으로 하는 대화와 타협의 민주주의로 가는 것입니다. 정책을 중심으로 토론과 타협이 일상화되고, 연정·연합정부가 자연스럽게 받아들여지는 수준의 민주주의를 하는 것입니다.[5]

이 연설은 대통령 출마 전의 강연들과 맥을 같이 한다. 이 역시 출발은 '한국 민주주의 어디까지 왔나?'였다.

이 연설의 특징은 한국 민주주의를 단계별로 구분하여 설명한다는 점이다. 기존의 민주주의 연구는 민주주의를 이행기와 공고화 단계로 나누어 설명하는 것이 일반적인데, 노무현은 여기에 한 단계를 더 넣어 세 단계로 제시한다. 노무현에게 있어 1단계는 민주주의의 이행을 의미하고, 3단계는 민주주의를 내면화하는 공고화 단계를 의미한다. 그 사이에 있는 2단계는 민주주의 공고화를 준비하는 단계라고 할 수 있다.

이 연설의 중요성은 구분의 적절성보다는 한국 민주주의의 발전 단계를 과거-현재-미래라는 시간의 흐름 속에서 보여 주려 했다는 점에 있다. 현재를 과거로부터 미래로 가는 여정 속에서 설명함으로써 바람직한 방향을 제시하려 하는 그 태도가 더 중요하다는 것이다. 이처럼 역사적 맥락에서 민주주의를 파악하려는 태도는 퇴임 이후에도 변하지 않는다.

> 한국의 민주주의 어디까지 왔냐, 제일 쓰고 싶은 것이 이것입니다, 사실은. 그런데 바로 들어가면 너무 전문적이어서 사람들 관심이 없어져 버리거든. 그래서 경쟁에서 승리하자는데 우리가 성공할 수 있느냐, 당신의 확률은 얼마냐, 이런 얘기부터 하자는 거거든요. 당신 아이의 성공 확률이 얼마냐, 그 성공의 내용이 뭐냐, 그 성공이 아이의 가치 있는 삶과 행복한 삶으로 가는 거냐, 가치 있는 삶으로 가는 것이냐. [중략] 전체적으로 우리의 삶과 국가의 역할 얘기를 먼저 하고 마지막에 결론으로 '민주주의 어디까지 왔냐' 이렇게 가는 것이…"[6]

이상의 발언을 통해서 우리는 그가 민주주의의 발전이라는 역사적 맥락 속에서 일관되게 한국 사회를 보고 있음을 알 수 있다. 이런 일관성으로부터 그가 매 시기 민주주의 발전을 위한 전략을 고민하고 있었다는 유추가 가능하다. 직접 이것이 나의 전략이라고 드러내

주장한 바는 없지만, 그는 항상 자신만의 '민주주의 전략'을 구상하고 실천해 왔다는 것이다.

노무현의 전략적 사고

노무현의 사고 패턴을 잘 보여 주는 글이 있다. 1993년에 월간지에 기고한 〈민주당 더 빨리 더 크게 달라져야: 노무현의 민주당 개조론〉이 그것이다. 김대중이 정계를 은퇴한 상황에서 김대중 없는 민주당이 어떻게 변하고 나아가야 할지를 제안한 글로, 문민 정부 출범 이후의 정세 분석, 민주당의 개혁 과제와 그 방안을 주된 내용으로 한다. 민주당의 현실을 '잘 되면 집권당, 못 되어도 제1야당'이라고 진단하며 시작하는 이 글은 노무현의 역사 인식과 전략적 사고를 잘 보여 준다.

> '불리하게 왜곡된 시장구조, 자본과 판매조직의 열세, 이런 상황에서 경쟁사는 신개발 제품으로 시장을 석권하고 있고 우리 제품은 아무도 거들떠보지도 않는다.' 이것이 오늘 민주당이 처한 현실이다. 장차 시장여건은 개선되고 분위기는 좋아질 것인가. 질 좋은 제품을 내놓을 만한 생산설비와 경영조직은 어떻게 갖출 것인가. 민주당의 진로를 말하기 위해서 먼저 점검해 보아야 할 문제들이다. 결론부터 말하자. '잘되면 집권당, 못되어도 제1야당' 이것이 민주당의 장래이다.[7]

현실 진단은 언제나 전략의 출발점이 된다. 역시 인식이나 사상은 나아갈 방향을 선택하는 데 가장 중요한 역할을 하는 것이 분명하지만, 현재의 위치를 명확하게 인지하지 못한 채 미래를 준비할 수는 없기 때문이다. 현실 진단은 전망으로 이어지는데, 노무현은 당시 문민 정부가 90%가 넘는 지지율로 고공 행진을 하던 상황에서 자신만의 역사 인식에 근거하여 미래를 이렇게 전망한다.

- 단기적 전망 — 시장은 춤춘다. 국민은 잘 잊어버린다. 청문회 정국, 3당통합 당시 지지율 53%, 몇 달 뒤 65% 반대, 지자제 여당 압승. 국민들의 기억상실증이 정치발전을 더디게 하는 부정적인 현상이기는 하지만 엄연한 현실이다. 치솟는 김영삼 대통령의 인기, 죽 쑤는 민주당, 그러나 이런 현상이 과연 얼마나 오래갈 것인가?
- 장기적 전망 — 그래도 시장에는 흐름이 있다. 역사는 발전한다. 변화와 발전의 흐름이 어떤 것일지에 대한 예리한 통찰이 필요하다. 민주당의 장래는 여기에 비추어보아야 한다.[8]

노무현의 글은 높은 지지를 받던 '김영삼 개혁'의 문제점 지적으로 이어진다. 노무현이 지적한 김영삼 개혁의 문제점은 세 가지였다. 첫째, 개혁을 법과 제도에 의하지 않고 협박으로 해치우려 한다는 점. 둘째, 불공정한 경제 구조의 개혁을 외면하고 있다는 점. 셋째, 개혁의 목적지가 무엇인지 불분명하다는 점 등이 그것이다. 오늘에 와서는 충분히 적실성을 갖춘 비판이지만, 당시로서는 높은 인기를 누리는 정부 여당에 대한 야당의 시샘으로도 읽을 수 있는 비판이었다. 그러나 노무현의 상황 인식은 이런 수준을 넘어서 있었다.

민주당은 개혁의 성패에 따라 어떤 영향을 받을 것인가. 개혁이 잘

돼야 국민이 산다. 민주주의가 발전해야 야당도 발붙이기 쉬운 것이다. 반면 개혁이 잘 안되고 지지부진할 때 야당의 입지가 넓어지는 것은 사실이다. 그러나 장기적으로는 개혁이 잘되는 것이 좋다. 개혁의 성과는 결과적으로 민주당으로서는 여건이 좋아지는 것으로 보고 싶다. 게다가 개혁과정에서의 문제와 한계가 있기 때문에 민주당은 할 일이 많고 하기에 따라 좋은 성과를 거둘 수 있을 것이다.[9]

노무현은 장기적 전망을 말한다. 눈앞의 이득이 아니라 미래의 이득을 말한다. 대통령 재임 시절에도 '비전 2030'과 같은 중장기적 비전을 제시하기 위해 애썼던 것을 감안한다면, 그의 이런 태도는 깊이 내재한 역사 인식에 바탕을 두고 있다고 하여야 한다. 이후 서술되는 민주당의 개혁 과제와 개혁 방안 역시 이런 전략적 사고의 결과였다.

전략적 사고에 대한 그의 시각은 2002년에 발표한 《노무현의 리더십 이야기》에서도 잘 나타난다. 이 책에서 제시하는 리더가 갖추어야 할 여러 덕목 가운데 노무현이 가장 먼저 꼽는 것은 '전략적 사고'다. 즉 리더가 되려면 무엇보다 전략적 사고를 갖추어야 한다는 것이 그의 주장이다. 노무현은 이 책에서 서론인 제1장에 이어 제2장에서부터 본격적으로 자신의 리더십을 논하며, 그 제목을 "전략적으로 정책을 판단한다"라고 붙이고 있다.[10] 전략적 사고를 가장 앞세워 설명하고 있다는 것은 이를 그만큼 중요하게 여겼음을 보여준다. 책의 한 부분에서 그는 다음과 같이 말한다.

전략적 사고는 한마디로 일의 성패를 결정하는 것이 무엇인지를 생각하는 것이다. 일의 성패를 결정하는 요인을 파악했다면 일이 해결될 때까지 이 문제에 자신의 노력을 집중해야 하는 것이다. 전략적 사고는 우선 실현 가능한 목표를 설정하고, 그 다음 성패를 결정하는 요인을 파악한다. 그리고 이를 중심으로 일의 선후와 경중을 분명히 하면서 단계별 과정을 짜고 자원을 배분해야 한다. 그리고 각각의 과정 속에서 발생할 수 있는 저항과 장애에 대한 극복방안을 마련해야 한다. 무엇보다 중요한 것은 이러한 모든 단계에 걸쳐서 목표와 본질을 잃지 않는 것이다.[11]

전략적 사고가 중요하다는 노무현의 주장을 자세히 소개하지는 않겠다. 여기서 보여 주려는 것은 노무현이 전략적 사고를 각별히 중요하게 생각했다는 것 자체이기 때문이다. 위의 책은 해양수산부 장관으로서의 경험을 바탕으로 쓴 리더십 책이지만, 대통령 후보로서 자신의 리더십을 소개하려는 목적이 강하다. 그러므로 노무현이 전략적 사고의 중요성을 강조한 것은 자신의 전략적 관점을 보여 주고자 하는 의도가 다분했다고 할 수 있다.

후에 상술하겠지만, 노무현은 시기마다 전략가적인 모습을 자주 보였다. 그러므로 비록 그가 민주주의 전략을 구체적으로 언급한 것이 퇴임 이후일지라도, 그에게 있어 민주주의 전략이라는 개념은 퇴임 이후 새로이 형성된 개념이 아니라 그의 정치를 관통하는 핵심 키워드였다고 하는 편이 옳다. 퇴임 후 언급한 '민주주의의 구현'과 '민주주의 권력의 성공'이라는 목표가 그 시기의 목표였듯이, 노무현은 매 시기 이와 같은 맥락을 유지하면서도 구체적으로는 조금씩 다른 민주주의 전략을 세웠던 것이다.

대통령 노무현, 한국 정치에 무엇을 남겼나

3

노무현의
정치적 삶

노무현 정치의 시기적 구분

노무현의 민주주의 전략을 논하기 위해서는 그의 정치 인생 전체를 조망할 필요가 있다. 한국 민주주의의 미래를 위한 노무현의 노력이 언제 시작되었고 어떻게 끝나는지, 또 그의 전략적 목표가 어떤 배경 속에서 수립되고 변화되는지를 살펴본 뒤라야 그의 전략을 검토할 수 있을 것이기 때문이다.

이 글은 노무현의 정치적 시작을 1981년 10월 부림 사건의 변호 수임으로 보고, 그 끝을 스스로 목숨을 끊었던 2009년 5월 23일로 본다. 이를 시작점과 종착점으로 하여, 그사이 있었던 많은 일 가운데 노무현에게 직간접적으로 영향을 미친 특별한 주요 사건을 중심으로 노무현의 정치 인생을 조망하면 다음 쪽의 〈그림 2-1〉과 같다.

이 모든 사건은 정도의 차이는 있을지 몰라도 노무현의 정치에 적지 않은 영향을 미쳤다고 할 수 있다. 그러나 이 중에서 노무현의 정치적 변곡점으로 작용하는 두 사건이 있으니, 1990년의 3당 합당과 2008년의 제16대 대통령 퇴임이다(＊표시). 이 두 변곡점을 기준으로 하면 노무현의 정치는 진보 정치의 시기(1981~1990), 개혁 정치의 시기(1990~2008), 새로운 전략 모색기(2008~2009) 등 세 시기로 나뉜다.

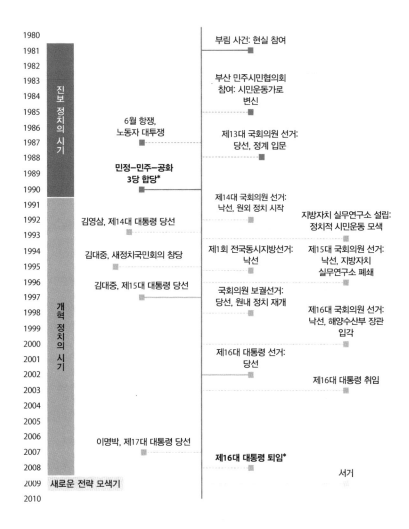

1980	부림 사건: 현실 참여
1981 진보 정치의 시기	
1982	부산 민주시민협의회
1983	참여: 시민운동가로
1984	변신
1985	
1986 6월 항쟁,	
1987 노동자 대투쟁	제13대 국회의원 선거:
1988	당선, 정계 입문
1989 민정-민주-공화	
1990 3당 합당*	

그림 2-1. 노무현의 정치적 주요 사건(1981~2009) 세로축의 오른쪽은 노무현을 중심으로 한 주요 사건이며, 왼쪽은 노무현에게 큰 영향을 미친 주요 사건이다.

대통령 노무현, 한국 정치에 무엇을 남겼나

1) 노무현 정치 1기: 진보 정치의 시기(1981~1990)

노무현의 정치는 부림 사건으로 사회 문제에 눈을 뜨면서 시작된다. 이 시기 그를 지배한 것은 진보주의적 성향이었다. 이는 정치 입문 후에도 이어진다. 노무현에 따르면, 정치에 입문했을 때 그가 가장 바랐던 것 역시 "노동자들의 친구가 되는 것, 그들의 대변자가 되는 것"이었다.[12] 정계에 진출하기 직전인 1987년《부산지방변호사지》에 기고한 〈노동운동과 노동법의 발전〉은 당시 노무현의 생각을 가감 없이 보여 준다.

> 정부와 사회의 인식이 이러한 수준을 벗어나지 못하는 한 노동운동은 계속 불법운동으로 남을 수밖에 없을 것이고, 이는 서구의 역사에서 보았듯이 계속 체제를 위협하는 요인으로 남을 가능성이 높다. 이러한 문제를 해결하기 위해서는 합법적 노동운동의 폭을 대폭 확대하고 이들을 하나의 정치세력으로 인정하여 그들의 이익을 대변하는 정당의 결성과 활동이 가능하도록 법을 개정하고 정부가 앞장서서 노동문제에 대한 기업과 사회일반의 인식을 바꾸어 나가는 한편 이념정당의 성립과 활동이 가능한 정치적 분위기를 만들어야 할 것이다.[13]

초선 의원 시절 노무현의 이념적 성향은 행동으로도 나타난다. 1988년 12월 26일 현대중공업 파업 지지 연설에서 그는 "노동자대표 20명만 국회에 보내주시면 국회를 한번 쥐고 흔들어보겠는데 정말 답답하다"라면서, "노동자는 노동자대표를 뽑아야 한다"라고 선동한다.[14] 또 그는 1989년 7월 6일의 현대중공업 제4대 집행부 출범식에서 2만여 조합원들에게 노동자의 단결과 올바른 정세 인식을 요구하며 정치 투쟁의 필요성을 역설한다.

> 셋째로 정치적 활동 또는 정치투쟁입니다. [중략] 여러분, 과연 여
> 러분의 근로조건이 정치와 관계없습니까? 노동법은 누가 만듭니까?
> 노동자의 생활을 좌우하는 각종 경제관계법은 누가 만듭니까? [중
> 략] 정치가 노동조합의 활동을 이렇게 짓밟는데 노동조합이 정치에
> 대하여 아무 말도 하지 않고 무슨 수로 근로조건을 향상시킵니까?
> 끝없이 정치에 부담을 주는 투쟁을 통해서 정치를 움직여야 합니다.
> 나아가서는 독점재벌만을 비호하는 노 정권을 쫓아내야 합니다. 궁
> 극적으로는 노동자 여러분이 이익을 대변하는 정당을 세우고 그 정
> 당이 정권을 잡도록 해야 합니다.[15]

노무현의 이런 발언은 노동 현장에 국한되지 않았다. 1988년 11
월의 청문회 정국에서 그는 향후 진로와 정치적 목표를 묻는 언론의
질문에 "진보 정당에 참여하는 것"이라고 공언한다. 정권 교체 이후
라는 단서를 달기는 했지만, 당 지도부에 대해서도 자신은 진보 정
당에 참여하여 결국은 진로를 달리하게 될 것이라고 공공연하게 주
장했다.[16] 이런 전체적인 흐름에 비추어 이 시기를 노무현의 정치에
있어 진보주의 정치의 시기라 할 수 있겠다.

2) 노무현 정치 2기: 개혁 정치의 시기(1990~2008)

3당 합당이라는 예기치 못했던 외부적 변수는 노무현 정치의 첫
번째 변곡점이 된다. 이 사건을 계기로 그는 진보주의 정치에서 벗
어나 현실 정치에 뿌리를 내리기 때문이다. 정치 1기의 노무현은 이
상과 현실의 괴리로 인해 혼란스러워하는 모습을 종종 보였다. 의원

직 사퇴와 잠적으로 이어진 해프닝이 그 한 예이다.[17] 3당 합당이라는 첫 번째 변곡점은 그가 현실 정치에 헌신하는 계기가 된다.

노무현이 현실 정치인으로 뿌리를 내리는 데는 어느 정도 시간이 필요했다. 3당 합당으로 탄생한 민자당에 합류하지 않았던 그는 1991년 지방 선거에서 민자당이 압승을 거두는 것을 지켜보았고, 이에 대한 위기감으로 야권 합당을 단행했지만 1992년 제14대 국회의원 선거에서 낙선하고 말며, 같은 해 치러진 제14대 대통령 선거에서도 김대중의 낙선을 목격하게 된다. 이 일련의 흐름 속에서 그는 현실 정치에 뿌리를 내린다. 김대중의 정계 은퇴 이후 민주당 최고위원이 되어 당 지도부의 일원이 됨으로써 현실 정치의 중심부에 진입하게 된 것이다.

노무현 정치 2기는 3당 합당이라는 돌발 변수가 한국 민주주의 발전에 걸림돌로 작용하는 상황에서 이를 타개하려는 노력을 집중한 시기다. 노무현의 정치 인생 대부분을 차지하는 이 시기는 더 세부적으로는 대략 네 단계로 나눌 수 있다. 첫 번째 시기는 1990~1992년 시기다. 3당 합당이라는 변수에 직면해서 이를 타개하기 위해 동분서주하던 시기로, 일종의 변환기에 해당한다. 두 번째 시기는 1993~1997년 시기이며, 풀뿌리 민주주의에 희망을 걸고 지방자치 실무연구소를 꾸려 활동하던 때이자 현실 정치에서는 거듭 낙선을 반복하던 시련기이기도 하다. 세 번째 시기는 1998~2002년 시기다. 1997년 정권 교체 이후 국가 운영의 가능성이 열리고, 대통령직에 도전하면서 국가를 운영할 전략을 수립하던 시기다. 네 번째 시기는 대통령 재임기인 2003~2008년으로, 대통령이 되어 적극적으로 자신의 전략을 실천에 옮긴 시기이다.

노무현 정치 2기를 1기와 3기에 비하여 과도하게 긴 기간이라고 볼 수도 있다. 그러나 1기와 3기의 특징이 2기와 확연히 구분될 뿐 아니라, 그가 한국 민주주의 발전을 위해 일관되게 노력했음을 감안한다면 기간의 상대적 길이를 문제 삼을 필요는 없다고 생각한다. 한편, 이 시기는 노무현이 민주주의 전략을 다양하게 구상하고 실천한 시기라는 특징도 갖는다.

3) 노무현 정치 3기: 새로운 전략 모색기(2008~2009)

2008년 대통령 퇴임은 또 다른 변곡점이 된다. 1990년 3당 합당이 외부적 변수로 그의 정치에 작용한 것과 달리, 2008년의 대통령직 퇴임은 노무현 스스로가 변화를 모색했다는 점에서 구별된다.

노무현 정치 3기를 2기의 연장으로 볼 여지도 많다. 그러나 2008년 2월에 대통령직에서 물러난 노무현은 새로운 모색을 한다. 다시 시민의 한 사람으로 돌아온 그는 대통령직 수행을 포함한 그간의 경험을 바탕으로 새로운 시민운동을 꿈꾸었다.

노무현 정치 3기의 특징은 진보주의에 대한 재해석이다. 이 시기 노무현의 언술 속에는 진보주의가 좀 더 자주 등장한다. 그러나 이 진보주의는 그가 정치 1기에서 언급했던 진보주의와는 결이 다르다. 이 시기에 이르면 민주주의와 진보주의는 거의 같은 의미로 사용된다. 이는 노무현이 모색한 새로운 시민운동이란, 민주주의를 기반으로 한 새로운 진보주의에서 출발함을 말해 준다.

실제로는 아주 짧게 막을 내리지만, 노무현은 정치 3기를 2기보

　　　　대통령 노무현, 한국 정치에 무엇을 남겼나

다 훨씬 긴 호흡으로 준비했다. 이는 그가 즐겨 사용한 우공이산, 호시우행 등 긴 호흡을 강조하는 표현에서도 확인된다. 다만 그의 정치 3기는 구상에 비해 너무 짧게 끝나고 만다. 이는 노무현의 좌절 때문이었다.

> 시민들하고 얘기하는 것은 도덕적 권위를 가지고 얘기를 해야 되는데, 그렇지? 대통령으로서의 직무라는 것은 제도적 권한을 가지고 하는 것이고, 시민들과 더불어 역사에 관련된 작업을 하겠다고 하는 것은 도덕적 권위를 가지고 하는 것인데…. 운명적으로 좀 억울하다 싶더라도…, 아무 소용없는…, 그건 우리 생각일 뿐이고….”[18]

노무현 정치의 시기별 특성

전략은 시기와 그 시기에 처한 상황, 그리고 상황 인식에 따라 수립된다. 앞의 요인이 환경적 요인이라면, 상황 인식은 개인 특성에 따른 내적 요인이라 할 것이다. 노무현의 민주주의 전략 역시 이런 관점에서 살펴보아야 한다. 우선 앞서 다룬 노무현 정치의 시기적 구분에 따라 시기별 노무현의 이념적 지향성을 정리하면 〈표 2-1〉과 같다.

표 2-1. 노무현의 시기별 이념 지향성

구분	1기(1981~1990)	2기(1990~2008)	3기(2008~2009)
주된 활동 영역	시민 사회 (정치 사회)	정치 사회(시민 사회) 국가	시민 사회 (정치 사회)
이념 표출 정도	강함	약함	강함
이념적 성향	고전적 진보 성향	–	실용적 진보 성향

1) 노무현 정치 1기(1981~1990)

이 시기에 노무현의 주된 활동 영역은 시민 사회였다. 노무현의 정치는 시민사회 운동에서 시작된 데다 국회의원이 되어 정치 사회에서 활동하는 기간이 상대적으로 짧았던 측면도 있으나, 국회의원 사퇴 파동에서 보듯이 노무현 스스로가 시민 사회를 자신의 주된 활동 영역으로 생각했던 것이 주된 이유다.

이 시기에 노무현은 고전적 진보 성향을 강하게 표출한다. 노무현 정치 1기는 한국 사회의 민주화 이행기와 겹치며, 1987년 6월 항쟁의 성과와 1988년 제13대 국회의원 선거에서의 당선, 여소 야대 정국의 탄생 등 일련의 흐름은 노무현에게 상당한 자신감을 심어 준 것으로 보인다. 87년 대선은 패배로 끝났지만 민주화에 대한 국민적 열망은 여전히 뜨거웠으므로, 양 김의 협력을 통한 정권 교체가 어렵지 않다고 보았던 듯하다. 노무현이 노동자 정당의 건설과 같은 진보주의 정치의 교두보 마련을 꿈꾼 것 역시 이런 낙관적 전망 때문이었을 것이다.

2) 노무현 정치 2기(1990~2008)

노무현 정치 2기의 주된 활동 영역은 정치 사회다. 3당 합당 이후 인위적으로 개편된 정치 사회의 질서를 바로잡는 것에 활동의 초점을 맞춘 노무현은 정치 사회를 무대로 본격적인 정치 활동을 시작한다. 그리고 1997년 정권 교체를 통해 '국가'가 노무현에게 새로운 영역으로 등장하게 된다. 국가라는 영역은 국가 / 시민 사회라는 이분법적 시각으로 보든, 국가 / 정치 사회 / 시민 사회라는 삼분법적 시각으로 보든, 노무현이 경험하지 못했던 미지의 영역이었다. 그러나 2002년의 대통령 선거에서 승리함으로써 국가는 그가 민주주의 전략을 구사하는 주된 활동 영역이 된다.

노무현 정치 2기의 특징 중 하나는 이념을 표출하는 정도가 현저하게 줄어들었다는 점이다. 그런데 이런 변화는 전향과 같은 극단적인 변화에 따른 것이 아니라 상황 변화에 따른 점진적이고 내적인 변화였다. 이런 의식 변화는 1996년 한 대학에 보낸 기고문에서 살펴볼 수 있다. 한국 사회의 보수와 진보를 주제로 한 이 기고문에서 노무현은 다음과 같이 진단한다.

세상이 많이 변하여 이제 자본이 정권과 대등해졌다고 말하는 사람이 있다. 그러나 나는 이런 견해와 다르다. 왜냐하면 언제 어느 곳에서건 전체 자본의 논리가 정권을 움직여왔다고 생각하기 때문이다. 그것은 예나 지금이나 별로 달라진 것이 없다고 생각한다. 과거 박정희 군사정권 시절이나 지금의 김영삼 정권하에서나 마찬가지이다. 혹자에 따라서는 개별자본이 정권에 의해 좌지우지되는 것을 보면서 한국의 특수한 자본과 정권관계를 설명하려 하지만, 그것은 개별자본의 경우일 뿐이다. 전체 자본의 논리는 언제나 정권의 논리를 움직였다.[19]

위의 인용만 보면 노무현은 이때까지도 1기와 유사한 입장인 것처럼 보인다. 그러나 동시에 한국 정치에서 보수와 진보의 경쟁 구도가 가능한지를 묻는다는 점에서 1기와는 상당히 바뀐 견해를 밝히고 있다.

계급문제만으로 한 사회의 복잡한 모순을 다 해명할 수는 없다. 때문에 노동자 계급만의 이익을 위한 정치세력화는 현실에 있어서 아무런 의미를 찾을 수 없을 것이다. 우리 사회가 계급 모순구조로 단순화될 수는 없기 때문이다. [중략] 노동자계급이 다른 계급과 연대하고 동맹해야 할 필요성을 인정했던 과거의 그 현실은 지금 얼마나 더 변화했는가를 우리는 고려해야 한다. 물론 노동자의 집단적 이해와 조직력이 한 사회를 움직여 나가는 중요한 힘이 되어야 한다는 것에는 나도 전적으로 동감한다. 때문에 노동자의 정치세력화는 매우 중요하고 노조의 정치활동을 금지시킨 현 노동법도 개정되어야 한다. 그러나 노동자의 정치세력화라는 화두를 접하는 우리의 태도는 과거와 같은 계급정당, 프롤레타리아 독재이론과 같은 것이 되어선 안 된다는 것이다.[20]

이것은 상황 인식의 변화다. 비록 아담 쉐보르스키Adam Przeworski가 언명한 '동네에서 유일한 게임the only game in town'의 수준까지는 아니었을지라도, 노무현은 1996년 한국의 민주주의가 공고화 단계에 진입한 것으로 보았다. 두 번의 선거에서 낙선하고 정치적으로 고립되어 있던 시기의 이 글에서, 우리는 상황 변화에 대응하는 노무현의 변화된 인식을 읽을 수 있다.

이후 노무현의 이념 표출 정도는 훨씬 더 약해진다. 1997년 정권교체로 집권 여당의 부총재가 되고 2002년에 대통령에 당선된 이후에는 기존의 태도를 수정하는 모습을 보이기도 한다. 더는 특정 정파의 리더가 아니라 국민 전체의 리더가 되겠다는 인식의 변화가 태도의 변화로 이어졌다고 볼 수 있다.

3) 노무현 정치 3기(2008~2009)

대통령직에서 물러난 뒤 노무현의 주된 활동 영역은 다시 시민 사회가 된다. 물론 전직 대통령으로서 여전히 정치 사회의 호명을 받던 터라 그로부터 완전히 벗어났다고 보기는 힘들지만, 스스로 '대통령을 지낸 시민'을 자처하며 새로운 시민운동을 모색했다는 점에서 이 시기의 주된 활동 영역은 어디까지나 시민 사회일 것이다.

노무현이 다시 진보주의를 언급하기 시작한 것은 대통령 임기가 끝날 무렵부터였다. 노무현은 임기 내내 좌우 양쪽으로부터 협공을 받았는데, 임기 말이 되어 그는 진보 진영에 대해 본격적인 항변을 시작한다. 변화한 시대에 진보주의의 위치가 어디여야 하느냐는 항변이었다. 이런 인식은 대통령 퇴임 이후에도 유지되었고, 적극적으로 진보주의 연구에 뛰어드는 계기가 되었다.

노무현 정치 3기에 그가 천착했던 진보주의는 시대 변화와 그의 정치 2기의 경험이 무르녹아 나타난 새로운 것이었다. 따라서 1기의 진보주의와 구별하여 '실용적 진보주의'라고 부를 수 있다. 이 시기에 노무현이 구상했던 새로운 민주주의 전략 역시 이러한 실용적 진보주의에 이념적으로 기반한 전략이었다고 볼 수 있다.

4

노무현의 민주주의 전략

이제 87년 체제의 극복을 위해 우리가 발전적으로 계승해야 한다고 강조했던 노무현의 민주주의 전략을 살펴볼 순서다. 앞서 설명한 바와 같이 노무현의 민주주의 전략은 자신이 처한 환경과 국면에 따라 시기별로 차이를 보이지만, 하나로 연결되어 있다. 따라서 이는 시간순으로 살펴보아야 한다. 나아가 그 목표는 전략의 성취를 확인하는 것이 아니라, 노무현이 어떤 전략으로 문제에 접근했으며, 그 접근이 한국 민주주의 발전에 어떻게 기여했는가 하는 점이어야 한다.

정치인 노무현의 민주주의 전략

1997년 신년사에서 노무현은 한국 민주주의의 발전을 세 단계로 구분했다. 그의 구분에 따르면, 반독재 투쟁의 단계가 1단계, 특권과 반칙 등 독재 체제의 유산을 청산하는 것이 2단계, 대화와 타협의 성숙한 민주주의를 실현하는 것이 3단계였다. 노무현의 정치적 삶은 바로 이 한국 민주주의 발전 단계라는 궤도 위에 놓여 있다. 민주화를 위한 반독재 투쟁에서 시작하여 성숙한 민주주의의 실현을 위해 노력했던 과정이 노무현의 정치적 삶이다.

노무현의 정치 1, 2, 3기를 그가 말하는 한국 민주주의 발전의 세 단계와 겹쳐 보면, 1981년에서 1990년까지로 설정한 정치 1기는 민주주의 발전 1단계와 2단계에 걸쳐 있다. 반독재 투쟁과 독재 체제의 유산을 청산하는 것이 이 시기 그의 목표다. 3당 합당에서부터 대통령 퇴임까지의 시기인 정치 2기는 한국 민주주의 발전 2단계의 과제를 달성하는 것이 최대 목표다. 그리고 대통령 퇴임과 함께 시작된 정치 3기에는 민주주의 발전 3단계의 과제인 '관용의 정신을 바탕으로 하는 대화와 타협의 민주주의'를 달성하는 것이 목표로 설정된다.

대통령 노무현, 한국 정치에 무엇을 남겼나

그가 주어진 위치 속에서 어떤 민주주의 전략을 구사했는지를 살펴보면, 노무현의 정치적 삶은 시민 사회에서 시작하여 정치 사회와 국가라는 영역을 거쳐 다시 시민 사회로 돌아오는 궤적을 갖고 있다. 그러므로 시민 사회 / 정치 사회 / 국가의 영역을 무대로 하여 그가 어떤 전략을 구사했는지 살피는 것이 그의 민주주의 전략을 이해하는 데 도움이 될 수 있다. 이 글에서는 설명의 편의상 정치 사회와 국가 영역을 먼저 다루고, 시민 사회 영역을 다루기로 한다.

시민 활동가였던 노무현이 정계에 입문한 것은 1988년 제13대 총선에서였다. 2002년에 대통령에 당선되었고 2008년에 퇴임을 했으니, 정확히 20년간 정치인으로서 삶을 살았다. 정치인으로서의 그의 삶은 다음 〈그림 2-2〉처럼 몇 가지 단계로 구분할 수 있다.

정치인 노무현의 삶은 정치 2기에 집중된다. 정계 입문 초기에 5공 비리 청문회를 통해 단숨에 전국적인 지명도를 얻지만, 이 시기의 노무현은 정치인 역할에 회의를 느껴 시민 사회로의 귀환을 진지하게 고민했으므로 정치인보다는 시민운동가로서의 면모가 더 강했다고 할 수 있다. 그러므로 정치인으로서의 민주주의 전략을 논하는 것은 1990년부터 2008년으로 이어지는 정치 2기를 대상으로 하는 것이 더 적절하다.

노무현의 정치 2기에 해당하는 시기는 첫째, 1990년 3당 합당에서 1997년 대선까지의 야당 정치인 시절, 둘째, 1997년 대선 이후 2003년 대통령 취임 전까지의 여당 정치인 시절, 셋째, 2003년부터 2008년까지의 대통령 재임 시절로 나눌 수 있다. 이 중 가장 중요한 사건은 1997년의 정권 교체다. 정권 교체라는 역사적 사건을 통해

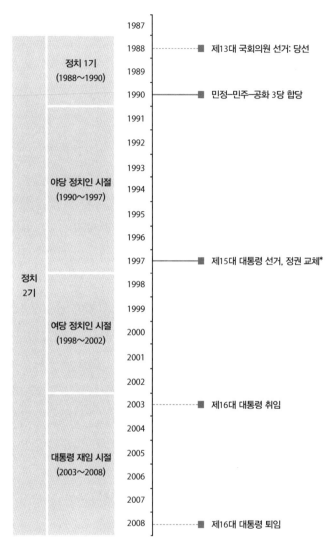

		1987	
	정치 1기 (1988~1990)	1988	■ 제13대 국회의원 선거: 당선
		1989	
		1990	■ 민정-민주-공화 3당 합당
		1991	
		1992	
		1993	
	야당 정치인 시절 (1990~1997)	1994	
		1995	
		1996	
		1997	■ 제15대 대통령 선거, 정권 교체*
정치 2기		1998	
		1999	
	여당 정치인 시절 (1998~2002)	2000	
		2001	
		2002	
		2003	■ 제16대 대통령 취임
		2004	
	대통령 재임 시절 (2003~2008)	2005	
		2006	
		2007	
		2008	■ 제16대 대통령 퇴임

그림 2-2. 노무현의 정치적 삶

대통령 노무현, 한국 정치에 무엇을 남겼나

노무현은 여당 정치인의 지위를 얻으며, 이때부터 국정 운영을 통한 변혁이라는 더 실효성 높은 전략을 구사할 수 있었기 때문이다.

노무현 정치 2기를 1997년 정권 교체를 기준으로 전반부와 후반부로 나눴을 때, 전반부의 민주주의 전략은 그다지 성공적이지 못했다. 아니 외형상 실패에 가까웠다. 그러나 이 실패는 단순한 실패가 아니라 정치 2기 후반부의 민주주의 전략에 밑그림을 제공했다는 점에서 의미가 있다. 이 시기 노무현의 민주주의 전략은 '지역 분열 구도의 극복'을 목표로 한 정치 활동과 '풀뿌리 민주주의 확산'을 목표로 한 정치 사회 운동으로 나눌 수 있다.

1) 지역 분열 구도의 극복

정치인 노무현의 대표적인 이미지 가운데 하나는 낙선을 거듭하며 지역 분열 구도에 저항한 인물이란 것이다. 그의 이러한 저항은 대통령 후보 시절 '국민 통합'이라는 슬로건으로 변주되어 큰 반향을 불러일으킨 바 있다.

정치 2기가 시작되었을 때 노무현은 비록 40대 초선 의원이었지만, 정치적 위상은 남달랐다. 한 예로 현직 정치인에 대한 신뢰를 묻는 1990년 9월 20일 《중앙일보》의 여론 조사에서 그는 16.6%로 전체 정치인 중 1위를 기록한다.[21] 현직 대통령 노태우를 비롯하여 87년 대선 후보였던 김영삼, 김대중, 김종필 등 여야 정치 지도자 모두를 압도하는 이러한 신뢰는 그의 정치 활동에 힘을 실어 주는 중요한 요인이었다.

노무현은 이런 정치적 자산을 바탕으로 지역 분열 구도의 극복이라는 전략적 목표를 수립하고 이를 실천해 나갔다. 그러나 구체적으로 살펴보면 노무현의 실천은 전략적 목표의 명징성에 비해 다소 피동적이다. 야권 통합과 같은 적극적인 모색이 없었던 것은 아니지만, 노무현의 정치 행위는 대체로 변화하는 정치 환경에서 원칙을 지키기 위해 고군분투하는 모습으로 나타났다. 그리고 거듭된 낙선으로 노무현의 정치적 위상은 지속해서 추락한다.

노무현은 3당 합당에 동행하기를 거부한 뒤 인위적 정계 개편에 저항하기 위하여 야권 통합에 나선다. 그러나 그 결과는 1992년 제14대 총선에서의 낙선이었다. 절치부심한 노무현은 1995년 제1회 전국동시지방선거에서 부산시장으로 출마하지만, 이 역시 성공하지 못한다. 같은 해 정계 은퇴에서 복귀한 김대중이 새정치국민회의를 창당하며 민주당의 분당 사태를 만드는데, 노무현은 이에 저항한다. 그런 노무현은 1996년 제15대 총선에서도 낙선한다.

이처럼 지역 분열 구도의 극복이라는 노무현의 전략적 목표는 인위적으로 개편되는 정치 상황에 의해 거듭 좌절된다. 지역 분열 구도의 극복은 개인 차원에서는 극복할 수 없는 너무나 큰 전략적 목표였고, 그의 거듭된 저항은 '계란으로 바위 치기' 등에 비유되며 조롱을 받는다. 그러나 역설적으로 이런 실패는 노무현이 정치적으로 성장하는 밑거름이 되었다. 무모해 보이기까지 한 이 도전은 얼마 지나지 않아 재평가되었고, 제16대 대통령에 당선되는 가장 큰 이유가 됐다. 그리고 지역 분열 구도의 극복이라는 이 시기의 전략적 목표는 대통령으로서 그가 구상하고 실천한 민주주의 전략에서도 핵심적인 목표가 된다.

2) 풀뿌리 민주주의의 확산

노무현 정치 2기 전반부의 또 다른 민주주의 전략은 풀뿌리 민주주의의 확산이었다. 1993년, 바로 전 해인 1992년 제14대 총선에서 그는 낙선했고, 같은 해 치러진 대통령 선거에서도 그가 지원했던 김대중이 낙선하고 말았다. 3당 합당이라는 인위적 정개 개편을 저지하려던 노력이 결국 실패로 끝났을 때, 노무현이 새롭게 관심을 둔 것이 바로 풀뿌리 민주주의였다.

노무현에게 있어 1993년이 중요한 이유는 두 가지다. 하나는 민주당 최고위원이 되었다는 점이다. 이것은 노무현이 개인적 신념을 지키는 차원의 정치가 아니라 정치 사회의 구도를 조망하고 당의 진로를 결정해야 할 위치에 섰음을 의미한다. 앞에서 잠시 살펴본 〈민주당 더 빨리 더 크게 달라져야: 노무현의 민주당 개조론〉은 이런 위치에서 그가 민주당이 나아갈 바에 대하여 전략적으로 사고하고 있음을 보여 준 예라 할 수 있다.

1993년이 중요한 또 하나의 이유는 그가 지방자치 실무연구소를 설립한 해라는 점이다. 당시 한국 사회는 새로운 지방 자치제의 초입에 서 있었다. 1991년에 기초단체 의원을 뽑는 선거가 이미 실시되었고, 1995년에는 제1회 전국동시지방선거가 예정되어 있었다. 이 시기에 노무현은 지방자치 실무연구소를 설립하고 풀뿌리 민주주의 운동에 뛰어든 것이다. 민주당 최고위원이지만 원외 정치인이었으므로 새로운 활동 무대가 필요했던 것도 사실이겠으나, 이런 선택을 한 것은 의미가 있다. 그리고 이 선택은 노무현의 정치적 경향이 노동자 중심을 벗어나 참여 민주주의라는 새로운 경향으로 옮겨

가는 선택이었다는 점에서도 의미가 있다.

노무현은 1995년을 앞두고 지방자치 실무연구소의 이름으로 발간한 책의 서문에서 지방 자치 시대를 하나의 실험이라고 불렀다. 이어 노무현은 주민 참여를 토대로 한 생활 정부 단위의 자치 혁신 운동을 국가적 차원의 혁신 운동으로 발전시키자고 역설했다. 풀뿌리 민주주의의 확산은 한국 사회에도, 노무현 개인에게도 하나의 실험이었다.

> 우리 모두가 관존민비(官尊民卑)라는 전통적인 사고의 틀에서 벗어나 참여하는 시민이 되어야 합니다. 그리고 중앙정부 역시 무소불위의 '통치자'로부터 정책의 '조정자'로 자신의 역할을 변화시켜 내야 합니다. 물론 이러한 과정이 결코 쉽지만은 않을 것이라고 생각합니다. 그러나 분명한 것은 '우리는 해야 한다'는 점입니다. 주민의 참여를 토대로 한 생활정부 단위의 자치혁신 운동이 국가적 차원의 혁신운동으로 발전하지 않는다면 우리의 미래는 결코 밝아질 수 없습니다.[22]

1993년에 설립된 지방자치 실무연구소의 주요 사업은 자치 의원들의 의정 활동을 지원하는 정책의 영역과 자치 의회 진입을 원하는 이들을 교육하는 정치의 영역, 그리고 풀뿌리 민주주의에 대한 시민의 이해력을 높이는 사회 운동의 영역 등 세 영역으로 나뉘어 있었다. 이 연구소의 사업은 하나의 실험이자, 풀뿌리 민주주의 확산 전략에 따라 한국 민주주의의 미래를 위하려는 노력이었다.

그러나 지방자치 실무연구소를 통해 실험처럼 시도된 노무현의 민주주의 전략 역시 외형상 실패, 내용상 미완성으로 끝난다. 성과가 전혀 없었던 것은 아니다. 자치 의원들의 의정 활동을 실무적으로 지원하여 좋은 평가를 받았고, 연구소에서 교육받은 여러 입후보자가 1995년 선거에서 당선되기도 했다. 그리고 여러 지역 시민 사회와의 교류를 통해 풀뿌리 민주주의에 관한 관심을 높이는 데도 적잖은 기여를 했다. 그럼에도 이 노력을 실패와 미완성으로 평가할 수밖에 없는 것은, 1995년 부산시장으로 출마했던 선거에서 노무현이 낙선하고, 김대중이 정계에 복귀하고, 연구소가 심혈을 기울여 지원했던 인재들이 새정치국민회의로 이동하는 등의 일련의 사건 속에서 지방자치 실무연구소가 해체 수순에 들어갔기 때문이다.

이렇듯 노무현 정치 2기를 1997년 정권 교체를 기준으로 전후로 나누면, 전반부는 실패로 점철된 시기였다. 3당 합당에 불응하고 잔류하며 시도했던 정치적 노력은 모두 실패로 끝났고, 풀뿌리 민주주의에 기대를 건 전략적 실험은 정치적 실패와 맞물려 성과를 추스르지도 못한 채 끝나고 만 것이다.

그러나 이를 완전한 실패로 규정할 수는 없다. 이는 노무현 개인의 문제나 전략적 실패가 아닌 환경의 변화로 인한 불가피한 결과였기 때문이다. 그뿐만 아니라 이런 실험은 그 자체로 존중받을 수 있는 실험이어서 노무현에 대한 평가 가치는 오히려 상승한 측면도 있다. 그리하여 이때의 실패는 노무현이 1997년 대선 이후 변화된 환경 속에서 새롭게 도전할 수 있었던 훌륭한 자양분이었다. 특히 지방자치 실무연구소 시절을 통해 축적한 역량은 훗날 더 큰 민주주의 전략의 밑그림으로 발전하였다.

1997년의 정권 교체는 노무현 정치의 또 다른 분기점이다. 통합민주당의 동료들이 3김 청산을 외치며 이회창, 이인제를 지지할 때,

그는 정권 교체의 중요성을 강조하며 2년 전 새정치국민회의를 창당하고 분당의 길을 걸었던 김대중을 지지한다. 결국 김대중은 제15대 대통령에 당선되었고, 노무현은 집권 여당의 부총재라는 새로운 정치적 환경을 맞는다. 정권 교체를 통해 국가를 '민주주의를 쟁취하기 위하여 투쟁해야 하는 대상'이 아니라, '어떻게 민주주의 발전에 기여할까를 고민해야 할 대상'으로 보게 된 것이다.

대통령 노무현의 민주주의 전략

1997년 정권 교체는 노무현에게 새로운 기회를 제공했다. 대통령이 되어 새로운 민주주의 전략을 실천할 기회였다. 새로운 민주주의 전략은 정치 2기 전반부에 축적한 경험을 바탕으로 하되, 변화된 새로운 환경에 부응하는 것이어야 했다. 노무현은 기존 정부가 추진했던 개혁과는 방식 자체가 달라야 한다고 생각했다. 내부적 혁신이 필요하다는 생각이었다.

> 대통령이 되면 5년 동안 자율의 문화를 뿌리 내리게 할 것입니다. 물론 5년 만에 뿌리 안 내려지지요. 그러나 자율의 문화를 끊임없이 실험해 나가야 합니다. 실패하더라도 또 하고 또 하는 겁니다.[23]

대통령 노무현의 민주주의 전략의 핵심 키워드는 혁신이다. 이런 점에서 이 전략은 혁신 전략이라고 부를 수도 있다.[24] 대통령에 출마할 결심을 하던 무렵 노무현은 스스로 구분한 한국 민주주의 발전 단계의 종착점인 3단계를 지향했다. 그리고 이런 발전을 위해서는 반드시 혁신이 필요하다고 생각했다. 이 생각은 대통령에 당선된 후에도 일관되게 유지됐다.

> 혁신, 이 문제는 따로 말씀드리지 않아도 여러분 잘 알고 계실 것입
> 니다. 기업도 혁신해야 되고 정부도 혁신해야 되고, 또 그 외에 일반,
> 공적, 사적인 많은 부분의 조직들이 다 혁신해야 합니다. 사회 문화
> 도 혁신해야 하는 것이고요.[25]

1) 혁신의 의미

대통령 노무현이 구상한 민주주의 전략에서 혁신은 두 가지 상이
한 의미를 지닌다. 하나는 목표로서의 혁신이요, 다른 하나는 방법
으로서의 혁신이다.

목표로서의 혁신을 의미할 때 이 개념에는 일종의 변혁transformation
이라는 의미가 담긴다. 위 "사회 문화도 혁신해야 하는 것"이라는
말에 담긴 뜻은 한국 사회 전반에 대한 변혁을 의미한다. 이것은
1987년 민주화 이후의 한국 사회를 한 단계 끌어올린다는 뜻이며,
한국 사회를 선진 민주주의 국가와 경쟁할 수 있는 수준으로 발전시
키겠다는 뜻이다.

> 돌이켜 보면 이 땅에서 민주주의를 쟁취하고 가꾸어 온 국민의 힘
> 은 참으로 위대합니다. 우리 국민의 민주주의를 향한 뜨거운 열망은
> 4·19혁명, 부마항쟁, 광주항쟁에 이어 1987년 6월 항쟁으로 분출
> 되었고, 마침내 민주주의와 정의가 승리하는 위대한 역사를 만들어
> 냈습니다. 이러한 국민의 힘이 오늘에 이어져 참여정부를 탄생시켰
> 습니다. 참여정부는 개혁과 통합의 새로운 시대를 열어나감으로써 6
> 월 항쟁의 정신을 계승하고 있습니다.[26]

노무현이 목표로 한 혁신이 4.19 혁명, 부마 항쟁, 광주 항쟁, 6월 항쟁을 계승하여 권위주의 시대에 형성되었던 한국 사회의 문화를 민주적으로 바꾸는 진보적 의미의 변혁을 의미한다면, 노무현이 방법론으로 택한 혁신은 경영학적 방법론으로 널리 알려진 혁신 innovation으로서 가치 중립적인 의미를 담고 있다.

노무현이 혁신에 관심을 두게 된 것은 지방자치 실무연구소 시절이었다. 이 무렵에 그는 미국 클린턴 행정부의 정부혁신사업단 Reinventing Government Task-force의 활동을 접하면서 분권론을 포함하는 정부 혁신에 관심을 기울이게 되었고, 이후 다양한 혁신 이론을 학습하게 된다.[27] 이런 점에서 실패로 끝난 그의 정치 2기 전반부는 후반부를 위한 의미 있는 준비 단계였다고 평가할 수 있다.

한편, 혁신이란 단어에는 '창조적 파괴'라는 뜻이 담겨 있다. 이는 변혁을 추구하는 목표로서의 혁신에 담긴 의미로도 충분하다. 대통령 노무현의 민주주의 전략은 정치 권력에 도전하여 뒤집어엎는다는 의미의 혁명과는 거리가 있다. 대통령에 당선되어 정치 권력을 획득한 상태이기 때문이다. 경영학적 의미의 혁신을 주도하는 것이 CEO 등 기업 집단의 중심인 것처럼, 노무현도 정치 권력의 정점인 대통령으로서 혁신을 추구했던 것으로 이해하면 된다. 다만 그 목표가 한국 사회의 변혁이었으므로, 민주주의 전략의 하나로 다루어지는 것이다.

2) 민주주의 전략의 목표

대통령 노무현의 민주주의 전략은 정치 2기 전반부에 나타난 실험적 성격의 민주주의 전략과 대통령 퇴임 이후 새로이 준비했던 민주주의 전략 사이에 위치한다. 새로운 민주주의 전략이 과거의 경험을 비판적으로 재검토하여 새로이 구상되는 것이라면, 대통령 노무현의 민주주의 전략은 대통령 취임 전 민주주의 전략의 새로운 버전이자 퇴임 후 민주주의 전략의 옛 버전이 된다.

대통령 노무현이 민주주의 전략을 통해 획득하고자 한 목표는 크게 세 가지다. 첫째는 민주주의의 실현이고, 둘째는 민주주의 권력의 성공이며, 마지막은 진보와 보수 세력의 균형이다.

민주주의 실현은 그의 정치적 삶을 관통하는 한결같은 목표였다. 1981년 부림 사건 이후 사회 문제에 눈을 떴을 때부터 그는 이를 위해 투쟁했다. 노동 문제 전문 변호사로 활동하거나 정계에 입문한 후의 모든 행보도 결국 민주주의 실현을 목표로 한 것이었고, 풀뿌리 민주주의에 천착하거나 대통령이 되어 민주주의 전략을 구사한 것도, 퇴임 이후 시민을 중심으로 하는 새로운 민주주의 전략을 구상한 것도 한결같이 민주주의 실현이라는 목표 때문이었다.

민주주의 권력의 성공이라는 목표는 1997년 정권 교체 이후 비로소 전략적 목표가 되었다. 권력 획득이 요원했던 야당 시절에도 이런 희망이 없었다고 하기는 어렵지만, 김대중 정부 출범 이후 민주주의를 지향하는 정치 권력에 대한 기득권 세력의 저항을 목도하면서 이런 목표를 세운 것이었다고 보는 것이 합리적이다. 노무현은 성공한 대통령이 되고 싶어 했다. 스스로 만족하기 위해서가 아니라, 민주주의 권력이 성공해야만 민주주의의 실현을 앞당길 수 있다고 생각했기 때문이었다. 하지만 노무현은 성공 자체를 목표로 하기보다는, 주어진 과제를 충실하게 수행함으로써 성공적이었다는 평가를 받길 원했다. 대통령 노무현에 대한 평가는 지금까지도 논란거리이므로 그 성패를 논하는 것은 어렵지만, 노무현 스스로는 성공한 대통령이 되지 못했다는 비판적 성찰을 했으며, 이로 인해 퇴임 후 민주주의 권력의 성공을 전략적 목표로 삼게 되었다. 어쩌면 이는 노무현 사후에도 여전히 과제로 남은 목표라고 할 수 있다.

언제부터 노무현이 진보와 보수 세력의 균형을 핵심 과제라고 생각했는지는 명확하지 않다. 그러나 노무현의 정치적 삶을 살펴보면, 그가 혁명적 방법을 통해 정치 권력을 전복하려 했다는 흔적은 찾기 힘들다. 그가 추구한 가치의 은유라고 할 수 있는 '사람 사는 세상'조차 노동자나 민중만이 행복한 세상을 의미한다고 할 수는 없다. 즉 노무현은 기본적으로 진보와 보수가 공존하는 세상을 꿈꾸었다고 보는 편이 옳다. 대통령 재임 시절 그가 언급한 한국 민주주의 발전의 세 단계 중 마지막 단계가 대화와 타협의 민주주의였음을 감안할 때, 이는 그의 전략적 목표의 하나였다고 볼 수 있다. 아래 인용한 그의 발언은 이런 해석을 뒷받침한다.

> 힘센 사람이 왜 양보합니까? 가령 사과 하나를 유치원생과 대학생이 갈라먹어야 할 경우 대학생이 배가 무지 고프다면 합의가 되겠습니까? 그냥 먹어버리면 되는 거죠. 적어도 나 혼자 먹으려고 했을 때 상대방이 안 된다고 막아 나서서 치고받고 싸우다 보니 도저히 승부가 날 것 같지 않아서 서로 간에 '야, 이러지 말고 우리 반씩 갈라먹자'고 하려면 서로 간에 힘이 비슷해야 이런 타협이 가능하겠죠? [중략] 세력균형이 이루어져야 합니다. 제도 정치의 장에서, 그리고 여론의 장

에서 세력균형이 이루어져야 대화와 타협의 문화가 생겨날 수 있습니다. 이것이 한국 민주주의의 최대의 과제라고 생각합니다.[28]

3) 민주주의 전략의 과제

대통령 노무현의 민주주의 전략이 어떤 과제를 설정했는지, 그리고 그들이 어떤 의미를 지니고 있는지는 여러 각도에서 분석할 수 있다. 임기 말인 2007년 신년사에서 그가 논했던 한국 민주주의 발전의 세 단계 기준으로 살펴보는 것도 하나의 방법이다. 그가 민주주의 2단계 과제라고 했던 '특권과 반칙, 부정부패의 유착 구조 해체', '권위주의 문화 청산', '투명하고 공정한 사회 건설', '지역 간 분열 구도의 통합' 등과 3단계 과제로 든 '관용의 정신을 바탕으로 하는 대화와 타협의 민주주의 건설' 등이 민주주의 전략의 주요 과제였다고 볼 수 있는 것이다. 그러나 이런 설명은 한국 민주주의 발전 단계에서 해결해야 할 과제를 나열하는 정도에 그치는 것이기에, 전략적인 접근이라고 보기는 어렵다.

이런 한계를 넘어서기 위해서는 대통령에 출마한 후 노무현이 구사했던 레토릭rhetoric을 면밀히 검토할 필요가 있다. 대통령 선거 과정에서 노무현은 유독 '원칙'을 자주 강조했다. '원칙이 바로 선 사회'라는 슬로건으로 정식화된 이런 강조는 그의 문제의식, 즉 한국 사회가 원칙이 바로 서지 못한 사회라는 진단을 잘 보여 준다. 이러한 원칙 개념은 노무현이 한국 민주주의 발전 2단계 과제에서 언급한 '특권과 반칙'에 대응한다.

우리가 건너야 할 두 번째 다리는 '원칙과 신뢰'입니다. 많은 분들이 대한민국 업그레이드를 이야기합니다. 지식과 기술의 경쟁력을 강조합니다. 맞습니다. 지식과 기술이 중요합니다. 그러나 우리에게 정말 부족한 것은 '원칙과 신뢰'라는 사회적 문화적 정신적 자산입니다. 대한민국을 업그레이드하는 핵심전략은 원칙을 세우고 신뢰를 다지는 것입니다. [중략] 저는 정치를 시작한 이래 한결같이 원칙을 지켜왔습니다. 지도자가 반칙을 하는 나라, 국민이 지도자를 의심하는 나라는 절대 발전할 수 없습니다. 우리 모두가 원칙을 지키면 저절로 신뢰가 뿌리를 내립니다. 원칙이 살아있고 정부와 국민 서로를 믿어야 좋은 정책도 나오고 성공합니다. 실패한 정책도 바로 잡을 수 있습니다.[29]

노무현은 언술 속에서 '원칙'을 홀로 언급하기보다는 다른 가치와 대구를 이루어 언급하는 경우가 많았다. 대통령 후보 경선 과정에서는 '원칙과 신뢰' 외에도 '원칙과 통합', '원칙과 상식' 등을 연설 속에서 자주 언급했다. 원칙과 조응하는 다른 가치인 신뢰, 통합, 상식은 그 단어 하나만으로는 정확한 의미를 이해하기 힘들다. 그래서 그는 이를 '신뢰받는 사회', '국민 통합', '상식이 통하는 사회' 등으로 풀어서 슬로건화하기도 했다.

'원칙과 신뢰', '원칙과 통합', '원칙과 상식'이라는 슬로건은 애초에 모두 한국 사회 전반을 포괄하여 사용되었다. 그러나 좀 더 들여다보면, 노무현은 이를 특화된 용처에 사용했음을 알 수 있다. 예컨대 '원칙과 신뢰'는 위 연설문에서처럼 국가 영역을 대상으로 할 때 주로 사용되었다. 원칙이 바로 서고 신뢰받는 나라가 되기 위해서는 공직 사회가 솔선수범해야 한다는 의미였다. 대통령이 된 뒤 이를 국정

운영의 제일 원리로 공식화한 것도 이런 흐름에서 이해할 수 있다.

'원칙과 통합'은 정치적 목적에 따라 지역 분열 구도의 조성, 3당 합당 등 기득권 유지를 위한 야합에서 비롯된 국민 분열을 바로잡아야 한다는 뜻으로 사용되었다. 2002년 4월 27일 대통령 후보 지명 연설 〈불신과 분열의 시대를 넘어 개혁과 통합의 시대로〉의 제목이나, 대통령 임기 말에 "때로 통합을 위해 원칙을 희생한 적도 있다"라는 회고는 통합에 대한 그의 열망이 어떤 수준이었는지를 잘 말해 준다.[30]

> 한국이 역사적으로 아주 오랫동안 우리가 고통스럽고 지금도 우리 역사 정신을 물질적 측면에서나 다 발목을 잡고 있는 요소가 뭐냐라고 했을 때, 분열입니다. 통합해야 합니다. 통합이 뭐냐, 일색으로 하나로 획일적으로 합치는 것은 통합이 아닙니다. 다양한 견해와 의견이 있고 이해관계가 있으면서도 필요한 경우에 공동의 결론 합의를 낼 수 있는 사회가 통합된 사회입니다. 다르지만 필요한 경우에 하나로 합의를 이루어낼 수 있는 사회, 엄청난 마찰과 체력소모 없이 합의를 쉽게 이루어낼 수 있으면 더욱 더 통합성이 높은 사회라고 생각합니다. 통합된 사회로 가야 하는 것입니다.[31]

'원칙과 상식'은 한국 사회 전반에 걸친 노무현의 바람이 투영된 슬로건이었다. 그는 한국 사회가 바로 서고 한국 민주주의가 발전하기 위해서는 상식적으로 판단하고 상식적으로 행동하는 사람들이 존중받아야 한다고 생각했기 때문이다. 대통령 노무현의 민주주의 전략은 단순히 국가나 공직 사회, 정치 사회의 영역만을 염두에 둔 것이 아니었다. 그에게는 시민 사회 전체를 바꾸고자 하는 열망이 있었다. 사회 문화까지도 혁신해야 한다는 것 역시 이러한 열망의 반영이었다.

어떤 방법으로 합리적인 사회를 만들어 가느냐, 한마디로 노무현이
가 다 정해주는 사회가 아니라는 것이죠. 투명성과 개방성과 자율성
이 핵심입니다. 저는 대통령이 되어 많은 것을 하려고 하지 않을 겁
니다. 모든 분야에서 개인적 비밀로 보호해야 할 사생활을 제외하
고, 모든 공적인 거래를 최대한 투명하게 만들어야 합니다. 그 다음
에 우리나라에는 폐쇄된 특수사회가 많습니다. 이것을 해체해야 합
니다. 아주 어려운 문제지만 어떻든 개방된 사회로 가야 합니다.[32]

〈표 2-2〉은 대통령 노무현의 민주주의 전략의 목표와 과제 그리
고 이 과제의 구체적인 실천 내용을 보여 준다. 표에서 볼 수 있는
것처럼 그의 민주주의 전략은 국가와 정치 사회, 시민 사회라는 삼
분법적 구분에 따라 과제를 설정하고 실천했다. 이들 각 영역은 민
주주의 실현, 민주주의 권력의 성공, 진보와 보수 세력의 균형이라
는 공통의 목표 아래 있었으며, 구체적으로는 원칙과 신뢰, 원칙과
통합, 원칙과 상식이라는 슬로건에 따라 설정된 저마다의 과제를 갖
고 있었다.

표 2-2. 민주주의 전략의 목표와 과제

구분	공통	핵심 과제	전략의 실천
국가	민주주의 실현 민주주의 권력의 성공 진보와 보수 세력의 균형	특권과 반칙의 청산 국가 신뢰도의 증진	권력 기관의 제자리 찾기 정부 혁신
정치 사회		정당 민주주의 확립 지역 분열 구도의 극복	정당 민주주의 실현 선거 제도 개혁
시민 사회		시장과 언론의 개혁 상식이 통하는 사회	공정 투명한 시장 확립 권력과 언론 유착의 근절

4) 민주주의 전략의 실천

국가 영역은 '원칙과 신뢰'라는 슬로건에 바탕을 둔다. 노무현은 대통령으로서 직접적인 영향력 아래 있는 정부 영역에 큰 노력을 기울였다. 그가 중점적인 해결 과제로 삼은 것은 국가가 자행하고 있던 특권과 반칙을 청산하고, 국가에 대한 국민의 불신을 제거하여 신뢰도를 증진하는 일이었다.

노무현이 국가의 영역에서 특권과 반칙의 주범으로 꼽은 것은 국정원, 검찰, 경찰, 국세청 등 권력 기관이었다. 노무현의 시각에서 이들 권력 기관은 국민에 봉사하는 기관이라기보다 정치 권력에 봉사하는 기관이었다. 그러므로 이들 권력 기관을 법률이 정한 본연의 업무로 돌려놓을 필요가 있었다. 이에 노무현은 집권 초기부터 '권력 기관의 제자리 찾기'라는 이름으로 이들 기관에 대한 개혁 작업에 착수한다.

대통령 재임 시절 노무현은 정부 혁신에 있어 열의가 남달랐다. 노무현은 대통령 취임과 함께 '원칙과 신뢰'를 국정 운영의 제일 원리로 제시하고, '선진 혁신국가 건설', '세계 10위권의 경쟁력 있는 국가', '국민이 편안하고 행복한 나라'라는 국가 혁신 비전을 중심으로 정부 혁신에 착수한다. 효율적인 정부, 투명한 정부, 함께하는 정부, 봉사하는 정부, 분권화된 정부를 만드는 것이 목표였다. 임기 중반 이후에는 '투명하고 일 잘하는 정부', '국민에게 책임을 다하는 정부' 등의 비전을 추가하며 국민 신뢰도 증진을 위해 노력했다.

'원칙과 통합'에 바탕한 정치 사회 영역은 결과적으로 노무현의 기대에 크게 부응하지 못했다. 그러나 이 영역에 대한 그의 관심은 남달랐다. 그는 기본적으로 당원에 의해 민주적 통제가 이루어지는 정당 운영을 기대했다. 그리고 무엇보다 87년 대선 과정에서 과열되어 90년 3당 합당으로 더욱 어그러져 버린 지역 분열 구도의 극복을 바랐다.

당내 민주주의를 위해 가장 시급했던 것은 한국 정당사의 고질적 문제였던 1인 지배의 정치 문화를 개선하는 것이었다. 노무현은 3당 합당과 민주당 분당 사태와 같이 당의 총재 한 사람이 좌우하는 정당의 운영, 정치적 이해에 따라 당을 옮겨 다니는 기회주의적 정치 행태를 특권과 반칙의 문제로 바라보았다. 그는 이를 바로잡는 유일한 해결책이 정당 민주주의의 확립이라고 보았으며, 당시 해결책의 하나로 제시되던 당정 분리를 적극적으로 받아들였다.

그가 대통령 선거 내내 강조했던 국민 통합은 지역 분열 구도의 극복을 의미했다. 그에게 있어 통합은 권위주의 시대에 국민을 동원했던 것처럼 획일적으로 하나가 된다는 의미가 아니었다. 의견이 다름을 인정하고, 공통의 목적을 달성하기 위해 기꺼이 합의할 수 있는 것이 통합이었다. 노무현은 이 목표와 과제의 달성을 위해 국가의 균형 발전이라는 정책적 접근을 하는 한편, 선거 제도의 개편을 전제로 한 대연정 제안 등 다각도의 노력을 기울였다.

'원칙과 상식'으로 슬로건화된 시민 사회 영역에서도 노무현은 특권과 반칙의 청산을 주된 과제로 삼았다. 노무현에게 있어 시민 사회의 특권과 반칙의 주범은 민주화 이후 권력으로 성장한 시장과 언론 등 사회 권력이었다. 이들은 시민 사회 내의 공론을 저해하는 주범이었다. 권위주의 시절 한국 사회를 상식이 통하지 않는 사회로 만든 것이 정치 권력이었다면, 민주화 이후의 한국 사회를 여전히 상식이 통하지 않는 사회로 만들고 있는 것은 그들이라고 노무현은 생각했다. 그는 이런 인식하에 상식이 통하는 사회를 만들기 위해 여러모로 노력했다.

노무현은 시장은 자유롭고 공정해야 하며, 경쟁의 질서와 원칙이 중요하다고 보았다. 그래서 그는 정치 권력과 시장의 유착 고리를 해소하려 했다. 이를 위해 취임 초 단기적 경기 부양을 배제한 거시적 경제 관리 원칙을 천명하고, 공정하고 투명한 시장 구축을 위해 노력했다. 또한 그는 성장 일변도의 패러다임과 대기업 위주의 경제 정책이 사회 양극화를 부추기는 직접적인 요인이라 보았고, 이에 동반 성장 전략 등 중장기적인 정책을 적극적으로 도입했다.

대통령 후보 시절부터 노무현은 언론 개혁에 남다른 열정을 보였다. 그가 바라는 언론은 권력 유지에 도움이 되는 언론이 아니었다. 상식이 통하는 사회를 위해 제 역할을 하는 언론이었다. 그래서 그는 손해를 감수하면서까지 권력과 언론의 유착 관계를 근절하려 했다. 그리하여 집권 초 권언 유착 근절을 목표로 한 1차 언론 개혁을 단행했고, 임기 말에는 취재 지원 선진화 방안이라는 이름으로 2차 언론 개혁을 단행했다. 이런 시도는 언론 전체를 적으로 돌리는 결과를 낳았지만, 그럼에도 노무현은 언론 개혁에 관한 입장을 일관되게 유지했다.

5
노무현의
좌절과 좌표

대통령에서 물러난 뒤 노무현은 시민이 중심이 되는 새로운 민주주의 전략을 구상했다. 대통령 재임 시절의 민주주의 전략을 비판적으로 검토한 결과였다. 민주주의를 위한 교과서가 되기를 바란 책의 집필도, 앞장서서 진보주의 연구 모임을 이끈 것도 모두 민주주의 전략을 체계화하기 위한 노력의 일환이었다. 그러나 그의 노력은 스스로 삶을 마감함으로써 끝났다. 그리고 그가 구상하던 새로운 민주주의 전략 또한 완성되지 못한 채 묻히고 말았다.

노무현 사후의 한국 사회에서도 민주주의 발전을 위한 노력이 저마다의 모습으로 진행되고 있다. 학계는 다양한 논의를 진행 중이며, 정치 사회에도 자신들만의 방식으로 한국 민주주의의 발전을 위해 노력하는 정치인들이 있다. 그러나 그 어떤 노력도 노무현이 구상하고 실천했던 민주주의 전략만큼 한국 사회 전체를 포괄하는 광범위함과 체계적이고 치밀한 정교함을 갖추진 못한 것으로 보인다. 노무현의 민주주의 전략은 한 개인에 의해 이루어졌다고는 믿을 수 없을 정도로 야심 차고, 거대한 기획이었기 때문이다.

노무현은 좌절의 정치인이자 희망의 정치인이었다. 돌이켜 보면 노무현의 좌절은 한국 민주주의의 좌절이었으며, 노무현의 성공은 한국 민주주의의 희망이었다. 여론 조사에서 한 초선 의원에게 1노

3김이라고 불리던 정치적 거인들을 압도하는 신뢰를 준 것도 한국 사회였고, 이 촉망받는 정치인을 거듭 낙선시킨 것도 한국 사회였다. 그가 대통령에 당선되어 자신의 민주주의 전략을 마음껏 펼치게 했던 것도 한국 사회였고, 그를 벼랑으로 내몰았던 것도 한국 사회였다. 그리하여 결국 노무현은 좌절의 정치인으로 남았다.

지금 우리에게 노무현은 어떤 존재일까? 그의 좌절을 조롱하는 것도, 그의 노력을 상찬하는 것도 중요하지 않다. 한국 민주주의의 발전을 위한 그의 노력을 재검토하고 비판적으로 성찰하여, 더 나은 한국 민주주의를 만드는 데 소중한 교훈으로 삼는 태도만이 중요하다. 기록의 중요성을 강조했던 인물답게 노무현은 수많은 기록을 남겼다. 그중 우리에게 필요한 것은 성공의 기록이 아니라 좌절의 기록이다. 한국 민주주의가 여전히 성공을 말할 수 없는 한, 노무현의 좌절은 우리의 좌절이기 때문이다.

한국 민주주의의 발전을 위해 노력하는 가장 좋은 방법은 '한국 민주주의 어디까지 왔나?'라는 노무현의 화두를 계승하는 것이다. 즉 민주주의 발전을 위해 전략적으로 접근하는 태도다. 대통령 노무현은 그것이 대통령 한 사람의 힘만으로는 불가능한 일임을 입증해 보였다. 시민 사회 전체의 각성과 노력이 필요한 일이라는 것도 확인해 주었다. 노무현의 퇴장은 우리 모두의 시작일 수 있다. 이런 점에서 노무현은 한국 민주주의의 성공을 위한 가장 중요한 좌표라 하겠다.

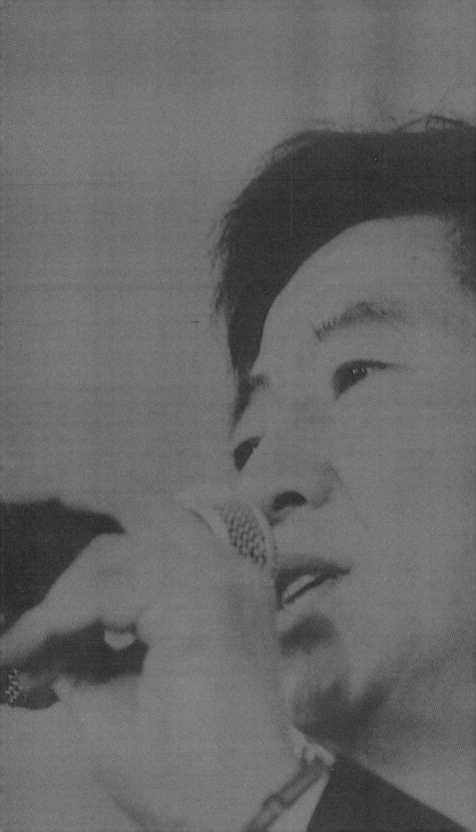

03

노무현 대통령의 도전과
한국 정당 체계의 재편성:
지역에서 이익으로

조기숙

1

정당 재편성과
노무현 효과

2020년 4월 15일, 21대 총선 결과는 대부분 관전자에겐 충격적이었다. 더불어민주당은 지역구에서 163석, 시민 단체와 공동으로 창당한 더불어시민당의 17석을 합하면 단독 180석을 얻었다. 열린민주당 3석, 정의당 6석을 포함하면 범진보 계열 정당이 189석을 확보한 것이다. 미래통합당은 지역구에서 84석, 위성 정당인 미래한국당 19석을 합하면 모두 103석이었고, 국민의당 3석까지 포함하면 범보수 계열 정당이 106석을 얻었다고 할 수 있다. 유권자 분포의 균형추가 진보 진영으로 기울어진 것으로 보인다.

지난 30년간 정당 재편성 이론으로 한국 선거를 초지일관 설명해왔고, 오래전부터 이런 결과가 올 수 있음을 역설해 온 필자에게도 이 결과는 놀라운 것이었다. 필자는 범진보 최대 179석을 예상했었다. 이런 압승의 원인은 장단기적 요인을 모두 고려해야 한다. 가장 큰 근인으로는 문재인 정부의 성공적인 코로나-19 진단과 방역, 그리고 이에 대한 해외 언론의 호의적인 보도를 꼽을 수 있다. 2017년 대선 이후 2018년 지방 선거와 이번 총선에서 민주당에 압승을 가져다준 공통 근인으로 많은 이가 꼽는 박근혜 탄핵도 영향을 주었을 것이다. 하지만 두 가지 직접적 요인만으로는 설명력이 떨어진다. 코로나 대응이 전 세계적으로 찬사를 받기 전까지만 해도 문재인 정부는 부동산이나 경제 정책에서 적지 않은 혼란을 가져왔기에, 정부 심판 여론 또한 작지 않았기 때문이다. 박근혜 탄핵, 보수당의 막말과 공천 잡음 외에도, 2020년 총선에서 갑작스럽게 민주당이 압도적 다수당이 된 데에는 장기적이고 체계적인 정당 변화의 동력이 있었다고 필자는 생각한다.

필자가 진보 진영 전체 179석을 예상했던 가장 큰 이유는 인구 구성의 변화와 이에 따른 정당 재편성 때문이었다. 적어도 양당의 정당 지지 유권자 분포에서 진보가 우위를 차지한 것이 민주당 압승의 장기적 원인이라고 생각한다. 민주당은 인구수가 적은 호남을 기반으로 했기에 만년 소수당이었다. 이 때문에 2018년 지방 선거에서 민주당의 압승은 보수당의 정당 해체에 기인한 것이라며, 정당 재편성에 시동이 걸렸다는 강원택(2018)의 주장에 동의할 수 없었다. 오히려 2018년 지선은 양당을 지지하는 유권자 균형이 팽팽한 가운데 탄핵과 보수 정당의 분당 하에 치러진 예외적인 선거라고 생각한다. 따라서 수도권에서 민주당의 압승은 단기적 원인에서 비롯된 것이며, 탄핵을 어떻게 극복하느냐에 따라 보수 정당도 얼마든지 수권 정당이 될 수 있다고 필자는 주장한 바 있다.[1] 가장 최근에 이뤄진 정당 재연합은 노무현 정부 시기 보수 정당에서 시작되었기에 보수 정당은 민주당보다 기반이 탄탄하며, 박근혜 탄핵과 분당으로 보수당의 시스템은 무너졌을지 몰라도 유권자 사이에서의 재연합은 무너지지 않았다고 본 것이다. 즉, 지지자 분포에서 민주당이 보수당보다 우위에 있는 게 사실이지만 정당 재연합의 견고함에서는 보수당이 민주당보다 강하며, 일부 민주당 지지자들은 비판적인 편이라 충성도가 보수당에 비해 약한 경향이 있다.

정당 재편성에 대한 이해는 향후 대선 결과를 예측하는 데서나, 현재 40대의 흔들리지 않는 민주당 지지를 이해하는 데도 매우 중요하다. 40대뿐만 아니라 과거엔 보수 일변도였던 50대의 상당수도 민주당을 지지하고 있다. 50대는 586으로서 1980년대 운동을 통해 민주화를 성공시킨 세대라고 할 수 있다. 나이가 들면 보수적으로 변한다는 연령 효과에도 불구하고, 과거와 달리 현재 50대는 민주당 친화적인 투표 행태를 유지하고 있다.

이러한 현상은 세대 효과에 의해 설명된다. 현재 50대는 1980년대 대학을 다녔고, 1987년 민주화 운동을 성공시킨 세대로서 20대 때의 지지를 그대로 내재화한 경향을 띤다. 10대 후반에서 20대 초반까지 형성한 정당 지지 혹은 정당 일체감은 연령 효과에도 불구하고 나이가 들어도 지속되는 경향이 있다. 그래서 정당은 성치권에 처음 투표하는 20대 유권자를 설득해야 하며, 그렇지 못하면 정당의 장기적인 지지 기반을 확보하는 데 실패하고 만다.[2]

이러한 한국 정당 체계의 재편성을 가져오는 데 결정적으로 기여한 분이 노무현 대통령이다. 정당 체계의 변화는 눈에 보이는 것이 아니라 투표 행태를 분석하여 통계적으로 발견되는 것이라 사실 일반인이 포착하는 게 쉽지 않다. 하지만 최근 선거에서 지역주의 투표 행태가 눈에 띄게 약해지고 있는 것만은 다수가 체감하고 있을 것이다. 지역주의 정당 체계에서 이익(계층과 가치)에 기반한 정당 정치로의 변화를 불러온 것이야말로 노 대통령이 한국 정치에 남긴 최고의 업적이라고 필자는 생각하며, 궁극적으로는 2020년 총선에서 민주당이 압승할 수 있었던 장기적 요인이었다고 본다.

민주당은 2016년 총선에서는 대구 2석(민주당 성향 무소속 포함), 부산과 경남 8석을 확보했지만, 2020 총선에서는 부울경에서 7석을 얻는 데 그쳤다. 호남에선 1석을 제외하고 민주당이 싹쓸이 승리를 했다. 표면적으로는 지역주의 선거가 더 강화된 것처럼 보인다. 그러나 의석수가 아니라 부울경 지역의 득표율을 역대 선거와 비교해 보면, 지역주의 선거는 2020년 총선에서도 완화되는 기조가 유지되었다고 할 수 있다. 이 때문에 지역주의가 강화되었다는 주장과 약화되었다는 주장이 혼선을 빚고 있다. 혼란스러운 2020년 총선의 투표 결과를 이해하기 위해서라도, 2002년 이후 노무현 대통령이 한국 정치에 가져온 변화를 추적해 볼 필요가 있다고 생각한다.

노 대통령은 〈진보의 미래〉 집필을 위해 전직 참모들과 만난 자리에서, "열심히 앞을 보고 달려왔는데 뒤를 돌아보니 물을 가르고 온 느낌"이라며 자신의 정치 인생이 허무하다는 느낌을 피력했다. "그렇지 않습니다. 원래 지역주의투표가 사라지는 데 오래 걸립니다. 미국은 백 년이 걸렸지만 우리는 대통령님의 헌신 덕분에 빨리 극복될 겁니다. 1987년으로부터 30년이 되는 2017년 이후에는 지역주의 극복의 결과가 서서히 나타날 것입니다"라고 위로를 드렸다. 실제로 2008년 선거, 적어도 영남에서는 지역주의 투표가 사라졌다는 증거를 대통령 사후에 발견하고 안타까움을 금할 길이 없었다. 그분은 이미 이 세상 사람이 아니었으니 기쁜 결과를 공유할 수 없었다.

이 글의 목적은 정당 체계의 변동이란 측면에서 노무현 대통령이 얼마나 한국 정치의 변화에 기여했는지 그 경험적 증거를 제시하는 것이다. 이를 위해 다음 장에서는 서구의 정당 재편성 이론을 설명하고, 한국적 적용을 위해 필자가 개발한 정당 재편성 모형을 소개한다. 3장에서는 지역에서 계층으로의 정당 체계의 변화가 왜 그리고 어떻게 노무현에 의해 추동되었는지를 보여 주고자 한국 정당 체계의 변동을 역사적으로 설명한다. 4장에서는 정당 체계의 변동이 학자들의 주장처럼 2010년이나 2012년에 시작된 게 아니며, 민주당이 대패했던 2007년에 이미 일어나고 있었음을 보여 주는 직접적인 경험적 증거를 제시하고자 한다. 끝으로 언론의 정확한 선거 해석을 유도해야 할 정치학자들이 언론의 정치적인 선거 해석에 들러리 섬으로써 사이비 저널리즘이 언론계는 물론 정치학계까지 오염시켰던 2007년 대선 결과 사례를 살펴보고, 잘못된 해석을 지적하고자 한다. 학계가 저널리즘에 휘둘리지 말고 아카데미즘을 수호하기를 바라는 마음을 담았다.

2

정당 재편성 이론과
한국적 적용을 위한 모형

　정당의 재편성이란 정당 체계도 생성과 성장, 쇠퇴를 반복하는 유기체처럼 탄생과 연합alignment, 쇠퇴dealignment, 재연합realignment의 주기를 반복하면서 진화한다는 개념이다. 이는 정당 하나가 개별적으로 움직이는 게 아니라 주요 정당들이 하나의 체계처럼 맞물려 동시에 변화한다는 걸 의미한다. 정당 체계가 변화하는 이유는 시대에 따라 그 사회가 감당해야 할 문제에 대한 인식과 이에 대한 해결책이 변하기 때문이다. 가령, 농업이 주산업이었던 사회에서는 농업과 관련해 대농장주의 이익을 대변하는 정당과 소작농의 이익을 대변하는 정당으로 정당 체계가 만들어질 것이다. 그러나 농업이 쇠퇴하고 공업이 그 사회의 주요 산업으로 등장하면, 정당의 이익 대변 체계도 변한다. 예컨대 보수 정당이 자본가의 이익을, 진보 정당이 노동자의 이익을 대변하는 정당 체계가 등장하는 것이다. 실제로 20세기 서구의 정당은 노동-자본의 균열 체계를 대변했다고 할 수 있다.

　정당의 재편성을 판단하는 기준에는 두 가지가 있다. 하나는 각 정당을 지지하는 유권자 집단의 인구 구성에서 변화가 있는지다. 가령, 링컨 시대 이후 공화당의 핵심 지지층이 흑인이었다면, 오늘날 흑인의 90%는 민주당을 지지한다. 둘째는 정당 체계에서 지속적으로 우위를 차지하는 정당이 변했는지다. 보통 정당 재편성을 거치면 과거에 소수였던 정당이 다수 정당이 되기 때문이다. 이 두 조건을 모두 만족해야 정당 재편성이라 규정하는 것이 보통이지만, 학자에 따라서는 우위 정당dominant party에 변화가 없어도 정당 지지 세력의 구성에 변화가 있다면 이를 정당 재편성으로 간주하기도 한다.[3]

정당의 재편성은 주로 균열적 쟁점cleavage issue을 중심으로 이루어지며, 이들은 몇 가지 특징을 지닌다. 카마인과 스팀슨은 선거에서 투표의 기준이 되는 쟁점은 이론적으로나 경험적으로 구분되는 쉬운 쟁점과 어려운 쟁점, 두 가지가 존재한다는 것을 발견했다.[4] 필자는 이들의 주장을 다음과 같이 정리한 바 있다.[5] 쉬운 쟁점은 정책의 목표를 다루고 있어 이해하기 쉽고, 감정에 호소하는 경향이 있기에 의제로서 오래 지속되는 경향이 있다. 반면 어려운 쟁점은 정책의 수단을 다루고 있기에 이해하기 어렵고, 기술적이므로 이성에 호소해야 하며, 의제로서 지속되지 못하는 경향이 있다. 이 중에서 정당의 재편성을 가져오는 건 쉬운 쟁점이다. 어려운 쟁점을 이해하기 위해서는 고도의 지식과 정보가 필요하므로, 정당이나 후보자가 명료하고 단순한 대안을 제시할 수 없다. 따라서 의제로서 오래 지속되는 쉬운 쟁점만이 정당 재편성에 기여할 수 있다.

정당 체계란 기본적으로 각 정당이 그 사회의 가장 중요한 균열 쟁점에 대해 차별적인 이익을 대변한다고 가정한다. 따라서 정당 재편성의 시기에 각 정당은 당면한 문제 해결에 적합한 서로 다른 대안을 제시하며, 정당 이념이나 정책의 양극화가 이루어진다. 이에 각 정당 지지자들은 높은 충성심을 보이고, 투표율 역시 올라간다. 이때 선택받은 정당이 능력을 발휘해 당면 문제를 해결하면 다수당

대통령 노무현, 한국 정치에 무엇을 남겼나

이 되어 행정부와 의회를 모두 장악하는 경향이 있다.

한 번 정당 재편성이 일어나면 한 세대의 기간이라고 할 수 있는 30년간 정당 체계는 안정된 연합을 유지한다. 즉 정당 재편성 선거 realigning election에서 다수당이 된 정당은 안정적인 정당 연합기에 지속적으로 승리를 유지하는 선거maintaining election를 치르게 된다. 재편성에서 소수당이 승리하는 선거는 일탈적 선거deviating election가 된다.

기존의 쟁점이 집권당에 의해 어느 정도 해결되어 적실성을 상실하거나 기존 정당 체계가 해결할 수 없는 새로운 쟁점이 등장하면, 기존의 정당 체계로부터 이탈하는 유권자가 증가한다. 이를 정당 해체라 부른다. 정당 해체의 시기에는 정당에 대한 충성도가 낮아지며, 따라서 투표율도 하락한다. 새로운 유권자는 기존 정당에 애착심을 갖지 못하고 표류하게 된다. 정당 해체의 시기에는 다수당의 지위가 흔들리며 선거의 유동성이 증가하고, 행정부와 의회를 서로 다른 정당이 지배하는 분점 정부가 만들어지기도 한다. 기존의 정당 체계에서 소수에 속했던 정당은 새로운 쟁점에서 우위를 점하기 위해 새로운 해결책을 제시할 것이다. 즉, 정당 쇠퇴는 정당 재편성의 도래를 예고한다고 할 수 있다.

정당 재편성에는 크게 두 가지 종류가 있다. 중대 선거에 의한 급진적 (혹은 전기적critical) 정당 재편성party realignment과 세대 교체에 의한 점진적 재편성secular realignment이 그것이다. 급진적 재편성은 대공황이나 전쟁 등 매우 커다란 정치적 사건을 경험함에 따라 유권자의 정당에 대한 선호가 이 당에서 저 당으로 급격히 변하는 것을 의미한다. 이때는 의회의 소수 의석을 점하던 소수당이 다수당이 되고, 다수당이 소수당으로 변하면서 그 우월적 지위가 장기간 유지되기도 한다. 가령, 대공황 이전에 미국의 정당 체계는 공화당 우위를 유지했으나, 대공황을 경험한 1932년 민주당 프랭클린 루스벨트Franklin D. Roosebelt 후보가 대선에서 승리하는 한편 행정부와 상·하원 역시 민주당 우위의 정당 재편성이 이루어졌고, 루스벨트가 세 번의 대통령 선거에서 승리하는 동안에도 이는 계속 유지되었다. 이 1932년 선거는 민주당 우위로의 정당 재편성이 급격히 이뤄졌다는 의미에서 중대 선거critical election라 불린다.

시간이 지나 1964년 공화당의 대통령 후보였던 배리 골드워터Barry Morris Goldwater가 대선에 출마해 인종주의적 발언을 한 이후, 인종 쟁점을 중심으로 한 미국 정당의 재편성에 시동이 걸렸다. 남북전쟁 이후 에이브러햄 링컨Abraham Lincoln 대통령의 공화당에 반대하기 위해 민주당을 지지했던 남부의 백인들이 공화당 지지자로 바뀌는 과정은 세대 교체에 따라 점진적으로 이루어졌다. 그로부터 20년 후 로널드 레이건Ronald Reagan 대통령의 탄생은 이러한 점진적 재편성의 결과로서 가능했고, 레이건의 성공적인 대통령직 수행은 공화당이 만년 소수당에서 다수당이 되는 데 결정적인 역할을 했다. 한편, 2000년 조지 부시George W. Bush 대통령의 탄생은 공화당 우위로의 점진적 정당 재편성의 결과라 할 수 있다.

인종 쟁점에 의한 정당 재편성의 계기는 케네디 정부 시절 인권운동의 성공에 대한 반작용에서 시작되었다고 할 수 있다. 존 케네디John F. Kennedy 대통령하에서 부통령을 지낸 린든 존슨Lindon Johnson은 케네디 사후 대통령직을 물려받아 흑인들의 투표권과 인권을 제약했던 과거의 잘못된 관행을 금지하기 위해 1964년 시민권법을 통과시켰다. 존슨의 위대한 사회 비전은 빈부 격차를 없애기 위한 노력에 박차를 가했고, 흑백 가구의 소득 격차를 줄이는 성과를 얻었다.

이러한 정당 재편성 이론은 주로 미국에서 발전했으며, 서유럽 국가에 적용하는 경우는 있었으나 우리나라에 적용하는 데는 1990년대 초만 해도 거부감이 컸다. 특히 대표적인 정당 학자인 김용호는 "우리나라 정당정치는 여전히 유동적이고 구조화되어 있지 못하다. 다시 말해 우리나라 정당정치는 아직 체계성systemness이 부족하기 때문에 정당 체계 혹은 정당 체제라고 부르는 것은 정확한 표현이 아니다"라고 주장하면서 세 가지 근거를 제시했다.[6] 같은 명칭의 정당이 몇 년 유지되지 못할 만큼 정당 체계의 구성 요소가 유동적이라는 점, 정당 정치와 정당이 자율성을 확보하지 못하고 여전히 지역 패권을 지닌 지도자에 의존하는 사당적 요소가 있는 점, 삼권 분립의 미발달로 원내 정당과 국회가 대통령으로부터 독립하지 못하고 있다는 점이 그것이다. 정당 학자인 김수진도 정당 체계란 용어를 한국에 사용하는 데 반대하면서 같은 이유를 들었다.

필자는 1992년 여름 한국정치학회에서 처음으로 정당 재편성 이론을 사용해 선거 결과를 해석했고, 이후 2020년 총선 분석에[7] 이르기까지 매 선거 분석에 이 이론을 지속해서 사용해 왔다. 1992년 처음 이 이론을 한국의 선거에 적용했을 때 학계의 반응이 얼마나 부정적이었을지 상상할 수 있을 것이다. 서구의 이론을 함부로 한국 정치에 적용한다는 호된 비판을 들었다. 필자는 한국의 정당 체계가 여러 면에서 서구의 이론을 적용할 만큼 선진적이지는 않지만, 정당의 역사는 1948년에 시작해 40여 년이 넘었기에 적어도 유권자 마음속에는 정당 체계가 존재한다고 믿었다. 독재 시대에도 우리 사회에는 정당이 존재했고, 권위주의 독재자는 제한된 경쟁을 허용했기에 선거 때는 독재 대 민주(반독재)라는 주요 균열 쟁점이 존재했었다. 민주화 이후 투표율이 하락한 것은 대통령 직선제의 성취로 여야 구도가 약해지면서 지역주의 균열이 새로운 쟁점으로 등장했기 때문이다.[8]

정당의 재연합이 이루어지는 기제mechanism는 세 가지가 있다.[9] 전환conversion, 동원mobilization, 세대 교체population replacement가 그것이다. 첫 번째 유형인 '전환'은 대공황이나 전쟁과 같은 충격적인 정치적 사건을 경험한 유권자들이 갑작스럽게 한 정당에서 다른 정당으로 지지 정당을 바꿀 때 일어난다. 앞서 언급한 대공황 이후 루스벨트와 민주당의 압승은 전환에 의한 급진적 재편성의 대표적 사례라 할 수 있다.[10] 두 번째 유형은 상습적 기권층이나 정치 무관심층을 '동원'하는 것이다. 즉 동원은 기존 정당으로부터 이탈해 투표하지 않던 유권자들이 새로운 쟁점이 떠오르면서 정당 지지로 유입되는 것을 의미한다.[11] 세 번째 유형은 인구의 자연 증감에 의한 '세대 교체'로 인해 점진적으로 정당이 재편되는 걸 의미한다. 미국에서 30년마다 정당 재편성이 이루어지는 이유가 바로 이것이라고 한다.[12] 적어도 한 세대가 지나야 집합적인 인구 구성에 변화가 오기 때문이다.

흥미롭게도, 한국의 지역주의 정당 재편성은 미국의 인종 쟁점에 의한 재편성과 세 가지 점에서 유사한 양상을 띤다.[13] 첫째, 앞에서 소개한 카마인과 스팀슨의 정의에 따르면 지역주의와 인종 쟁점은 둘 다 쉬운 쟁점이다. 정책의 수단보다는 목적을 다루며, 감정에 호소하는 경향이 있고, 의제로서 오래 지속된다. 둘째, 전통적인 정당 재편성은 안정, 해체, 재연합의 과정을 거치기에 새로운 유권자의 동원(점진적 재편성)이나 기존 유권자의 대규모 전환(급진적 재편성)에 따라 이루어져 왔다. 그러나 이 두 쟁점은 정당 해체를 가져오는 재편성을 초래한다는 점에서 역대 재편성을 가져온 다른 쟁점과는 다르다. 이를 필자는 정당 해체적 재편성dealigning realignment으로 명명한 바 있다.[14] 이 쟁점들이 정당 해체를 동반하는 이유는 그들이 도덕적으로 매력적이지 않다고 여기는 유권자들이 기존 정당 체계로부터 이탈하는 가운데 정당 재편성이 이루어지기 때문이다.

셋째, 인종이나 지역 쟁점은 유권자의 귀속적인 특성과 관련이 있기에 너무나 쉬운 쟁점이며, 따라서 오랜 기간 지속되는 경향이 있다. 그뿐만 아니라 선거 기간에 명시적으로 이 쟁점을 들먹이지 않아도 선거에서의 영향력이 쉽게 사라지지 않는다. 한 번 소환된 지역주의와 인종 쟁점이 사라지지 않고 지속하는 데는 두 가지 이유가 있다고 생각된다. 하나는 이들이 기존 쟁점과 겹치면서 그것을 일부 강화하는 재연합을 가져온다는 점이다. 가령, 햇볕 정책은 호남에서 지지를 받고 영남에서 저항을 받았는데, 이는 정당 재편성에 기여했음에도 불구하고 지역주의 쟁점과 겹쳐지면서 겉으로는 정당 구도에 변화가 없는 것처럼 보였다. 하지만 햇볕 정책은 수도권 고학력 유권자의 지지를 받으면서 정당 지지 기반의 변화를 가져왔다. 다른 하나는 사회적 비난 때문에 지역주의나 인종 쟁점의 구호가 은밀해지더라도, 여전히 균열은 지속된다는 점이다. 한 번 정치화되어 균열 구조가 자리 잡으면, 이는 그것을 가로지를 만한 새로운 균열적 쟁점cross-cutting issue이 등장하기 전에는 지속되기 때문이다.

하지만 양 국가는 정당 재편성의 과정에서는 차이가 있다. 인종 쟁점에 의한 미국의 재편성이 세대 교체에 의해 서서히 이루어졌다면, 한국의 지역주의 정당 재편성은 1988년 총선에서 갑작스럽게 나타났고 이후 조금씩 심화되었다. 그러나 인종과 지역주의에 의한 정당 재편성은 기본적으로 정당 해체를 동반했기에 다른 쟁점에 의한 정당 재편성을 예고하기도 했다. 정당의 해체는 새로운 정당 연합을 예견하는 징조가 된다.

물론 해체가 진행된다고 해서 항상 재연합이 성공하는 것은 아니다. 기존 정당 재편성 이론에서는 쟁점에 대한 논의 외에 구체적으로 어떤 쟁점이 정당 재편성을 초래하는지에 대한 명시적 논의가 부족한 면이 있었다. 이에 필자는 서구뿐만 아니라 우리나라에서도 보편적으로 정당 재편성을 초래하는 조건이 존재한다는 생각 아래, 그 조건을 〈그림 3-1〉과 같이 도식화했다.

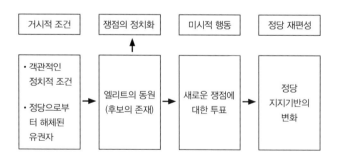

그림 3-1. 정당 재편성 모델[15]

대통령 노무현, 한국 정치에 무엇을 남겼나

이 모델에 따르면, 정당 재편성이 성공하기 위해서는 세 가지 조건이 동시에 충족되어야 한다. 첫째, 새로운 균열 쟁점의 등장이 필요한 거시적인 정치적 조건, 둘째, 기존 정당으로부터 이탈해 정당 재편성을 기다리는 다수 유권자의 존재, 그리고 셋째, 앞의 양자를 결합하는 균열 쟁점과 이 쟁점을 통해 정치화를 시도하는 정치 엘리트의 등장이다. 이 세 가지 요건이 동시에 갖추어져야만, 재편성에 시동이 걸린다.[16] 다만 이 세 조건이 재편성의 성공을 보장하진 않으며, 이를 위해선 재편성을 유지할 동력이 계속 공급될 필요가 있다.

여기에 노무현 대통령의 사례를 대입하면, 정당 재편성 모형을 쉽게 이해할 수 있다. 필자는 2000년 총선 직후인 5월 사적인 모임에서 2002년 대선에서 노무현 후보가 폭발할 것이니 지켜보라고 말한 바 있다. 여기엔 두 가지 이유가 있다. 하나는 1988년 이후 투표율이 계속 하락하고, 지역 정당에 염증을 느끼는 수도권 무당파층 유권자가 50%를 넘나들고 있었다는 점이다. 당시 《중앙일보》의 전국 유권자 800명 대상 여론 조사에서는 "지지정당 없다"가 71.1%였으며, 이는 중앙일보 여론 조사팀이 생긴 이후 가장 높은 수치였다.[17] 정권 교체를 통해 경제 위기를 어느 정도 극복했지만, 여전히 지역주의가 가로막고 있어 새로운 정치에 대한 욕구가 분출하고 있었다. 다른 하나는 기존 지역 정당으로부터 해체된 유권자를 동원할 정치인이 나와야 지역주의의 극복과 새로운 정치를 주장할 수 있는데, 이와 맞서 싸워온 정치인은 노무현이 유일했다는 점이다. 2000년 총선 부산에서 높은 관심을 받았음에도 결국 지역주의에 무릎을 꿇고 말았지만, 그만이 당시의 지역 균열을 깨뜨리면서 기존 정당의 재편성에 시동을 걸 수 있는 유일한 후보라고 필자는 생각했다. 그렇기에 그런 과감한 예측을 할 수 있었다.

노무현이 탈지역주의 정치에 대한 기대를 반영하는 만큼, 필자는 그가 김영삼 전 대통령을 찾아가는 건 새로운 정치에 대한 배신이자 지역주의로의 회귀라고 생각해 절대로 그러면 안 된다고 조언했다. 하지만 이를 막지는 못했다. 당시 참모들은 노무현이 왜 바람을 일으키며 후보가 되었는지를 이해하지 못한 것으로 보였다. 김영삼 전 대통령을 찾아간 이후 노무현의 지지도는 곤두박질쳤고, 새로운 정치에 대한 기대는 월드컵 4강 승리와 함께 정몽준으로 넘어갔다. 우여곡절 끝에 노무현 후보는 2002년 대선에서 대통령에 당선되었고, 47석의 초미니 여당이었던 열린우리당은 2004년 총선에서 과반 의석인 152석을 확보했다. 이보다 중요한 건 민주당의 불모지였던 영남 지역에서도 의석을 확보한 것이었다. 탄핵이 없었다면 호남에서는 더 적은, 영남에서는 더 많은 의석을 얻었겠지만, 탈지역주의 정당이라는 선택지가 주어졌기에 정당 재편성에 시동이 걸리면서 영남에서 갑작스럽게 높은 득표율을 올릴 수 있었다고 본다.

그러나 2007년 열린우리당은 사라졌고 민주당은 지역 정당으로 후퇴하면서 정당 재편성에도 제동이 걸렸다. 정당 재편성을 이어갈 동력이 사라진 것이다. 이후 2010년 지방 선거와 2012년 총선에서 민주당은 영남 지역(특히 부울경)에서 지속적으로 의석수를 늘려가기 시작했다. 열린우리당이 지역당인 민주당으로 회귀하면서 중간에 끊어졌던 재편성의 움직임이 회복되면서, 느리지만 과거 노무현이 시동을 걸었던 정당 재편성을 이어가게 된 것이다. 그 결과 2012

대통령 노무현, 한국 정치에 무엇을 남겼나

년 이후 선거에서 부울경의 정당 재편성과 정당 일체감의 중요성에 관한 연구 결과가 쏟아져 나왔다.[18] 학자들은 그 과정에서 2004년부터 2008년 총선의 중요성을 건너뛰고 있는데, 이는 역사적 맥락을 생략한 것이라고 할 수 있다. 이에 필자는 다음 장에서 최근 목도되는 정당 체계의 변동에 있어 노무현이 어떤 역할을 했는지 역사적 맥락에서 살펴보고자 한다.

3
한국 정당 체계의 역사적 변동과
노무현의 역할

반공주의에서 시작한 한국의 정당은 박정희 이후 미흡하나마 정당 체계를 갖추기 시작하면서 크게 세 번 재편성되었다고 생각한다.[19] 정당 체계의 편성에 중요한 역할을 한 균열 쟁점은 경제 발전 대 민주화, 지역주의 대 탈지역주의 및 정치 개혁, 그리고 복지주의 대 성장주의라고 할 수 있다. 한국 정당에서는 한동안 반공주의, 발전주의와 같은 지배 이념이 독주했고, 오랜 사회적 변화로 인해 새로운 사상이 지배 이념에 도전하면서 〈그림 2〉에 정리한 여러 균열적 쟁점이 등장하였다.

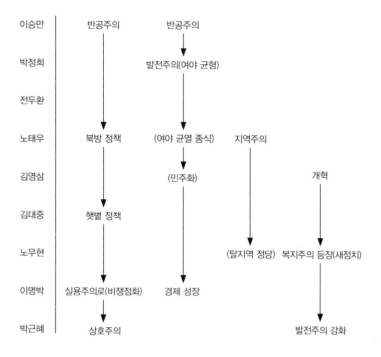

그림 3-2. 한국 정당 체계의 재편성과 균열 쟁점[20]

　　건국 직후 이승만의 자유당은 반공주의에 기초해 정당의 모습을
갖추기 시작했다. 반공주의는 노태우의 북방 정책이 등장할 때까지
독재 시대를 관통하는 이념이었다. 이것이 현실 정치에서 갈등을 일
으키게 된 건 김대중의 햇볕 정책과 대비되면서부터다. 북한 문제를
둘러싼 남남 갈등은 국가의 이념이었던 반공주의가 새로운 대북 정
책과 부딪치면서 발생했다. 햇볕 정책에 대한 국민적 지지는 그 기반
이 매우 광범위했다. 김대중, 노무현 정부 동안 안보에 대한 위협이
사라지면서 햇볕 정책은 2007년 대선에서는 균열 쟁점으로서의 기

능을 상실했다. 이명박 후보가 선거 승리를 위해 북한에 대해 실용주의를 내건 것도 대북 정책이 균열 쟁점이 되지 못한 한 이유였다.[21]

박정희 시대에는 개발과 독재가 주요 이념이었다. 이 중 쟁점으로 도전받은 것은 독재에 대한 것이었지, 발전주의 모델 자체는 광범위한 국민적 동의를 얻고 있었다. 최근까지도 국민의 다수는 성장주의 이외의 다른 대안을 생각해 보지 않았기에 그렇다. 박정희 이후 김대중 집권에 이르기까지 한국 정치를 관통하는 쟁점은 민주냐 독재냐 하는 여야 쟁점이었다. 1985년 신민당이 등장한 선거가 여야 균열로 정당 재편성을 가져왔고, 1987년 대통령 직선제가 도입되면서 여야 균열은 사라졌다. 민주 대 반민주의 쟁점이 약해지자 1988년 총선에서 지역주의 쟁점으로 정당 재편성이 일어났다.[22] 이러한 지역적 균열은 3당 합당으로 더욱 강화되었으며, 최근 들어서 약해지고는 있지만 아직도 사라지진 않은 주요 균열이다.[23]

현재호(2008)는 2002년 대선에서 처음으로 선거 강령에 복지주의가 등장했으며, 이는 2000년 총선에서 지역주의가 약해지고 이념 투표가 처음으로 시작되었기 때문라고 주장한다.[24] 즉 김대중 전 대통령의 햇볕 정책과 복지 정책의 성과인 셈이다. 현재호(2008)는 그러나 복지주의가 본격적으로 한국 정치에 등장한 것은 2004년 총선, 민주노동당에 의해서였으며, 민주화 이후에도 발전주의 이념이 지배적이다가 그때서야 복지주의가 본격적으로 등장하게 된 것은 1997년 경제 위기와 그 후 불어 닥친 신자유주의 및 그 결과로 나타난 빈부 격차의 영향 때문이라고 진단한다.

하지만 이러한 주장은 우리나라 유권자들이 계급 투표를 한다는 가정에 기초해 있어 성립하기 어렵다. 이념에 의한 투표는 발견할 수 있어도, 2011년까지는 계층 투표의 증거가 존재하지 않기 때문이다.[25] 경제적 양극화가 본격화되기 시작한 것은 금융 위기 직후인 1997년 이후인데, 왜 하필 2004년에서야 복지주의가 전면 등장했느냐 하는 의문이 제기될 수 있다. 또한 양극화의 가장 큰 피해자라고 할 수 있는 저소득층은 계급 정치의 경험이 없는 사회에서는 가장 확고한 보수 정당의 지지자이며,[26] 우리나라에서도 저소득층은 한나라당의 핵심 지지층이었다.[27] 따라서 2004년 복지주의의 등장이 단순히 양극화의 결과라는 주장은 설득력이 떨어진다. 오히려 2000년 남북정상회담, 2002년 월드컵으로 레드 컴플렉스가 완화됨으로써 진보적인 정책의 제안이 가능해졌고, 결정적으로는 1인 2표제 선거 제도의 도입으로 민노당이 정치권에 진입할 수 있었기 때문으로 보아야 할 것이다.

노무현은 '새 정치 대 낡은 정치'라는 선거 쟁점에 의해 당선되었다.[28] 이는 김영삼으로부터 시작된 개혁 쟁점에서 이어진 것이지만, 정당 편성의 근간을 이루는 균열 쟁점은 아니었다. 이 쟁점은 정치적 진보 세력의 연합을 가능케 함으로써 선거에서 승리를 안겨준 선거 쟁점이었을 뿐이다. 2002년 노무현 후보는 정치적 진보의 연대로 선거에서 승리했다. 만일 이때 노무현 후보가 복지주의를 들고나왔다면, 선거에서의 승리는 어려웠을 것이다. 노무현 정부가 국민소득 2만 불 달성, 동반 성장 등 기존 발전주의 패러다임에서 크게 벗어나지 못한 이유는 민주 정치에서 국민의 여론을 무시할 수 없는 한계 때문이었다. 2007년까지 국민 여론은 복지주의에 대한 선호가

높지 않았다.[29]

2004년 총선에서 열린우리당은 과반수 의석을 확보하면서 2002년 대선의 주요 쟁점이었던 탈지역주의와 정치적 개혁을 어느 정도 성취했다. 2004년 총선 이후 열린우리당이 내리막길을 걸을 수밖에 없었던 이유는 '정치적 진보'의 연대였던 2002년 선거 연합이 정치 개혁의 성공으로 적실성을 상실했기 때문이다. 강원택에 의하면, "2000년 갤럽인터내셔널의 밀레니엄 서베이에 참여해 태국, 인도네시아, 필리핀, 한국 등을 대상으로 정치만족도를 조사한 바 있는데 한국의 정치만족도가 제일 낮았다. 반면, 참여정부 시절 자체 조사한 결과를 보면 정치만족도는 75%에 달했다"라고 한다.[30] 2009년 정치 만족도는 '불만족'이 83.2%(전혀 33.5%+별로 49.7%)였고, '만족'은 14.8%(매우 0.4%+비교적 14.4%)에 불과했다.[31] 2010년대 초 정권 교체를 바라는 상당수 유권자의 불만이나 노무현 대통령에 대한 재평가가 정치적 불만에서 비롯되었음을 알 수 있다.

쟁점은 사회적 필요에 따라 등장하지만 일단 문제가 해결되면 소멸한다. 열린우리당의 과반수 당선을 가져왔던 2004년 선거를 많은 이가 정당 재편성을 가져온 선거라고 해석했다. 기존의 지역 정당으로부터 해체된 수도권 유권자, 수도 이전 공약으로 인한 충청 지역 유권자를 기반으로 노무현 정부와 열린우리당이 탄생했다. 하지만 '새로운 정치'라는 쟁점은 선거 쟁점에 불과했을 뿐, 서구의 노동과 자본의 균열처럼 정당의 연합을 지속할 만한 균열 쟁점은 아니었다.

집권 일 년 만에 '새로운 정치'라는 쟁점이 해소되자 참여정부는 '양극화'를 의제화하는 데 성공했다. 〈연합뉴스〉의 역대 대통령 연설 그래픽 서비스를 보면, 참여정부가 1년 만에 주요 의제를 정치에서 경제로 옮겨 갔음을 한눈에 알 수 있다.[32] 이는 경제 쟁점이 2007년 대선에서 갑자기 등장한 것이 아니라 이미 2004년 이후 등장하기 시작했음을 입증한다. 발전주의에 대항하는 복지주의 쟁점은 서구의 노동과 자본의 균열과 마찬가지로 정당의 연합을 장기적으로 안정시킬 가능성이 매우 크다. 참여정부가 이의 쟁점화에 성공한 것은 장기적으로는 정당 재편성을 이루기 위한 적절한 시도였지만, 단기적으로는 스스로를 소수파로 전락시키는 일대 모험이었다. 열린우리당이 당내 노선 투쟁과 정체성 혼란에 시달릴 수밖에 없었던 이유도 선거 연합 당시와 선거 후의 집권 의제가 변했기 때문이다. 열린우리당 내 구민주당 출신은 청와대보다도 경제적 쟁점에서 보수적이었다. 종부세 개정안이 국회에서 두 번이나 실패한 것이 단적인 예다.

반면에 한나라당은 뉴라이트 운동을 통해 대중 속으로 파고들었다. 선진화재단과 같은 지식인 조직을 통해 성장주의/발전주의 이념을 확산시켰다. 성장과 분배의 문제, 개방 문제 등 경제적 쟁점을 둘러싸고 진보 진영의 해체가 가속화한 반면, 한나라당은 오히려 재연합한 것이다. 1997년 외환 위기가 김대중 후보의 당선에 결정적으로 기여했다면, 2002년에는 정치적 개혁 문제가 쟁점화하면서 한나라당은 소수당으로 전락했다. 그러나 한나라당은 참여정부 정치 개혁의 가장 큰 수혜자였다. 정치 개혁이 어느 정도 성공하면서 한나라당의 권위주의 유산, 차떼기로 상징되는 부패 이미지도 사라지게 되었다. 여기에 박근혜 대표의 천막 당사 이미지 정치도 한몫했다.

대통령 노무현, 한국 정치에 무엇을 남겼나

민주 정부 10년의 성과로 민주주의의 공고화, 깨끗한 정치가 가능해지면서 정치적 쟁점은 사라지고, 경제적 쟁점(성장주의 대 복지주의)이 전면에 등장한 것이다.

국민 다수가 발전주의를 지지하고 있는 현실에서[33] 경제적 쟁점이 부각되자, 한나라당이 다수당이 되는 것은 자연스러운 결과였다. 2007년 대선 직후 실시한 《중앙일보》의 조사 결과는 성장주의가 복지주의를 능가하고 있음을 잘 보여 준다.[34] 한나라당 지지자의 68.6%, 민주당 지지자의 54.9%가 성장주의를 지지했다. 다수의 유권자, 특히 복지의 수혜 계층이라 할 수 있는 저소득층도 복지 정책을 받아들일 준비가 되어 있지 않았다. 대선 전인 2007년 12월 EAI와 한국리서치 조사에서 민주당 지지층의 복지 정책 대 성장 정책 선호도가 각각 51.9%, 43.3%로 나타난 것과 비교하면 오히려 대선 이후 민주당 지지자 중에서도 성장 우선이 더 증가한 것이다.[35]

결론적으로 2002년 선거 연합이 해체된 이유는 크게 두 가지다. 하나는 노무현 대통령의 정치 개혁이 어느 정도 성과를 거두고 열린우리당이 과반수 의석을 확보함으로써 정치 개혁이라는 선거 의제가 적실성을 상실했기 때문이다. 다른 하나는 선거 의제가 적실성을 상실함에 따라 노 대통령이 양극화를 의제화하면서 복지 정책을 추진했기 때문이다. 참여정부는 사회 지출이 경제 지출을 초과할 만큼 복지 예산을 가파르게 올렸다. 참여정부의 집권 의제가 정치에서 경제로 옮겨 가면서, 정치적 진보의 연대였던 선거 연합의 해체도 가속했다. 한국민의 의식에는 박정희의 발전주의 신화만 존재할 뿐, 한 번도 경험해 보지 않은 복지주의는 미약했다.

노무현 정부는 양극화를 의제화하는 데는 성공했지만 이를 해결할 수단은 갖지 못했고, 결국 선거 연합의 해체가 이어졌다. 양극화를 해결하기 위해서는 사회적 공론을 통해 그 수단에 관한 합의가 이루어져야 하고, 선거를 통해 이러한 정책을 집행할 권한mandate을 위임받아야 한다.[36] 즉 단순히 빈부 격차의 해소가 공약집에 있다고 해서 새로운 정책을 추진할 수 있는 것은 아니다. 그것이 선거 과정을 통해 쟁점으로 정치화되고, 선거에 승리함으로써 이를 해결할 정책적 권한과 수단을 동시에 위임받아야 한다. 복지 정책이 민주적 절차에 따라 입안된 결과, 일부 복지 정책(근로장려소득, 기초노령연금제도, 노인장기요양보험 등)의 실시는 이명박 정부에 들어와서야 수혜자가 생겼다. 즉 참여정부의 복지 정책은 저소득층을 동원하는 데는 부족했던 반면, 종부세, 재산세 등의 인상으로 중상층을 이탈시켰다. 정치적으로 진보적이었던 다수의 중상층이 이탈하고 소수의 서민층이 새로운 지지자로 유입됨으로써 노 대통령의 지지 기반에 변화가 오기 시작했다. 이러한 지지 기반의 변화는 한나라당의 정당 재편성에 기여한 것으로 보인다. 이명박 정부에서 한나라당에 대한 35%가 넘는 안정된 지지는 단순한 지역주의 지지가 아니다. 발전주의라는 경제적 쟁점에 의한 재편성의 결과로 봐야 한다. 그래서 안정된 것이다.

반면, 좌우 언론의 '참여정부 실패' 공격으로 노 대통령이 낮은 지지도를 보이자 여당과 여당 후보는 복지주의를 내걸고 정면 승부를 겨루기보다는 노 대통령과의 차별화를 택했다. 가장 큰 실책은 여당이 열린우리당을 깨고 지역주의 정당으로 후퇴한 것이다. 선거 기간

대통령 노무현, 한국 정치에 무엇을 남겼나

내 이명박 후보에 대한 네거티브 선거전을 펼침으로써 자신의 비전을 제대로 알리지 못했고, 선거 쟁점은 실종되었다. '안아줍시다'라는 캠페인으로 상처받은 유권자를 위로함으로써 사실상 노무현 대통령의 실정을 인정하는 유세를 펼쳤다. 열린우리당이 해체하고 쟁점 없는 대선을 치른 결과 대통합민주신당은 정당 해체를 경험했고, 투표율은 최저를 기록했다.

정당 재편성 이론에 따르면, 진보 진영의 패배와 이명박 후보의 당선은 노무현 대통령에 대한 평가와 직접적인 관련이 없을 수 있다. 노 대통령과의 차별화를 통해 패배한 여당 후보의 선거 결과에 노 대통령이 책임이 있다는 주장은 논리적 모순이다. 오히려 이명박 후보는 노 대통령의 좋은 업적은 계승하겠다고 해 '노명박'이라는 신조어가 나오기도 했다. 마찬가지로 노무현 대통령의 낮은 지지도가 여당의 패배에 영향을 미쳤다는 주장도 비논리적이다. 김대중 대통령의 임기 말 지지도는 20%였다. 그럼에도 노무현 후보는 승리했다. 노무현 대통령의 임기 말 지지도는 30~35% 내외였다. 빌 클린턴의 임기 말 지지도 65%에도 불구하고 앨 고어는 패배했고, 버락 오바마의 임기 말 지지도 60%에도 불구하고 힐러리 클린턴은 패배했다. 이처럼 현직 대통령이 선거에 출마하지 않는 대선에서는 전망적 투표가 작동하므로, 전임 대통령의 지지도보다는 후보자의 자질과 비전이 결정적으로 중요하다는 점을 우리는 미국 선거를 통해서도 알 수 있다.[37] 이러한 주장의 경험적 타당성은 2007년 대선 자료를 가지고 이어지는 4장에서 검증할 것이다.

4
한국 정당 체계 변화(2002~2007)의 경험적 증거

이 장에서 사용하는 경험적 자료는 2007년 선거연구회가 선거 직후 실시한 전국 직접 설문 조사 결과와 2007년 12월 초 R&R에서 실시한 전국 직접 설문 조사 결과이다. 각각의 표본은 1,200개이며 표본오차는 95%, 신뢰도 구간에서 ±2.9%이다. 또 하나의 자료는 2008년 8월 촛불 집회 기간에 서강대학교 현대정치연구소와 《내일신문》이 공동으로 조사한 전국 전화 설문 조사 결과이다. 표본은 1,000개이며 표본오차는 95%, 신뢰도 구간에서 ±3.2%이다. 네 번째 자료는 한국미래발전연구원이 2011년 5월 7~8일 전국 표본 1,000명을 대상으로 전화 여론 조사한 결과이며, 표본오차는 95%, 신뢰도 구간에서 ±3.2%다.

이 장에서 검증할 가설은 정당 재편성 이론에 기초한 2007년 대선의 재해석으로부터 도출되었다. 이 글의 핵심 주장은 정치 개혁이었던 선거 쟁점이 집권 의제인 복지주의로 변하면서 노 대통령의 지지 기반에 변화가 왔다는 것이다. 2007년 이명박 후보의 당선에 결정적인 영향을 미친 요인은 발전주의에 기초한 한나라당의 정당 재편성이다. 이에 반해 열린우리당은 정치 개혁을 어느 정도 완수함으로써 선거 쟁점이 적실성을 상실했고, 그 후 대선을 위해 급조된 대통합민주신당은 지역당으로 후퇴해 정당 해체가 일어났다고 본다. 대통합민주신당이 지역당으로 후퇴한 이유는 민주당과의 통합 때문만은 아니다. 2007년 대선에서 여당이 뚜렷한 쟁점을 내세우지 못함으로써, '지역'이 투표의 선택 요인으로서 상대적으로 중요한 역할을 하게 되었기 때문이다.

이 글에서 다루는 핵심 가설을 먼저 정리하자면 다음과 같다. ① 노무현 대통령 임기 동안 (복지주의 담론 때문인지, 정책 때문인지는 알 수 없지만) 노 대통령에 대한 지지 기반에 변화가 있었다.[38] ② 이러한 변화는 한나라당이 (발전주의 이념으로) 재편성하는 데 기여했다. ③ 진보, 보수 언론의 참여정부 실패론은 정동영 후보를 참여정부와 노무현 대통령과 차별화하는 데 영향을 미쳤다. ④ 대통합민주신당은 급조된 정당으로 노 대통령과의 차별화를 꾀했고, 상대 후보에 대한 네거티브 운동으로 뚜렷한 균열 쟁점을 내세우지 못해 정당 해체를 경험했다. ⑤ 결과적으로 2007년 대선 및 2008년 총선에서의 패배와 민주당이 지리멸렬했던 이유는 정당 해체 때문이지 노무현 정부의 실정 때문이 아니다. 이상 다섯 개의 가설 중에서 세 번째 가설은 이미 많은 자료와 책에서 검증한 바 있다.[39] 따라서 아래서는 나머지 네 개의 가설에 대해서 경험적 분석을 실시했다.[40]

가설 검증

1) 가설 ① 노무현에 대한 지지 기반의 변화(2002-2007)

참여정부가 복지주의를 들고나온 것은 장기적 정당 재편성을 위한 적절한 시도였지만, 단기적으로는 소수파로 전락하는 결정적인 이유가 되었다. 2002년까지만 해도 대부분 유권자의 이념은 단봉형(이념 분포의 정상 곡선)이었다. 그러나 2004년 유권자의 이념 분포는 양극화 현상을 보이게 된다.[41] 이 과정에서 블루칼라만이 진보화되고, 거의 모든 직업군에서 보수화 현상이 나타났다. 이는 2004년 총선의 승리로 국가보안법 폐지를 둘러싼 이념 논쟁이 촉발되고 의제가 정치에서 경제로 빠르게 옮겨가면서, 정치적으로는 진보적이지만 경제적으로 보수적인 유권자들이 위협감을 느꼈기 때문인 것으로 해석된다. 이것이 유권자의 투표가 복지주의 등장을 가져왔다기보다는 복지주의의 등장이 유권자의 보수화를 가져왔다고 보는 이유가 바로 이것이다.

실제로 2007년 대선 기간 이념적 요인이 후보자 선택에 매우 뚜렷한 영향을 미친 것으로 나타났다.[42] 특히 전통적으로 좌와 우를 가르는 '국가와 시장'에 대한 이념적 차원은 2002년에는 전혀 나타나지 않았지만, 2007년 처음 이념적 균열 요소로 등장했다.[43] 복지주의와 성장주의는 국가와 시장에 대한 균열을 대표한다고 할 수 있다. 과거에 이념과 밀접한 관련을 보이던 대북 쟁점도 여전히 이념적 균열 요소로 발견되지만, 2007년 대선 과정 중에는 선거 의제로서 관심을 받지 못했다. 이명박이 대북 정책 관련 실용주의 노선을 취한 덕분이다. 2007년 대선의 또 한 가지 흥미로운 특징은 가구 소득의 차이가 분배와 성장이라는 정책 항목과 강한 상관관계를 보인 것이다.[44] 다시 말하자면 경제적 쟁점에 대해 계층적 지지의 양상이 나타나기 시작한 것이다.

2007년 12월 대선 직전 실시한 R&R 여론 조사 결과에 따르면, 노무현 대통령의 임기 동안 지지 기반에 변화가 관찰된다. 2002년에 노무현 후보에게 투표했는지의 여부, 2007년 노 대통령을 지지

대통령 노무현, 한국 정치에 무엇을 남겼나

하는지 여부에 따라 유권자는 〈표 3-1〉과 같이 네 집단으로 분류된다. 이 분석은 표본의 수를 감소시켜 통계적 유의미성을 따질 수 없으나, 유형을 파악하는 데 도움이 된다. 네 집단의 성격을 살펴보면 어떤 층에서 노 대통령 지지 철회가 일어났는지 알 수 있다. 이회창 후보를 지지하며 대선 이후에도 여전히 노 대통령을 거부하는 다수의 유권자는 저소득층이거나 고소득층이며 영남 출신 유권자다. 저소득층이 원래는 진보 진영 지지자였다가 양극화 때문에 노 대통령에게 등을 돌린 것이 아니다. 저소득층의 계급 배반 투표는 대체로 저학력에서 비롯하며, 이는 우리나라뿐만 아니라 다른 나라에서도 흔히 나타나는 현상이다.[45] 반대로 이회창 후보를 찍은 서민층에서 노 대통령에 대한 지지가 소폭 상승한 것이 발견된다.

표 3-1. 2002년 대선 투표와 2007년 노무현 대통령 지지 여부(N=847)

2007년 12월 노 대통령 평가	2002년 대선 투표	
	노무현 투표	이회창 투표
긍정	화이트칼라, 호남, 수도권, 서민 중산층(가구 소득 151~400만 원) (23.6%)	화이트칼라, 40대, 서민 중산층(가구 소득 151~250만 원) (6.3%)
부정	블루칼라, 고학력, 호남, 중상층(가구 소득 251~400만 원) (32.8%)	영남, 고연령, 저소득층(가구 소득 150만 원 미만), 고소득자(가구 소득 401만 원 이상) (37.3%)

〈표 3-1〉에서 보는 바와 같이, 노 대통령 지지층이었으나 후에 이를 철회한 집단의 비율이 지지를 유지하는 비율보다 높다. 이 때문에 노 대통령은 임기 내 낮은 지지도를 감수할 수밖에 없었던 것으로 보인다. 이 집단은 고학력, 호남, 블루칼라, 중상층으로 대변된다.

중상층은 노 대통령의 당선에 기여하였으나 경제 문제가 쟁점화되면서 등을 돌리게 된 대표적인 집단이라고 해석된다. 또한 탈지역주의 문제로 갈등을 빚어온 호남 지역 유권자의 이탈도 눈에 띈다. 2002년 노무현 후보를 압도적으로 지지했던 고학력 유권자[46]의 이탈 또한 흥미로운 현상이다.

우리나라에서 소득이 투표에 의미 있는 변수가 된 적은 거의 없다. 2002년 노무현 후보의 당선도 계층과는 무관했다.[47] 〈표 3-2〉의 왼쪽 첫 번째 칸은 2002년 대선 직후 실시한 여론 조사 결과, 둘째 칸은 2007년 대선 직후 여론 조사 결과, 마지막 칸은 2008년 8월 여론 조사 결과에서 분석한 노무현 평가에 영향을 미치는 변수들이다. 2002년, 2007년, 2008년 자료를 비교하면 지지 기반에 뚜렷한 변화가 발견된다. 2002년 노무현의 당선에 가장 큰 영향을 미친 변수는 여야 성향을 제외하면 나이와 영호남 지역 변수, 그리고 대도시 변수였다. 젊은 층이 노무현 당선의 원동력임은 잘 알려진 사실이다. 영남은 부정적, 호남은 긍정적인 지역주의 투표 또한 뚜렷이 존재한다. 다른 조건을 통제했을 때 대도시 유권자의 이탈은 수도 이전 공약의 영향인 것으로 해석된다.

2007년과 2008년 자료에서 노무현 전 대통령에 대한 평가에 영향을 미친 변수를 살펴보면, 2002년 결과와의 유사점과 차이점이 드러난다. 세대와 호남 지역이 노무현 평가에 영향을 미치는 중요한 변수임은 여전히 유효하다. 그러나 다른 모든 변수를 통제했을 때 2007년과 2008년 모두 영남의 지역주의가 무의미한 것으로 나온다. 더 흥미로운 점은 2008년 자료에서 개인의 소득이 노 대통령에 대한 긍정적 평가와 반비례한다는 점이다.[48] 이는 우리 역사에서 최초로 계층 정치의 가능성을 보여 주었다는 점에서 의미가 있다. 노무현 전 대통령에 대한 평가에 있어 노 대통령 생전인 2007년에 이미 영남 지역주의가 무너진 것으로 나타난다. 2010년 6.2 지방 선거에서 김두관 후보가 당선될 수 있었던 여건은 이미 노 대통령 생전에 만들어졌다고 볼 수 있다.

표 3-2. 노무현 대통령 지지 기반의 변화(2002, 2007, 2008)[49]

2002년 노무현 투표 (로짓 분석)		2007년 노무현 평가 (회귀 분석)		2008년 노무현 평가 (회귀 분석)
독립 변수 노무현 투표	B(유의 수준)	독립 변수 4단계 평가	B(S.E.)	B(S.E.)
연령	− 022(.001)***	연령	−.013(.005)**	−.339(.069)***
성별	− 138(.292)	성별	−.023(.122)	.000(.169)
학력	.003(.968)	학력	−.159(.106)	−.280(.102)**
가구 소득	.012(.714)	가구 소득	.044(.024)	−.119(.048)*
대도시	−.359 (.009)**	화이트칼라	.336(.165)*	.157(.192)
농촌	−.111(.630)	블루칼라	.350(.270)	−.180(.303)
여 성향	.455(.007)**	주부	−.045(.179)	−.131(.214)
야 성향	−.775 (.001)***	학생	.427(.202)*	−.050(.289)
		수도권	−.106(.161)	−.451(.206)*
고향: 호남	2.294 (.001)***	호남	1.118(.186)***	.943(.190)***
고향: 영남	−.790 (.001)***	영남	.084(.158)	.134(.167)
N	1200	N	1149	872
−2LL	1431.303	Pseudo R2	.074a	.098a
Percentage Correct	70.2%	MFI 유의확률	.000b	.000b

*** p<.001; ** p<.01; * p<.05
a. Cox & Snell, b. 모형 적합도는 유의한 수준임.

2008년 총선에서 민주당이 대패했기에 학자들이 거의 관심을 두지 않았지만, 이는 한국 정치사에서 뜻깊은 일이다. 감정 정치로 대변되는 지역 정치를 무너뜨리고 계층에 기반을 둔 이익의 정치가 처음 출현한 것이기 때문이다. 또 한 가지 흥미로운 현상은 주로 고학력자의 지지를 받고 당선되었던 노 대통령이 임기 말 이들로부터 부정적인 평가를 받았다는 점이다. 고학력자가 주로 신문의 구독자임을 감안한다면, 이는 언론의 영향과 관련이 있을 것으로 보인다.

2) 가설 ②, ④ 순차적 정당 재연합: 한나라당의 정당 재연합과 민주당의 정당 해체 이후 재연합

보통 정당 재편성은 젊은 유권자의 유입에 따라 가능하므로, 정당 재편성의 증거는 젊은 층 유권자에게서 찾을 수 있다. 부산과 광주 지역 대학생을 비교한 한 연구에 따르면, 대학생의 정치 의식은 광주가 부산보다 높았지만 정당 지지는 부산이 광주보다 높았다.[50] 이는 부산 지역에서 정당 재편성이 일어났음을 시사한다.

정당 재편성의 증거는 투표율에서도 찾을 수 있다. 정당 재편성이 일어나는 정당의 지지자는 투표율이 높아지고, 해체가 일어나면 투표율이 하락한다. 각 정당 지지자의 투표율은 통계적으로 유의미한 차이를 보인다. 지역 정당인 민주당의 투표율은 평균 투표율인 78.6%인데 비해, 정당 재편성이 일어난 것으로 보이는 한나라당은 88.7%, 창조한국당은 83.3%로 평균보다 높았다. 반면 대통합민주신당은 74.7%, 민주노동당은 68%로 평균보다 낮았다. 지지 정당이 없는 유권자는 65%로 가장 낮았다.

반면에 노무현 대통령에 대한 평가와 투표율의 관계는 정당 지지도만큼 뚜렷한 지표가 되지는 못했다. 노 대통령에 대한 평가에 따른 투표율은 '매우 잘했다' 78.3%, '대체로 잘했다' 76.3%, '대체로 잘못했다' 76.2%로 투표율과 큰 상관이 없었다. 다만 '매우 잘못했다'(N=356/1184)는 유권자의 투표율은 84.6%로 가장 높게 나타났다. 그러나 노 대통령에 대한 부정적 평가는 아래에서 볼 수 있듯이 한나라당의 정당 지지도와 밀접한 관련이 있다.

이보다 결정적인 증거는 유권자의 정당 지지도에서 찾을 수 있다. 노무현 대통령에 대한 지지는 대선 전(28%)과 후(27.4%)에서 별 차이가 없다. 이에 비해 한나라당(39.2%, 45.3%)과 대통합민주신당(6.8%, 13.7%)은 비교할 수 없을 만큼 지지도 차이를 보인다. 보통 선거 후에는 선거 과정의 학습으로 인해 지지가 증가하는 경향이 있는데, 대통합민주신당은 민주당(9.4%, 1.2%)의 지지를 흡수한 것 외에 정당으로서 새로운 유인을 전혀 만들지 못했다. 동아시아 연구원(2011)이 제시한 2011년 한 해 동안의 정당 지지도를 시계열로 살펴봐도, 한나라당의 지지도는 35~40%를 상회하며 안정된 반면, 민주당은 20% 안팎에서 지지도가 형성되어 있음을 알 수 있다. 민주당의 지지도는 노무현 대통령 서거의 영향으로 승리한 2010년 지방선거 직후 처음으로 30%에 육박했으나, 곧 다시 하락하였다.

3) 가설 ⑤ 이명박 당선과 노무현의 관계

한나라당의 재연합과 민주신당 해체 주장을 보다 직접적으로 뒷받침하는 증거는 2007년 대선 직후 여론 조사 결과의 분석에서 찾을 수 있다. 〈표 3-3〉은 정당 지지 변수가 없는 모형 1과 정당 지지 변수를 삽입한 모형 2를 각각 분석한 결과이다. 모형 1에서는 노무현 대통령에 대한 부정적 평가가 이명박 후보의 당선에 기여한 것으로 나온다. 강원택(2010)도 경제 평가, 정책 평가를 포함한 모형에서 유사한 결과를 얻었다. 그러나 모형 1이나 강원택(2010)의 분석 모형은 제도화된 민주 국가에서 투표에 가장 큰 영향을 미치는 것으로 알려진 정당 지지나 정당 일체감을 포함하지 않는다는 문제를 안고 있다. 과거에는 분석 모형이 여야 성향을 포함하였지만, 여야가 뒤바뀐 다음에 여야 성향의 적실성이 떨어지면서 이 요소가 사라진 것이다.

표 3-3. 2007년 이명박 후보 지지에 대한 로짓 분석 결과

독립변수	모형 1		모형 2	
	B(S.E.)	Exp(B)	B(S.E.)	Exp(B)
연령	.023(.006)***	1.024	.016(.007)*	1.016
여성	−.113(.145)	.893	−.154(.165)	.858
학력	.007(.124)	1.007	−.015(.141)	.985
소득	.001(.028)	1.001	.003(.032)	1.003
자영업	.103(.187)	1.109	.189(.214)	1.208
화이트칼라(직업)	−.226(.216)	.798	−.019(.246)	.981
주부(직업)	−.004(.223)	.996	−.011(.255)	.989
학생(직업)	−.633(.264)*	.531	−.424(.299)	.655
수도권(고향)	−.061(.183)	.941	−.015(.209)	.985
영남(고향)	.662(.181)***	1.939	.435(.206)*	1.545
호남(고향)	−1.213(.240)***	.297	−.433(.277)	.648
노무현 정부 평가	−.523(.086)***	.593	−.148(.101)	.863
한나라당 지지			2.023(.158)***	7.558
민주신당 지지			−1.615(.390)***	.199
상수	−.069(.520)	.934	−1.401(.607)*	.246
N	1149		1149	
Pseudo R2a	.166		.331	

*** p<.001; ** p<.01; * p<.05

비록 정당의 이름이 여러 번 바뀌고 이합집산했지만, 한국에서 전통적인 여야 정당의 명맥은 지속해서 이어지고 있다. 특히 한나라당은 이회창 대표 이후 당명을 꾸준히 이어오면서 국민 속에 하나의 제도화된 정당으로 자리 잡았었다. 선진화 무장한 무장된 한나라당은 2007년 후보의 경선까지 제도화한 진일보된 정당으로 자리매김했다. 따라서 정당에 관한 지지를 포함하지 않은 모형은 모형 설정의 오류model misspecification를 갖는다. 미국의 선거 연구에서 회고적 평가는 반드시 정당 지지도를 통제한 가운데 검증한다.

정당 지지가 포함된 모형 2에서는 노 대통령에 대한 평가가 이명박 후보의 당선과 거의 무관한 것으로 나타난다. 만일 후보나 정책에 대한 평가까지 포함한다면, 노 대통령에 대한 평가는 이명박 후보의 당선과 전혀 무관하게 나타날 것이다. 모형 1보다는 모형 2의 설명력이 월등히 높은 것도 이 주장을 뒷받침한다.

모형 2에서 이명박 후보의 당선에 영향을 미친 변수는 한나라당 지지, 대통합민주신당 지지, 연령, 영남 지역(출신지)인 것으로 드러난다. 여기서 흥미로운 사실은 영남이 한나라당 지지와는 별도로 영향을 미쳤지만, 호남은 민주당 지지와 별도의 영향을 전혀 미치지 않았다는 점이다. 이는 한나라당에 대한 지지가 지역적 기반을 벗어난 반면, 민주당은 지역적 기반과 정확히 일치하기 때문인 것으로 보인다. 즉 한나라당은 지역을 뛰어넘어 이념과 이익에 기반해 정당 재편성을 이뤘지만, 민주당은 지역당으로 후퇴한 결과 정당 해체를 경험했다는 필자의 가설을 증명해 준다.[51]

더 직접적인 증거는 노 대통령을 긍정적으로 평가하는 사람이 정동영 후보(각각 22%, 23%)보다는 이명박 후보(26%, 30%)에게 더 많은 표를 던졌다는 데서 찾을 수 있다(앞의 수치는 R&R, 뒤의 수치는《내일신문》조사 결과다). 만일 노무현 대통령에 대한 부정적 평가가 이명박 후보 당선의 결정적인 이유라면, 이명박 후보보다는 정동영 후보를 더 많이 선택했어야 논리적으로 맞을 것이다.

참여정부가 주요 쟁점을 집권 1년 만에 정치에서 경제로 이동하면서 열린우리당의 선거 연합은 본격적으로 해체되었다. 참여정부의 탄생에 기여한 정치적 진보 연대는 크게 세 집단으로 이루어졌다. 한국 정치의 특징이 비동시성의 동시성이듯이,[52] 2007년 노무현 후보의 대선 승리는 전근대(지역주의 기반), 근대(좌파 정당), 탈근대(노사모를 포함한 신주류) 세 집단의 정치적 진보 연대로 이루어져 있었다. 정통 야당(민주당), 좌파 세력(민노당, 민노총, 전교조 등), 자발적 정치 참여를 실천하는 자유주의적 진보 세력(탈물질주의자)인 시민 계층, 즉 30대와 40대 화이트칼라로 대표되는 수도권 중산층이 그들이다. 하지만 민주당 지지자는 물론이고 중산층도 경제적 쟁점에 있어서는 좌파와 공감대를 찾기 어려운 부분이 많았다.

중산층은 정치적으로는 개혁적이었지만 경제적으로는 실용적인 편이다. 이들은 기존의 시장 경제 질서에서 성공한 신주류라고 할 수 있고, 상식과 원칙을 지지한다는 점에서 수단과 방법을 가리지 않고 성공한 구주류와 대별된다. 그러나 시장과 개방에 대해 긍정적이고 자유에 방점을 둔다는 점에서 시장보다는 국가를 우선시하는 좌파들과 함께하기 어려운 부분이 많다. 이들 신주류는 노무현 정부의 탄생뿐만 아니라 이명박 정부의 탄생에도 결정적으로 기여했다.[53]

그러나 노 대통령 서거 직후 가장 먼저 민주당 지지로 돌아선 집단은 수도권의 고학력 30~40대 층이었다.[54] 서거 후 잠시 올랐던 민주당의 지지도도 이들에 의해 추동되었다. 수도권의 고학력 유권자들이 신문을 많이 읽는 집단임을 감안하면, 복지가 왜 필요한지에 대한 학습은 이루어지지 않은 채 언론의 참여정부 실패 프레임에 영향을 받았었을 가능성이 크다. 고학력 유권자의 지지 변화와 언론의 영향에 관해서는 별도의 연구[55]에서 다루었다.

이렇듯 영남의 지역주의가 벌써 사라졌다면, 왜 민주당은 여전히 영남에서 소수당인지 의문이 들 것이다. 그 이유는 두 가지다. 하나는 선거 제도다. 투표 결정 요인으로서 지역의 중요성이 감소함에 따라 민주당은 경남 지역에서 과거보다 높은 30~45%의 득표율을 올리고 있지만, 소선거구 다수제하에서는 50% 이상 득표하지 않는 한 의석수라는 선거 결과에 투표 행태의 변화가 반영되지 않는다. 또한 영남 유권자들이 보수 정당에 투표하는 이유는 지역 때문이 아니라 오랫동안 보수 정당에 반복적으로 투표하면서 갖게 된 심리적 일체감 때문이라는 점도 중요하다. 서구의 연구에서도 특정 정당에 일체감을 느끼는 고령의 유권자들은 정치적 평가에 따라 기권할 수는 있어도 다른 정당 지지로 이탈하는 게 쉽지 않다고 한다.

2012년 새누리당에 대한 투표 행태 분석에서 정당 지지를 통제하면 연령과 지역의 효과가 사라진다는 사실에서도, 정당 지지가 지역과 연령을 포함한 개념임을 알 수 있다.[56] 투표 행태가 변화했음에도 영남에서 지속적으로 보수당이 승리하는 이유는 고령화와 출산율의 저하에서도 일부 원인을 찾을 수 있다. 즉, 점진적 정당 재편성은 세대 교체가 주요 동인인데, 출산율의 저하와 고령화로 인해 세대 교체의 효과가 선거 결과에 반영되기까지 과거보다 시간이 훨씬 오래 걸리게 된 것이다.

투표율로 보는 역사 속 정당 재편성

앞에서 2007년 대선에 나타난 정당 재편성의 증거를 살펴보았다면, 이하에서는 역사적으로 존재했던 정당 재편성이 어떤 쟁점으로 시작해서 어떻게 발전되어 왔는지 살펴볼 것이다. 〈그림 3-3〉의 투표율 변동을 살펴보면 이 흐름이 더 명확해진다. 지금 우리가 사용하는 여야 개념은 박정희 정권에서부터 시작된 것이다. 이것이 우리 역사상 첫 번째 정당 연합이라고 생각된다. 그러나 야당 후보였던 김대중이 박정희의 재선을 위협했던 1971년 대선은 박정희가 직선제를 폐지할 결심을 하게 된 결정적인 계기였다. 대통령 직선제 폐지와 함께 유신헌법은 국회를 대통령의 시녀로 만들었고, 유정회가 탄생했다. 전두환 독재 시절 통일주최국민회의 선거의 투표율은 높았지만, 관제 동원에 의한 것이라 의미가 없다. 독재 이후 비교적 자유로운 분위기에서 처음 치러진 총선은 1985년이었다. 이때의 투표율은 84.6%로 민주화 이후 모든 총선보다 높았다. 이는 여야 구도 총선의 정점이자, 여야 구도로 치러진 마지막 총선이었다.

이 총선의 결과 탄생한 신한민주당이 1987년 6월 항쟁을 승리로 이끌면서 대통령 직선제를 쟁취했다. 비록 야권의 분열로 1987년 대선에서 민주 진영이 패배했지만, 직선제 도입으로 새로운 대통령이 선출되면서 민주 대 반민주 구도는 적실성을 결여하게 되고,

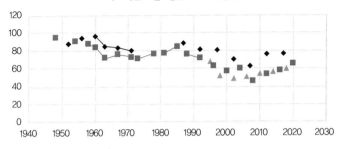

그림 3-3. 역대 대통령, 총선, 지방 선거 투표율[57]

그 결과 1988년 총선에서 최초로 지역 정당이 탄생한다. 필자는 이를 두 번째 정당 재편성이라고 본다. 대통령 직선제의 쟁취로 민주와 반민주 구도가 사라지면서 급진적 정당 재편성이 이루어진 것이다. 급진적 재편성은 엄청난 투표율의 증가를 가져오는 게 보통이지만, 앞에서도 설명했듯이 지역 구도는 매력적인 쟁점이 아니라 1988년 총선에서 투표율은 급락하며, 이후로도 지속적인 투표율 하락이 나타난다. 즉 지역 균열은 재편성을 이루는 순간부터 서서히 해체되면서 새로운 쟁점을 기다리게 되었다. 이는 미국의 인종 쟁점에 의한 재편성에서 똑같이 관찰할 수 있는 현상이다. 미국 역시 1964년 이후 지속적인 투표율 하락을 경험했다.

세 번째 재편성은 1997년 정권 교체 이후 김대중 정부가 실시한 햇볕 정책이 진보와 보수라는 이념의 내용을 채우면서 처음으로 등장했다. 이때 이념은 지역성과 중첩되었기에, 지역적 지지 기반에는 변화가 없는 것으로 보였다. 그래서 이것이 정당 재편성이라는 사실에 동의하지 않을 학자가 더 많으리라 생각한다. 하지만 햇볕 정책은 수도권 유권자의 지지를 받으면서 민주당의 지지 기반을 넓히는 데 도움이 되었다. 이때의 투표율은 80.7%로 1992년 대선보다 낮고, 2000년 총선 투표율 또한 57.2%로서 역대 총선에 비해 매우 낮으므로 정당 재편성이 아니라는 주장도 일리는 있다. 그러나 다수당의 탄생이 아니라 지지 기반의 쟁점과 지지 집단의 내용에 변화가 있는 것을 정당 재편성으로 정의하는 선퀴스트의 정의에 따르면, 이 역시 작은 의미의 정당 재편성이라고 할 수 있다. 다만 지역 구도에 의해 만들어진 정당 분파에 따라 햇볕 정책에 대한 평가가 엇갈리면서 이념과 지역이 중첩되었기에 표면적인 변화가 나타나지 않았을 뿐이다. 그럼에도 지지 기반이 단순 지역주의가 아니라 햇볕 정책에 대한 지지를 포함하게 되었다는 내용상 변화가 있었다고 생각된다.[58]

네 번째 재편성은 2004년 탈지역주의 정치 개혁을 표방한 열린우리당의 등장으로 시작될 수 있었다. 즉 2000년 지역 구도로부터 이탈한 유권자가 다수 존재했기에, 지역 구도를 극복하려고 노력해 온 후보가 탈지역주의 쟁점을 가지고 등장하면 새로운 정당 재편성이 일어날 것이었다. 그리고 그 인물이 바로 노무현이라는 필자의 예측은 정확히 맞아떨어졌다. 2004년 투표율의 상승, 그리고 2006년 지방 선거에서 열린우리당이 참패했을 때조차 경남 지역에서 상승한 열린우리당의 득표율이 이를 증명한다.

열린우리당의 실패로 한쪽이 완전히 무너진 가운데 2007년 대선과 2008년 총선을 치렀지만, 탈지역주의 바람이 완전히 꺼진 것은 아니었다. 2007년과 2008년 선거에서 보수당의 정당 재편성은 가속했고, 민주당은 정당 해체를 경험했다. 2010년 지선, 2012년 총선에 이어 2012년 대선에서 투표율이 급격히 올라가면서 민주당도 보수당의 발전주의에 대항하는, 복지와 분배를 강조하는 본격적인 정당 재편성을 순차적으로 이룰 수 있었다. 2004년엔 정치 개혁이 주요 쟁점이었기에 정당 재편성이 지속하지 못하고 정체 상태에 머물렀다면, 2010년 무상급식으로 대표되는 성장과 복지의 쟁점을 통해 민주당에서도 정당 재편성이 진행된 것이다. 부울경 지역에서 상승하는 민주당의 득표율이 이를 증명한다. 정당 재편성의 쟁점 내용은 조금씩 바뀌어 왔지만, 그 과정은 지금도 계속 진행 중이라고 할 수 있다.

필자는 박정희 정권 이후 정당 재편성이 크게 세 차례 있었다고 본다. 이는 여야 구도, 지역주의, 보수와 진보의 균열이라고 할 수 있다. 보수와 진보의 구도는 그 내용이 처음에는 햇볕 정책에서 시작해 탈지역주의 개혁으로 옮겨 갔고, 지금은 성장과 분배(복지주의)라는 균열로 재편성되는 과정에 있다고 여겨진다. 햇볕 정책의 경우 지역 구도와 중첩되고 투표율 증가도 없었기에 정당 재편성이라는 인식을 하지 못했지만, 보수와 진보의 중요한 내용 중 하나로서 균열 구조에 포함되어 있었다. 노무현의 등장으로 탈지역주의 정당은 정치 개혁의 핵심 과제가 되었다. 그러나 2004년 총선으로 탈지역주의 정당이 과반 의석을 확보해 국민의 정치 만족도 획기적으로 향상되면서 노무현 정부의 개혁 쟁점은 힘을 잃었다. 정치 개혁은 정당의 재편성을 지속적으로 유지할 힘이 없었던 것이다.

열린우리당이 실패하면서 재편성도 멈춘 것 같았지만, 2007년 대선에 처음으로 성장과 복지의 균열이 등장한다. 그 이유는 노 대통령이 정치 개혁을 어느 정도 성공시킨 후 들고나온 화두가 양극화였기 때문이다. 비전 2030은 정동영 후보를 위한 선물이었지만 정 후보는 노무현과의 차별화를 택하며 이를 외면했고, 복지를 선거 전략으로 사용하지 않았다. 하지만 2007년 대선에 이런 균열이 포착된 것은 노무현이 복지 담론을 전파하고 그에 대한 반작용으로서 참여정부 5년간 새누리당이 박정희의 발전주의로 재연합되었기 때문이다.

필자는 이를 '순차적 정당 재편성'으로 명명했다. 보통 외국에서는 양당이 동시에 새로운 균열 쟁점을 중심으로 정당 재편성을 겪는다. 하지만 우리나라의 민주 진영은 2007년과 2008년 선거에서 성장-복지에 대한 입장을 취하지 않음으로써 정당 재편성이 지체되었다. 반면, 새누리당은 2007년 발전주의로 재편성됨으로써 정당 구도에서 압도적 우위를 차지하며 이명박, 박근혜 임기 동안 안정된 지지를 누렸다. 2007년 대선은 새누리당의 정당 일체감이 대선 결과에 결정적인 영향을 미친 최초의 선거였다. 많은 학자나 언론이 노무현 때문에 이명박이 당선되었다고 주장했지만, 양자는 관련이 없는 것으로 밝혀졌다. 2012년 이후 정당 일체감을 사용하는 연구가 갑자기 다수 발견되는데, 그것이 의미 있어진 최초의 선거가 2007년이었음을 상기할 필요가 있다.

노무현 지지자는 성장주의 대 복지주의(신좌파)의 균열을 택했다. 하지만 민주당은 2012년 총선과 대선, 2016년 총선과 2017년 대선에서 구좌파(소득 주도 성장 및 정규직 전환) 노선을 택했다고 할 수 있다. 2012년 총선에서 한명숙의 한미 FTA 재협상 공약, 2012년 대선에서 문재인의 패배, 탄핵 이후 치러진 2017년 촛불 정국에서 문재인의 41.1%의 비교적 낮은 득표는 구좌파 선거 전략으로 인한 신좌파 유권자의 이탈에 기인한다고 생각된다. 실제 2016년 총선에서 수도권 투표의 바로미터라 할 수 있는 화이트칼라는 다른 조건을 통제했을 때 국민의당에 투표할 확률이 더 높은 것으로 나타났다.[59] 수도권 30~40대 중산층인 신좌파가 이탈하거나 투표에 불참함으로써 민주당은 좋은 구도에도 불구하고 더 많은 의석을 확보하지 못한 것이다. 2012년 총선의 실패 원인이 민주당의 잘못된 구좌파 선거 전략에 있다고 필자가 주장하는 이유이다.

대통령의 아젠다를 분석한 한귀영(2011)의 연구는 노무현 대통령이 경제 문제를 의제화하면 진보 진영이 분열하고, 정치 문제를 의제화하면 진보 진영이 단합했다고 주장하면서, 이는 노 대통령이 경제적 문제를 보다 진보적으로 택하지 않고 중도적 입장을 취했기 때문이라고 한다. 하지만 이것은 인과관계를 역으로 추론한 오류다. 진보 진영은 정치적 진보에 대해선 합의하지만 경제적 진보에 대해선 합의할 수 없는 구조적 분열을 내재하고 있으며, 따라서 노무현 대통령이 경제적으로 진보적인 아젠다를 제시했더라도 진보의 분열은 피할 수 없었을 것이다.[60] 다수의 유권자가 현재까지도 경제 성장을 가장 중요한 과제로 선택한다는 점을 감안한다면, 노 대통령이 경제적으로 더 좌클릭했다면 그의 지지 기반은 더 소수화되었을 것이다. 2012년 민주당의 좌클릭 선거 전략, 2012, 2017년 문재인 후보의 좌클릭 선거 전략, 대통령으로서의 좌클릭 정책 등이 선거 패배 및 지지도 하락과 관련 있다는 점을 봐도 필자의 주장이 더 설득력 있다고 생각된다.

2007년 이전에 재편성이 된 보수 정당은 뿌리가 깊고 단단하며 지속성이 있는 반면에, 민주당은 뒤늦게 2012년부터 정당 재편성이 시작되었다. 게다가 매 선거에서 구좌파, 신좌파, 호남 등 세 집단의 분열로 민주 진보 진영이 하나로 통합하지 못함으로써 정당 재편성이 지연되었다. 박근혜의 탄핵으로 인해 민주 진보 진영이 다수가 되는 재편성이 더 빨리 진행될 기회를 맞았던 것은 사실이다. 2020년 총선 기간에 민주당은 40%가 넘는 안정된 지지도를 누리며 모두의 예상을 뛰어넘는 높은 의석수를 확보했고, 최고 수준의 정당 재편성을 경험했다고 해도 과언이 아니다.

필자는 민주당이 2020년 총선에서 예상을 뛰어넘는 압승을 거둔 이유를 세 가지로 꼽고 싶다. 첫째, 성공적인 코로나19 방역과 대응으로 세계인의 찬사를 받은 문재인 대통령과 정부의 기여다. 둘째, 코로나 정국에서도 문재인 정부 발목잡기만 했던 미통당과 이들을 엄호했던 수구 기득권 언론에 대한 심판이다. 셋째, 공천 당시만 해도 선거 분위기가 매우 좋지 않았음에도 연동형 선거 제도의 위험 앞에서 정도를 걸으며 리스크 관리에 최선을 다한 이해찬 대표와 민주당 지도부이다. 대통령이 아무리 일을 잘해도 민주당이 무당파층의 표를 받을 자세가 되어 있지 않았다면 투표율은 떨어졌을 것이고 대승은 불가능했을 것이다. 민주당이 상대의 실수로 표를 받을 수 있게 엄격한 공천 기준, 위성 정당 불가의 원칙을 고수했기에 가능한 결과였다고 생각한다.

그러나 여기에서 한 가지 놓쳐서는 안 되는 점이 있다. 바로 2005년부터 시작된, 지역에서 이익으로의 한국 정당 체계의 재편성과 노무현의 역할이다. 2020년 총선에서도 예년과 같이 30~40대가 가장 높은 비율로 민주당을 지지했다. 특히 40대의 민주당 지지율은 더 진보적이라고 생각되는 30대를 압도한 70%였다. 2020년 총선에서 수도권 박빙 지역의 승부를 가른 집단은 2000년 노사모를 만들어 노무현을 발굴한 386세대이며, 지금의 50대이다. 이들의 절반 이상이 민주당을 찍으면서 불과 8% 득표율 차이로 민주당이 압승하게 된 것이다. 2008년 촛불집회에는 당시 486이었던 화이트칼라가 퇴근 후 서류 가방을 들고 시위에 대거 참석하기도 했는데, 그들의 탈물질주의 척도는 20~30대보다도 높은 것으로 나타났다.[61]

2002년 대선에서 20대는 선거 전 다수가 무당파였고 30대보다 보수적이었지만, 대선 후에는 30대보다 진보적으로 변했다.[62] 노무현에 대한 지지 역시 가장 높은 세대였다. 현재 40대는 선거 기간에 노무현에 의한 학습이 이루어진 노무현 키드라고 할 수 있다. 이들은 2009년 노 대통령 서거 후 각종 강좌에 대규모로 참석해 학습에 열중하던 이들이다. 2002년 대선에서 40대는 노무현 캠프 선거 운동의 집중 타겟이었지만, 겨우 절반이 노 후보를 찍었을 뿐이었으며, 50대 이상은 압도적으로 이회창을 지지했다. 노무현의 승리는 당시 20~40대의 인구수가 고령층을 압도한 덕분에 가능했다. 그 이후 젊은 층의 인구 비율은 점점 줄어드는 추세다.

2020년 총선에서 20대는 민주당과 미통당을 비슷한 비율로 지지했다. 남녀는 정반대의 당을 지지했다. 민주당에 대한 20대의 지지는 30~40대에 비해 낮다. 지금 민주당은 만년 소수당에서 벗어나 보수당과 세력 균형을 갖추고 다수당 쪽으로 기울기 시작했다. 그러나 고령화가 지속되는 가운데 현재 20~30대의 민주당 투표율이 개선되지 않는다면, 민주당이 다수당 지위를 유지하긴 어려울 것이다. 우리 사회도 이제 안정되어 가면서 20대에 첫 투표를 어디에 하느냐가 매우 중요해졌다. 이는 2020년 총선에서 70%가 민주당을 지지했던 40대는 20대에 노무현을 찍었던 유권자였다는 것을 보면 알 수 있다. 동물이 태어나서 처음 본 물체를 엄마라고 인식하고 따라다니듯이, 20대를 잡지 못하는 정당은 미래가 없다. 민주당이 2020년 총선에 얼마나 조심스럽게 국민 눈높이에 맞는 선거를 치르기 위해 노력했는지, 수도권 선거가 얼마나 박빙이었는지를 기억해야 하며, 젊은 층 유입에 좀 더 분발해야 한다. 민주당이 정당 일체감 분포에서 다수당이 되어 가는 추세임은 분명하지만, 다수당의 위치가 확고하다고 보기는 어려운 것이다. 양당은 이제야 노무현 덕분에 균형을 잡았고, 2020년 총선은 코로나 정국에서 민주당이 운 좋은 결과를 얻었기 때문이다.

정당 재편성은 다수당의 정책 능력으로 국민에게 만족할 만한 서비스를 제공하는 데 실패하면 지속되지 않는다. 총선 직후 이러한 필자의 경고에도 불구하고,[63] 문재인 정부와 민주당은 부동산 정책에 무능했고 국민 정서에 어긋나는 인사로 오만함을 보였다. 그 결과 2021년 4월 재보궐 선거에서는 서울시장과 부산시장의 자리를 야당에 내주는 참패를 당했다.

한국 정당 체계의 미래

박근혜의 탄핵은 그로 인한 보수의 분열이 문제라기보다는, 정당 일체감의 핵심 쟁점이라고 할 수 있는 성장주의의 상징이 무너진 사건이었다. 즉 박근혜는 단순한 전직 대통령의 딸이 아니라 유권자 사이에 보수 정당 일체감의 근원으로서 커다란 상징적 의미를 지니고 있었다. 박근혜의 뇌물 스캔들보다 국민에게 더 충격적이었던 사건은 대통령이 단지 꼭두각시에 불과했다는 사실이다. 그로 인해 보수는 무너졌다고 다들 생각했다. 2018년 지방 선거에서 민주당이 압승한 것이 한 예이다.

그러나 조국 사태 이후 민주당의 지지도는 34%까지 하락했고, 자유한국당은 전화 조사를 제외한 ARS 설문 조사에서 30%에 가까운 지지를 받았다. 금융 위기 이후 신한국당을 지지한다는 말을 못 하고 숨어 있던 보수 성향 유권자들은 불과 2년 만에 2000년 총선에서 신한국당을 133석으로 만들어 주었다. 보수 정당의 분열을 극복하지도 못한 상태에서 전통적 지지도를 모두 회복했던 것이다. 박근혜 정부의 안정된 지지도가 40%였음을 감안한다면, 미래통합당은 2020년 총선에서 중도 보수 성향 유권자의 마음을 얻는 데는 실패했으나 보수 세력에겐 30%의 묻지마 지지가 상수로 존재한다는 것을 확인해 주었다. 이처럼 정당 일체감은 역사 속에서 형성된 감정과 평가의 총합으로서 지속적인 경향이 있어 하루아침에 해체되지 않는다. 보수 정당에 대한 30%의 지지도는 이명박 정부 시절 10% 이하로 추락한 대통령의 지지도와 무관하게 흔들리지 않았다.

이에 비해 문재인 대통령은 임기 초 80%에 가까운 지지도로 시작해 임기가 1년이 남지 않은 2021년 7월 기준 40%가 넘는 지지를 받고 있다. 이에 힘입어 민주당도 30%가 넘는 지지를 유지하고 있다. 문재인에게 대선에서 표를 던진 40%는 민주당의 콘크리트 지지자라고 할 수 있을까? 보수의 궤멸로 인해 진보 우위의 구도가 만들어진 건 사실이지만, 앞에서 지적했던 정당 재편성의 지연으로 인해 민주당의 지지가 안정됐다고 보기는 어렵다. 보수 성향의 유권자는 과거 독재 시절부터 경제 성장과 권위주의를 동시에 지지했고, 거의 60년간 보수 정당에 대한 지지를 이어왔다. 따라서 리더에 대한 실망으로 잠시 거리를 둔다고 해도 빠른 복원력을 보인다. 무엇보다 조국 사태는 권력이 입시에 개입한 정유라 사태와는 근본적으로 다르지만, 입시 부정이라는 점에서는 차이가 없다며 보수 지지자들이 보수당 지지를 합리화할 명분을 제공했다. 2004년 총선 탄핵 역풍이 거셌을 때도, 정동영의 오해 살 만한 발언 하나가 전세를 역전시킬 만큼의 합리화 근거를 제공하는 데 충분했다.

2020년 선거 직전 지지하는 정당이 없다는 응답자가 여론 조사에서 급증하고는 있었지만, 실질적으로 그 수는 30%를 넘지 않았다. 총선 후에 지지하는 정당이 없다는 응답은 19%에 불과할 만큼, 현재 우리는 역사상 가장 안정된 정당 체계의 시대에 살고 있다고 해도 과언이 아니다. 노무현 대통령이 살아계신다면 불과 20년 만에 뒤집힌 현실에 얼마나 감개무량하실까. 이렇게 다수당을 만들기 위해 분배 문제를 정면에서 제기함으로써 소수당으로의 전락을 받아들인 노무현 대통령을 문재인 정부의 핵심 인사들조차 실패로 판정한다는 건 가슴 아픈 일이다. 그들이 바로 노무현에 의한 정당 체계 재편성의 최대의 수혜자이기에 더욱 그렇다.

위와 같은 논리라면 케네디도 실패한 것이다. 케네디와 존슨의 시민권법 통과에 대한 반발로 인종주의 발언이 1964년 대선에 등장함으로써, 결국 레이건의 탄생과 공화당의 다수당화가 가능했으니 말이다. 오바마 집권 8년은 여성과 유색 인종에 대한 혐오를 낳아 트럼프의 당선으로 이어졌다는, 트럼프의 당선이 오바마의 실패를 증명한다는 말은 누구도 하지 않는다. 노무현이 경제적 진보를 추구함으로써 새누리당이 발전주의로 재편성하는 기폭제가 되었고 결국 이는 이명박의 당선에 기여했다는 주장, 노무현의 실패로 이명박이 당선되었다는 주장이 학계의 주류 입장으로 등장하게 된 건 전적으로 학자들이 언론 프레임에 휘둘렸기 때문이라고 생각한다.

5
저널리즘과 아카데미즘의 경계에서

　문재인 정부의 핵심 인사들이 노무현의 실패를 인정하고 구좌파 노선을 택하는 데 있어 결정적으로 기여한 사람들은 좌우 언론인과 학자라고 생각된다. 즉 학자들이 독립적인 이론과 분석으로 노무현 정부를 객관적이고 과학적으로 평가하지 못하고, 언론의 정치적 구호에 휘둘린 결과다. 이하에서는 언론의 담론을 학술적 논의에서 되풀이하는 학자들의 부끄러운 자화상을 기록하고자 한다.

　필자는 정당 일체감과 계층 투표의 등장을 보고하는 최근 수많은 논문이 세 가지 문제점을 지니고 있다고 생각한다. 첫째, 이러한 발견이 역사적 맥락에 대한 설명 없이 불쑥 튀어나왔고, 둘째, 개념의 이론적 설명이 부족하며, 셋째, 개념의 한국적 적실성에 대한 논의가 미흡하다는 점이다. 이에 대한 답은 필자가 〈정당 재편성 이론으로 분석한 2007년 대선과 향후 전망〉(2011)에서 오래전에 제시한 바 있다. 이 논문은 노무현 정부 5년간 노 대통령의 업적이 정당 체계에 있어 지역에서 계층으로의 지각 변동을 가져옴으로써 향후 그 변화가 가속화될 것이라는 예견을 담고 있다. 최근 급증하는 선거 연구의 두 가지 흐름(계층 투표의 등장과 정당 일체감의 중요성 대두)은 필자의 예견을 그대로 확증하고 있다.

안타까운 건 2011년 필자가 예견한 현상을 2012년에 확증하는 다수의 연구 논문 중 어느 것도 필자의 선행 연구를 언급하지 않는다는 점이다. 마치 이 모든 현상이 2012년에 갑작스레 처음 시작된 것처럼 말이다. 이보다 더 큰 문제는 2012년 이후 지금까지 이어진 한국 정치의 변동을 2007년 대선에서 예견했던 필자의 논문이, 정치학계의 대표적 학술지인 《한국정치학회보》에서 게재를 거부당했다는 점이다. 필자의 논문은 2011년 초 세 명의 심사 위원으로부터 각각 '가', '수정', '부'의 평가를 받았다. 수정의 평가는 본질적인 문제가 아니라 지엽적인 문제를 지적받아 모두 반영하여 수정했다. 《한국정치학회보》는 평가자의 의견과 수정된 논문, 저자의 대응을 세 명의 추가 심사 위원에게 전달하여 재심을 진행한다. 재심 위원 3명 중 2명이 부를 주었는데 수정 의견과 필자의 논문을 대조한 것이 아니라 처음부터 다시 심사한 결과였다. 이는 전례를 찾기 어려운 이례적 재심사이고, 부의 이유도 매우 감정적이라 학자의 평가라고 보기 부끄러울 지경이다. 이런 학계 풍토에서 똑똑한 대중을 상대로 논평이나 할 걸 왜 정치학 논문을 써서 이런 모욕을 당하나 하는 자괴감이 들기도 했다.

필자가 앞에서 제시한 수많은 경험적 증거를 보면 이런 심사 결과는 매우 드문 일이다. 게재 불가의 대표적인 이유는 노무현의 실패로 이명박이 당선되었다는 학자들의 주장이 오류일 수 있음을 지적한 필자의 반론을 받아들일 수 없다는 것이었다. 학문에서 명백한 증거를 가지고도 반론이 허용되지 않는다면 왜 학문을 하는지 이해하기 어렵다. 필자의 논문을 제대로 읽지 않았을 뿐만 아니라, 이해도 하지 못한 것으로 추측된다. 그런 심사 위원이 배정된 것은 실로 매우 유감이었다.

물론 이런 일이 필자에게만 일어나는 건 아니다. 학자 커뮤니티에도 실력 차가 다양하니, 필자와 같은 경험을 하는 학자들이 적지 않다. 그나마 다행스러운 건 위 논문이 일체 수정 없이 다른 유서 깊은 학술지에 즉각 실리게 되었다는 사실이다. 이 저널의 한 심사 위원은, 필자의 논문이 매우 설득력 있지만 너무 혁명적인 주장이라 뚜렷한 증거에도 불구하고 마음으로 받아들이는 게 쉽지 않다고 솔직히 고백하기도 했다.

어떤 이유에서건 정치학회 일부 회원들은 정치학적이 아니라 정치적이었다고 생각된다. 노무현 죽이기에 혈안이 되었던 당시 좌우 언론이나 다수의 좌우 정치학회 회원들로서는 이성적 사고가 불가능했을지 모른다. 노무현의 실패로 이명박이 당선되었다는 그들의 신앙을 깨는 필자의 주장을 받아들이기 어려웠으리라는 점은 이해한다.

그래도 학위를 받고 학술 활동을 하는 학자들은 언론인과 달리 경험적 증거 앞에 객관적인 프로페셔널리즘을 견지해야 하는 것 아닐까.

필자가 이 문제를 정면으로 제기하는 이유는 두 가지를 지적하려는 의도이다. 첫째, 정치학회는 오랫동안 언론 보도라는 저널리즘에 휘둘리며 학자의 아카데미즘을 훼손해 왔다. 필자가 그동안 썼던 다수의 책이나 논문은 학자들의 선거 연구가 언론 보도에 얼마나 오염돼 왔는지를 증명하는 일이었다. 2000년 총선 연대의 부정적인 낙선 선거 운동에 의해 투표율이 떨어졌다는 주장이 대표적이다. 연구 결과 낙선 후보가 있는 지역은 오히려 투표율이 다른 지역에 비해 높았다. 언론과 학자의 주장에 정면으로 배치되는 경험적 결과를 발견한 것이다. 노무현에 대한 평가는 2008년 촛불집회 와중에 서강대학교와 《내일신문》이 공동으로 실시한 설문 조사에서 이미 49%의 응답자가 노무현이 대통령으로서 일을 잘했다고 응답함으로써 뒤집혀 있었다. 2007년 정동영의 패배가 참여정부 실패론의 증거라는 주장은 사실과 거리가 멀지만, 학자 대다수가 보수 언론의 프레임에 동의하는 논문을 출간한 뒤였다. 물론 학자도 실수할 수 있다. 하지만 후에 그들의 실수를 입증하는 증거가 발견되면 이를 인정하는 용기가 필요하다. 그런데 오히려 엄밀한 경험적 증거를 갖춘 필자의 논문 게재를 막음으로써 자신들의 오류를 감추려 했던 건 부끄러운 일이라고 생각한다.

이런 대열의 맨 앞에 섰던 분 중 하나가 최장집 교수이다. 다분히 엘리트주의적인 이분의 어떤 주장이 그렇게 진보적인지 모르겠지만, 언론은 노무현, 문재인을 공격하고 이명박, 박근혜를 옹호하기 위해 수시로 최장집 교수를 진보의 거두라며 호출했다. 최 교수는 노무현, 문재인에게는 이들의 제왕적 대통령제가 민주주의 위기를 초래했다고 일갈했지만, 이명박의 신 권위주의는 민주주의의 위기가 아니라고 감쌌다. 무엇보다 노무현의 대연정 제안이 사회·경제적 개혁의 실패를 가리기 위한 알리바이라고 맹공을 퍼부었는데, 최 교수가 평생 가장 이상적인 현상으로 주창했던 계층 투표를 노무현은 임기 몇 년 만에 만들어 냈다. 사회·경제적 개혁의 시작이 계층 투표에서 비롯된다는 점을 최 교수야말로 가장 잘 알고 있을 것이다. 비합리적인 포퓰리즘에 편성한 트럼프의 당선을 미국민의 합리적 선택이라고 옹호한 최 교수의 주장이 소위 진보 언론에 대서특필되는 현상도 어이가 없다.

우리나라의 좌우 기득권 언론은 이미 영향력을 잃어 사회적으로 여론을 선도함으로써 큰 문제를 일으킬 만한 힘이 없다. 그래서 더는 문제 삼고 싶지 않다. 그러나 적어도 학문을 업으로 하는 정치학자라면, 사후 수십 년, 수백 년 후에도 자신의 자손이 자신의 글을 읽고 자신에 대한 객관적인 평가를 할 수 있다는 두려운 마음으로 역사 앞에 부끄럽지 않은 글쓰기를 해야 한다고 바라는 건 과한 기대일까. 필자가 이런 글을 쓰는 이유는 교수보다 더 논리적이고 똑똑한 당대의 대중들과 소통하려는 이유도 있지만, 동료 학자들로부터 철저히 외면당하고 인용조차 되지 않은 필자의 논문과 책이 후대에 언젠가는 객관적으로 평가받는 기회가 오리라는 막연한 기대 때문이다. 필자가 노무현의 참모로서 노무현 시대를 합리화하기 위해 이런 논문을 썼다는 사람도 있는데, 학문적인 필자의 주장을 현실로 만들어준 사람이 노무현이었기에 이런 글을 쓴다는 게 더 정확하다.

　이상의 문제를 제기하여 지적하고 싶은 두 번째 사항은, 학자들마저 언론의 담론에 휘둘리면 정치권이 전 정부에 대한 객관적인 평가를 오판하면서 성공의 교훈을 얻지 못한다는 점이다. 대표적인 현상이 문재인 정부와 민주당이 직면한 딜레마다. 문재인 대통령과 민주당은 역대 가장 높고 안정적인 지지율을 얻고 있다. 그 핵심 지지층은 40대이며, 이는 앞에서 설명했듯이 노무현으로부터 시작된 장기적인 정당 재편성의 결과로, 그 공은 전적으로 노무현 대통령에게 있다. 반면, 10년 주기설에도 불구하고 보수당이 탄핵으로 완전히 무너진 지 불과 4년 만에 민주당은 정권 교체를 걱정하는 처지가 되었다. 두 현상은 일견 양립 불가능해 보인다. 즉, 대통령과 여당이 안정적인 높은 지지도를 누리는 동시에 중도 확장력이 낮아 정권 재창출의 가능성이 그리 높지 않았다는 점은 아이러니하다.

　문재인 정부와 민주당이 이런 딜레마에 빠진 가장 큰 이유는 노무현의 실패로 이명박이 당선되었다는 잘못된 언론과 학자들의 주장을 내면화함으로써 노무현과의 차별화를 꾀했기 때문이라고 생각한다. 노무현 실패론에는 좌우 언론과 학자가 합의를 이뤘으니, 그 대표적인 게 조국과 오연호의 《진보집권플랜》이었다. 문재인은 정계 입문부터 이 책을 신뢰했기에, 현재의 딜레마는 전적으로 문재인 대통령과 참모들이 노무현 실패론을 극복하기 위해 그와는 다른 전략을 택한 데서 초래되었다고 생각된다.

　노 대통령은 지역주의를 깨지 못한 것을 정치 인생의 실패라고 생각했을지언정 대통령으로서는 일을 잘했다고 자부했다. 그가 실패한 것처럼 보였던 이유는, 미국에서 케네디와 오바마의 진보 이후 반작용으로 나타난 일시적 후퇴처럼, 그의 정책과 담론이 새누리당의 정당 재연합에 기여했기 때문이다. 이걸 다수 국민에게 실패로 각인시킨 일등 공신은 좌우 언론과 학자였다. 필자는 차기 정부가 언론의 이런 잘못된 프레임에서 벗어나야 성공할 수 있다고 생각했고, 지난 20년간 논문 작성, 저술, 강의, 팟캐스트, SNS 등을 통해 언론과 학자의 그릇된 담론을 깨는 데 혼신을 쏟았다. 더 중요한 건 의사소통 수단의 혁명적 발전으로 기성 언론이 SNS의 영향력을 압도하지 못하는 세상이 왔다는 점이다. 문 대통령의 초기 80% 지지도는 물론 박근혜 탄핵, 노무현과 다른 대통령스러운 스타일, 잘 기획된 소통 방식에도 기인하지만, 노무현의 죽음으로 깨어난 시민들의 조직된 힘에 가장 큰 빚을 지고 있다.

현재 민주당이 누리는 전성기가 얼마나 더 진행될지는 전적으로 민주당이 국정을 성공적으로 운영하고 정권 재창출에 성공함으로써 정당 재연합을 얼마나 계속 유지하는지에 달려 있다고 필자는 경고한 바 있다.[64] 불행하게도 대선을 불과 8개월 남겨둔 현재, 정권 교체를 원하는 유권자의 수 또한 절대 다수를 넘고 있다. 노무현의 유산으로 견고한 지지도를 누리는 문재인 정부가 노무현 실패론에 기초해 대안으로 제시한 소득 주도 성장이나 비정규직의 정규직화 등 구좌파적 정책, 부동산 정책의 실패와 오만한 인사 정책, 아마추어적 검찰 개혁이 민심 이반을 초래한 결과이다.

국민 다수를 존중하는 실용적 정책으로 핵심 지지층을 잃은 노무현 대통령과 달리, 지지자를 만족시키는 당파적 정책과 정치로 현

정부와 민주당은 견고한 지지를 유지하고 있는 게 사실이다. 하지만 2022년 대선에서 중도층의 표심이 어디로 향할지는 누구도 단언할 수 없게 되었다. 보통 선거 한두 해 전이면 누가 당선될지 윤곽이 보이는 편인데, 이번 대선처럼 오리무중인 경우도 드물다. 양당의 정당 구도가 팽팽해 그만큼 선거 전략이 중요해졌다는 말이다. 2020년 총선까지만 해도 민주당의 지지층은 구좌파 정책을 선호하는 물질주의 중하층과 가치 지향적인 탈물질주의 중상층의 연대로 이루어졌다고 생각된다. 중하층(가구 소득 150~350만 원)은 노무현에 의해 보수에서 진보로 이탈하기 시작한 대표적인 집단인데, 이들은 문재인 정부의 복지, 분배 정책을 경험하면서 매우 견고한 지지를 유지하고 있다. 반면, 노무현의 전통적 지지자이자 문재인 당선에 기여한 가치 지향성이 강한 탈물질주의자들 사이에서 균열이 관찰된다. 20~30대는 2017년 대선과 2018년 지방 선거에서 압도적으로 문재인과 여당을 지지했다. 그러나 2020년 총선에서부터 20~30대의 균열이 드러나기 시작했고, 2021년 재보궐 선거에서 이들 다수가 야당 지지로 돌아섰다. 그 이유를 20~30대의 보수화에서 찾기도 하는데, 필자는 오히려 규제 일변도인 문재인 정부와 민주당의 국가주의적 부동산 정책의 실패, 코로나 방역을 위한 과도한 국가 개입 등이 자유주의자로서 진보적인 20~30대 탈물질주의자들의 문화적 이반을 부추겼다고 생각한다. 정부와 검찰, 감사원과의 갈등이 나타나면서, 민주주의를 중시하고 평가적이며 충성심이 낮은 진보 유권자(20~30대와 40~50대 고학력층)의 이탈도 관찰된다.

즉, 문재인 정부와 민주당은 노무현 대통령의 유산으로 견고한 지지도를 누리면서도 한편으로 국민 통합이나 실용적 경제 정책이라는 노무현 노선을 포기함에 따라 문화적으로 진보적이고 가치 지향적인 20~30대를 설득하는 데 실패한 것으로 보인다. 탈물질주의자는 문화적으로는 진보적이지만 경제적으로는 실용적이다. 국가주의를 표방하는 민주당의 폐쇄적인 586세대가 20~30대에게는 권위주의 독재와 싸우면서 더 권위주의화된 꼰대로 보일 수 있다. 일부 20~30대의 일베화 현상이 존재할 수 있을 것이다. 하지만 자유주의적인 중도파들이 좌파 경제와 문화적 보수주의를 받아들이기 어려운 것은, 보수당을 대안으로 생각하기 때문이 아니라 권위주의적인 민주당의 정책과 개혁 방식에 동의하기 어렵기 때문이다. 반면 이들은 포스트 이명박/박근혜의 보수당을 아직 경험해 보지 않았기에, 과거로 되돌아가지는 않을 것이라는 막연한 기대감에 보수 정당을 대안으로 고려하는 것으로 보인다. 민주당이 정권 재창출을 염원한다면 문재인 정부의 계승이 아니라 노무현 정신의 계승이 필요하다고 필자가 생각하는 이유이다.

04

노무현 대통령의
소통 혁신과 언론 개혁

이소영

1
노무현의 소통 혁신을
소환하며

특권과 반칙에 대항한 시민들이 스스로의 힘으로 국가 권력을 교체한 역사적인 사건을 배경으로, 우리 사회에 노무현 정신이 다시 소환되고 있다. 노무현 정신은 깨어 있는 시민의 조직된 힘, 지역주의 타파, 균형 발전, 탈권위, 사회적 약자에 대한 애정, 특권과 반칙 없는 세상, 원칙과 상식이 통하는 사회, 소통에 바탕한 민주적 리더십 등 다양한 정치적 가치를 포함한다. 그중에서도 소통을 중시했던 민주적 리더십은 노무현 정신의 핵심적 가치라고 할 수 있다. 강력한 통치력을 기반으로 엄청난 권력 행사가 가능한 상황에서 스스로 그 통치력을 약화할 수도 있는 다양한 시도를 한 노무현의 리더십은, 시민 권력의 확대와 한국 민주주의 발전에 있어 중요한 한 페이지를 작성하였다.

정치와 사회의 많은 측면에서 민주주의가 공고화되고 정치인과

대통령 노무현, 한국 정치에 무엇을 남겼나

시민의 직접적인 소통을 가능케 하는 기술적 발전이 이루어졌지만, 독점적이고 권위주의적인 정치 리더십은 여전히 한국 정치의 문제점으로 지적된다. 촛불 시민이 이루어 낸 한국 정치의 변화를 정치인들이 충분히 담아내지 못하고 있는 것이 현실이다. 시민들이 이루어 낸 정치 개혁을 완성하기 위해서는 시민들과 소통하면서 그들의 요구를 제대로 정책 결정 과정에 반영할 수 있는 리더십의 역할이 무엇보다 중요하다. 이러한 점에서 소통의 혁신을 중심으로 노무현이 시도했던 민주적이고 변혁적인 리더십에 대해 관심이 커지고 있는 것이다.

비주류 정치인으로서 아래로부터의 참여를 통해 대통령이 된 노무현은 임기 내내 한국 사회의 상층부를 장악하고 있는 강력한 기득권 구조와 맞서야 했다. 정치, 경제, 사회, 문화, 언론 등 사회의 모든 영역이 강한 상층부 카르텔을 형성하고 있는 가운데, 노무현은 임기 내내 이들과 타협하기보다는 이들에 도전하는 입장을 취했다. 이런 점에서 노무현은 《역사를 바꾼 리더십》(2006)의 저자 제임스 번스 James Burns가 제시하는 리더의 유형 중 거래를 통해 '변화'를 도모하는 '거래적 리더'보다는 추종자의 마음을 움직여 '변혁'을 도모하는 '변혁적 리더'에 더 가깝다고 볼 수 있다.

이러한 노무현식 리더십의 핵심은 권력의 기초가 리더에게 있다고 보지 않고, 국민이나 추종자에게 있다고 보는 관점에서 출발한다. 민주주의 발전에 대한 요구가 분출하는 분권화된 지식 기반 사회에서 더는 권위주의적인 리더십이 설 자리가 없게 될 것이라는 예상에도 불구하고, 그간 한국 대통령들은 권력 기관을 이용하여 공식적, 비공식적으로 권력을 동원하고 리더의 결정 사항에 대한 순응을 강요하는 권위주의적 리더십의 전형을 보였다. 그러나 노무현은 기존의 수직적 리더십 형태를 벗어나 탈권위주의적 리더십을 구축함으로써 대통령과 국민 간, 정부와 국민 간, 그리고 정책 결정자와 정부 조직 간에 새로운 관계, 즉 민주적 관계를 형성하고자 하였다. 이러한 관계는 참여정부 혁신의 핵심 과제였으며, 그 중심에는 무엇보다도 소통의 혁신이 있었다. 노무현은 국민과 직접 소통하고 국정운영 주체들과의 토론을 일상화함으로써 이전 대통령들과는 다른 새로운 리더의 모습을 보여 주었다. 또한 그러한 소통이 지도자 개인의 성향에 따라 좌우되지 않도록 이를 시스템화하고자 하였다.

새롭게 시도된 노무현식 소통과 혁신의 리더십은 그러나 기존의 권력을 내려놓지 않으려는 기득권의 강한 저항에 부딪혔다. 대통령의 수직적인 리더십의 탈피로 인한 통치력의 약화를 보완해 줄 대안이 제대로 마련되어 있지 않은 상태에서, 기득권 세력은 노무현의 혁신과 변혁적 리더십의 성과를 폄훼하고 약화시켰다. 무엇보다도 적대적인 언론 환경은 노무현식 소통과 수평적 리더십을 왜곡하고 지지자들을 이탈시킨 핵심적인 원인이었다. 언론을 통한 소통이 여의치 않은 대통령이 국민에게 직접 호소하는 모든 말은 다시금 언론을 통해 왜곡 해석되었다. 또한 대통령의 실용적·중도적 개혁 행보에 대한 지지자들의 실망은 언론에 의해 과장되어 대통령에 대한 공격의 무기로 사용되었다.

이 글은 크게 두 가지 이유에서 노무현을 소환한다. 첫째, 지금은 그 어느 때보다 소통의 혁신이 필요한 시점이다. 2016년 촛불 이후의 한국은 사회 모든 영역에서 변화를 요구하고 있다. 그러나 다른 한편에서는 개혁과 변화에 대한 반대의 목소리도 높다. 서로 다른 정치적 성향에 대한 적대감과 혐오가 커지면서 분열이 가시화되고, 소통은 단절되고 있다. 갈등이 심한 상황에서 사회적 통합을 위한 정치 지도자의 소통 방법은 전방위적이고 다차원적이며, 혁신적이어야 한다.

둘째, 또 다른 이유는 노무현 시대를 재현하는 듯한 언론 환경에 있다. 2006년에 31위까지 올랐다가 2009년 69위, 2016년 70위까지 떨어졌던 한국의 언론 자유 지수(국경 없는 기자회 발표)는 2019년에는 41위까지 회복되어 2007년 이후 가장 높은 순위를 기록하였다. 그러나 권력으로부터 자유로워진 언론은 또 다른 '기존의 권력'이 되어 혁신과 변혁을 두려워하는 듯한 모습이다. 방대해진 1인 미디어와 경쟁해야 하는 상황에서 단독 보도와 특보의 유혹에 빠져 정확하지 않은 정보까지 생산해 내는 주류 언론은, 한국 사회의 정치적 양극화와 적대감을 악화하는 데 핵심적 역할을 하고 있다는 비판을 벗어날 수 없다. 처음 언론 신뢰도 조사 대상에 포함된 2016년 이후 한국 언론의 신뢰도는 조사 대상 38개국 중 부동의 꼴찌를 면하지 못하고 있다. 노무현 시대만큼 정치 지도자나 정당의 지지도에 큰 영향을 미치진 않지만, 언론 매체는 그 낮은 신뢰도에서 예상할 수 있듯이 여전히 또는 오히려 더 거대한 권력으로서 때로는 편파적이고 때로는 왜곡된 정보로 사회의 통합을 방해하는 요인이 되고 있다.

이 글에서는 노무현이 시도하였던 소통 혁신과 그 혁신을 끝까지 폄하하고 왜곡하였던 언론들, 그리고 그러한 언론 환경을 극복하고

자 했던 노무현의 분투를 살펴보고자 한다. 이를 통해 노무현의 소통 혁신과 언론 개혁이 한국 민주주의와 지금의 한국에 무엇을 남겼는지를 논의해 보고자 한다.

2
노무현의 변혁적 리더십과 언론관

노무현의 소통 혁신은 언론 환경의 영향 때문이기도 했지만, 무엇보다 민주적이고 변혁적인 리더십에 대한 그의 관심과 믿음에서 기인한 부분이 크다. 번스(2006)에 의하면, 변혁적 리더는 기본 가치와 신념의 변화, 조직의 혁신적 변화를 도모한다. 번스는 리더의 도덕성, 즉 리더가 얼마나 공적인 가치를 추구했는가에 따라 리더십을 평가할 수 있다고 본다. 번스의 개념을 발전시킨 바스Bernard Bass에 의하면, 변혁적 리더십은 추종자들로 하여금 신뢰, 감탄, 충성, 존경심 등의 감정을 야기함으로써 개인의 이익을 초월하여 상위의 욕구를 총족하려는 동기를 부여하고, 리더와 추종자가 함께 발전할 수 있게 해준다.[1] 따라서 변혁적 리더는 공동체 구성원의 욕구와 필요를 제대로 파악하고, 개인이 아닌 공동체 전체의 욕구를 실현한다는 도덕적 정당성에 대한 확신을 구성원에게 제시한다. 그럼으로써 혁신을 도모하고 실현할 수 있다.

이 때문에 구성원과의 적극적인 소통은 변혁을 위해 꼭 필요한 요소이다. 반대로 변혁과 혁신은 정치 지도자가 소통을 방해하는 다양한 요인을 제거하고 공동체 구성원과 원활히 소통하기 위해 반드시 동반되어야 하는 요소이기도 하다. 정치 리더십에 기능주의적으로 접근하는 터커Tucker(1981)는 소통이 정치 리더십의 성격을 결정짓는 가장 중요한 요인이라고 말한다. 터커에 의하면, 정치 지도자는 상황을 판단하고 진단하는 과정에서부터 자신의 가치와 목표를 투영시키는데, 이때 권위적인 리더는 의사 결정에 시민의 참여를 허락하지 않지만, 민주적인 리더는 시민과의 소통을 통해 국민의 요구를 상황의 진단에 반영할 준비가 되어 있다. 시민들과의 의사소통은 정치 지도자들의 상황에 대한 오판과 현실 왜곡의 가능성을 감소시킨다. 또한 진단한 문제에 대해 처방을 내리는 정책 형성 과정에서도, 소통은 시민의 참여를 촉진하여 공동체의 공적 이익에 가장 부합하는 정책을 형성하기 위한 핵심적인 요인이다. 마지막으로, 형성된 정책을 수행하기 위해 리더는 집단의 지지를 동원하고, 사회적 통합을 이루어야 한다. 권력 기관을 권위적으로 동원하고 공공연히 억압적 방법을 활용하는 권위적인 리더와 달리, 민주적이고 변혁적인 리더는 시민의 자발적 참여를 바탕으로 지지를 확보하고 소통을 통하여 문제 해결의 주도권을 쟁취해 나간다.

노무현은 변혁적 리더십을 구현하여 정치·사회적 혁신을 이끌기 위해서는 시민들과 소통하며 그들을 의사 결정 과정에 적극 참여시키는 것이 무엇보다 중요함을 잘 알고 있었다. 소통을 통해 원칙과 정의 그리고 역사의 진보라는 공적 가치를 시민들에게 진실되고 설득력 있게 호소하면, 그들의 지지를 바탕으로 사회의 특권과 반칙을 없애고 아래로부터의 혁신적 변화가 가능할 것이라고 기대한 것이다. 이를 위해 노무현이 가장 먼저 초점을 맞춘 과제는 언론 개혁이었다. 언론이 정보의 균형 잡힌 소통과 책임 있는 의제 선정을 통해 합리적 토론이 가능한 공론의 장을 마련하는 대신 여론을 조작하고 지배하는 구조에서는, 시민들과의 소통을 바탕으로 한 변혁적 리더십도, 사회의 변혁도 구현하지 못한다는 입장이었다.[2]

초선 국회의원 시절인 1989년부터 시작된《조선일보》와의 갈등은 노무현의 언론 개혁관을 형성하는 데 중요한 역할을 하였다. 1991년 노무현이 민주당 대변인이 된 이후《조선일보》와《주간조선》은 왜곡 보도로 〈통합야당 대변인 노무현 의원, 과연 상당한 재산가인가〉(1991.10.06.)를 내보냈고, 이에 노무현은《조선일보》를 상대로 법적 소송을 하여 이기게 된다. 정치인이 언론을 상대로 한 보기 드문 소송을 시작으로 노무현은 보수 언론, 특히《조선일보》와의 '전쟁'을 시작한다. 대선 예비 후보 시절《조선일보》의 릴레이 인터뷰도 거절하였고, 2002년 4월 6일에 있었던 인천 지역 경선의 연설에서는 급기야 "조선, 동아는 민주당 경선에서 손을 떼십시오"라고 주문하였다. 이후에도《조선일보》와 같은 '족벌 언론 및 수구 언론과는 타협하지 않겠다'라는 뜻을 강하게 비추게 된다.[3]

2001년 초 김대중 정부 때 언론사 세무 조사와 불공정 거래 실태 조사로 시작된 언론 개혁이라는 화두가 이미 정부와 보수 언론 간 첨예한 갈등으로 진전되고 있는 상황에서, 노무현은 대선 후보 시기에 수구 언론을 "과거 부당한 정권과 결탁해 특권을 누린 언론 권력"으로[4] 규정하고, "조선일보와 같은 특권 세력과 성역이 법의 지배 아래로 내려와 제 세력이 합리적인 균형을 이루어야 민주주의를 완성시킬 수 있다"라고[5] 주장하면서 자신이 언론 개혁을 위해 싸울 것임을 공언하였다. 당시 후보 노무현은 언론 개혁에 대한 자신감이 컸던 것으로 보인다.

> 다음 정권은 국민의 지지 위에 탄생합니다. 국민의 지지를 얻어나가는 전 기간 동안 우리 당의 후보를 공격하는 언론과 우리 당원들이 맞서 싸운다면 언론은 민심 앞에 무릎을 꿇게 될 것입니다. 그리고 그 민심은 언론 개혁의 제도적 장치를 요구할 것입니다… 집권하면 가장 먼저 언론 개혁을 하겠습니다.[6]

노무현은 "민주주의 사회에서 언론은 정부를 감시하고 견제하는 일이 본분이므로 정부와의 사이에 긴장이 없다면 그것은 정상적인 일이 아니다"라고 지적하며, "언론의 영향력이 막대하게 커진 사회에서는 언론 스스로 횡포가 가능한 우월적 권력이 되지 않도록 견제받지 않으면 안 된다"라고 강조하였다.[7]

정부 출범 이후 노무현 정부는 언론과 관련하여 여러 대응책을 내놓았다. 신문고시의 강화, 기자단 폐지와 기자실 개방, 브리핑 제도 도입, 언론과의 거래 단절, 공평한 기사 보급, 공동 배달제 지원, 취재원 접근 제약, 정부 기관의 가판 구독 폐지, 지방 언론 육성 등, 언론을 바꾸고 언론과의 관계를 새로이 정립하고자 하였다.[8] 언론의 개혁과 언론과의 새로운 관계 정립은 노무현이 민주주의와 진보에 대한 가치를 시민들에게 호소하고 성공적으로 설득하기 위한 필수적인 과정이었다. 그러나 참여정부 내내 노무현의 적극적인 소통 의지는 언론에 의해 왜곡되었고, 언론 개혁 의지는 언론의 자유에 대한 무지와 탄압으로 폄하되었다.

노무현에 대한 여러 평가 중에는 대통령으로서 언론과 적절한 관계를 맺는 데 실패한 그를 아마추어리즘으로 비판하는 목소리도 있다. 또 대통령이 너무 대책 없이 도덕적으로 나가 실패를 자초했다는 평도 있다. 그러나 언론과의 대립은 반칙과 특권에 저항하였던 노무현의 모든 정치적 행보와 궤를 같이한다고 보는 것이 적절할 것이다. 충분히 언론에 유화적 태도를 보이면서 이를 활용해 여론 정치를 할 수 있는 대통령이란 자리에 있음에도, 자신을 정치의 길로 이끌었던 공적인 가치에 충실하였기에 권력화된 언론과의 대치를 피할 수 없었던 것이다. 이는 번스(2006)가 묘사하는 변혁적 리더의 전형적인 모습이다. 이런 맥락에서 노무현과 언론의 싸움은 단순히 거대 보수 언론과의 감정 싸움이나 지나친 도덕성의 결과가 아니다. 그것은 기득권에 도전하여 공정한 사회를 만들고자 한 노무현의 정치적 가치와 정치적 목적의 큰 틀 속에 있다고 볼 수 있다.

소통에 기반하여 변혁적 리더십을 구현하고자 했던 노무현의 가치와 도전은 현재의 한국 정치에 중요한 유산을 남겼다. 루스벨트부터 레이건까지의 미국 대통령을 연구한 노이스타트Neustadt에 의하면, 대통령의 성과에 대한 중요한 평가 기준 중 하나는 "그 대통령이 남긴 유산"이다.[9] 톰슨Thompson Jr.(2015)은 대통령의 정치적 유산을 그 대통령의 변혁성을 판단하는 핵심 요인으로 간주한다. 예를 들어, 감세와 작은 정부에 대한 보수적 의제를 만들어 냈던 레이건

　　　　　대통령 노무현, 한국 정치에 무엇을 남겼나

의 정치적 유산이 미국 보수주의자들의 티 파티Tea Party 운동으로 이어졌다는 점에서 그를 변혁적 리더로 간주할 수 있다는 것이다. 같은 기준을 노무현에게 적용하면, 노무현의 소통 혁신과 변혁적 리더십은 언론과 기득권에 의해 한계에 부딪혔지만, 한국 사회에 중요한 유산으로 남아 우리에게 큰 과제를 던지고 있다.

노무현은 공적 가치를 바탕으로 시민의 마음을 움직이는 변혁적 리더십을 구현하려 했다. 다음 장에서는 그런 그가 어떠한 소통 환경에서 어떠한 혁신을 이루고자 하였는지, 그리고 그 과정에서 직면한 도전은 무엇이었으며 이를 극복하기 위해 기득권과 언론에 어떻게 맞섰는지 살펴보고자 한다. 그리고 그러한 혁신과 승부가 한국 정치에 남긴 것이 무엇인가를 논의해 보기로 하겠다.

3
참여정부의
소통 환경

적대적 언론

노무현은 1987년 이래 한국 정치의 지형을 대표해 오던 지역주의 구도에 도전하면서 젊은 층의 적극적 참여와 지지를 바탕으로 대통령에 당선되었다. 주지하듯이 이 과정은 과거 어느 대통령보다 극적이었다. 한국 정치에서 볼 수 없었던 정치인 팬클럽의 자발적 탄생과 온라인 소통, 이들의 정치 과정에의 적극적 참여는, 예상을 깨고 소수파이자 비주류인 대통령을 탄생시켰다. 젊은 유권자들의 인터넷 참여 정치와 대통령의 인터넷 소통 능력을 배경으로 한 참여정부는 3김으로 대표되는 기존의 보스 정치를 벗어나 국민과 소통하는 정부가 될 것이라는 높은 기대감 속에서 출발하였다.

하지만 참여정부를 둘러싼 소통 환경은 매우 암울한 수준이었다. 참여정부는 기존의 위계적, 권위주의적 정치 리더십의 지지 기반이었던 언론과 재계, 학계, 법조계 등 기득권 영역과의 소통에는 성공하지 못하였고, 정치인 노무현의 탄생 기반이었던 시민 사회와 진보 진영 또한 소통의 길을 열어주지 않았던 것으로 보인다.

소수파이자 비주류 정치인에 불과했던 노무현이 한국 정치의 상층부에 강력하게 자리 잡은 기득권 카르텔에 도전하자 이들은 거세게 반발하였다. 특히 국민과의 소통에 가장 중요한 역할을 해야 할 언론과의 정면 승부는 피할 수 없었다. 국회의원 시절에 시작된 《조선일보》와의 싸움과 언론 개혁에 대한 의지는 대통령 노무현의 국정 운영에 큰 걸림돌이 되었다.

노무현은 집권하면 가장 먼저 언론 개혁부터 하겠다고 선언한다. 더불어 그는 언론 개혁은 권력의 힘이 아닌 민심의 힘으로 해야 한다는 것을 강조하였다. 대선 전 민주언론운동시민연합과의 인터뷰에서 그는 다음과 같이 말한다.

> 언론이 막강한 힘을 가진 것은 사실이다. 그러나 막강한 힘이 있다고 해서 옳지 않은 행위를 지적하지 못하고 지적했다가 취소하고 고

개 숙인다면 국가지도자로서 자격이 있는 것인가… 언론의 힘을, 횡
포를 비판적으로 보는 많은 국민들이 있다. 고개 숙일 이유가 없다.
정정당당하게 국민여론에 호소하여 지지를 얻어나갈 것이다.[10]

기득권 헤게모니에 대한 공공연한 도전과 시민 권력의 강조는 한
국의 주류 기득권층이 참여정부에 맞서는 중요한 요인이었다. 한국
의 기득권층은 민주적인 리더십을 받아들일 준비가 되어 있지 못했
다. 한편으로 노무현은 이 기득권 세력과 거래할 생각이 전혀 없었던
온전한 변혁적 리더였다는 점 역시 양측의 대립을 가속하는 원인이
었다. 조기숙은 《10권의 책으로 노무현을 말하다》(2010)에서 "노 대
통령은 거래적 리더십이 눈곱만큼도 없었던 분"이라고 말하고 있다.

노무현의 혁신과 변혁적인 리더십은 기득권층에게는 큰 충격이
었을 것이다. 국정원, 국세청, 검찰, 경찰 등 권력 기관의 개혁과 탈
정치화, 사법 개혁, 언론 개혁, 독대의 철폐, 당정 분리 등은 기존 권
력 카르텔을 끊고 이들이 가졌던 특권을 없애는 과정을 동반했다.
이 때문에 노무현의 혁신은 기성 질서의 중심부에 있는 언론에 지속
적으로 비판받는다. 특히 노무현이 주안점을 두었던 권력 기관의 탈
정치화와 분권은 정부에 대한 무차별적인 비판을 가능하게 했고, 기
존 카르텔을 더욱 강화하는 원인이 되었으며, 결국 언론의 악의적인
보도를 적절히 통제할 수 없는 상황에까지 이르게 되었다. 노무현은
2007년 원광대 명예 박사 학위 수여식의 연설에서 언론을 "가장 강
력한 권력 수단을 보유한 집단"으로 규정하고, "독재 시대에는 독재
와 결탁하고, 시장이 지배하는 시대에는 시장 또는 시장의 지배자와

결탁하고 권력에 참여해서 부스러기를 얻어먹던 잘못된 언론들"이 많이 있었음을 지적한다.[11]

언론이 특정 대상을 공격하는 가장 일반적인 방식은 대상에 관한 부정적인 여론을 형성하는 것이다. 적대적인 언론은 개혁을 비난함으로써 대통령에 관한 비판적 여론을 형성하였을 뿐만 아니라, 이전의 대통령과는 다른 직설적인 화법을 구사하는 노무현의 발언을 논란거리로 삼아 지속적으로 기사화하였다.

새 정부 출범 3개월 만에 〈盧정부 3개월, 나라가 흔들린다〉라는 기획 시리즈를[12] 내놓았던 보수 언론이 가장 크게 공격한 부문은 '경제'이다. 참여정부 임기 내내 언론은 경제 위기와 경제 파탄을 주장했다. 《조선일보》의 〈한국 경제는 시한부〉(2003.08.26.), 《중앙일보》의 〈경제는 수렁에 빠지는데 개혁만 외치나〉(2004.05.11.), 《동아일보》의 〈환란 때와 '환율하락-경상수지 악화' 닮았네〉(2006.12.14.) 등, 보수 언론은 경제 위기를 강조하는 기사를 계속 내보내며 참여정부가 경제를 얼마나 파탄에 이르게 하고 있는지 보여 주려 했다. 참여정부 동안 각종 경제 지표가 모두 상승세로 변하였고, 3대 신용 평가 기관에서 신용 등급을 모두 상향 조정하였으며, 외신들이 한국 경제에 대한 기대감을 표명하였다는 사실은 한국 언론의 경제 위기론에 묻혀 버렸다.

보수 언론은 참여정부의 모든 정책에 딴지를 걸고 비난을 가했다. 특히 부동산 정책은 서민 경제를 파탄에 이르게 한 중요한 원인이라는 주장을 반복했다. 《조선일보》의 〈부동산이 미쳤다〉(2006.11.13.~11.15.), 《중앙일보》의 〈보유세 충격파, 팔 수도 버틸 수도… 퇴로가 없다〉(2007.03.15.),《동아일보》의 〈정부대책과 거꾸로 했더니 8년 만에 31억 부동산 부자〉(2006.11.20.) 등, 부동산 정책에 대한 계속되는 비난은 정책이 안정세를 보이던 2007년에도 참여정부의 부동산 정책이 실패했다는 인식을 시민들이 갖게 만들었다.

정책에 대한 비난만이 아니라 대통령에 대한 막말에 가까운 비난도 계속되었다. "계륵 대통령",[13] "건달 정부",[14] "약탈 정부… 도둑 정치",[15] "파장 정권",[16] "선관위가 헝클어진 대통령에게 죽비를 내리칠 때", "민주언론사를 유린한 망나니"[17] 등은 언론이 노무현 대통령을 어떻게 비하했는지 단적으로 보여 주는 말들이다. 외국 언론인 《인터내셔널 해럴드 트리뷴》은 "한국 신문의 사설들은 일상적으로 대통령을 '정신병자'로 칭한다"라고 보도한 바 있다.[18]

인터넷을 통해 국민과 직접 소통하는 대통령에게 "대통령이 혼자 골방에 앉아 인터넷으로 자신의 생각을 여과 없이 내보내는 방식의 국정수행은 아마 어느 나라에도 없을 것"[19]이라고 비아냥거리는가 하면, "'노무현이 사라지기를 바라는 사람들의 모임'의 대표는? '희망자가 너무 많아 경선 중'이라고 한다"라며 이전 대통령에게는 결코 하지 못했던 폄훼를 서슴없이 하고 있었다.[20] 《한겨레》는 보수 언론의 공격에 대해 다음과 같이 말하고 있다.

> 노 대통령은 국민과의 '소통'에 실패했다. 반어법·역설법과 농담이 뒤섞인 그의 '현장 언어'는 언론에서 양해되지 않았고 막말은 대서특필됐다. [중략] 참여정부 내내 보수·수구 언론들의 보도 행태는 금지선을 넘었다고 해도 과언이 아니다. 색깔론과 인신공격(약탈정부, 버릇없는 정권), 과장보도(세금폭탄, 퍼주기), 일방적 보도(코드

인사), 선동(국민이 마음의 준비를 할 때가 됐다)에 이르기까지 언론학 교과서에서 금지한 모든 반칙행위들이 등장했다.[21]

김기창은《한겨레》의 기고문에서 언론의 '반노무현' 캠페인의 특징을 네 가지로 요약하고 있다. "첫째, 대통령의 담론에 대한 논리적 반박이 아니라 말투나 분위기 등에 대한 정서적 비난에 치중한다. 둘째, 대통령의 모든 담론에 무조건 '경제도 어려운데'라는 논조의 기사가 동원된다. 셋째, 대통령의 의중이나 속내, 속셈, 노림수 등에 대한 추측에 집착한다. 넷째, 제시된 의제를 '정략적'이라고 몰고 간다." 이러한 점 때문에 언론은 야당의 대변지로 각인되어 버렸다고 김기창은 지적한다.[22]

언론의 비방과 대통령에 대한 논조가 악화할수록 노무현의 언론에 대한 비판도 커졌다. 여론 조사들에서는 노무현 대통령의 가장 큰 문제가 개혁이나 이념, 정책 등이 아니라 '불안정한 언행'이라고 조사되었다. 정부와 언론의 적대 관계가 심화되어 언론의 대통령에 대한 악의적 공세가 더욱 심해졌고, 노무현은 언론이 조작해 낸 여론이 아닌 진짜 민심을 알고자 하였다. 변혁적 리더로서 민심의 요구를 제대로 파악하여야 진정한 혁신이 가능하다는 인식하에, 언론의 횡포를 피해 민심의 요구를 듣고 국민과 정책에 관하여 토론할 방법은 이제 언론을 우회하여 국민과 직접 소통하는 방법 외에는 없었다. 퇴임 후 인터뷰에서 노무현은 재임 당시 국민과의 직접 소통이 얼마나 절박했었는지 말한 바 있다.

그런데 (해명과 오해를 풀) 그런 길은 (현재와 같은 언론 상황에서는) 전부 봉쇄되어 있어요. [중략] 그렇게 봉쇄되어 있으니까 (일반 국민들은 물론이고) 나를 이해하려는 사람들한테도 내 얘기가 다 전달이 안 되고⋯ 그래서 절박한 수단이 필요하고⋯"[23]

대통령의 입을 막은 법과 제도

노무현의 정책과 발언을 비방하고 왜곡한 언론과 한나라당은 노무현의 리더십을 약화시키고 지지도 하락을 초래하였다. 특히 한나라당은 노무현의 발언을 사사건건 문제 삼아 공무원의 선거 중립 의무를 규정한 공직선거법 제9조 제1항[24] 위반으로 중앙선관위에 고발하였다.

대통령 탄핵 소추로까지 이어졌던 첫 번째 사건은 2004년 2월 24일 기자 초청 간담회 발언과 관련한다. 이 자리에서 노무현은 "열린우리당이 표를 얻을 수만 있다면 합법적인 모든 것을 다하고 싶다"라는 발언으로 선거 중립 의무를 위반했다는 논란에 휩싸인다. 중앙선관위의 주의 조치에 노무현은 과거 대통령의 전례에 비춰 납득할 수 없다는 반응을 보였고, 한나라당의 사과 요구에도 "대통령이 이 정도 발언도 못 하나"라는 말로 대응하여 결국 탄핵 소추를 당하게 된다. 헌법재판소는 탄핵 기각 결정을 내렸지만, 열린우리당을 지지한 발언은 공무원의 선거 중립 의무를 위반한 것이라고 규정하였다.

한나라당은 2007년 6월 2일 참여정부 평가포럼에서 진행한 노무현의 〈21세기 한국, 어디로 가야 하나〉의 강연 내용이 공직선거법 제9조 제1항을 위반하였다며 또다시 그를 중앙선관위에 고발하였고, 중앙선관위는 '대통령의 선거 중립 의무 준수 요청' 조치를 통고

하였다. 2007년 6월 8일 노무현은 원광대 정치학 명예 박사 학위를 받는 자리에서 '정치·복지·언론 후진국에서 벗어나 성숙한 민주주의로'라는 주제로 특강을 하며 당시 대선 주자로 떠올랐던 이명박의 감세론과 대운하 민자 유치론을 비판하였고, 이어 6월 10일《한겨레》와의 대담에서는 열린우리당 후보를 지지한다는 발언을 하였다. 이에 한나라당은 그를 다시 중앙선관위에 고발했고, 중앙선관위는 다시금 선거 중립 의무 준수를 통고했다.

이런 상황에서 노무현은 헌법 소원을 청구하게 된다. 중앙선관위원장의 조치가 청구인이 개인으로서 가지는 정치적 표현의 자유를 침해하였기 때문에 위헌이라는 것이 그 이유였다. 헌법재판소는 2008년 1월 17일 재판관 5명이 다수 의견으로 청구를 기각하며 중앙선관위의 조치가 합헌이었음을 선언하였다. 대통령이 청구인이 되어 제기한 역사상 유일한 이 헌법 소원은 헌법 기관의 조치에 대해 대통령도 법적 구제 절차를 따른다는 것을 보여 주었다는 면에서 노무현의 탈권위주의를 상징하는 사건이기도 하지만,[25] 다른 한편으로는 과거 대통령과 달리 법에 호소할 수밖에 없을 정도로, 야당과 언론이 노무현의 입을 얼마나 강하게 막았는지를 보여 주는 단적인 예라 할 수 있다. 이러한 야당과 언론의 압박 속에서 노무현은 어떠한 방법으로 소통의 혁신을 구현하고자 하였을까?

4

노무현의 소통 혁신과
장벽

첫 번째 소통 혁신: 대국민 직접 소통을 위한 시스템 구축

노무현의 리더십은 과거 대통령들과는 확연히 달랐다. 그중에서도 국민과 직접 소통함으로써 탈권위적이고 민주적인 리더십을 구현하고자 한 점이야말로 노무현 리더십의 가장 핵심적인 특징이다.

대통령에 취임한 직후 노무현은 이전 대통령들과는 달리 춘추관(청와대 기자실)에 직접 나가 신임 장관들을 소개하고 조각의 배경을 설명했다. 또한 취임 초부터 지속적으로 장관, 수석, 보좌관들과 함께 '참여정부 국정토론회'를 열었고, 정부의 국정 과제와 운영 방향에 관하여 의견을 교환하며 국정 철학을 공유하고자 하였다. 취임 후 보름 남짓 지난 무렵 개최된 젊은 평검사들과의 대화는 노무현이 얼마나 대화와 토론의 역할을 신뢰하였는지 보여 주는 단적인 예이다. 동시에 이 사례는 대화와 토론에 대한 노무현의 신뢰가 얼마나 이상에 불과한 환경이었는지를 보여 주는 예이기도 하다. 잘 알려져 있듯이, 이 토론회에서는 "과거 모 언론지상을 보면, 대통령님께서 83학번이라는 보도를 어디서 봤습니다. 혹시 기억하십니까?"(당시 서울지검 박경춘 검사)라는 질문으로 노무현이 고졸임을 우회적으로 비하하거나, 그가 취임 전 부산 동부지청장에게 청탁 전화를 했다는 주장을 펼치면서 왜 검찰에 전화했는지를 묻는 등(당시 수

원지검 김영종 검사), 검찰 개혁이라는 본질과는 먼 질문들이 계속되었다. 이 발언에 대해 노무현 대통령은 "이쯤 가면 막 하자는 거지요?"라는 말을 하게 된다.

이처럼 노무현은 자신에 우호적인 영역뿐 아니라 비우호적인 국정 운영 주체들과도 끊임없는 토론을 통해 국정 철학과 의견을 공유하고, 갈등의 현장에 직접 찾아가 대화를 통해 타협을 끌어내고자 하는 새로운 소통의 리더십과 민주적 리더십을 보여 주었다. 이러한 방식은 매우 획기적이고 변혁적이었다. 그러나 언론은 이 새로운 형태의 리더십을 임기 내내 폄하하고 공격하였다.

거의 모든 언론 매체가 대통령에게 등을 돌린 상황에서, 노무현은 주로 인터넷을 이용하여 국민과 직접 소통함으로써 기성 언론과 경쟁하는 방법을 택했다. 이는 토론을 즐기는 노무현 개인의 성향을 반영하는 선택이기도 하였다. 자신에 대한 언론의 일방적인 비방을 해명할 길이 봉쇄된 상황에서, 노무현은 시민과의 직접적인 소통을 위해 '참여정부 평가포럼'에서 강연을 하는가 하면, 인터넷을 통해 시민들과 토론을 즐겼고, 이메일 편지와 〈국민 여러분께 드리는 글〉도 자주 썼다.

국민과의 직접 소통의 필요성은 노무현이 《조선일보》와 싸웠던 국회의원 시절부터 이미 커지고 있었다. 인터넷은 이러한 노무현의 필요를 충족시키기에 가장 적절한 기제였다. 1990년대 중반부터 소프트웨어를 개발하는 등 인터넷에 정통했던 노무현은 1999년에 이미 홈페이지를 개설했고, 배너 광고를 이용하여 사이버 보좌관을 모집하기도 했다. 그는 홈페이지를 토론 사이트로 개편하는 등의 과정을 거치면서 크게 인기를 얻었으며, 이는 '노무현을 사랑하는 사람들의 모임(노사모)'의 등장으로 이어졌다. 주지하듯 노사모는 노무현 대통령의 대선 승리에 중요한 역할을 하였다.

대통령에 당선된 후에도 청와대에 홈페이지를 열어 국민과 소통한 첫 번째 대통령이었던 노무현은 국민과의 직접 소통을 위한 시스템을 끊임없이 모색하였다. 45개 정부 부처의 기획관리실과 공보관실을 통합하여 중앙 행정 기관에 정책·홍보관리실을 설치하였고, 정책 발표 사전 협의제를 통해 각 부처가 정책을 효율적으로 조율하고 홍보할 수 있도록 했다.

더불어 정책포털 국정브리핑, 한국정책방송 KTV, 정책고객서비스 등을 통해 국민과의 직접 소통을 확대하고자 하였다. 먼저, 정책포털 국정브리핑은 인수위 시절의 일일 소식지인 '인수위 브리핑'을 청와대 입성 뒤 '청와대 브리핑'으로 개명하여 발간하던 것을 2003년 확대한 플랫폼이었다. 이는 오프라인의 《국정신문》을 온라인 환경에 맞추어 개편한 것으로, 정책 입안부터 정책 과정 전반을 공개함으로써 국민과 소통하고자 하는 시도였다. 주 5회 발간된 국정브리핑은 정부의 각 부처와 자문위원회가 만든 정책 정보를 인터넷과 이메일을 통해 언론사와 주요 여론 주도층 인사들에게 제공하는 방식이었다.[26] 2005년 9월부터는 '국정브리핑 블로그: 국민과의 벌거벗은 대화'라는 제목으로 블로그 서비스를 시작하였으며, 천여 명이 넘는 공직자들이 블로그를 개설해 정책 홍보에 참여하였다.[27]

또 노무현은 국립방송 KTV를 한국정책방송 KTV로 변경하여 국민에게 정책 과정을 보다 정확히 전달할 수 있도록 시스템을 구축하였다. KTV는 각 부처의 청와대 업무 보고 및 주요 국정 과제 회의를 녹화 중계하였고, 매주 경제부총리의 경제 브리핑을 생중계하는 등 국무위원들이 국민에게 정책을 설명하는 채널로 활용되었다.

다음으로, 정책고객서비스는 행정 부처별로 고객에게 맞춤형 정책 홍보를 제공하여 정책에 대한 이해와 정부에 대한 신뢰를 제고하기 위하여 마련되었다.[28] 이는 정부가 직접 정책 수요자에게 맞춤형으로 정책 소식을 전달하고 이에 대한 반응을 듣도록 디자인된 쌍방향 소통 시스템이다. 각 부처의 홈페이지와 인터넷 등 뉴 미디어를 홍보에 적극 활용하고자 정책고객서비스 통합관리시스템인 PIMS를 개발하여 정부 부처와 정부 기관에서 활용하였다. 이 정책고객서비스는 매우 활발히 이루어져 2004년 2월 서비스가 시작된 이래 2006년 5월까지 843만여 명의 정책 고객을 확보했고, 1만 6천여 회의 정책 홍보와 1천 7백여 회의 여론 조사를 실시하였다.[29]

정책 홍보의 필요성에 대한 노무현의 인식은 대통령이 되기 전 출간한《노무현의 리더십 이야기》(2002)에 잘 나타나고 있다. 노무현은 언론이 사실을 제대로 확인하지 않고 일방만을 두들겨 패는 모습을 지적하면서 "홍보를 잘해야 진실이 살아난다"라고 주장한다. 각 부처의 공보관 제도를 35년 만에 폐지하고, 그 역할을 통합시켜 기획관리실에 정책·홍보관리실이라는 새로운 기구를 만든 것도 정책의 초기 기획 단계에서부터 국민의 이해를 높일 수 있는 홍보를 염두에 둔 시도였다.[30] 참여정부의 이러한 대국민 소통 정책은 일차적으로는 적대적 언론 환경에 대한 대응이라는 측면에서 이해할 수 있다.

민생은 정책에서 나오고 정책은 정치에서 나옵니다. 정치는 여론을 따르고 여론은 언론이 주도합니다. 언론의 수준이 그 사회의 수준을 좌우할 수밖에 없습니다. 나라가 선진국이 되려면 언론이 먼저 선진 언론이 되어야 합니다. [중략] 정치와 언론만 선진국 수준에 미달하고 있지 않습니까? [중략] 최소한 있는 정책과 사실만은 제대로 전달해 주시기 바랍니다. 오죽하면 정부가 KTV와 국정브리핑에 그렇게 매달리겠습니까? [중략] 오죽하면 정부가 보도점검 시스템을 만들어 놓고 기사를 일일이 점검까지 하겠습니까?[31]

이백만은 노무현이 소통의 제도권 통로가 모두 봉쇄된 임기 후반기에도 일정 수준의 국정 지지도를 유지할 수 있었던 것은 국민과의 직접 소통 덕분이었다고 말하면서, "그것[직접 소통]마저 없었더라면 임기 5년을 채우기가 어려웠을 것"이라고 분석한다.[32]

이렇게 인터넷을 활용한 노무현 대통령의 국민과의 직접 소통은 적대적인 언론 환경에 대한 대응책이었던 면이 있다. 그러나 그것은 보다 근본적으로 시민 권력에 대한 노무현 대통령의 믿음과 기대에서 비롯한 것이었다. 국민과의 직접 소통은 민주주의 의사 결정 과정에 주권자인 국민이 참여하도록 하는 노무현 대통령의 민주적·변혁적 리더십의 구현인 것이다. 참여정부 국정홍보처장이었던 김창호는 "노무현 스스로 미디어가 되려 한 이유는… 단순히 언론의 문제가 아니라 우리 사회의 정치적 민주화를 위한 가장 중요한 주제였다"라고[33] 말한다. 오연호와의 인터뷰에서 시민 권력과 민주주의의 발전에 대한 노무현의 언급은 그가 정치를 시작하면서부터 대통령 임기 내내 시민과의 소통을 통해 무엇을 지향하고자 했는지를 잘 보여 준다.

민주주의가 한 단계 더 발전하느냐 아니냐는 이제는 결국 시민들의, 최종적으로 시민들의 선택에 의해 결정되는 것이라고 봅니다. [중략] 우리의 미래 정치 지도자가 내걸어야 될 비전은 경제가 아니고 도덕적으로 성숙한 사회, 민주적으로 성숙한 사회다 이겁니다. [중략] 정보가 통제되지 않을 때, 이 정보를 활용해 시민들이 시민적 논리로, 시민적 이론으로 무장하게 되었을 때, 권력은 시민사회로 이동해 옵니다. [중략] 결국 민주주의는 시민들의 행동 속에, 궁극적으로 거기에 있는 것입니다.[34]

'봉쇄된' 언론 환경에서 노무현 대통령에게 인터넷은 시민 주권과 민주적 리더십, 그리고 혁신을 위한 변혁적 리더십을 실행할 수 있는 대안적 공간이었다. 사실상 인터넷은 기득권 네트워크를 뚫고 시민 사회를 기반으로 출현한 비주류 정치인이 대통령이 되는 극적인 드라마의 중심에 있었다. 2002년 새천년민주당의 국민 참여 경선은 노사모의 축제로 표현된다. 2000년 7명의 발기인으로 시작한 노사모는 대선 직후인 2003년 1월에는 약 7만 3천 명, 그리고 2004년 4월에는 약 11만 명으로 그 회원 수가 늘어났다.[35] 이들은 16대 대선 동안 인터넷에서 노무현에 대한 강력한 지지 여론을 형성하며 그의 당선에 절대적인 영향을 미쳤고, 젊은 세대의 관심을 정치의 영역으로 끌어오는 역할도 하였다.

이렇게 노사모를 중심으로 한 인터넷 여론의 강력한 지지를 바탕으로 대통령에 당선되었지만, 임기 동안 노무현은 여론을 조성하고 국민을 동원하기 위한 기제로 노사모를 활용하지 않았다. 이 또한 노무현의 혁신에서 빠뜨릴 수 없는 요소이다. 기존 언론을 통한 소통 경로가 막힌 가운데 인터넷은 노무현 대통령의 중요한 소통 창구

대통령 노무현, 한국 정치에 무엇을 남겼나

였지만, 그 창구를 통해 노무현 대통령이 얻고자 했던 것은 언론이 왜곡한 사실의 전달, 국민과의 소통, 정책 결정에의 시민 참여라는 민주주의적 가치의 실현이었지, 기득권 세력이 언론과의 카르텔을 형성함으로써 얻고자 했던 권력의 강화와 같은 것이 아니었다. 이 점은 대통령 노무현과 노사모의 관계를 통해서도 잘 나타난다. 노사모는 사실 비주류 정치인 노무현에 대한 감성적 지지를 기반으로 형성된 만큼, 대통령 국정 운영의 핵심적인 동원 기제로 작동할 수 있었다. 그러나 노무현은 노사모를 통해 인터넷 여론을 형성하는 고전적 동원 전략을 활용하기보다는 인터넷이라는 새로운 매체를 활용하여 국민과 직접 소통할 수 있는 시스템을 구축하는 데 힘을 기울였다.

실제로 노사모는 강한 결집력과 탄탄한 조직망을 통해 노무현을 열렬히 지지하는 팬클럽이었지만, 노사모 참여자들의 궁극적 목적은 노무현이라는 존재가 아니라 노무현과 함께 공유하는 탈권위적 가치와 이념의 실현에 있었다.[36] 이는 박근혜라는 존재 자체가 조직의 전제이고 목적이었던 박사모와의 핵심적인 차이점이라고 할 수 있다. 이 때문에 노무현 대통령에 대한 노사모의 지지가 임기 전반에 걸쳐 일관되지 못했던 것이다. 노무현은 노사모 조직을 통제하고 관여할 수 있었고, 물질적 유인 등의 방법을 통해 자신의 안정된 지지 기반으로 만들 수 있었다. 그러나 그는 노사모가 자율적 참여와 조직화, 연대 과정을 거칠 수 있도록 관여를 자제함으로써, 그들을 시민 참여의 성공적 사례로 만드는 데 기여하였다. 이러한 점에서 노무현을 포퓰리스트로 명명하는 것은 올바른 평가가 아니라고 하겠다. 오히려 노무현은 새로운 형태의 시민 참여를 통해 민주적 리더십을 구현하고자 했던 '원칙주의자'였다고 평가해야 할 것이다.

그럼에도 언론과의 갈등과 대결에서 유발한 불통의 이미지는 노무현 대통령을 소통의 정치에 실패한 대통령으로 쉽게 낙인찍는 데 한몫을 했다. 임혁백(2008)은 "노무현 대통령은 '아우터 벨트웨이' 정치인(미국의 비주류 정치인을 일컫는 말)으로 대통령이 된 뒤에도 끊임없이 기득권뿐 아니라 중앙권력을 공격하고 자신을 대통령으로 뽑아준 정당(새천년민주당)을 공격하고 마침내는 집권 1년이 못 되어 열린우리당을 조직하여 분당하였다"라고 비판하면서, "아우터 벨트웨이 정치인은 입성하자마자 이너 벨트웨이 정치인과의 화해를 모색해야 하는 것이다"라고 주장한다. 정치적 통합과 화합이 정치의 일차적인 지향점이라고 생각한다면 이러한 의견은 충분히 일리가 있는 주장일 수 있다.

그러나 대통령 노무현이 자신의 정치적 과업으로 생각했던 것은 '특권과 반칙이 없는 사회'를 만드는 것이었고, 그것은 기존 권력이나 기존 시스템에 맞서지 않고서는 이루어질 수 없는 것이었다. 노대통령은 지도자의 핵심은 비전을 제시하는 것이며, 이 비전은 역사의 법칙 속에 있어야 한다고 보았다.[37] 결국 노무현의 비전은 한국 정치와 사회가 권위주의적 잔재를 벗어나 혁신하여 제대로 된 민주주의를 이루는 것이었기에, 기득권과의 거래를 통한 거래적 리더십을 전략으로 택하기는 어려웠을 것이다.

대통령 노무현, 한국 정치에 무엇을 남겼나

두 번째 소통 혁신: 참여정부의 언론 정책

노무현의 소통 혁신은 언론 정책에서도 잘 나타난다. 노무현은 시종일관 언론과의 건전한 긴장 관계의 중요성을 표방하면서 "언론사주와의 비공식적 만남이나 기사를 둘러싼 노골적 협박과 회유, 정보 기관을 동원한 압력이나 탄압을 하지 않겠다"라고 선언하였다.

노무현이 취임 이후 가장 적극적으로 매달렸던 언론 개혁 정책은 출입 기자실 개혁이었다. 참여정부는 출범 직후부터 소수의 언론사 기자가 출입처 정보를 독점하는 것을 막고 국정 정보를 적극적으로 공개하기 위해 기자실을 브리핑룸으로 고친 뒤 일정 요건을 갖춘 모든 언론과 기자에게 취재를 개방하였다. 또한 기자들의 행정 부처 사무실 출입을 제한하면서 이를 보완하고자 개방형 브리핑 제도를 도입하여 장·차관은 매주 1회, 실·국장들은 수시로 브리핑하기로 하였다. 그러나 이 브리핑 제도는 기자에 대한 정보 통제 장치라는 반발을 불러일으키는가 하면, 약속한 횟수를 채우지 못하고 형식주의에 그쳤다는 비판을 받기도 하였다.[38]

노무현은 또한 공무원들이 가판 신문에 난 기사를 빼달라고 기자들에게 부탁하는 일이 없도록 가판 신문 구독을 금지하였다. 이 금지 조치는 이후 주요 신문들이 가판 발행을 중지하게 됨으로써 공무원과 언론의 유착을 단절하는 데 일조하였다고 평가받는다.[39] 이와 더불어 기자들에게 밥과 술을 사는 풍토를 없앰으로써 권언유착을 청산하고자 하였다.

오보와의 전쟁도 전에 없던 새로운 정책이었다. 취임 직후인 2003년 3월 11일 국무회의에서 노무현은 오보와의 전쟁을 선언하고, 각 부처가 언론의 오보와 왜곡 보도에 대응한 내역을 청와대에 보고하도록 하였다. 취임 첫해에 청와대와 정부 부처가 제기한 정정 보도, 반론 보도 신청과 민형사상 소송은 267건이었고, 2004년에는 376건이었다. 대통령 자신도 친인척 비리 의혹을 보도한 언론사들을 상대로 20억 원의 손해배상 청구소송을 제기하기도 하였다(한종호, 2005).

한편, 2004년과 2005년을 뜨겁게 달군 이슈 중에는 '신문법' 제정이 있었다. 2005년 1월 1일 진통 끝에 국회를 통과한 신문법은 신문과 방송, 통신의 겸영을 금지하고 일간 신문 중 1개 사업자의 시장 점유율이 전체의 30% 이상이거나 3개 사업자의 점유율이 60% 이상이면 공정거래법에 따라 시장 지배적 사업자로 지정되어 신문발전기금 지원 대상에서 제외되는 불이익을 받도록 하였다. 또한 정확한 점유율 산정을 위해 신문부수공시제도(ABC)의 공시를 의무적으로 받게 하였다. 애초에 국회에 제출된 법안은 신문사 대주주의 소유 지분 상한선까지 정하고 있었으나 이는 포함되지 않았다. 또 언론사 편집권 독립을 위한 편집 규약 제정, 독자권익위원회와 편집위원회 의무 설치 규정은 임의 조항으로만 포함되었다. 한편, 신문법과 함께 제정된 '언론중재 및 피해구제법'을 통해 언론중재위원회의 권한을 강화하고, 조정 및 중재 대상의 범위를 손해배상 청구로 확대하였다. 또 신문 시장의 정상화를 위해 신문고시를 개정해 신고 포상금제를 도입하였으며, 신문발전위원회와 신문유통원을 설립하여 경영 투명성과 여론 다양성 확보를 위해 노력하고 공동 배달망도 구축하였다. 국회에 법안이 제출될 때부터 5공 시절 언론 탄압을 목적으로 한 '언론기본법'에 견줘 《조선일보》와 《동아일보》는 이 신문법을 '신 언론기본법'이라고 비판했고, 국회 통과 후에도 보수 언론의 집중 공격 대상이 되었다. 결국 위헌 소송이 진행되어 몇몇 부분에서 위헌 판결을 받기도 했다. 그중에는 신문법의 핵심 내용이라고 할 수 있는 시장 지배적 사업자 규정도 있었다.

신문법 제정으로 악화된 노무현과 언론의 갈등은 퇴임을 6개월여 앞두고 2007년 행해진 '취재지원 선진화 방안'으로 극도로 고조되었다. 국정홍보처의 국내외 기자실 운영 실태를 조사한 결과를 바탕으로, 노무현은 정부 부처 기자실 통폐합 조치를 취하였다. 기존의 21개 정부 부처별 기자실을 15개 합동 브리핑룸으로 개편하고 20개의 기사 송고실을 9개로 축소하는 내용과 함께, 정부 부처 사무실의 무단출입 제한, 전자 브리핑제 도입 등도 담고 있었다. 이 조치는 2003년에 시도했던 브리핑룸 제도가 일부 언론의 반대로 완전히 실행되지 못했던 것을 기자실 통폐합을 통해 다시 시도한 것이었다. 기자실 통폐합은 주류 언론 기자들의 큰 반대에 부딪혔다. 주류 언론은 연일 언론 탄압이라는 프레임으로 노무현을 공격했고, 급기야 언론 개혁을 '정신 강박'으로까지 몰아붙인다.

> 대통령은 지금 권력에 굶주린 하수인 몇몇을 앞세워 기자들을 청사에서 몰아내며 권력의 브리핑만 받아쓰라고 강요하고 있다. '자연인 노무현 씨'의 사적 증오와 원한을 '대통령 노무현'의 권력을 빌려 위헌적 방법으로 풀고 있다. 일종의 '정신적 강박증'이라고밖에 달리 설명할 길이 없다.[40]

이러한 언론 탄압 프레임은 노무현의 퇴임 이후에도 계속되어 2008년 한국신문방송편집인협회는 《노무현 정권의 언론탄압백서》를 발간하기에 이른다.

대통령 임기 5년 동안 노무현의 가장 큰 과제는 '언론과의 싸움'이었다. 2019년에 공개된 노무현의 2007년 3월 친필 메모에는 "식민지 독재 정치하에서 썩어빠진 언론", "그 뒤를 졸졸 따라가고 있는 철없는 언론"이라는 글귀가 적혀 있다. 또 다른 메모에는 "언론과의 숙명적인 대척"이란 표현도 있다. 그리고 퇴임 이후에도 "책임 없는 언론과의 투쟁을 계속할 것, 부당한 공격으로부터 정부를 방어할 것"이라고 언론 대응의 의지를 보이고 있으며, "천박하고 무책임한 상업주의, 대결주의 언론 환경에서는 신뢰, 관용이 발붙일 땅이 없기 때문이다"라는 글귀로 언론과 싸우는 이유를 적고 있다.[41] 즉, 노무현에게 언론과의 싸움은 신뢰와 관용이 발붙일 수 있는 진정한 의미의 민주주의 정착을 위해서, 민주적이고 변혁적인 리더십을 구현하기 위해서 필연적인 것이었다. 이런 의미에서 노무현은 언론과의 싸움은 역사가 자신에게 준비한 것이라고 말한다.

> 하필이면 역사적인, 역사의 변화 과정에서 내 자리가, 내 위치가 거기에 부닥쳐버렸다는 것입니다. [중략] 이것은 역사적 인연이기 때문에 피할 수 없다는 것이죠. [중략] 한국 민주주의 발전사에서, 언론에 있어서의 어떤 변화, 이것은 역사적 필연이기 때문에 거기에 내가 인연을 맺어, 말하자면 조우를 하게 된 것이죠.[42]

대통령 노무현의 소통과 리더십을 평가하기 위해서는 인터넷이라는 새로운 매체의 등장, 참여하는 시민들, 권위주의와 반공 이데 올로기를 부인하는 새로운 세대들이 주인공이 되었던 노무현 시대 의 시대적 과업에 무엇이었는지, 그리고 그 시대적 과업에 노무현이 어떻게 대응하고 응답하였는지에 대하여 진지한 논의가 필요할 것 이다. 노무현은 친일 잔재와 독재의 잔재를 청산해 가는 과정을 우 리 시기의 과제라고 보았고, 특히 '특권 구조의 해체'를 그가 물려받 은 역사적 과제로 인식하였다.[43] 이러한 인식은 언론 정책을 비롯한 그의 모든 정책과 리더십 행태에 투영되어 있었다. 예를 들어, 앞서 언급했던 신문법은 일간 신문 사업자의 시장 점유율이 높은 신문사 에 제재를 가하는 등 기존 신문 산업의 구조를 흔들 만한 시도였다. 그뿐만 아니라 기자들에게 밥과 술을 사지 않겠다고 선언함으로써 뿌리 깊은 권언유착 구조를 타파하고 일부 언론사가 정보를 독점하 는 체제를 없애고자 한 것 역시 특권 구조의 해체를 목적으로 한 것 이었다.

그러나 과거 어떤 지도자에게서도 볼 수 없었던 노무현의 정책과 리더십은 국민의 지지를 얻는 데는 크게 성공하지 못하였다. 여기 에는 노무현에게 시종일관 적대적이었을 뿐 아니라 야만적인 공격 을 서슴지 않았던 언론의 책임이 적지 않다. 언론은 앞서 살펴본 것 처럼 노무현 정부를 건달 정부, 약탈 정부, 파장 정권으로 명명했고, "정권 해체"까지[44] 언급했다. 야당과 기득권 세력뿐 아니라 2002년 대선 당시 노무현을 열렬히 지지했던 진보 세력까지도 노무현과 참 여정부를 비난하는 상황에 이르렀다.

소통의 장벽: 노무현의 말과 언론의 공격

노무현에 대한 국민의 지지가 하락한 데는 여러 가지 이유가 있겠지만, 언론과의 전쟁이 핵심적인 원인이었다는 것은 주지하는 바이다. 언론은 특히 정책뿐 아니라 대통령의 말 한마디 한마디에 대한 트집 잡기에 몰두했다.《한겨레》가 "현장 언어"라고[45] 표현한 대통령의 직설적 화법은 언론의 쉬운 공격 대상이었다. 대표적으로 2003년 5월 5.18 행사추진위원회 간부들과 만난 자리에서, 광주 망월동 묘역에서 벌어진 불미스러운 일과 관련하여 언급한 "전부 힘으로 하려고 하니 대통령이 다 양보할 수도 없고 이러다 대통령직 못 해 먹겠다는 생각이, 위기감이 듭니다"라는 말은 "대통령은 어떻게 취임 석 달 만에 이렇게 돼버렸는지를 되돌아볼 필요가 있을 것"이라는 조선일보의 사설을 시작으로 수많은 언론의 공격을 받았으며, 온갖 종류의 패러디로 재생되어 일반 시민들에게 회자되었다.

2003년 6월에는 한국산업기술대를 방문하여 농담으로 한 "때로는 남의 밥의 콩이 굵어 보인다고 대통령도 해보니까 괜히 했다 싶을 때가 있다"라는 발언도 언론의 포화를 맞았다. 이 발언은 좌중을 웃긴 농담에 지나지 않았지만,《세계일보》의 〈"때론 대통령 괜히 했다 싶어"〉,[46]《조선일보》의 〈"대통령도 해보니까 괜히 했다 싶을 때 있다"〉[47] 등 언론은 이를 부각했다. 언론 인터뷰에서 했던 "나도 집이 없고 내 아이들도 집이 없으니 집값 절대로 못 오르게 잡겠다"라는 발언에 대해서도 "…그러면 노 대통령이 집이 있고, 자녀들도 집이 있으면 집값을 잡지 않을 것인가"라고 질책하기도 했다.[48] 전형적인 트집 잡기식 공격이라고 할 수 있다. 1990년부터 2005년 3월까지 《조선일보》, 《동아일보》, 《한겨레》 기사를 대상으로 분석한 한국언론재단 연구 결과에 따르면, 노무현 집권기에는 대통령의 정치적 투박함을 비판하는 기사가 28.9%에 이르렀다. 이는 노태우 0%, 김영삼 1%, 김대중 1.7%에 비해 매우 높은 수치였다.[49]

취임 초기 약 92%에 이르렀던 노 대통령의 국정 운영에 대한 긍정적 전망은 3개월 후인 2003년 6월에는 54.5%로, 그리고 취임 1년째 되는 2004년 2월에는 35.1%까지 떨어졌다. 2004년 2월 여론 조사 결과에 의하면, 대통령의 직무 수행을 부정적으로 평가하는 첫 번째 이유는 '잦은 말실수 등 대통령 권위 실추'(37.7%)였다.[50] 대통령의 말에 대한 언론의 과장과 확대 해석, 공격이 이러한 평가에 큰 역할을 하였음은 부정하기 어렵다.

그러나 노무현 자신도 지적하고 있듯이, 그의 말에 대한 공격에 자신이 빌미를 제공할 때도 많았던 것이 사실이다. 노무현은 2007년 KTV 특별 인터뷰에서 이렇게 말하고 있다.

> 대통령이 될 줄 알았으면 미리 대통령의 말을 연습해두는 건데 윗자리에 앉으면 불안해서 잘 못 앉아 있고 말을 위엄 있게, 행동을 기품 있게 할 필요가 없는 환경 속에서 살았습니다. '준비 안 된 대통령'이라고 말하는 사람들이 많이 있는데 다른 점에 있어서는 승복하지 않지만 언어와 태도에서 품위를 만들어 나가는 준비가 부실했던 점은 인정을 하지요.[51]

또 다른 인터뷰에서도 "대통령이 인간적으로 솔직하게 하면 되는 줄로만 알았는데… 국민들이 바라보기에는 뭔가 대통령에게서 '근사하다'는 만족감을 느낄 수 있는, 그런 게 필요했던 것 같습니다" 라고[52] 말하면서, 화법에 대한 관리를 못 했다는 점에 대해 뼈아프게 생각한다고 말하고 있다. "그놈의 헌법에 토론을 못 하게 돼 있으니",[53] "난데없이 굴러 들어온 놈",[54] "별놈의 보수를 다 갖다 놔도",[55] "우리 국민들이 욕심이 많아서, 가고 있는데 계속 밀고 뛰고 있는데 계속 때린다"[56] 등은 노 대통령이 사용한 단어나 어구 때문에 막말 논란이 일어난 사례들이다.

하지만 노무현 대통령이 '막말이나 일삼는 품위 없는 대통령'으로 이미지가 굳어진 것은 실제 노무현 대통령이 막말을 일삼았기 때문이라기보다는 언론이 그가 한 말의 전체 내용이나 맥락을 무시한 채 특정 단어만 침소봉대하여 끊임없이 비판을 가한 것이 가장 큰 원인이었다는 점은 부인하기 힘들다. 예를 들어 2003년 7월 23일 공무원들과의 대화에서 민원 제도를 개선해야 한다는 취지로 말한 "그래 가지고 민원인들 속 터지죠. 오르락내리락, 오르락내리락…. 한참 하다가 남는 건 뭡니까? 개새끼들. 그렇죠? 공무원들 저거 절반은 잘라야 돼. 이거 해소하자는 말입니다"라는 말에 대해 《조선일보》는 〈盧대통령 "'개새끼들'이라 해요"〉이란 기사로 대화의 내용보다는 대통령의 표현만을 강조하고 있다.

"그러나 우리 안보를 전방위 안보로 생각한다면 떼로 안 된다, 사람 밥 먹이고 옷 입히고 막사 짓고 사람한테 들어가는 것 다 아끼고 아주 성능 좋은 무기를 개발해야 된다 그런 것 아닙니까? 국방개혁이라는 것이 그런 것이지요. 우리 아이들 요새 아이들도 많이 안 낳는데, '군대에 가서 몇 년씩 썩히지 말고' 그 동안에 열심히 활동하고 장가를 일찍 보내야 아이를 일찍 놓을 것 아닙니까?"라는[57] 말은 노 대통령이 국방 개혁을 강조하면서 한 말이다. 그러나 이 말을《중앙일보》는 〈군대는 인생의 블랙홀이 아니다〉라는 기사로 비판하면서, 전체 내용이나 맥락은 언급하지 않고 군대에서 썩힌다는 말에만 초점을 맞추고 있다.[58] 《중앙일보》는 2008년 2월 이명박 대통령의 학군 장교 임관식 참석 기사에서 노무현 대통령과의 비교를 위해 이 말을 다시 언급하였다. 마찬가지로 민생 문제에 대해 면목이 없다는 사과로 시작한 2007년 신년 연설에서 나온 "책임을 회피하지는 않겠습니다. 그러나 한계는 분명히 하고 싶습니다. 민생 문제를 만들어낸 책임을 참여정부가 몽땅 질 수는 없습니다"라는[59] 말에 대해,《조선일보》는 〈노대통령 "민생파탄 책임 없다"〉란 기사를 내보냈다.[60] 또한 2006년 12월 27일 부산 북항 재개발 종합계획 보고회 후 오찬에서 검찰, 재계, 언론 등에 대해 "특권구조, 유착구조를 저는 거부하고 그것을 해체해 나가자는 발전 전략을 가지고 있기 때문에 특권을 가진 집단과는 충돌할 수밖에 없었다"라는 발언에 대해 《조선일보》는 〈노대통령 "난 특권집단과 충돌할 수밖에…"〉란 기사를 내보내며, "내년 대선을 앞두고 본격적으로 세력 간 편 가르기를 하고 싸움을 유도하려는 것 아니냐는 해석을 낳고 있다"라는 말을 덧붙였다.[61]

이 밖에도 노무현 대통령이 했던 많은 말은 막말 또는 품격이 떨어지는 말로 해석되어 보수 언론의 집중 공격의 타겟이 되었다. 김성재, 김상철(2014)은 언론의 이러한 행태를 "저잣거리의 호랑이도 만들어 내는 왜곡의 극치"라고 표현한다. 노무현의 발언을 언론에서 '대통령의 막말'로 대서특필하는 일이 되풀이되며 대중의 지지는 점점 떨어져 갔고, 급기야 그는 역대 대통령 중 소통에 가장 집중했던 대통령이었음에도 언론과 일부 학자들에 의해 소통에 실패한 대통령이라는 평가를 받기에 이르렀다.

노무현에 대한 이러한 평가에는 무엇보다도 보수 언론과의 갈등이 가장 큰 몫을 하였겠지만, 이에 더하여 대통령 노무현을 만들었던 사람들, 그를 지지했던 이들과 진보 세력과의 마찰 및 이탈 또한 중요한 요인으로 작용하였다.

소통의 장벽: 진보 세력과의 갈등

노무현은 대통령 취임 후 몇 달 만에 지지자의 대거 이탈을 경험해야 했다. 그리고 집권 5년 동안 노무현은 보수 언론뿐 아니라 진보 언론에게도 거센 공격을 당해야 했고, 시민 사회와 진보 세력에게도 외면당하고 공격당했다. 김헌식(2009)은 심지어 "지지자들은 노무현을 버렸다"라고 표현하기도 했다.

진보 논객인 김민웅은 2007년 한 기고문에서 노무현 정권은 "진보적 가치와는 어울릴 수 없는 가치를 진보의 내용 속에 동일한 종류처럼 섞어버리는… 그러한 점에서 볼 때 노무현 정권은 진보의 가치를 혼란스럽게 만들고 왜곡시킨 책임을 벗어나기 어렵다"라고 주장한다.[62] 최장집은 노무현 정부가 "민주정부-경제관료-재벌 동맹이 관료기술적 결정을 거듭하면서 실질적 민주주의 발전에 총체적으로 실패하고 있다"라고 비판했다.[63] 노무현이 연정론을 제기하자 진보 학자들의 비판은 더욱 거세졌다. 최장집은 "지역주의 해결을 위해 집권을 포기할 수 있다는 태도는 현실의 사회갈등과 균열요인을 제대로 대면하지 않으려는 것"이라고[64] 비판하였고, 손호철은 신문 기고문에서 "대연정은 오히려 지역주의를 자극"하므로 "차라리 합당을 하라"라며 비난한다.[65]

이러한 비판에 직면하여 노무현은 2007년 2월 청와대 브리핑을 통해 〈진보 진영 내 논쟁에 관한 기고문: 대한민국 진보, 달라져야 합니다〉를 내놓았다. 이 기고문에서 노무현은 참여정부 무능론에 대한 부당성을 강조하면서 '교조적인' 진보 진영과 '유연한' 진보를 구분 짓는다. 노무현은 "진보의 가치를 실현하는 데 필요하면 그것이 신자유주의자들의 입에서 나온 것이든 누구의 입에서 나온 것이든 채택할 수 있는 유연성을 가져야 한다"라고 주장하였다.[66] 이러한 주장에 대해 최장집은 한 서평에서 유연한 진보라는 규정은 오류라고 주장하며, 노무현 정부에 대해 "신자유주의 개혁파가 새로운 보수주의의 역사적 기원을 만들었다"라고 비난한다. 그는 "김대중 정부와 노무현 정부를 거치며 한국 사회를 신자유주의적으로 재편하는 과정이 민주주의의 이름으로 정당화됐다"라며, 노무현의 유연한 진보 개념을 정면으로 비판하고 있다.[67]

임기 말에 이르면 진보 학자들의 노무현 비판은 강도가 훨씬 높아진다. 최장집은 2007년 5월《경향신문》인터뷰에서 대통령은 "이견을 싫어하고 비판을 싫어한다. [중략] 집권당을 파괴하다시피 한 후에 대통령은 청와대를 중심으로 정치를 하고 있다. 소수의 폐쇄적인 집단이 청와대를 중심으로 정당의 역할을 하고 있다는 것이다. [중략] 꼭 하지 않아도 되고 할 필요도 없는 사안을 제기하면서 한국 사회를 분열시키고 있다"라고 비판하면서, 급기야 "한국 민주주의의 건강한 발전에 해악적 요소가 되고 있다"라고까지 말한다.[68]

퇴임 후에도 진보 세력의 비판은 이어진다. 2009년 5월 7일 김윤태는 신문 기고문에서 노무현이 "미국의 대통령처럼 의회의 반대파를 인내심을 갖고 설득하기보다 국회와 정당을 무시한 채 인터넷을 통해 곧바로 지지자들에게 호소했다. 이러한 대통령의 모습은 대의제에 대한 강한 불신으로 비쳤다"라며, "노무현 모델은 이념과 정책을 중심으로 정치를 펼치기보다 탈지역주의를 위한 정치 공학을 통한 승부수를 중시했다"라고 비판하고, "노무현식 정치모델은 철저하게 민주주의의 제도적 토대를 약화시켰다"라고 평가한다.[69] 김윤태는 이어서 노무현이 이라크 파병, 법과 질서의 강조, 노사 분규의 자율 해결 원칙, 아파트 원가 공개 반대, 민간 의료보험의 활성화 등 보수적 정책으로 지지층의 붕괴를 불러왔다고 주장한다.

실제로 노무현은 이라크 파병과 한미 FTA, 연정 등 굵직한 사건을 겪으면서 지지층과 진보 세력의 급격한 이탈을 경험했다. 노동 문제, 부동산 문제, 재벌 정책 관련해서도 지지층 대부분이 참여정부에 등을 돌렸다. 진보적인 언론들도 참여정부 비판에 적극적이었다. 한국언론재단의 연구 보고서에 의하면, 《한겨레》는 김대중 정권 때 여당지라는 비판을 받은 결과 노무현 정권에 대해서는 상대적으로 비판의 강도를 높이는 경향이 생겼다고 평가받는다.[70] 《경향신문》등 기타 진보 성향 언론도 마찬가지였다. 위에서 언급했듯이, 노무현의 발언과 그에 대한 언론의 태도는 지지자들의 이탈에 기름을 부었다.

예를 들어, 2003년 9월 17일 광주·전남 언론 간담회에서 호남에 대해 서운한 점이 있느냐는 질문에 노무현은 "호남 사람들은 노무현이 필요한 것이 아니라 이회창 후보를 이길 수 있는 사람이 필요했었다. [중략] 결국 내가 이회창 후보를 이겨 호남의 소원을 풀어줬기 때문에 한편으로는 어느 정도 빚을 갚았다고 생각한다. 그렇지만 대통령을 만들어 주었는데 어떻게 호남을 배신할 수가 있겠는가"라고 답한다. 그러자 언론은 "호남 사람들은 노무현이 필요한 것이 아니라 이회창 후보를 이길 수 있는 사람이 필요했었다"란 어구만 강조하며 호남의 민심이 이탈하는 데 일조했다. 또 방미 중 한미 관계의 중요성을 강조하며 "만약 53년 전 미국이 우리 한국을 도와주지 않았다면 저는 지금쯤 정치범수용소에 있을지도 모른다는 생각을 하고 있습니다"라고[71] 했던 발언은 진보 진영과 언론의 집중포화를 받으면서 지지자들의 이탈을 불러왔다. 이라크 파병, 한미 FTA 체결까지 더해 지지를 철회한 사람들과 진보 진영은, 노무현을 친미주의자, 신자유주의자라고 비난하게 된다.

노무현에 대한 진보 언론의 비판은 2007년 노무현이 기자실 통폐합을 추진하면서 더 거세졌다. 대국민 직접 소통을 시스템화하고자 했던 참여정부의 일련의 시도는 언론사의 정보 독점 관행을 무너뜨리는 계기가 되었지만, 언론의 무자비한 공세로 한계에 부딪혔다. 노무현은 언론 권력과 언론인의 기득권 의식을 뿌리 뽑지 않으면 실질적인 소통이 불가능하다고 보았던 것 같다. 정부의 취재지원 시스템 선진화 방안에 따른 기자실 통폐합은 보수 언론뿐 아니라 진보 언론에서도 강한 반발을 불러일으켰다. 이를 계기로 진보 언론들도 노무현에게서 완전히 등을 돌리게 된다. 다음은 기자실 통폐합이 결정된 다음 날 주요 일간지의 사설 제목이다.[72]

《경향신문》〈모두가 반대하는 기자실 폐쇄 왜? '5공의 악몽'이 떠오른다〉
《동아일보》〈"국민 눈-귀 막을 건가" 공무원들도 "기막혀"〉,
　　　　　〈언론 봉쇄, 반민주 정권의 폭거다〉
《조선일보》〈대통령 화풀이가 언론정책 되는 나라〉,
　　　　　〈브리핑룸 통폐합 저지 위해 입법〉
《중앙일보》〈기자 밀어내고 장막에 숨는 정부〉,
　　　　　〈언론자유 뿌리 뽑겠다는 건가〉
《한겨레》　〈대통령뜻 '받아적기'… 고장난 '참여시스템'〉,
　　　　　〈비판과 토론 외면하는 노무현 정부〉
《한국일보》〈"기자실 통폐합 저지 입법"〉,
　　　　　〈언론 통제는 독재다, 철회하라〉

　그러나 기자실 통폐합이 언론 탄압이나 폐쇄적 정책 결정과 거리가 멀었다는 사실은 알렉산더 버시바우 주한 미국 대사의 말에서 잘 나타난다.

　　한국 언론은 현재 정부 각 부처와 당국자들에 대한 놀라운 수준의 접근권을 누리고 있다. 대사관 직원들은 (한국 정부) 부처 로비에서뿐 아니라 복도에서 돌아다니는 기자들을 자주 만난다. 고위 당국자들에 대한 기자들의 접근이 쉽다는 점은 명백하며, 정부의 내밀한 정보가 신속하게 유출되는 것은 놀라운 일이 아니다. 따라서 정부 부처에 대한 기자들의 접근권에 제약을 가하는 것이 한국이 풍부하게 누리는 언론 자유를 짓밟는 것이 아니라 미국 등 외국에서는 흔한 '경계boundaries'를 치려는 노력으로 봐야 한다.[73]

진보 언론과 진보 세력, 그리고 지지자까지 등을 돌리면서 대통령 지지율은 2006년 말부터 2007년 5월까지 10%대를 헤어나지 못했다. 진보 세력이 중시하는 공정성과 도덕적 정당성을 강조하고, 소통을 바탕으로 혁신을 시도했던 변혁적 지도자 노무현은 왜 진보 세력과 지지자들에게서도 이렇게 외면당해야 했을까? 노무현과 관련한 몇몇 저술은 언론의 공세와 언론 간의 갈등만으로는 설명되지 않는, 진보 세력과 노무현의 간극을 만든 근본적인 이유가 존재한다는 것을 보여 준다.

먼저, 왜 진보 언론조차 노무현과 문재인을 공격하는가 하는 질문에 대한 대답으로서 조기숙(2017)은 우리 편에게 더 가혹한 잣대를 들이대는 진보 언론의 양심 결벽증, 시간과 재정이 부족한 진보 언론의 열악한 환경, 폐쇄적인 엘리트주의, 비판적 효능감 혹은 스톡홀름 신드롬, 언론 권력의 사유화, 킹메이커가 되기를 원하는 언론 등 몇 가지 이유를 든다. 그중에서도 특히 주목할 만한 점은 진보 세력과 노무현의 이념적·문화적 갈등이다. 진보 언론과 진보 세력은 물질주의, 집단주의, 권위주의 문화가 강한 구좌파이며, 노무현은 개인의 평등과 인권을 중시하고 탈권위주의, 탈물질주의 가치를 지닌 신좌파의 대표적 인물이다. 따라서 노무현은 구좌파와 대립하며 그들에게 왕따를 당할 수밖에 없었다는 것이다. 즉 한국의 언론계에는 구좌파를 대변하는 좌파 언론은 존재하지만, 신좌파를 대변하는 신진보 언론은 없어 노무현이나 문재인은 모든 언론으로부터 과도한 공격을 받고 있다는 것이다. 조기숙은 노무현이야말로 가장 진보적인 21세기 진보적 자유주의자이며, 노무현과 좌파 언론이 갈등을 보인 것은 좌파 언론이 노무현만큼 진보적이지 않기 때문이라고 주장한다.

또 하나의 흥미로운 시각은 노무현을 둘러싼 문화적 코드와 제도적 코드의 괴리에서 발생한 딜레마가 지지층과 진보 세력을 돌아서게 만든 근본적 이유라는 지적이다. 김헌식(2009)은 노무현이 많은 문화 코드를 통해 대통령에 당선되었고, 따라서 그의 지지자들은 문화 코드에 대하여 노무현에게 일정 수준의 기대치를 가지고 있었다고 본다. 김헌식이 언급하는 노무현의 문화 코드는 인간애, 고난 속의 소신, 저항과 소외의 한恨, 소통과 솔직-신뢰, 서민, 경계인-역동적인 현실적 진보 등이다. 그러나 제도권에 진출한 정책가는 운영에 필요한, 제도 안에서 메커니즘을 유지하는 다양한 코드에 직면하고, 필연적으로 문화 코드와 제도 코드 사이에서 딜레마를 겪으며 이 둘의 접점을 찾아야 한다. 노무현 역시 이 둘 사이의 접점을 적절히 찾아 정책가로서 성공적인 개혁을 이끌어야 했다. 그러나 노무현을 만들고 지지했던 문화 코드는 노무현의 정책가적 구조를 고려하지 않고 그에 대한 기대치로만 존재했으며, 따라서 정책가 노무현이 만족시키기는 어려웠던 것이다. 즉 노무현의 지지자들은 현실 정치에 대한 고려가 부족한 채 이념적 잣대로만 그를 평가한 셈이다.

김헌식에 의하면, 노무현은 실패하지 않도록 "지나친 문화 코드를 낮추고 제도적인 코드가 작용하는 정책 구조의 접점에서 활용하여 취할 수 있는 수단을 모색해야" 했었다.[74] 그러나 노무현의 지지자들과 진보 세력은 끝까지 문화 코드를 낮추지 못했고, 따라서 참여정부가 과거보다 훨씬 투명했음에도 그 기대치에 기반하여 정권의 부패와 도덕성을 더 강하게 비판했다. 문화 코드와 제도 코드의 접점을 찾아야 했던 노무현의 개혁은 점진적이었고, 이는 과거와 완전히 다른 사회를 기대했던 지지자들이 등을 돌리는 원인이 되었다. 김헌식은 노풍이 잦아드는 과정에서 노무현의 트레이드마크, 문화 코드에 조금이라도 변화가 생기면 지지층은 이탈하는 경향이 있었음을 지적한다.[75] 높은 문화 코드 지수에 반해 그 기대치를 채워줄 여건과 수단이 부족했던 환경은 반란과 역풍의 가능성을 짙게 가지고 있었던 것이다. 김헌식은 문화 코드와 제도 코드 사이에서 진보 정권이 지닌 딜레마 제2의 노무현을 만들 가능성에 관하여 경고하면서, 양자의 접점을 잘 찾아야 함을 지적한다.

실제로 노무현은 오연호와의 인터뷰에서 2002년 대선에서 이긴 것은 이례적인 사건이자 특수한 조건이 결합해 만들어진 것이므로, 보수 진영보다 물적, 인적 토대가 매우 약한 진보 진영은 조급주의를 버리고 어린 과일나무에 너무 많은 열매가 달릴 것이라고 기대하거나 요구하지 않아야 한다고 말한다.[76] 그러나 노무현의 지지자들과 진보 세력은 나무의 크기를 생각하지 않고 어린나무에 지나치게 많은 열매가 달리기를 기대했다. 김헌식(2009)은 다음과 같이 말한다.

노무현의 정책들을 지지하는 이들이 끊임없이 개혁에 대한 관심을 가져야 하며, 이는 문화코드가 아니라 제도적인 코드로 판단해야 했다. [중략] 하지만 노무현이 개혁 대상 자체가 아니라 개혁 집행자들과 싸우고 있을 때, 지지기반은 이탈했다. [중략] 개혁을 추진해야 하는 이들이 개혁의 대상인 상황에서 단기간에 가시적인 성과를 내는 것이 이상한 것이었지만, 그러한 구조에 대해서는 별로 관심이 없었다.[77]

요컨대 지지 세력으로 남아 있을 줄 알았던 진보 세력은 노무현의 개혁과 진보에 대한 이해도가 낮았고, 제도적 코드에 대한 경험은 없이 지나친 이념성, 당위성, 도덕성을 기대했다. 이러한 기대를 바탕으로 진보적 지식인들은 권력에 대한 비판이 지식인의 책무라고 생각하면서 참여정부를 끊임없이 비판했고, 결국은 실패한 정부로 낙인찍었다.

5

노무현의 소통 혁신과 언론 개혁이 한국 정치에 남긴 것

소통의 혁신을 바탕으로 한 노무현의 리더십을 평가하기는 쉽지 않다. 지금까지 우리에게 없던 새로운 변혁적 리더십을 가진 대통령 노무현은 그 때문에 수많은 기득권과 싸워야 했다. 그 싸움의 대상은 보수적 권력뿐 아니라 보수와 진보를 아우르는 언론 권력, 변혁과 혁신을 이해하지 못하고 막아서는 관료들, 너무 진보적이라고 비난하는 한쪽의 국민들, 정치적 타협을 견디지 못하는 다른 한쪽의 지지 세력 모두를 포함하고 있었다. 그러한 복잡하고 어려운 정치적 환경에서도 노무현은 자신에게 반대하는 사람들을 끊임없이 설득하고자 했고, 비상식적으로 자신을 비난하는 언론은 물론 자신을 비판하는 진보 학자들과도 끊임없이 논쟁하고자 했다.

그러나 일부에서는 노무현을 '불통', '폐쇄적 소통' 등으로 묘사한다. 이들은 참여정부 시기 사회적 갈등에 대한 책임이 언론과 소통에 정파적으로 접근함으로써 사회의 다양한 목소리를 담아내지 못한 대통령에게 있다고 본다. 이러한 시각에서는 보수 언론에 대한 규제 또한 공익을 위한 것이라기보다는 정부와 적대적 관계에 있는 언론을 무력화하는 데 그 초점이 맞춰져 있는 것으로 이해한다.[78]

우리가 경험해 왔던, 그리고 정치학 이론이 얘기하는 좋은 지도자는 어쩌면 변혁적 리더십을 가진 지도자보다는 적절하게 거래적 리더십을 구현하는 지도자일 수 있다. 루스벨트가 위기 때마다 거래적 리더십을 발휘했듯이, 김대중이 언론에 유화적 태도로 거래적 리더십을 발휘했듯이, 정치 지도자가 갈등을 해결하기 위해서는 거래적 리더십이 더 필요할 수 있다. 노무현은 이 거래적 리더십을 가지지 못했기 때문에 사회 갈등을 조정하는 데 실패한 것일지도 모른다.

하지만 기득권 해체를 역사적 과제로 생각했던 노무현의 변혁적 리더십에 초점을 맞추어 보면, 그를 전혀 다르게 이해할 수 있다. 노무현의 정치적 가치는 결코《조선일보》나 주류 보수 언론의 특권을 용납할 수 없었고, 여기에는 타협의 여지가 있을 수가 없었다. 특권의 해체라는 자신의 목표에 도덕적 정당성이 있다고 믿었기에, 그

가치를 바탕으로 국민의 마음을 움직일 수 있으리라 그는 생각했다. 이러한 모습은 노무현이 현실 감각이 없기 때문이 아니라, 변혁적 성격의 리더십을 가지고 있었기 때문이었다고 해석된다.

적대적 언론 환경은 노무현의 변혁적 리더십 구현에 가장 심각한 장애물이었다. 그는 자신을 정치의 길로 이끌었던 원칙과 가치를 포기하면서까지 주류 보수 언론과 타협할 수 없었고, 역사의 진보와 사명의 믿음 앞에서 보수 언론은 개혁의 대상이지 타협의 대상이 아니었다. 이 때문에 노무현은 의도치 않게 사회적 갈등의 원인을 제공한 것 또한 사실이다. 하지만 언론과의 갈등은 불통의 결과가 아니라 기득권의 폐해와 권위주의를 타파하려는 개혁 과정에 수반된 불가피한 결과였다고 할 수 있다.

> 먼 훗날 저는 참여정부에서 가장 보람 있는 정책이 무엇이냐고 물으면 언론정책, 언론대응이라고 말할 것입니다. 물론 역부족이고 한계는 분명하지만, 그러나 매우 중요한 일이고 상당한 진보를 거둘 것입니다. 민주주의의 진보에 꼭 필요한 과정입니다.[79]

그렇다면 이렇게 평가가 엇갈리는 가운데 노무현의 소통을 위한 혁신과 분투가 한국 정치에 남긴 유산은 무엇일까?

먼저, 노무현의 소통 혁신에는 소통의 장을 넓히고 정책 진단부터 결정의 전 과정에 국민의 의사를 반영하려 한 그의 정신과 원칙이 잘 나타나 있다. 노무현은 이전의 어느 대통령도 보여 주지 않았던 새로운 소통 방식을 보여 주었다. 인터넷을 통한 직접 소통, 기자들과의 직접 소통, 국정 운영 주체들과의 토론회, 정부 평가 포럼을 통한 소통, 이메일과 편지 등은 이전의 한국 정치에서는 볼 수 없었던 혁신적 방식이었다.

특히 노무현은 이러한 소통을 시스템화하고 제도화하고자 했다는 점에서 혁신적이라 평가할 수 있다. 국정의 모든 영역에서 시스템의 혁신을 이룬 것으로 알려진 대통령 노무현은 소통 시스템에 있어서도 혁신적이었다. 그는 지지자 모임인 노사모를 국정 운영의 동원 기제로 활용하기보다는 노사모를 계기로 인터넷을 통한 소통 플랫폼을 구축하는 데 더 심혈을 기울였다. 국민과의 직접 소통도 제도화된 시스템 안에서 이루어졌다. 앞서 살펴보았듯이 정책·홍보관리실, 국정브리핑, KTV, 정책고객서비스 등은 국민에게 정책을 홍보하고 정보를 공유하기 위해 구축된 시스템이었다.

정부와 언론과의 관계에서도 그는 시스템의 혁신을 통해 개혁을 이루고자 했다. 정부가 언론사의 편집권이나 소유권 개혁을 주도할 수 없는 상황에서, 기자실 개방과 통폐합, 출입처 제도의 폐지, 공평한 기사 보급, 공동 배달제 지원 등은 주류 언론의 특권을 약화하고 인터넷 언론을 비롯한 군소 언론이 활성화될 수 있는 환경을 조성하였다. 또 언론과의 긴장 관계 유지를 위한 취재원의 접근 제한, 정부의 가판 구독 폐지, 오보에 관한 대응법 등은 모두 정부와 언론의 관계에 대한 새로운 시스템을 의미하였다.

노무현은 시스템이 구축되어야 정권이 바뀌어도 변화의 물결이 이어진다고 믿었다. 일반적으로 혁신을 위한 시스템의 구축과 제도화는 혁신의 지속 가능성을 높인다. 그러나 안타깝게도 노무현의 소통 시스템은 이명박, 박근혜 정부를 거치면서 왜곡되었고, 유지가 불가능해졌다. 지난 10년의 일방적인 정보 제공과 소통 불능 시대를 지나고 다시 국민과의 소통이 기대되는 문재인 정부가 들어섰지만, 노무현 정부의 소통 시스템을 잘 계승했다거나 더 나은 시스템을 구축했다고 평가받지는 못하고 있다. 참여정부나 문재인 정부 모두 적대적인 언론 환경에 있지만, 문재인 정부는 참여정부보다 더 단단한 지지층을 가지고 있어 소통도 더 원활히 이루어질 수 있는 상황이다. 그러나 공적으로 통제할 수 없는 다양한 미디어의 출현으로 가시화된 가짜 뉴스와 가짜 정보는 정부를 매우 곤혹스럽게 만들고 있다. 이런 상황에서는 소통과 정책 홍보 시스템을 확실하게 구축하여 국민과의 소통을 더욱 활발히 해야 할 필요성이 크다. 노무현의 유산을 살려야 하는 중요한 이유다.

다른 한편으로, 노무현의 소통 혁신이 남긴 가장 큰 유산은 우리 사회에 자리한 거대 기득권과의 싸움을 본격화했다는 점일 것이다. 기득권 카르텔을 타파하기 위한 노무현의 시도는 그 이전의 어느 대통령도 하지 못했던 일이다. 특히 우리 사회의 가장 견고한 기득권으로 자리 잡은 언론과의 전쟁은 흔히 언론이 주장하듯 '자신이 당한 대상에게 화풀이하는' 수준의 싸움이 아니었다. 그것은 '질 수밖에 없는 싸움이라는 것을 알고도 사생결단으로 싸울 수밖에 없는' 그런 싸움이었다. 언론과의 싸움은 반칙과 특권 없는 세상을 만들고자 한 노무현 가치의 가장 중심에 있었기 때문이다.

그래서 민주주의 개혁 과제를 5년 동안 내내 했는데, 지나고 나서 가만 생각해 보니까 5년 내내 특권과의 싸움이었습니다. 유착과의

대통령 노무현, 한국 정치에 무엇을 남겼나

싸움이었습니다. 그리고 기득권과의 싸움이었습니다. 특권과 유착은 싸울 만한데, 기득권과의 싸움에서는 가짓수가 너무 많아 가지고 안 걸리는 데가 없었습니다. 기득권에는 온갖 기득권이 다 있어서, 진보의 기득권도 있고, 서민의 기득권도 있고, 노동조합의 기득권도 있습니다. [중략] 그 중에서 제일 컸던 것이 언론과의 갈등이었습니다. 이것은 전쟁이었습니다. 전쟁과 씨름의 차이는, 씨름에는 룰이 있고 전쟁에는 룰이 없습니다. 그래서 룰 없이 규칙 없이 언론과 사생결단의 싸움을 해 왔던 것 같습니다. 정말 힘들었습니다.[80]

대통령이 되기 전부터 노무현은 언론과의 싸움이 어려울 거라는 것을 잘 알고 있었다. 그는 언론 개혁을 "위험을 무릅쓰고 나설 때 나서 주고 상처 입을 각오를 해야 가능한 것"으로 인식하고 있었다.[81] 그러나 노무현에게 언론 개혁은 그의 변혁적 리더십을 구현하기 위해, 그리고 역사의 진보를 위해 꼭 필요한 일이었다. 노무현은 모든 주변인이 타협을 요구할 때 역사의 눈높이, 역사적 실체로서의 국민의 눈높이에 대한 믿음을 이야기했다.

요즘 국민의 눈높이라는 용어를 쓰는 또 지도자들이 있습니다. 이승만 독재 시절엔 거기 다 찍어주고, 박정희 쿠데타 있고 나니까 민정 참여하는 헌법에 다 찍어주고 하던 것이 국민의 눈높이였습니다. 그러나 그 국민의 눈높이의 바탕에 흐르고 있는 진짜 국민의 눈높이, 하나의 역사적 실체로서의 국민의 눈높이는 4.19에 있었고, 79년 부마항쟁, 80년 광주항쟁, 87년 6월항쟁에 있습니다. 그 시기 출렁이는 여론의 바탕에 면면히 흐르고 있는 국민들의 의지와 정신이 있는 것입니다. 그래서 국민의 소리에 귀는 기울여야 하지만, 국민의 눈높이를 대신해 역사의 눈높이라는 제안을 새롭게 하고 싶습니다.[82]

실제로 역사의 진보와 국민에 대한 믿음이 없었다면 노무현은 이 어려운 전쟁을 하지 못했을 것이다. 역사가 그것을 자신에게 준비한 것이라 표현한 것처럼,[83] 기득권과의 싸움을 시작한 노무현에게 언론과의 싸움은 필연적인 과정이었다. 그렇다면 이렇게 그가 언론 권력과 싸워 얻으려 했던 진짜 언론은 어떤 모습일까? 노무현은 권력이 더는 한곳에 집중되지 않고 분산되어 있으며, 사회의 의사 결정 구조도 달라졌기 때문에 언론의 역할과 기능도 달라져야 한다고 보았다. 권력이 한곳 집중되고 권력에 의해 정보가 독점되던 시대에 국민의 알 권리 충족, 견제와 비판이 언론의 첫 번째 사명이었다면, "정보가 홍수처럼 넘치는 지금은 정보의 취사선택과 가치판단이 중요해진 만큼 언론은 사실을 정확할 뿐 아니라 공정하게 전해야 올바른 공론이 만들어"진다는 것을 강조하였다.[84] 그러면서 바람직한 언론의 모습을 이렇게 표현한다.

감시하고 비판하기 위해서는 감시와 비판의 대상보다 더 높은 공정성과 투명성, 도덕성을 가져야 비판의 정당성을 가질 수 있습니다. 감시와 비판의 역할을 맡은 주체가 스스로 정치화되고 권력화되는 일은 구시대의 유물입니다. 성숙한 민주 사회에서는 사라져야 할 금기입니다.[85]

노무현이 언론이라는 거대 기득권과의 싸움을 시작하면서 이루고자 했던 공정하고 투명하며 도덕성 있는 언론에의 기대와 가치는 10여 년이 지난 지금도 여전히, 혹은 더욱 중요하게 남아 있다. 노무현의 싸움은 시장 권력화된 언론의 민낯을 드러내고 개혁의 지점을 명확히 해주었으며, 나아가 한국 민주주의의 진보를 위한 언론의 역할과 모습에 대하여 중요한 사회적 담론을 형성하였다.

언론과 노무현의 싸움은 현재도 진행 중이다. 여전히 계속되는 보수 언론의 노무현에 대한 야박한 평가는 향후 역사의 평가에 대비한 제2라운드라고 할 수 있을 것이다. 더불어 문재인 정부에 대한 끊임없는 경고의 신호이기도 하다. 언론의 전방위적인 공격에 지지자들까지 떠나 버리고 개혁에 대하여 올바른 평가를 받지 못했던 참여정부의 경험 탓에, 문재인 정부는 언론에 대해 다소 '자유방임적인' 태도를 보여 왔다. 언론의 공정성과 투명성, 도덕성은 여전히 문제가 되며, 언론에 대한 신뢰는 더 떨어질 수 없을 만큼 떨어져 있지만, 선뜻 개혁을 실천하진 못하고 있다. 그 사이 언론은 시장에 더 의존하고, 경쟁력이 더 떨어졌으며, 속보와 단독 보도 경쟁에 가짜 정보까지도 마다하지 않는 도덕적 불감증에 빠졌다. 2009년 봉하의 노대통령 집 부엌까지 찍어대던 언론사의 카메라는 10여 년이 지난 지금도 비상식적 행태를 반복하고 있다.

2009년 4월 노무현은 "언론은 흉기다"라는 글을 남겼다.[86] 노무현이 기대했던, 정치화되지 않고 권력화되지 않은 언론 환경은 지금 더 절실하다. 나아가 국민이 공정하고 투명한 사회의 도래에 대한 믿음을 가지고 민주주의의 진보라는 가치에 확신을 가질 수 있도록, 국민과의 소통을 강화할 수 있는 혁신 또한 긴급한 과제이다. 이것이 노무현의 혁신과 가치, 그 정신을 오늘날 소환하는 이유 중 하나가 아닐까.

05

노무현 대통령의
입헌주의 정치 담론

김종철

1

민주화 이후 한국 민주주의의 위기와
정치 담론의 문제점

민주화 이후에도 지속되는 정치의 불안정성과 비효율성

한국 사회는 87년 민주 체제의 구축 이후에도 끊임없이 민주주의의 위기를 겪고 있다. 87년 체제의 배경이었던 6월 항쟁 이후 꼭 30년 만에, 촛불 혁명이라는 시민 항쟁의 결과 독재자 아버지의 재림처럼 행세하던 대통령 박근혜가 국정 농단에 대한 헌법적 책임을 이유로 탄핵되었다. 이 사실만으로도 그 위기의 존재는 충분히 설명될 수 있다.

다른 관점에서 보면 최고 규범인 헌법에 근거하여 국정 농단의 주범이 파면되었으므로 위기라기보다는 또 다른 민주화의 사례를 축적한 것으로 볼 여지도 있다. 그러나 어떻게 보건 일상적인 '제도 정치'의 과정이 아니라 '광장 정치'를 배경으로 국민 대표자의 사법적 교체가 있었다는 사실은 정치 체제의 일상적인 안정성이 단단하

대통령 노무현, 한국 정치에 무엇을 남겼나

게 뿌리내리고 있다고 단정하기 어렵게 만든다.[1] 더더구나 탄핵된 대통령은 물론 그 전임자인 이명박까지 형사 절차에 따른 심판대로 소환되었고, 소위 '적폐 청산'의 유형으로 분류될 수 있는 다양한 사법 절차가[2] 진행되고 있다. 그렇기에 그 긍정적 측면에도 불구하고, 한국 정치 체제의 안정성에 대한 우려가 전혀 근거 없는 것은 아닐 테다. 불필요한 덧붙임일 수도 있지만, 87년 체제의 수립 직후부터 그 규범적 상징 체계이자 법 제도적 기초인 헌법을 개정하자는 논의가 지속되고 있는 것도 한국 민주주의의 불안정성을 보여 주는 또 다른 증거가 될 수 있다.

이러한 불안정성은 정치 과정이 효율적이지 못하다는 문제점과 동전의 양면을 이룬다. 정치의 불안정함은 그것이 경제적, 사회적, 문화적 현안을 효과적으로 소통하며 민생을 안정시키지 못하고, 오히려 사회적 불안과 불만을 가중하는 결과를 낳기 때문이다. 적폐 청산과 같은 과거 청산이 미래의 설계와 추진을 위한 중요한 과정이기는 하지만, 사실 과도한 과거 청산은 그 과거 지향적 경향으로 말미암아 현재의 과제를 잠식할 위험을 안고 있기도 하다.[3]

민주주의의 위기가 있다면 그 원인을 밝히고 대안을 모색하는 것이 정치 공동체에 속한 모든 구성원의 기본적인 권리이자 의무일 것이다. 더구나 이 책이 공통의 과제로 설정한 노무현이 한국 사회에 남긴 영향을 탐구할 때, 정치인으로서 그가 보여 준 말과 행동에 대한 체계적인 분석은 그 배경을 이루는 한국 민주주의의 위기 현상을 비껴갈 수 없다.

이 글은 한국 민주주의가 정치의 불안정성과 비효율성을 낳는 위기를 반복하는 주요 원인의 하나로 정치 담론의 미성숙을 지목하고, 정치인 노무현은 이러한 정치 담론의 성숙화로 이어지는 소중한 헌법 담론을 주도하거나 활성화하는 데 기여했다는 점을 밝히고자 한다.

정치 담론의 의의와 한국 정치 담론의 문제점

흔히들 한국 사회를 정치 과잉의 사회라고 진단한다. '다이나믹 코리아Dynamic Korea'라는 이미지를 뒷받침하는 대규모 집회와 시위, 그 결과물인 정치 변동은 이제 '정치 한류韓流'로까지 승화되고 있다.[4] 그러나 정작 과잉되었다는 정치의 내용이나 질에 대한 평가는 잘 드러나 있지 않다. 따라서 민주화 시대로 이행한 후에도 한국의 정치 담론이 권위주의 시대의 전근대적인 성향, 즉 국가주의나 특정 이데올로기에 편향된 유산을 제대로 청산하지 못한 것은 아닐까 하는 문제의식을 가질만 하다. 즉 한국의 정치 담론은 정치 체제 내 공통의 가치 기반인 헌법이 표방하는 민주 공화 체제의 가치와 원칙, 절차를 중심으로 효과적으로 기능하지 못하고 있는 것은 아닌가?

언어와 정치, 문화의 상관관계에 주목했던 프랑크푸르트학파의 경우에서 보듯이, 언어의 사용은 정치와 사회를 분석하는 주요한 도구이다. 특히 "여러 언어들이 모여 상호 연관되어 있는 언어체계"를[5] 의미했던 담론discourse은 오늘날 정치와 사회 분석의 도구이자 대상으로 그 활용이 확장하면서, 언어적, 이야기적, 문화적 요소로 구성되어 사회적으로 형성되고 유통되는 다양한 형태의 이야기나 텍스트 혹은 언술의 집합체로 이해된다.[6] 즉, 담론은 매우 심오한 논리 구조를 갖춘 지식 체계라는 좁은 의미로 이해할 수도 있으나, 확장된 개념으로서 공통 관심사인 일정 소재에 관한 일상적 대담everyday talk이나 담화conversation, 숙의deliberation, 토론debate, discussion까지 포괄하는 것으로 이해할 수도 있다.

이런 확장된 정의에 따를 때, 정치 담론은 다양한 환경에서 광범위한 방식으로 정치를 소재 혹은 매개로 하여 행위자들이 만들어 내는 다양한 인식, 이해 방식, 주장 또는 지식 체계를 의미한다. 정치 담론의 장은 사적인 대화나 일상생활일 수도, 입법, 행정, 사법의 과정에서 형성되는 공식적 영역일 수도, 각종 언론 매체를 비롯한 공론장일 수도 있다. 정치 담론은 그 체계성이 고도로 발휘되는 경우 "다양한 정치·경제·사회적 행위자들이 자신들이 추구하는 목표를 정당화하기 위해 창출하는 논리성을 갖는 언술체계 혹은 넓은 의미에서의 지식체계"를 의미하며, 이는 필연적으로 "타인의 사고와 인식을 자신의 논리 속에서 포섭화"하는[7] 성격이 있다. 즉 그것은 이데올로기의 영향을 받아 일정 정도의 당파성을 띠게 될 수밖에 없다는 점에서,[8] 정치의 분석에 매우 유용하다.

전통적으로 정치 담론은 정치 과정에서 정치 의제를 설정하는 기능을 하는 국가 기관이나 정당 등의 정치적 단체, 그리고 언론이 주도하는 경향이 있다. 근래에는 정보과학 기술의 발달에 따라 정치 과정의 소통 방식도 많은 변화를 보이고 있는데, 대표적으로 뉴미디어나 SNS의 발달로 유권자 등 일반 국민의 비중이 증대하고 있다. 정치 담론이 이뤄지는 소통 환경의 새로운 변화는 그것이 생산적이고 효율적이며 합리적인 정치적 결정을 형성하는 데 긴요한 민주 공화적 조건에 관한 관심을 불러일으킨다.

이 글이 출발점에서 세우는 기본 가설은 두 가지 추정적 진단에 입각한다. 첫 번째 추정적 진단은 민주화 이후에도 정치 과정의 불안정성과 비효율성이 계속 반복되는 것은 정치 담론이 정치 가십 gossip이나 정쟁이 이념화된 현상적 측면에만 매몰되어 있기 때문이란 것이다. 두 번째 추정적 진단은 이처럼 참을 수 없는 정치 담론의 가벼움 혹은 불균형이 현실적인 공적 과제에 대한 효율적이고 합리적인 정치 담론의 제도적, 문화적 기반을 잠식한다는 것이다.

좀 더 자세히 살펴보면, 우선 정치 과정이 정책이나 공적 현안보다는 정치 행위자에 집중되며, 특히 정치인이나 정당 등 권력 집단의 가십, 예컨대 개인적 이력이나 인간관계에 대한 담론의 비중과 영향력이 너무 크다. 공직자에게 요구되는 덕성이나 적성 및 능력에 대한 검증이 선거 등 정치 과정에 필요한 요소라는 점은 부정할 수 없다. 그러나 인사 청문이나 선거 과정에서의 허위 사실 유포 등을 통해 경험적으로 확인할 수 있듯이, 과도하게 개인사적 측면에 집중하면 정작 공적 활동이나 정책 관련 검증은 소홀해질 수밖에 없다. 최근 정치권이나 공직자의 막말 혹은 망언을 둘러싼 공방 또한 그 가십성이 두드러지며, 정치 담론의 품격을 떨어뜨리는 것은 물론 공적 현안에 대한 심도 있는 논의를 방해하는 경향이 있다.

한편 정치 가십 위주의 정치 담론은 '권력의 의인화personification of power'에 따른 한계를 쉽게 노출한다. 베버가 통찰하였듯이 '카리스마적 권위charismatic authority'가 매우 유력한 지배의 방식이며 지도자의 리더십이 정치 과정의 유효한 변수임은 의문의 여지가 없다. 동서고금을 막론하고 영웅 서사나 메시아적 정치 리더십에 대한 강한

대통령 노무현, 한국 정치에 무엇을 남겼나

의존 사례는 드물지 않다. 그러나 정치 과정을 과도하게 정치 지도자 위주로 형성하는 우리나라의 특성은 이런 정치 담론 현상을 강화하는 원인으로 추정된다. 이승만이나 박정희 신드롬, 3김 신화론의 오랜 그림자가 걷힌 이후에도 노무현, 이명박, 박근혜 등 대통령 중심의 정치 서사가 지배적이며, 안철수 현상과 같이 인물 중심의 담론과 서사가 정치에서 차지하는 비중이 과도하다. 1인 헌법 기관인 대통령 중심의 정치 과정이 두드러지는 대통령제 정부 형태, 인물 선거의 성향이 강한 소선거구제 국회의원 선거 제도도 이러한 경향에 원인을 제공하고 있을 것으로 보인다. 심지어 정당마저도 인물 중심의 엘리트 정당을 효과적으로 벗어났다고 보기 어려울 정도로 불안정하고 봉건적인 운용 행태를 보여 준다. 선거 때마다 반복되는 중앙집권적 공천 제도와 막장 공천 파동이 대표적인 예다.[9]

한편, 한국 정치 담론의 미성숙은 분단 체제와 같은 구조적 변수에 따라 정치 소재가 이념적으로 불균형을 이룰 수밖에 없는 현실을 반영하는 것이기도 하다. 좌파, 용공, 종북, 사회주의라는 낙인은 정치적 가치와 현안에 대한 이념적 헤게모니가 일방적으로 구축되어 있음을 의미한다. 여기에 민주화 과정을 거치면서 저항 담론으로서 구축된 수구, 친일, 친미와 같은 진영 논리가 더해지며, 한국 정치 담론의 이념적 편향성은 더욱 복잡한 양상을 띠게 되었다. 자유 민주주의 표현 여부에 대한 교과서 논쟁, 무상 급식 논쟁, 사립학교에 대한 공공성 강화 논의, 골목 상권 보호를 위한 영업 규제 논의, 지역 의료원의 구조 조정 논의, 분양가 공개나 부동산 투기 규제 논의, 그 외 교육과 보건 등 기본 생활 수요 영역에서 공공성을 강화하기 위한 정책 논의에서 공산주의-사회주의 담론이 근본 논거로 빈발하는 것이나, 노사 관계와 관련하여 노조 활동을 이념적으로 단죄하는 접근이 그러하다.

정치 담론의 가십 지배 현상이나 이념적 편향성은 정치 과정을 지배하는 민주 공화적 원칙과 절차에 대한 왜곡을 잉태하였다. 정치 과정의 질서를 유지해야 할 각종 정치 관계법, 즉 선거법과 정당법 등이 민주 공화 헌법의 정신과 원칙을 무시하고, 왜곡된 기득권 정치 질서를 고착화하는 정치 담론에 따라 오히려 정치 과정을 왜곡하는 일이 다반사다.

대표적인 사례만 열거하기도 벅찰 정도다. 사전 선거 운동을 금지하는 등의 정치 관계 법제와 문화에서, 국민은 정치적 선택과 결정의 주체가 아니라 여전히 통제의 대상이다. 교원이나 공무원, 청소년의 정치적 자유는 원천적으로 부정된다.[10] 정치 연합이나 선거 연합은 원칙적으로 금지 대상이다.[11] 시민 교육의 필요성이 커지고 있음에도 교육 현장에서 정치는 금기의 영역이다.[12] 지역 정당이나 지구당 설립 금지 등 정당 설립 요건이나 가입 요건을 엄격하게 통제하여 정치적 진입 장벽이 지나치게 높고, 불공정한 국고 보조금 제도로 정치 자원의 불균형 분배가 일상화되었다.[13] 국민 직선으로 선출한 국민 대표인 대통령의 정치적 역할을 거세하고 탈정치화하거나, 정치 초월적으로 인식하는 담론이 지배적이다. 법원이나 검찰의 독립성과 중립성을 절대적인 것으로 성역화하고, 정작 중요한 민주적 정당성이나 책임성을 요구하는 데는 소홀하다.[14] 선거법 등 법 위반으로 걸리기만 하면 당선 무효가 가능하고, 그 결정권을 유권

대통령 노무현, 한국 정치에 무엇을 남겼나

자가 아닌 검찰과 법원이 맡는 것을 당연시한다.[15] 이제는 정치적으로 해결해야 할 많은 일을 사법적 과정에 맡기는 것(정치의 사법화 judicialization of politics)마저 너무나 자연스럽게 받아들인다.

결국 민주화 이후에도 민주 공화 체제의 위기가 빈발하게 된 주요 원인은 정치 담론의 미성숙이며, 그 중심에 정치와 법치의 왜곡된 관계가 자리하고 있다. 국민의 자발적 참여로 공론이 형성되고 그 공론에 따라 대화와 타협의 정치가 형성되어야 하는데, 국민의 정치 참여는 아예 봉쇄되거나 정치 가십 혹은 이념에 휘둘린 진영 담론으로 대체된다. 이는 대결과 갈등의 정치를 형성하고, 심지어 정치적 결정이 법률 담론에 좌우되는 정치의 사법화가 심화하고 있다.

정치 담론의 미성숙은 민주 공화 체제에서 주권자인 국민의 정치적 자아를 민주 시민으로 형성할 가능성을 축소하며, 합리적 공론을 방해한다. 그럼으로써 왜곡되고 불합리한 정치적 결정을 초래하는 정치적 악순환 구조를 불러온다. 특히 왜곡된 정치 담론은 이념적 편향성에 과도하게 장악되어 즉흥적이고 이율 배반적인 정치적 소통 구조를 낳아 민주 공화제의 기초를 허문다. 따라서 정치 담론의 헌법화, 즉 최고법인 헌법의 민주 공화주의적 규범에 따라 정치 과정의 질서를 잡을 필요가 있다. 다시 말해 헌법을 기준으로 담론의 의제를 설정하고, 헌법이 보장하는 민주적 참여와 심의 조건 속에서 정치적 결정이 이루어지는 문화와 제도를 만들어야 한다.

노무현의 집권기 이전 한국 사회의 정치 담론은 제대로 된 헌법 담론의 장이라고 보기 힘들었다. 무엇보다 헌법이 정치 담론의 제대로 된 기준은커녕 그저 장식에 불과하였다. 정치 담론이 헌법을 소환하는 경우에도 이는 합리적 의사소통의 과정이 아닌, 이념 편향성에 의해 포획되어 아전인수격으로 헌법을 오용하고, 일방적으로 관철하는 억압적인 지배 과정에 불과했다. 헌법은 정치인 노무현이 대통령에 취임하고 참여정부가 5년 동안 행정권을 담당하는 동안 비로소 능동적이든 소극적이든 정치 담론의 전면에 등장하였다.

2

정치 담론 헌법화의
이념적 기초와 유형

입헌주의의 두 가지 유형

입헌주의란 민주 공화 체제에서 정치와 법치가 공동체의 근본 규범인 헌법의 틀 속에서 이루어지도록 규율하려는 정치 사상이다. 시민 혁명 이후 근대 국가에서 성문 헌법의 제정이 일반화된 것도 정치를 법의 일종인 헌법으로 규제하려는 생각 때문이다. 이는 홉스의 《리바이어던》이 이념화한 절대 권력자의 자리를 헌법이 물려받은 것이며, 비로소 인치가 아닌 법치가 기본적인 지배 체제의 모습이 된 것이다.

입헌주의는 정치를 헌법을 비롯한 법의 틀 속에 묶어 두려는 정치 사상이나, 이를 법 만능주의로 오해해서는 안 된다. 우리의 공동 생활은 너무나도 복잡다단하여 모든 것을 법에만 의거하여 해결하는 것은 효율성도 떨어지고 궁극적으로 가능하지도 않다. 법은 정치가 기본적으로 지향해야 할 목표를 제시하고, 그 실현 방법과 절차에 대한 기본적인 기준만을 설정한다. 정치는 그 목표와 기준에 어긋나지 않는 선에서, 구체적으로 발생하는 사안들을 효율적으로 다루는 정책을 능동적이고 창조적으로 마련하고 집행할 수 있는 자율성을 가져야 한다.

또한 근본적으로 법은 정치의 결과물이자 수단이기도 하다. 법이 내용으로 하는 공동체의 목표나 정치의 방법, 절차를 결정하는 것이 바로 정치의 일부분이기 때문이다. 또 법은 그런 정치적 활동이 성공하기 위한 수단이 된다. 이렇듯 법과 정치의 관계는 서로 순환 관계에 있다고 할 수 있다. 정치는 법을 만들고, 법은 다시 정치를 규제하는 관계인 것이다. 정치가 법을 만드는 과정만을 강조하면 법은 정치의 시녀로 전락하며, 정치가 법의 규율을 받는 측면만을 강조하면 정치의 역동성이 사라지고 만다.

그러나 정치와 법을 너무 서로 충돌하는 것으로만 볼 필요는 없다. 양자는 인간의 공동생활에 필수적인 요소이며, 서로를 의존하는 관계이다. 법을 통하지 않은 정치는 안정적으로 이해 조정의 목적을 달성할 수 없으며, 입헌주의가 극복하고자 했던 권력자의 자의적인 지배, 원칙 없는 지배, 불합리한 지배를 가져와 공동체의 불안정을 낳을 뿐이다. 반대로 법 역시 정치가 안정되고 법을 제대로 준수해 줄 때만 그 실효성을 확보할 수 있다. 법 자체가 인간의 모든 행동을 다 대신해 줄 수는 없다. 법은 정치 행위를 포함한 인간 행위의 기준에 불과할 뿐, 구체적인 문제에 관하여 현실적인 대답을 내려 주지는 못한다. 구체적인 문제에 대한 적절한 대답을 구하는 것은 정치의 몫이다. 그런 정치가 법을 무시하면, 즉 법의 내용을 법의 적용 대상인 당사자들에게 관철하는 제도적 장치가 결여하면, 법은 안정성을 상실하고 그 존재 의의를 잃어버리고 만다.

이렇듯 법과 정치가 서로 균형 관계를 이루며 서로를 보완할 때 공동체의 안정과 발전이 이루어진다. 다만 입헌주의가 기본적으로 정치와 법치의 상호 보완과 균형을 전제하더라도, 각 정치 공동체의 특수한 역사적, 사회적, 문화적 사정에 따라 그 비중은 달라진다. 이때 정치와 법치의 관계에 관한 입장의 차이를 기준으로 입헌주의를 크게 두 가지 유형으로 구분할 수 있다. 정치의 효능성을 중시하여 법치의 정치 통제적 기능을 최소한으로 유지하려는 입헌주의를 편의상 '정치적 입헌주의political constitutionalism'라 부를 수 있고, 법치의 규범적 통제성을 중시하여 정치의 자율성을 상대적으로 강하게 제약하는 입헌주의를 '법치적 입헌주의legal constitutionalism'라 부를 수 있다.[16] 양자를 제도적으로 구분하는 지점은 정치의 핵심 영역인 입법을 법치적 관점에서 사법 과정이 통제할 수 있는 위헌법률 심사제도나 헌법 소원과 같은 헌법 재판을 인정하는지, 또 인정한다면 어느 정도와 범위까지 인정하는지이다. 즉 이는 정치의 사법화에 대한 제도화 여부와 그 정도의 문제라고 할 수 있다.[17]

정치 담론의 헌법화 유형

헌법을 기준으로 삼는 정치 담론은 입헌주의의 두 가지 유형에 따라 나누어 볼 수 있다.[18] 우선 법치적 입헌주의의 차원에서 법적 형식의 헌법을 염두에 둔 담론으로서, 사법적 헌법 담론을 들 수 있다. 입헌주의를 배경으로 하는 사법 과정은 헌법 재판이든 일반 재판이든 헌법에 따른 재판을 해야 한다는 점에서는 모두 같다. 이런 사법 과정에서의 헌법 담론은 권한의 유무, 권한 행사의 절차, 정책 형성의 법적 한계 위반 여부와 같이 법의 해석과 적용을 중심으로 이루어진다. 이 담론에서는 위헌과 합헌의 구별이 중심축을 이루며, 사법 절차를 통해 그 결론이 명확히 구별된다는 특색이 있다.

이와 달리 정치적 입헌주의의 차원에서 정치적, 도덕적 형식의 헌법을 염두에 둔 담론은 정치적 헌법 담론이라 볼 수 있다. 이 담론에서는 법의 해석·적용은 보조적이고 형식적 차원에 그치며, 정책적 수요나 필요, 적정성 여부 등 실체적, 형성적, 정치적 판단이 중심이 된다. 이 담론은 헌법이나 헌법 원리를 동원하기는 하나, 위헌과 합헌을 명확히 구별하기 쉽지 않고, 무엇보다 사법 절차를 통해 그 관철이 용이하지 않아 정치적 관행에 의존하여 결정된다는 특색이 있다.

3

노무현 정부 시기 주요 헌법 담론의 사례와 정치 담론적 의의

노무현 대통령은 능동적이든 소극적이든 사법적 헌법 담론과 정치적 헌법 담론 모두를 민주 공화 체제에 바람직한 헌법 담론으로 격상하고, 정치 가섭이나 정치적 주술 일변도인 정치 담론의 차원을 헌법화하는 데 기여했다. 그런 취지를 배경으로 하는 몇 가지 사례를 헌법 담론의 유형별로 살펴보자.

노무현과 사법적 헌법 담론

1) 대통령의 선거 중립 의무 관련 위헌 논쟁

논쟁의 배경

제17대 국회의원 선거를 앞두고 노무현 대통령은 기자회견 등의 기회를 통해 당시 대통령 지지 정당인 열린우리당에 대한 우호적 견해를 밝혔다. 중앙선관위는 이를 선거법상 공무원의 선거 중립 의무 위반으로 보고, 대통령의 선거 개입 의혹에 대하여 경고하였다. 이에 노무현 대통령은 이병완 당시 홍보수석을 통해 선관위의 경고가 시대적 흐름에 맞지 않는 선거법 해석이라는 취지를 밝혔다. 당시 국회의 다수파를 차지하고 있던 여러 정당은 이 사안을 포함하여 대통령의 직무 수행상 헌법 및 법률 위반을 이유로 탄핵 소추를 의결하였고, 헌재는 대통령의 선거 관련 발언이 대통령의 선거 중립 의무 위반이라고 확인하였다. 다만 그 위반의 중대성은 탄핵할 정도에 이르지 않았다는 논거로 기각 결정을 내렸다.[19]

헌재가 선거법상 공무원의 중립 의무를 위반하였다고 정리한 기자회견 등에서의 발언 사례는 다음과 같다.

대통령이 2004. 2. 18. 청와대에서 가진 경인지역 6개 언론사와의 기자회견에서 "…개헌저지선까지 무너지면 그 뒤에 어떤 일이 생길지는 저도 정말 말씀드릴 수가 없다."고 발언하였고, 2004. 2. 24. 전국에 중계된 한국방송기자클럽 초청 대통령 기자회견에서, '정동영 의장은 100석 정도를 목표로 제시했는데 기대와 달리 소수당으로 남게 된다면 어떻게 정국을 운영할 것인지' 등 총선전망을 묻는 기자의 질문에 대하여, "국민들이 압도적으로 지지를 해 주실 것으로 기대한다.", "대통령이 뭘 잘 해서 열린우리당에 표를 줄 수 있는 길이 있으면, 정말 합법적인 모든 것을 다하고 싶다.", "대통령을 노무현 뽑았으면 나머지 4년 일 제대로 하게 해 줄 거냐 아니면 흔들어서 못 견뎌서 내려오게 할 거냐라는 선택을 우리 국민들이 분명히 해 주실 것이다."는 등의 발언을 한 사실이 인정된다.[20]

이 발언들의 특징은 다음과 같다. 우선 적극적, 능동적 발언이 아니라 질문에 대한 답변 과정에서의 수동적 발언이다. 답변을 거부하거나 최대한 중립적으로 답할 수도 있었을 것이므로 이 차이가 본질적인 것은 아니다. 다음에서 다루듯 노 대통령의 2007년 제17대 대선 관련 발언은, 비록 공식 석상에서는 아니라는 형식적 차이가 있지만, 적극적이고 능동적이며 다분히 의도적인 발언이었다는 점에서 특히 그러하다. 그러나 최소한 사법적 헌법 담론에서는 이런 미시적 차이도 고려할 여지가 있다. 사법적 책임은 동기나 형태에 의한 차이에 의해 달라질 가능성이 있기 때문이다.

또 다른 특징은 어떤 구체적인 권력을 행사하는 것이나 하급자에게 구체적인 지시를 하는 것이 아니라는 점이다. 이 점은 매우 중요하다. 단순히 정치적 표현에 불과하다는 점에서 그것이 법치적 관점에서 평가하여 사법적 책임을 구할 사안인지, 아니면 정치적 관점에서 평가하여 정치적 책임을 지는 것으로 충분한 사안인지가 달라질 수 있기 때문이다.

기성 헌법 담론과 노무현의 헌법 담론

공선법 제9조는 "공무원 기타 정치적 중립을 지켜야 하는 자는 선거에 대한 부당한 영향력의 행사 기타 선거결과에 영향을 미치는 행위를 하여서는 아니 된다"라고 하여 선거에서의 공무원의 중립 의무를 규정하고 있다.

선관위와 헌재는 공선법 제9조가 헌법 제7조 제1항(국민 전체에 대한 봉사자로서의 공무원의 지위), 헌법 제41조, 제67조(자유선거 원칙) 및 헌법 제116조(정당의 기회균등의 원칙)로부터 도출되는 헌법적 요청인 선거에서의 공무원의 중립 의무를 구체화하고 실현하는 법 규정이며, 조항에서의 '공무원'이란 원칙적으로 국가와 지방 자치 단체의 모든 공무원, 즉 좁은 의미의 직업 공무원은 물론이고 적극적인 정치 활동을 통하여 국가에 봉사하는 정치적 공무원(예컨대, 대통령, 국무총리, 국무위원, 도지사, 시장, 군수, 구청장 등 지방 자치 단체의 장)을 포함한다고 보았다. 다만 국회의원과 지방 의회의원은 정당의 대표자이자 선거 운동의 주체란 지위를 가지므로, 선거에서의 정치적 중립 의무가 요구될 수 없어 제외된다고 보았다. 특히 대통령은 행정부의 수반으로서 공정한 선거가 될 수 있도록 총괄, 감독해야 할 의무가 있으므로, 당연히 선거에서의 중립 의무를 지는 공직자에 해당하는 것으로 보았다.

한편 헌재 등의 기성 법리는 대통령이 '정치적 헌법 기관이라는 점'과 '선거에 있어서 정치적 중립성을 유지해야 한다는 점'은 서로 별개의 문제로서 구분해야 한다는 관점에서, 대통령에게 정치 활동과 정당 활동이 허용된다는 사실도 선거에서의 정당 정치적 중립 의무를 부인하는 논거가 될 수 없다고 판단했다. 그 논거는 다음과 같다.

> 대통령은 여당의 정책을 집행하는 기관이 아니라, 행정권을 총괄하는 행정부의 수반으로서 공익실현의 의무가 있는 헌법기관이다. 대통령은 지난 선거에서 자신을 지지한 국민 일부나 정치적 세력의 대통령이 아니라, 국가로서 조직된 공동체의 대통령이고 국민 모두의 대통령이다. 대통령은 자신을 지지하는 국민의 범위를 초월하여 국민 전체에 대하여 봉사함으로써 사회공동체를 통합시켜야 할 책무를 지고 있는 것이다. 국민 전체에 대한 봉사자로서의 대통령의 지위는 선거와 관련하여 공정한 선거관리의 총책임자로서의 지위로 구체화되고, 이에 따라 공선법은 대통령의 선거운동을 허용하고 있지 않다(공선법 제60조 제1항 제4호).[21]

중앙선관위의 경고 처분에 대한 노무현 대통령의 대응을 헌재는 다음과 같이 정리한다.

> 2004. 3. 4. 노무현 대통령은 이병완 청와대 홍보수석을 통하여 자신의 선거개입을 경고하는 중앙선거관리위원회의 결정에 대하여, "이번 선관위의 결정은 납득하기 어렵다는 점을 분명히 밝혀두고자 한다.", "이제 우리도 선진민주사회에 걸맞게 제도와 관행이 바뀌어야 한다.", "과거 대통령이 권력기관을 …동원하던 시절의 선거관련법은 이제 합리적으로 개혁되어야 한다.", "선거법의 해석과 결정도 이러한 달라진 권력문화와 새로운 시대흐름에 맞게 맞춰져야 한다."고

청와대의 입장을 밝힌 사실이 인정된다.[22]

노무현 대통령은 선거법상 선거 중립 위반 논란에 기초한 탄핵 소추 움직임에 대해 스스로 다음과 같이 밝히기도 했다.

탄핵 정국에 대해서 여러 대응이 있겠지만, 원칙적으로 대응해 나갑 시다. 중요한 것은 '탄핵 사유가 있는가' 하는 점입니다. 위법한 행위 라 하는데, 이 점에 대한 선관위 결정을 존중해서 위법이라고 보고, 존중하는 선에서 판단해도 아주 경미한 것입니다. 내가 적극적이고 능동적으로 무슨 행위를 한 것이 아니고 소극적으로 질문에 응해 대 답한 것입니다. 내용도 적극적 지지 요청이 아니라 예측과 기대를 말한 것입니다. 위법이라 해도 경미한 것입니다. 위법성 자체가 모 호합니다. 이것을 가지고 대통령직을 중단하라는 것인데 지나쳐도 아주 지나칩니다. 1년 전 국민의 직접선거로 선출된 대통령인데 아 주 경미하고 모호한 것을 가지고, 결과에 대한 대통령의 태도를 문 제 삼고 있습니다.

문명국가는 모든 지도자들이 개별 국가의 선거에 직접 지원을 합 니다. 논평도 트집입니다. 이유 있는 논평인데 시비의 근거로 삼는 것을 납득할 수 없습니다. 이것을 탄핵 사유로 이야기하는 데는 굴 복할 수 없습니다. 한 국가의 법이 합당하게 집행되도록 할 헌법상 의 의무가 있습니다. 대통령의 의무입니다. 여기서 사과하며 잘못했 다고 하면 법질서가 바로 설 수 있겠습니까? 부당한 횡포에 대해서 는 맞서는 것이 대통령의 임무입니다.[23]

이 발췌 글에서 확인할 수 있는바, 노무현 대통령은 자신에 대한 탄핵 소추라는 정치적 공격에 대하여 지극히 헌법과 법률에 기초하 여 대응한다. 대통령의 발언을 문제 삼아 탄핵 소추를 하기 위해서는 탄핵 사유가 있어야 하며, 그 사유가 "1년 전 국민의 직접선거로 선출된" 대통령을 탄핵할 만큼 중대해야 한다는 것이다. 헌재의 기각 논거는 노 대통령의 탄핵 사유가 없다는 주장은 배척했지만, 탄핵을 위해서는 국민 대표 기관으로서 대통령직의 중요성을 고려하여 그 위법 행위가 중대해야 한다는 점은 수용한 것이었다. 그러나 노 대통령은 문명 국가의 기준에 비추어 대통령이 정치적 공무원으로 선거에 대하여 발언할 수 있는 지위에 있을 뿐 아니라, "법이 합당하게 집행되도록" 법에 대해 논평할 수 있어야 하는 것은 지극히 당연하다는 입장이었다. 따라서 대통령의 발언이 선거 중립 의무를 위반했다고 보는 선관위의 결정에 시대착오적이라는 논평을 했다는 이유로 탄핵 소추를 당한다면, 이는 오히려 대통령의 법 질서 보호 의무에 배치되는 부당한 횡포이며, 이 횡포에 맞서는 것이야말로 대통령의 임무라고 본 것이다.

평가

선관위와 헌재 등 기성 헌법 담론은 민주 공화 체제의 정치와 법치의 관계를 효과적으로 반영한다고 보기 힘들다. 대통령제든 의원 내각제든 민주 공화 체제에서 국민 대표인 정치적 공무원의 선거 관련 표현 행위를 원천적으로 금지하는 경우가 얼마나 될까? 한국 헌정은 87년 민주화 이후에도 과거 권위주의 시절의 헌법 해석과 이해, 그리고 그처럼 민주 공화제의 본질에 어긋나는 헌법 담론이 지배적이다 보니, 선거와 같은 민주적 제도가 민주 공화적 이상에 맞게 작동하지 못하는 것이다. 노무현은 이처럼 왜곡된 반민주 공화적 정치 담론에 분연히 이의를 제기하며, 그 어떤 불이익에도 불구하고 이를 시정하기 위해 노력했다. 위 발췌문에서 확인할 수 있듯이 대통령 노무현은 오히려 이러한 시정 노력 혹은 저항을 대통령의 의무로까지 인식하였다.

노 대통령의 헌법 담론은 민주 공화제에 충실한 대통령의 헌법상 지위론에 합치한다. 대통령은 민주 공화국 헌법이 구체적으로 선언하고 있는 국민주권주의와 복수 정당제 조항(헌법 제8조 제1항)이 채택한 다원주의 민주주의의 구조 속에서, 공화국 시민의 지위와 주권자인 국민이 선택한 특정 정파 소속 정치인이라는 이중적 지위를 가지고 일정 기간 국민 대표 기관의 직을 수행한다. 대통령은 국민 대표로서 자신을 선택한 국민에게 헌법적 책임을 다하기 위하여 임기 동안 국민의 여론을 반영할 권한과 의무가 있다. 헌재는 대통령이 정치적 공무원이면서도 전체 국민의 대표이므로 자신을 지지한 정치 세력으로부터도 중립적이어야 한다고 주장한다. 하지만 이는 민주 공화제에서 국민주권주의를 실현하는 방식인 대의 민주주의의 본질을 왜곡하는 것이다. 대의 민주제에서 지지자들과 약속한 선거 공약을 충실히 이행하는 것이 대통령의 중립적 의무에 반하는 것이라면, 그런 선거가 왜 필요한가?

헌재는 자유 위임과 정치인으로서 대통령의 헌법상 지위가 마치 서로 배타적인 것처럼 단정하는 오류를 저질렀다. 대통령이 선거를 통해 위임받는 자유는 주권자를 대신하여 판단할 '권력'의 자유이고, 지지자들에게 대통령이 약속한 바를 실천할 수 있는 것이 이 자유로운 권력 위임의 본질이다. 따라서 헌재가 대통령에게 정치적 중립 의무를 부과하는 근거로 삼은 자유 위임의 원칙이야말로, 주권자인 국민의 의사가 무엇인지를 탐색하기 위하여 대통령이 항상 정치적일 것을 요구한다. 대의 민주 체제에서 국민 대표 기관인 의회가 정치적인 것처럼, 국민이 직접 선출하는 대표 기관인 대통령 또한 정치적인 것이 민주 공화제의 본질이다. 나아가 정부 형태로 직선 대통령제를 택할 경우, 이 헌법적 결단은 대통령이 원칙적으로 정치적 공무원임을 당연히 전제한 것이며, 헌법 스스로가 이 원칙에 예외를 두지 않는 한 원천적으로 대통령의 선거 중립을 강제하는 법률은 위헌이라고 보아야 한다.

민주 공화제에서 직선 대통령제를 정부 형태로 채택한다면, 행정권을 가지는 정부의 구성과 운영은 원칙적으로 대통령의 책임하에 이루어지는 것이 민주주의 원칙에 부합한다. 따라서 대통령의 모든 직무 수행은 국민 대표로서 정치적으로 취사선택하는 차원에서 이루어지며, 원칙적으로 정치적 성격을 띨 수밖에 없다. 결국 집행부의 최상층부는 정치적 중립을 본질적으로 요구받는 직업 공무원이 아니라, 대통령에게 책임을 지는 정무직 공무원으로 구성되어야 한다.

한편 양대 국민 대표 기관인 대통령과 의회 사이의 정치적 견제와 균형의 원리 및 법치주의에 따라, 헌정이 운영되는 직선 대통령제에서의 대통령은 공약 이행과 국민으로부터 위임받은 권력을 성실히 수행하기 위해 의회와 협력하여야 한다. 또한 그 일환으로 헌법과 법률에 위반되지 아니하는 한 의회 내 지지 및 협조 세력을 구축하기 위해 노력할 수 있는 권한이자 의무를 지닌다. 이러한 헌법적 지위에 따라 대통령은 의회 선거에서 우호 세력의 확보를 위해 유권자에게 자신의 정치적 선호와 지지 정파를 표명할 수 있어야 한다.[24] 현대 민주 공화제의 일반화된 다원적 민주 체제, 즉 정당 중심 민주주의에서 정당의 핵심 기능은 선거 참여를 통해 국민 대표를 선출하는 과정에서 촉매 역할을 하는 것이다. 따라서 민주 공화제 헌법 원리에 의해 정당원 혹은 정치 지도자의 지위를 가지는 대통령이 이 선거 과정에서 절대적 중립을 지키도록 요구하는 것은 모순이다.[25] 만일 대통령제 정부 형태에서 대통령의 선거 참여를 금지하여 의회 내 지지 및 협조 세력의 구축을 봉쇄하려 한다면, 형식적으로 그런 취지의 명문 규정을 헌법에 두어야 한다. 원리적으로 대통령에 대한 선거 중립의 강제는 직선 대통령이 입법권자인 의회와의 관계에서 행정권의 독자성을 확보하는 핵심 수단을 상실한다는 걸 의미하며, 결과적으로 직선 대통령의 자율성을 극도로 축소함으로써 민주 공화제의 국민주권 원리와 권력 분립 및 견제, 균형의 원칙을 극도로 약화하는 결과를 불러온다.

물론 대통령의 선거 중립을 법률로 강제할 수 없다고 하더라도, 무한대의 정치 활동을 대통령에게 허용하는 것 또한 민주 공화제에서는 용납될 수 없다. 구체적인 권한과 권리 남용에 따른 선거 질서 위반을 규제하는 법률은 제정될 수 있다. 예컨대 정부 수반으로서의 지위를 남용하여, 소속 공무원이 선거 관리에 필요한 공무를 집행할 시 특정 정파에 편파적인 특혜를 주도록 획책하는 것은 민주 공화 체제에서 용납될 수 없는 일이다.[26] 그러나 정치적 공무원인 대통령이 헌법이 보장하는 정치인의 지위에서 우호적인 특정 정당에 대한 선호를 표시함으로써 국민의 정치적 판단을 돕는 것은 이러한 규제의 대상이 될 수 없다. 특히 노 대통령이 항변했듯이, 적극적, 능동적 자세에서 선거에 관한 입장을 표현한 것이 아니라 기자회견과 같은 정치적 공론장에서 질문에 답하는 등 매우 소극적인 의사 표명마저도 선거에 영향을 준다는 이유로 금지하는 것은 대통령직의 정치적 성격을 무시하지 않고서는 도저히 인정할 수 없는 반민주 공화적 해석론이다. 결국 대통령의 정치적 표현을 억압하는 헌재 등의 기성 담론은 한국 정치 담론의 수준을 가십 정치로 내몰게 한 원인 혹은 배경으로 작용하고 있다.

2) 대통령의 표현의 자유 혹은 정치적 반론권을 주장한 헌법 소원의 제기

논쟁의 배경

노무현 대통령은 임기 말인 2007년 대통령 선거와 관련하여 다시 한번 선거 중립 의무 위반 혐의를 받았다. 노 대통령은 대선을 맞아 정부 비판이 일방적으로 난무하는 반면 언론 환경이 공론장으로서 반론을 충분히 반영하지 못하자 직접 정책 평가와 선거 관련 의견을 참여정부 평가포럼 등에서 개진하였다. 예컨대, 2007년 6월 2일 참여정부 평가포럼 주최 모임에서 '21세기 한국, 어디로 가야 하나'를 주제로 강연하면서, "해외 신문에서 한국의 지도자가 무슨 독재자의 딸이니 하는 얘기가 나오면 곤란하다", "창조적 전략 없는 대운하, 열차 페리 공약, 대운하 건설비는 단기간에 회수되지 않는 투자이다. 열차 페리는 2000년 해수부 장관 시절에 타당성 없다는 결론을 이미 내린 사업이다", "한나라당이 정권을 잡으면 어떤 일이 생길까, 이게 좀 끔찍해요. 무책임한 정당이다. 이 사람들이 정권을 잡으면 지역주의가 강화될 것이다" 등과 같은 취지로 강연하였다.

이에 당시 야당인 한나라당은 선거법상 선거 중립 의무 위반을 이유로 노 대통령을 중앙선관위에 고발하였고, 중앙선관위는 중앙선관위장 명의로 "대통령선거가 가까워져 오고 있는 시기에 국정의 최고책임자이자 국민 전체에 대한 봉사자인 대통령께서 다수인이 참석하고 일부 인터넷방송을 통하여 중계된 집회에서 차기 대통령선거에 있어 특정 정당의 집권의 부당성을 지적하고, 후보자가 되고자 하는 자를 폄하하는 취지의 발언을 한 것은 단순한 의견개진의 범위를 벗어나 선거에 영향을 미치는 것으로서 공직선거법 제9조가 정한 공무원의 선거 중립 의무를 위반하였다고 결정하였습니다"라고 하면서, 대통령의 선거 중립 의무 준수 요청 조치를 취하였다.

이후 노 대통령은 2007년 6월 8일 원광대 명예 박사 학위 수여식장에서 '정치·복지·언론 후진국에서 벗어나 성숙한 민주주의로' 주제로 특강을 하면서, "이명박 씨가 내놓은 감세론이요, 6조 8천억 원의 세수 결손을 가져오게 돼 있거든요. 6조 8천억 원이면 우리가 교육 혁신을 할 수 있고요, 복지 수준을 한참 끌어올릴 수도 있습니다. 이 감세론, 절대로 속지 마십시오. [중략] 대운하, 민자로 한다는데 그거 진짜 누가 민자로 들어오겠어요? 그런 의견을 말하는 것은 정치적 평가 아닙니까? 참여정부 안 그래도 실패했다고 하는데, 내가, 이 얘기 아닙니까? 여보시오, 그러지 마시오. 당신보다 내가 나아. 나만큼만 하시오. 그 얘기입니다"라는 등의 발언을 하였다.[27] 또한 2007년 6월 10일 제20주년 6·10 민주 항쟁 기념식 기념사를 통해, "지난날의 기득권 세력들은 수구언론과 결탁하여 끊임없이 개혁을 반대하고, 진보를 가로막고 있습니다. 심지어는 국민으로부터 정통성을 부여받은 민주정부를 친북 좌파정권으로 매도하고, 무능보다는 부패가 낫다는 망언까지 서슴지 않음으로써 지난날의 안보 독재와 부패세력의 본색을 공공연히 드러내고 있습니다. 나아가서는 민주세력 무능론까지 들고 나와 민주적 가치와 정책이 아니라 지난날 개발독재의 후광을 빌려 정권을 잡겠다고 하고 있습니다"라는 등의 발언을 하였다.[28] 나아가 2007년 6월 13일 《한겨레》의 6월 항쟁 20주년 기념 특별 대담에서는 "참평포럼이 나를 따를 것이라고 생각한다면 내가 어디로 가느냐가 중요한 것 아닌가? [중략] 나는 열린우리당에서 선택된 후보를 지지한다. 불변이다. 열린우리당이 선택한 후보를 지지하고, 그 후보가 또 어디 누구하고 통합해 가지고 단일화하면 그 단일화된 후보를 지지하는 것이 내가 갈 길이다"라고 의견을 개진하였다.[29]

한나라당은 이런 정치적 발언 역시 중앙선관위에 고발하였고, 중앙선관위는 고발 취지를 수용하여 대통령의 선거 중립 의무 준수 재촉구 조치를 취하였다. 노 대통령은 2007년 6월 21일 중앙선관위원장의 두 조치가 개인으로서 대통령의 정치적 표현의 자유를 침해하였다고 주장하면서 헌법 소원 심판을 제기하였다.

기성 헌법 담론과 노무현 대통령의 헌법 담론

이 건과 관련하여 중앙선관위는 노 대통령이 "이번 대통령선거와 관련하여 후보자가 되고자 하는 자를 폄하하고, 특정 정치세력 또는 정당이 집권하는 것에 대하여 부정적인 취지의 발언을 하였으며, 특정 정당을 지지하는 발언과 함께 선거전략 등에 대해서 언급한 것은 공무원의 선거 중립 의무를 규정한 공직선거법 제9조를 위반한 것"이라고 판단하면서 "대통령께서는 앞으로 연설이나 기자회견 등을 통하여 정치적 의견을 표명하실 때에는 국정의 최고책임자로서 선거를 공정하게 관리하여야 할 지위에 있음을 유념하시어 선거결과에 영향을 미칠 수 있는 발언은 더욱 자제"할 것을 요청하였다.

이 헌법 소원 심판에서 헌법 담론적 의미를 지닌 쟁점은 크게 세 가지이다. 우선 첫 번째 쟁점은 노 대통령 탄핵 심판의 경우와 같이 선거법 제9조의 공무원 선거 중립 의무 조항이다. 다만 탄핵 사건에서 노 대통령의 발언이 기자회견 등 소극적 환경에서 한 발언이었다면, 이 사건에서는 적극적이고 능동적이며 다분히 의도적인 발언이었으며, 정치적 헌법 기관이란 지위에서 직무 수행상 행한 성격의 발언이라기보다는 개인의 지위에서 정치적 표현의 자유를 주장한 것이란 차이가 있다. 이 쟁점에 대한 논의는 앞서 충분히 개진하였기에 재론할 필요는 없지만, 두 사안의 차이점은 인식해 둘 필요가 있다. 또한 선거 중립이라는 가치와 정치적 표현의 자유라는 가치의 형량에 대해 기성 담론이 보여 주는 인식을 다시 한번 확인해 둘 필요도 있다. 이 헌법 소원 심판 사건에서 선거법상 공무원의 선거 중립 의무 조항과 관련한 헌재의 다수 의견은 기본적으로 대통령 노무현 탄핵 사건의 결정 요지를 수용하는 전제 위에서 다음과 같이 논증하고 있다.

이와 같이 정당원으로서 정치활동이 가능한 대통령이 다른 한편으로는 공무원으로서 선거중립의무를 지게 됨으로써 대통령의 정치활동의 자유와 선거중립의무가 상호 충돌되는 상황이 발생할 수 있다. [중략] 왜냐하면 대통령은 기본적으로 소속 정당의 정책을 집행하는 기관에 그치는 것이 아니라 행정권을 총괄하는 행정부의 수반으로서 공익실현의 의무가 있는 헌법기관이고, 지난 선거에서 자신을 지지한 국민 일부나 정치적 세력의 대통령이 아니라 국가로서 조직된 공동체 및 국민 모두의 대통령이며, 대통령은 자신을 지지하는 국민의 범위를 초월하여 국민 전체에 대하여 봉사함으로써 사회공동체를 통합시켜야 할 책무를 지고 있기 때문이다(헌재 2004. 5. 14. 2004헌나 1, 판례집 16-1, 609, 637). 또한 선거에 관한 사무는 행정부와는 독립된 헌법기관인 선거관리위원회가 주관하게 되어 있지만(헌법 제114조 제1항), 선거를 구체적으로 실행하는 데 있어서 행정부 공무원의 지원과 협조 없이는 현실적으로 불가능하므로 행정부 수반인 대통령의 선거중립이 매우 긴요하다. 나아가 공무원들이 직업공무원제에 의하여 신분을 보장받고 있다 하여도, 최종적인 인사권과 지휘감독권을 갖고 있는 대통령의 정치적 성향을 의식하지 않을 수 없으므로 대통령의 선거개입은 선거의 공정을 해할 우려가 무척 높다. 결국 선거활동에 관하여 대통령의 정치활동의 자유와 선거중립의무가 충돌하는 경우에는 후자가 강조되고 우선되어야 한다.[30]

두 번째 쟁점은 선거에서 기성 정당이나 정책에 대한 비판에 반론할 수 있는 자유 혹은 권리의 문제이다. 헌법 소원 심판의 본질상 법리적으로 대통령이라는 1인 헌법 기관을 담당하는 정치적 공무원의 헌법상 정치적 표현의 자유가 쟁점이지만, 현실적인 차원에서 볼 때 선거에서 불가피한 정권 심판론이나 정책 비판에 대한 반론권의 보장이라는 측면이 있다. 노 대통령이 탄핵의 경험을 통해 헌재의 위법 판정이 있었음에도 오히려 더 적극적으로 선거 관련 발언을 감행한 배경에는 대통령 선거에서 대통령을 탈정치화하는 낡은 정치 관행과 정당 행태가 자리하고 있다. 대통령 단임제를 채택하고 있는 것도 한 원인이기는 하지만, 이미 지적했듯이 대통령을 선거 과정에 관여할 수 없는 탈정치적 지위로 바라보는 헌법 담론의 반민주 공화적 문제가 있다. 그러나 이 문제는 정당 민주주의와 책임 정부론이 충실하게 작동한다면 상당 부분 해소될 수 있다. 예컨대 정부 정책의 형성과 집행에 있어 공동 책임을 져야 할 집권 여당이 정책 논쟁에서 일정한 대응을 해줄 수 있다면, 공론장의 균형을 확보할 수 있을 것이다. 실제로 이 헌법 소원 심판 사건에서 헌재의 다수 의견은 "정부·여당의 정책에 대한 야당의 비판에 대하여는 정부나 소속 정당에 의한 다양한 반박수단이 있을 것이므로" 이 법률 조항이 "대통령으로 하여금 야당의 비판에 대하여 직접 해명하지 못하게 하므로 불합리하다"라는 주장은 받아들이기 어렵다고 보았다.[31] 그러나 제18대 대선의 경우 집권 여당인 열린우리당은 현직 대통령의 탈당을 요구하고 결국은 공중 분해되었기에, 정부 정책에 관한 논쟁의 공론장이 심각하게 왜곡될 수밖에 없었다.

이 점에서 원리적 차원과 현실적 차원을 오해하는 경우가 많다. 예컨대 그런 정부 정책 비판론이나 심판론이 비등하고 심지어 집권 여당마저도 부정적 평가에 동조한다면, 이를 있는 그대로 받아들이는 것이 책임 정치에 부합한다는 반론이 있을 수 있다. 그러나 이 지점에서 분명히 구별할 것은 정치적으로 비판적 평가를 감수하는 것과 정치 과정에서 소수에 그치는 의견을 아예 봉쇄하는 것이다. 공

대통령 노무현, 한국 정치에 무엇을 남겼나

론장에서 공정한 논쟁이 성립하려면 소수 의견이라도 그 발언권을 보장해야 하며, 소수 의견의 발언권을 보장해야만 주권자인 국민이 충분히 시시비비를 심의하여 합리적인 판단에 도달할 수 있다. 이렇듯 정치 참여를 최고의 시민적 덕성으로 삼고 자치와 공공선을 공화국의 존립 근거로 삼는 체제에서, 최고 정치 지도자의 탈정치화를 강요하는 제도나 관행은 심각한 모순적 결과를 낳을 수 있다.

세 번째 쟁점은 대통령이 선거 관리 기관인 중앙선관위의 법 해석에 대해 평가할 수 있는 권리를 가지는지, 또 가진다면 어느 정도까지 행사할 수 있는지의 문제다. 기성 담론은 대통령이 선거법의 적용 대상이므로, 선관위의 유권 해석과 조치에 따라야만 헌법 준수 의무를 이행하는 것으로 본다. 반면 노 대통령은 대통령이 헌법 기관으로서 정책 논쟁에 자율적으로 대응할 수 있는 법 해석 집행권을 가질 뿐만 아니라, 기본적 인권의 향유자인 개인의 지위에서 국가 기관의 유권적 해석에 대해 이의를 제기할 수 있고, 그 최종적 시시비비는 헌법적 대화 과정을 통해 가려질 성질의 사안이라는 입장이다.

평가

노 대통령은 공직자나 헌법 기관의 지위가 아니라 개인의 지위에서 정치적 표현의 자유 침해를 주장하며, 헌법 소원 심판을 적극적이고 능동적으로 제기했다. 이는 민주 공화제 헌법상 대통령의 지위에 대한 헌법 해석론을 바로잡아 대통령의 정치적 자유를 확보하고, 민주 공화제가 추구하는 정치적 평등의 원칙에 따라 국정 현안을 논의하며, 선거 또한 공정한 정치적 공론 과정을 통해 그 목적을 달성하고자 하는 취지를 반영한다. 민주 공화제에서 선거란 정부 비판을 불가피하게 동반하며, 이와 관련한 정책 논쟁은 모든 이가 참여하여 이루어져야 한다. 그런데도 정치적 당사자인 대통령이 비판에 대하여 아무런 대응을 할 수 없다는 것은 논리적으로나 민주 공화제의 원리적 차원에서나 어불성설이기 때문이다. 한국의 정치 담론이 가십 정치로 퇴행하는 데는 선거의 중립성이라는 반민주 공화적 논거로 정책 논쟁을 억압하고 가로막는 것이 특히 일조하고 있다. 기성 담론에 대한 노 대통령의 반론은 가십 정치를 극복하는 정치 담론의 헌법화를 추동하고 있다는 점에서 제대로 평가될 필요가 있다.

노무현과 정치적 헌법 담론

1) 대연정 제안

논쟁의 배경

정치 개혁은 한국 민주화의 지속적인 과제다. 민주 공화주의자 노무현의 정치 목표도 의당 정치 개혁에 있음은 익히 알려져 있다. 그러나 이 정치 개혁의 목적과 방향성에 관한 한 노무현만큼 일관된 정치인을 찾기 힘들다. 노무현은 특히 제16대 대선을 치르면서 지역주의라는 한국병을 극복하고 대화와 타협의 정치를 구현하기 위한 핵심 과제로서 선거 제도 개혁을 구상하였다.

성숙한 민주주의, 대화와 타협의 정치를 이루려면 사람만이 아니라 제도를 바꾸어야 한다. 지역감정을 없애지는 못할지라도 모든 지역에서 정치적 경쟁이 이루어지고 소수파가 생존할 수 있는 제도적 환

대통령 노무현, 한국 정치에 무엇을 남겼나

경을 만들어야 한다. 그래야 인재와 자원의 독점이 풀리고 증오를 선동하지 않고도 정치를 할 수 있다. 나는… [중략] 국회의원 선거구 제를 바꾸는 것이 권력을 한 번 잡는 것보다 훨씬 큰 정치 발전을 가 져온다고 믿는다.[32]

그는 선거제 개혁을 이룰 수 있다면 대통령의 실권을 상당 부분 양보해도 무방하다는 대담한 구상을 했다. 바로 대연정 구상이다. 민주주의를 고도화하기 위해 선거제 개혁이 관건이라는 인식, 정당 이 다르더라도 정치 연합을 통해 국정을 대화와 타협의 방식으로 운 영한다는 생각은 시민의 정치 참여와 공동선의 추구를 정치의 중심 에 두는 민주 공화제에서는 지극히 타당하고도 현실적인 목적일 수 있다.

실제로 노무현 대통령은 2003년 4월 2일 임시국회 국정 연설에 서 "내년 총선부터는 특정 정당이 특정 지역에서 2/3 이상의 의석 을 독차지할 수 없도록 여야가 합의하셔서 선거법을 개정해 주시기 바랍니다. 이러한 저의 제안이 내년 17대 총선에서 현실화되면, 저 는 과반수 의석을 차지한 정당 또는 정치연합에게 내각의 구성권한 을 이양하겠습니다"라는 구상을 밝혔다.[33] 그러나 소수파 대통령의 제안에 정치권의 진지한 반향은 없었다. 그러다가 정국은 대선 자금 수사와 뒤이은 탄핵 정국으로 전환되어 버렸고, 새로이 대통령 지지 정당으로 창당된 열린우리당이 제17대 총선에서 과반수를 넘긴 제 1당이 되면서 연정 혹은 동거 정부 논의는 현실적 가능성을 잃어 버 렸다. 그러나 총선 1년 만인 2005년 4월 국회의원 재보궐 선거에서 여당인 열린우리당이 참패하며 국회는 여대 야소로 바뀐다. 이에 노 대통령은 평소 구상했던 새로운 민주 체제 구축의 사명감에 기대 선거제 개혁과 책임 총리제를 전제로 한 대연정 구상을 밝혔다. 당시 여당인 열린우리당과 야당인 한나라당이 연립 정부를 구성한다는 안이었다. 2005년 7월 5일 노 대통령은 청와대 홈페이지를 통해 다음과 같이 대연정 제안의 배경을 담담히 밝혔다.

88년 13대 총선이래 선거만 하면 여소야대 국회가 됩니다. 세계 여러 나라를 보아도 이런 예는 찾아보기 어렵습니다. 법 위에 군림하던 대통령 시대는 이미 지나갔는데도 대통령 권력에 대한 견제심리는 그대로 남아있는 결과로 보입니다.

이유야 어떻든, 문제는 여소야대 구도로는 국정이 원활히 돌아가지 않는다는 데 있습니다. 국회와 정부, 여당과 야당이 부닥치는 일이 많다 보니 생산적일 수가 없습니다. 생산적인 정치를 위해서는 무언가 대안이 나와야 합니다.

대부분의 나라들은 이런 경우 연정을 합니다. 연정을 하니까 여소야대라는 문제는 생기지 않는 것입니다. 연정은 대부분의 국가에서 이뤄지는 아주 자연스러운 일입니다. 그런데 우리나라는 연정 이야기를 꺼내면 '야합'이나 '인위적 정계개편'이라고 비난부터 하니 말을 꺼내기도 어렵습니다. 매수하고 협박하고 밀실 야합하는 공작의 시대는 이미 지나갔는데도 우리들의 생각은 옛날 그 시절에 머물러 있는 것입니다. 비정상입니다.

거의 모든 나라에서 정부 수반은 여당의 지도자로서 제도적인 권한을 가지고 당을 이끌어 갑니다. 그런데 우리나라 정부 수반은 당권을 가질 수 없도록 했습니다. 역대 대통령들의 당에 대한 막강한 권한 때문에 질식해버린 당내 민주주의를 살리기 위하여 당정분리를 제도화한 것입니다. 대통령이 여당에 대해 지도력을 행사할 수 있는 아무런 지렛대도 없으니 어느 나라보다 힘없는 정부 수반입니다. 그 나름의 연유가 있기는 하지만 힘이 드는 것이 사실입니다.

야당의원들과 개별적으로 접촉하면 '공작'이 되고 야당에게 협력을 제안하면 '밀실 야합'이 되는 것이 우리 정치의 풍토입니다. 여당에게조차 단합된 지원을 얻기 위해선 선처를 구하는 길 이외에는 별다른 수단이 없습니다. 이런 대통령에게 야대 국회는 각료 해임건의안을 들이댑니다. 각료들이 흔들리고 결국 대통령의 영이 서지 않게 됩니다. 역대 정권에서 정부 관료들의 반대와 무성의로 개혁이 좌절된 적이 한두 번이 아닙니다. 대통령이 흔들리니 개혁은 지지부진할 수밖에 없습니다.

대통령에겐 국회 해산권이 없습니다. 정부가 일방적으로 몰리니 국정이 제대로 되기 어렵습니다. 미국의 여소야대를 말하는 사람들도 있습니다. 그러나 미국과 우리의 대통령제는 제도와 문화가 전혀 다릅니다. 우리나라 국회의원에게는 당적통제가 아주 강하고 자유투표가 거의 불가능하여 미국처럼 대통령이 개별 의원을 설득하거나 협상할 여지가 없습니다. 우리는 대통령이 야당의원을 만나는 것도 자유롭지 못합니다.

이런 상황에서 대통령에게 법도 고치고 정부를 통솔하여 경제도 살리고 부동산도 잡고 교육과 노사문제도 해결하라고 합니다. 이 모두가 정상적이라고 보기 어렵습니다. 비정상적인 정치를 바로 잡아야 국정이 제대로 될 수 있습니다. [후략][34]

그러나 야당은 이 구상을 진정성 없는 정국 타개용 정략적 술책으로 무시했으며, 여당 내에서도 오히려 영남 중심 지역주의의 고착화를 초래한다거나 진보 연합이 아닌 수구 연합이라는 등 강한 반발을 초래하여 실패하고 말았다.

기성 헌법 담론과 노무현의 헌법 담론

당시 한국의 정치 담론, 특히 현실 정치의 수준은 민주 공화적 헌법 담론의 수준을 보여 주기에는 턱없이 부족했다. 심지어 합당과 연정을 제대로 구별하지 못하는 주장이 난무하였다. 그나마 헌법을 준거로 한 비판도 제기되어 헌법 담론의 가능성을 보인 계기가 없지 않았지만, 충분히 성숙하진 못하였다. 《동아일보》는 다음과 같은 사설을 내보냈다.

> 대연정 제안의 도박성이랄까 허구성은 뻔히 드러난다. 한나라당을 앞세운 연정이 실제로 이루어진다면 이는 국회 의석의 90%가 넘는 공룡(恐龍)정권의 탄생을 의미한다. 세계 정당 정치사에 유례없는 연정방식일 뿐 아니라, 한국 정치에서도 십수년 전 민정-민주-공화 3당이 합당해 민자당을 만들 때와도 비교할 수 없는 정치 지형의 인위적인 형질 변경이다. [중략] 이런 현실적인 실효성의 문제 이전에 노 대통령이 제의한 임의적인 권력 이양은 민주주의 원칙에 위배된다는 비판을 받을 소지가 크다. 국민이 헌법 절차에 따라 자신에게 준 권한과 책임을 야당에게 상당 부분 넘긴다는 것은 법리적으로도 헌법정신에 반하는 국정의 방기(放棄)라고 볼 수 있다. 권력 교체는 대통령 마음대로 할 수 있는 것이 아니라, 선거를 통해 국민만이 할 수 있는 것이다. 군(軍) 통수권자인 대통령이 마음대로 합참의장에게 군 통수권을 넘겨줄 수 없는 것과 같은 이치다.[35]

위헌론으로서 그나마 유력했던 주장으로는 대통령제 정부 형태에서 연정은 헌법에 위반된다는 지적, 특히 '대연정'에서 대통령과 총리의 역할 경계를 우리 헌법은 규정하지 않기에 총리로의 권력 이양은 위헌이라는 지적이 있었다.[36]

한편 노 대통령은 법률가로서의 배경을 충분히 활용하여 헌법상 문구가 가진 개념에 얽매인 개념 법학적 해석을 경계하면서, 시대 변화에 조응하는 체계적인 헌법 해석의 필요성을 강조하였다.[37] 비교법적 해석론도 동원하며, 노 대통령은 프랑스 제5공화국 헌법이 애당초 동거 정부를 예측하지 않았으나 여소 야대의 정국 교착을 동거 정부를 통해 돌파한 경험을 예시하였다. 지극히 당연한 헌법 논변이지만, 진영 논리에 매몰된 당시의 정치 담론은 이를 효과적으로 수용할 수 없었다. 특히 내각제적 요소를 담은 현행 헌법 틀에서 대통령과 총리의 권한 배분은 개헌 없이도 대연정 참여 정당 간의 정치적 합의로 정할 수 있다고 본 노 대통령의 접근은 헌법의 이중적 계기를 정확히 파악한 것으로 이해할 수 있다.

평가

대연정 제안과 같이 현실적인 권력의 공유를 통해 정치 질서의 변화를 초래하는 것은 정치적 논쟁의 대상이 될 수밖에 없다. 따라서 정치적 유불리를 따지는 논쟁 자체를 문제 삼을 수는 없다. 그러나 정쟁적 논쟁이라고 하더라도 헌법을 왜곡하거나 잘못된 헌법 원리를 오용하여 논쟁을 왜곡하는 것을 좌시할 수만은 없다. 헌법에 의한 지배를 추구하는 체제에서 헌법 왜곡이나 불필요한 헌법 혹사는 시민에게 잘못된 헌법 인식을 초래하며, 민주 공화 체제의 불안정성을 심화하는 부작용이 너무 크기 때문이다. 노 대통령의 대연정 제안에 정치적 공방을 넘어 위헌론으로 대응하는 정치 담론은, 노 대통령의 합리적 헌법 담론에 비추어 설득력이 약했다.

현 시점에서 논의되는 권력 구조 개헌론 가운데 특히 정치권에서 유력한 대안이 소위 '분권형 대통령제'로 명명된 이원 정부 제안이라는 사실은 대연정에 대한 헌법적 이해의 정치적 편향성을 간접적으로 증명하는 것일 수 있다. 정치 세력 간의 연합을 전제로 한 정부 형태를 대안으로 제시하면서도 그러한 정치 연합에 입각한 연정 체제를 운용할 가능성이 현행 헌법상 열려 있다는 점을 냉철하게 고려하지 아니하거나, 현행 헌법에서는 연정이 위헌이라거나 하는 논변을 펴기는 쉽지 않을 것이기 때문이다.

결국 노 대통령의 대연정 제안이 촉발한 정치 담론은 위헌론의 외피를 쓰고 전개되었다. 대통령의 선거 중립론을 당연한 헌법적 명제로 포장했던 담론과 마찬가지로, 이 역시 민주 공화적 헌법 담론으로서의 논거와 설득력을 상실하고 있었다. 이처럼 왜곡된 헌법 담론에 바탕을 둔 정치 담론은 구체적 현실의 문제점에 입각하여 실사구시적인 정치적 대안을 모색하거나 정치 연합을 이룰 가능성을 봉쇄하여 정치 과정의 비효율성을 심화하는 원인이 된다. 노 대통령은 의식적이든 무의식적이든 이러한 퇴행적 정치 담론의 문제점을 있는 그대로 적시하고, 그것이 민주 공화 정신에 충실한 헌법 담론으로 전환될 수 있는 사례를 제공하고 있다.

2) 대통령 4년 1차 중임제 개헌안의 제안

논쟁의 배경

87년 헌법 제20주년이자 임기 마지막 해인 2007년 초, 노무현 대통령은 '대통령 4년 1차 중임제'를 골자로 한 '원 포인트one point'

개헌을 제안했다. 그 배경으로 제시된 요지는 다음과 같다.[38] 첫째, 1987년 헌법 체제하에서 네 차례의 정부가 출범하여 운영된 결과 헌정의 현대화를 통해 효율적인 정치 체제를 구축하려면 개헌이 불가피하다. 둘째, 그러나 개헌의 시기와 내용에 대하여 이견이 있으므로 가장 합의를 이루기 쉽고 또 현재까지 헌법에서 가장 문제로 지적되어 온 대통령 임기 조항만을 일차적으로 개정한다. 셋째, 대통령 임기 조항에 대한 개헌의 목적은 대통령과 국회의원의 임기를 같게 함으로써 향후 각각의 임기 단축을 이유로 정치권이 개헌 논의에 착수하지 못하는 현실적인 장애물을 제거하는 것이다. 넷째, 향후 제2차적 개헌의 내용에 대해서는 전면적으로 개방되어 있으며, 심지어 내각제 개헌에 대한 논의도 가능하다.[39]

이런 내용으로부터 노 대통령의 개헌 제안은 다음과 같은 성격을 가지는 것으로 볼 수 있다.[40] 첫째, 방법론적으로 이는 점진적 개헌론의 일종으로서 원 포인트 개헌론이지만, 장기적으로 보면 향후의 전면적 개헌론을 예정하고 있는 복합적 성격을 가진다. 둘째, 제1차적 개헌의 내용은 개량적 개헌론의 외피를 띤다. 즉 내각제 개헌론은 향후 과제로 남고 일단 이번 개헌 내용에서는 배제하며, 대통령제를 계속 유지하면서 대통령과 국회의원 선거 주기의 일치화를 추구한다.

하지만 노 대통령의 개헌 제안은 불발에 그치고 말았다. 대선전은 이미 시작되었고, 야당인 한나라당은 대통령의 개헌 제안을 대선판을 흔들려는 얄팍한 꼼수로 치부하여 논의 자체에 참여하기를 거부했다.[41] 대선에서의 유불리를 따지다 대통령의 탈당을 요구함으로써 스스로 여당의 지위를 상실한 당시 열린우리당은 분당 사태와 통합 신당 추진으로 혼란에 빠져 개헌론을 적극적으로 추진할 힘과 의지가 모자랐던 것으로 판단된다. 비교섭 단체인 소수파 정당들도 다양한 이유를 들어 개헌 논의에 반대하였고, 국민 여론도 노 대통령 임기 내의 개헌에는 반대한다는 의견이 높았다.[42]

기성 헌법 담론과 노무현의 헌법 담론

대통령 4년 1차 중임제 개헌 제안은 그 내용을 둘러싼 헌법 담론보다 처리 방식에 대한 헌법 담론이 비교의 대상이다. 왜냐하면 노대통령의 개헌 제안은 정치권에서 제대로 논의조차 되지 못했기 때문이다.

노 대통령은 다음 정부에서 개헌 문제를 논의하기로 하는 정치적 약속을 계기로 개헌의 추진을 포기한다. 이는 대연정 제안과 마찬가지로 대화와 타협을 통한 정치의 제도적 틀을 만들려는 시도였고, 특히 내각제와 대통령제가 결합한 권력 구조를 대통령 선거와 국회 선거의 근접 선거 주기로 달성하려는 구체적 제안이었다.[43]

그러나 기성 헌법 담론은 그런 헌법적 의미는 제대로 고려하지 아니하고 정치적 이해관계만을 따져서 선거 이후로 개헌 논의를 연기하였다. 모두가 알고 있듯이 새 정부 구성 후 개헌 논의를 재개하겠다는 약속은 지켜지지 않았다. 결국 기성 헌법 담론의 정치적 허구성이 드러난다. 특히 선거를 핑계로 개헌이라는 중요한 국정 과제를 미루고, 또 선거가 끝난 이후에는 약속을 지키지 않았다는 점이 그렇다. 이는 국가 공동체의 당면 과제와 미래에 대한 구상이라면 아무리 소수의 의견이라도 끊임없이 심의하고 숙고해야 하는 것이 민주 공화국의 기본적인 정치 과정이라는 점을 소홀히 한 것이며, 체제 개혁이란 과제를 선거라는 핵심적 정치 과정에서 논의함으로써 국민의 공의를 반영할 수 있었던 중요한 기회를 부정한 것이다. 정치 현실의 이해관계를 고려할 때 특정 세력이 정치적 판단에 따라 공론화에 반대하는 정도까지는 이해할 수 있다고 하더라도, 주요 언론이나 학계, 시민 사회에서조차도 노 대통령의 개헌 제안을 정치적 이유로 백안시하고 논의조차 거부하는 지극히 폐쇄적인 모습을 보였다는 사실은 좀처럼 이해하기 힘들다.

평가

노 대통령의 개헌 제안은 87년 민주화 이후 현직 대통령이 구체적으로 추진한 최초의 경우였고, 또 대통령 주도의 개헌 추진이 불발로 끝난 최초의 경우였다. 대통령은 국가 원수이자 행정권을 가지는 정부의 수반으로서, 국민을 대표하여 헌법이 보장하는 개헌 발의권을 가진 헌정의 중핵적 기관이다. 그러나 대통령의 개헌 제안이 선거를 이유로 그에 상응하는 공론 과정마저 제대로 얻지 못한 것은 한국 민주 공화 체제의 정치적 한계를 보여 준다. 당연히 대통령의 개헌 제안이 가결을 전제로 할 이유는 없다. 하지만 여론의 충분한 지지를 받지 못해 개헌 발의가 부결된다고 하더라도, 그러한 시도는 옳든 그르든 향후 전개될 수 있는 개헌론의 소재가 될 수 있고, 현실 정치 세력이나 시민 사회의 자기 책임성을 확인하는 기준이 될 수 있다. 시민 사회에서나 정치권에서 개헌론을 계속 제기함에도 정치 일정을 이유로 공론화가 번번이 미뤄지거나 무산되는 것을 보면, 무분별한 개헌론 제기에 대한 성찰의 필요성과 함께 개헌 논쟁을 헌법 담론으로 적절히 승화하지 못하는 한국 정치의 한계를 느끼게 된다.

3) 재신임 국민 투표 제안

논쟁의 배경

노무현 대통령은 측근의 비자금 수수 의혹과 관련하여 2003년 10월 10일 기자회견에서 "수사가 끝나면 그 결과가 무엇이든 간에 이 문제를 포함해서 그동안에 축적된 여러 가지 국민들 불신에 대해서 국민들에게 재신임을 묻겠다"라고[44] 피력한다. 이어, 10월 13일 국회에서 행한 2004년도 예산안 시정 연설에서도 "저는 지난주에 국민의 재신임을 받겠다는 선언을 했다. [중략] 제가 결정할 수 있는 일은 아니지만, 국민 투표가 옳다고 생각한다. 법리상 논쟁이 없는 것은 아니지만 정치적 합의가 이루어지면 현행법으로도 '국가안보에 관한 사항'을 좀더 폭넓게 해석함으로써 가능할 것으로 생각한다"라고 발언하며, 같은 해 12월 중 재신임 국민 투표를 실시할 것을 제안하였다.

야당들은 이런 발언과 제언이 헌법상 위헌인 재신임 국민 투표를 제안함으로써 직무상 헌법과 법률에 위배하는 행위를 구성하였다고 보고, 다른 사유와 함께 노 대통령의 탄핵을 소추하였다. 탄핵 소추와 별도로 대통령의 재신임 국민 투표 제안에 대하여 헌법 소원 심판이 청구되었으나, 헌법재판소는 5인의 다수 의견으로 "심판의 대상이 된 대통령의 행위가 법적인 효력이 있는 행위가 아니라 단순한 정치적 계획의 표명에 불과하기 때문에 공권력의 행사에 해당하지 않는다"라며[45] 심판 청구를 부적법한 것으로서 각하하였다.

기성 헌법 담론과 노무현의 헌법 담론

헌재는 다음과 같은 논지로 대통령의 재신임 국민 투표 제안이 대통령의 헌법상 헌법 준수 의무를 위반한 것으로 판단하였다.

> 국민투표는 직접민주주의를 실현하기 위한 수단으로서 '사안에 대한 결정' 즉, 특정한 국가정책이나 법안을 그 대상으로 한다. 따라서 국민투표의 본질상 '대표자에 대한 신임'은 국민투표의 대상이 될 수 없으며, 우리 헌법에서 대표자의 선출과 그에 대한 신임은 단지 선거의 형태로써 이루어져야 한다.
>   대통령이 자신에 대한 재신임을 국민투표의 형태로 묻고자 하는 것은 헌법 제72조에 의하여 부여받은 국민투표부의권을 위헌적으로 행사하는 경우에 해당하는 것으로, 국민투표제도를 자신의 정치적 입지를 강화하기 위한 정치적 도구로 남용해서는 안 된다는 헌법적 의무를 위반한 것이다. 물론, 대통령이 위헌적인 재신임 국민투표를 단지 제안만 하였을 뿐 강행하지는 않았으나, 헌법상 허용되지 않는 재신임 국민투표를 국민들에게 제안한 것은 그 자체로서 헌법 제72조에 반하는 것으로 헌법을 실현하고 수호해야 할 대통령의 의무를 위반한 것이다.[46]

재신임 국민 투표가 헌법상 허용되지 아니한다는 점에 대해서는 상당한 공감대가 형성되어 있다.[47] 그러나 대통령이 이를 제안한 행위 자체가 헌법 의무 위반이라는 헌재의 견해는 헌법 오해의 혐의가 짙다. 당시 학계에서는 위헌론 외에 노 대통령의 견해에 찬동하는 합헌론도 없지 않았다. 또한 구체적 사안에 대한 헌법의 최종 해석자라 할 헌재의 유권 해석도 아직 없었던 상황이었다. 무엇보다 이를 구체적으로 추진한 것이 아니라 국회를 중심으로 논의해서 결정하자고 제안하였을 뿐이다.

행정권을 가지는 정부의 수반으로서, 대통령은 헌법이 자신에게 부여한 권한과 의무에 대하여 스스로 해석하고 재량껏 행사할 헌법적 권리와 의무가 있다. 노 대통령은 이러한 일반적 헌법 해석권에 입각하여, 헌법 제72조에 따라 자신에게 부여된 국민 투표 부의 권한에 따라 재신임 국민 투표를 제안했던 것이다. 이러한 해석 및 결정에 따른 국법상 행위의 위헌 여부는 사후적으로 헌법이 예정하는 정치적, 사법적 절차를 통하여 시시비비를 가리면 된다. 특히 헌재가 재신임 국민 투표에 대한 헌법 소원 사건에서 이미 확인한 바와 같이,[48] 노 대통령은 정치적 제안을 하였을 뿐이고 실제로 정치적 반대 여론을 수용하여 국민 투표 부의 권한을 행사하지 않았다. 그런데도 이를 헌법 의무 위반으로 단정하고 탄핵의 사유로 삼은 것은 사법적 판단의 한계를 벗어난 것이다.

평가

헌법 해석은 특정 기관이 독점할 수 있는 것이 아니다. 헌법은 시간과 공간을 초월하여 국가 공동체와 사회 공동체의 기본 질서를 형성하는 이념적 원리 규범이다. 그러므로 헌법은 특정 시점과 공간에서 그 적용 대상인 공동체 구성원의 의지에 따라 끊임없이 재해석되고 재창조되는 동태적 규범이다. 특히 헌법에서 특정 국가 기관에 부여한 권한은 헌법 명문의 명시적 금지가 없는 경우라면 스스로의 해석에 따라 재량껏 행사될 수 있고, 그러한 재량 해석이 결과적으로 헌법상 용인하기 어려운 것이라면 그 효력을 부인할 수 있다. 국회가 법률을 제정하였으나 헌법에 위반된다는 헌재의 결정으로 그 법률의 효력이 무효가 되는 것도 같은 이치이다.

궁극적으로는 헌법 분쟁의 해결자인 헌재의 결정마저도 무오류가 아닌 바에야, 그 역시 관계 국가 기관과 시민 사회를 포함한 헌법적 공론 과정을 거쳐 검증하고 교정해야 한다. 이런 점에서 헌법 해석에 입각한 정치적 제안 자체를 직무 수행상의 의무 위반으로 단정하는 것은 매우 위험한 접근이다. 이러한 접근은 헌법 담론에 입각한 정치의 필요성을 너무 엄격하고 편향적으로 실현함으로써 법치가 정치를 억압하는 경우라고 할 수 있다.

4
노무현식 정치 담론의 헌법화가
한국의 민주주의에 남긴 교훈

노무현과 정치 담론의 헌법화

정치인 노무현은 이단아異端兒의 이미지로 정치적 부침을 겪었다. 보통의 정치인이 일반적으로 가지는 이미지와 차별적인 이단아의 이미지는 '노사모'와 같은 정치적 팬덤 현상을 낳았지만, 다른 한편으로는 그가 통합을 방해하는 분열주의자나 파당주의자로 매도당하는 원인이기도 했다. 그러나 노무현을 그렇게 왜곡하는 정치 담론은 상당 부분이 민주 공화제에 입각한 헌법 정신이나 원칙과 동떨어져 있을 때가 많다. 다시 말해 노무현이 불러일으킨 많은 정치 논쟁은 헌법 담론적 정치 담론으로서의 기본 요건을 충실히 반영하였지만, 오히려 왜곡된 기준에 의해 매도당한 경우가 적지 않다는 것이다.

"그놈의 헌법"이라는 전후 맥락을 삭제한 말투만을 문제 삼아 헌법을 경시했다는 이미지를 노무현에게 덧씌우려 했던 사례, 정치적 발언이나 제안을 헌법 위반으로 몰아 탄핵 소추를 제기한 사례 등은 대표적인 일부에 불과하다. 사립학교법과 국가보안법을 둘러싼 체제 논쟁, 선거 관련 발언을 둘러싼 선관위 경고에 대한 폄하 논란, 전효숙 헌재소장 임명 절차의 위헌 논란 등은 모두 노무현식 정치를 이념 편향적 정치 담론을 동원하여 통제하려던 권위주의적 발상에서 촉발한 것이다.

노무현이 헌법 담론적 정치 담론을 창출해 낼 수 있었던 요인은 그의 법률가로서의 경험과 이력으로 추정된다. 즉 정치인 노무현이 한국의 정치 담론에 가한 영향 대부분은 그가 법률가로서 헌법의 가치와 기능에 대해 기본적으로 이해하고 있었기에 가능했던 부분이 적지 않다. 노무현은 자기 생각을 지배하는 철학으로 상대주의를 들고, 이를 유신 헌법을 해설한 헌법 교과서들의 민주주의 이론 설명에서부터 배웠다고 고백한 적이 있다.[49] 또한 노무현이 불러일으킨 다양한 정치 담론의 상당수는 정치 담론의 준거가 되는 헌법의 몰이해에 대한 문제 제기이다. 물론 이와 같은 문제 제기가 헌법 담론에 의해서만 타당성을 획득하는 것은 아니지만, 정치인 노무현이 한국의 정치 담론에 던진 파장의 배경에 그의 법률가적 이력이 있다는 추정을 뒷받침하기에는 부족함이 없을 것이다.

정치인 노무현은, 그가 얼마나 목적 의식적으로 인식하고 행동하였느냐의 여부와 관계없이, 숱한 정치 현실에 직면하며 정치 담론을 헌법화하고자 했다. 그럼으로써 그는 한국 민주주의의 문화적 · 제도적 위기 구조를 혁파하고 대화와 타협에 따라 효율적이고 합리적인 정치를 형성하고자 노력했다. 이러한 기여는 응당 정당한 평가를 받아야 한다.

정치 담론 헌법화의 헌정사적 의의

1987년 민주화는 국민의 정치 참여가 형식에 머무르지 않고 실질적 효과를 지니게 하는 체제로의 전환을 추구하였다. 여러 비판에도 불구하고, 그 결과물은 제왕적 대통령제의 극복과 민주적 대통령제를 토대로 한 민주 공화 체제로의 개헌이었다. 그러나 민주화 이후에도 민주 공화 체제의 안정을 방해하는 장애물이 적지 않다. 그 가운데 하나가 헌법의 민주 공화 정신을 구체화하는 정치 담론이 정치 과정을 지배하고 있지 못하다는 사실이다.

헌법을 준거로 한 정치 담론의 미성숙 혹은 부재는 헌법이 지배하는 사회의 근간인 시민의 정치적 참여 욕구를 오히려 저해하며, 정치 과정의 불안정성을 심화하는 주요 원인이 되고 있다. 이념 편향이나 이념 과잉 담론이 만연하다 보니, 공적 현안에 대한 실질적 담론은 설 자리가 없다. 정치 가십이나 음모론이 횡행하니, 정책이 아니라 인물 혹은 세력 위주의 정치 담론이 압도적이다.

민주 공화국은 정치적 자유와 평등을 최대한 보장하고, 법에 의한 지배와 국가 권력의 공적 이용을 추구하는 국가 형태이다. 시민의 정치적 자유와 평등의 가치를 훼손하는 법적 장치를 남발하거나, 국가 권력을 사익을 위하여 법을 오용하고 법의 지배의 기본 가치를 유린하는 상황을 용납해서는 안 된다. 주권자 국민이 헌법에 반영된 공동선에 대해 끊임없이 관심을 가지고 헌법이 정한 절차에 입각하여 정치 과정에 참여할 수 있을 때, 비로소 정치가 올바로 설 수 있다. 헌법을 중심으로 한 법은 정치가 그러한 긍정적 역할을 다할 수 있도록 뒷받침하는 주요한 수단이 될 것이다.

정치인 노무현이 추구한 대화와 타협의 정치는 바로 이러한 정치 담론의 헌법화를 통해 이뤄지며, 헌법을 중심으로 법치와 정치가 조화를 이루는 민주 공화국을 지향하는 것이었다고 믿고 싶다. 그가 적극적으로 주도했는지, 오히려 소극적으로 자기 방어를 위해 전개했는지의 차이가 있을지라도, 민주 공화국의 헌법 정신에 입각하여 정치 담론을 형성하고 실현하고자 했던 그의 노력은 한국 민주화의 과제를 해결하는 배경으로 남아 그 미래를 밝히는 자양분이 될 것이다.

06 노무현 대통령의 헌정 질서 수호:

대통령 선거 중립 논쟁을 중심으로

정태호

1

대통령 선거 중립 의무의
덫에 걸린 소수파 대통령

대통령제 국가인 미국의 현직 대통령이 연방 상·하원 선거나 주지사 선거에서 자당 후보자 지원을 위해 유세를 다닌다는 뉴스는 우리에게도 생경하지 않다.[1] 이원 정부제 국가인 프랑스에서도 현직 대통령이 유리한 정치 구도를 만들기 위해 총선을 진두지휘하는 것은 당연한 일이다.[2] 노무현 대통령의 지적처럼, "선진 민주주의를 하는 세계 어느 나라에서도 선거관리의 중립성을 해치지 않는 한 선거 중립이라는 이름으로 대통령의 정치활동을 금지하는 나라는" 없다.[3]

그러나 같은 대통령제인 우리나라에서는 대통령이 선거 운동은 고사하고, 선거에서 중립을 지켜야 한다. "민주주의 사회에서 선거는 정치의 핵심"이며, "선거를 빼고 정치를 얘기할 수 없"음에도[4] 말이다. 대통령은 여당의 선거 패배에 대하여 정치적 책임을 추궁당하고, 대통령의 정치 권력은 선거를 통해 형성된 정치적 세력 판도에

대통령 노무현, 한국 정치에 무엇을 남겼나

결정적 영향을 받는다. 야당은 대통령과 대통령의 정책을 얼마든지 공격할 수 있음에도 대통령은 선거 중립 의무 때문에 야당과 그 후보자에 대하여 공개적으로 비판하거나 반격할 수 없고, 국민에게 직접 여당에 대한 지지를 호소할 수도 없다. 이는 민주적 선거의 원칙을 통해 형성되는 정치 세력 사이의 공정한 정치적 경쟁 질서를 심각하게 왜곡하는 것이다. 특히 제도권 언론의 지형이 정권에 불리한 상황에서 이 제도의 부작용은 더욱 커질 수 있다. 이처럼 경쟁적 민주주의의 이치에 맞지 않는 대통령의 선거 중립 의무는 적대적 언론 환경에 놓여 있던 참여정부의 전반기를 혼돈으로 몰아넣고 말았다.

2004년 기자회견 석상에서 총선 전망을 묻는 기자의 질문에 당시의 대통령 노무현은 "국민들이 압도적으로 지지를 해주실 것으로 기대한다" 등의 답변을 한다. 이에 그는 공무원의 선거 중립 의무를 위반했다는 이유로 국회의 탄핵 소추를 받고 직무 정지를 당했다가, 헌법재판소의 탄핵 기각 결정을 통해 기사회생했다.

노무현은 참여정부 말기인 2007년 6월 8일 원광대학교 정치학 명예 박사 학위를 받는 자리에서 '정치·복지·언론 후진국에서 벗어나 성숙한 민주주의로'라는 주제의 강연을 하면서 다음과 같이 대통령의 정치 중립론 내지 선거 중립 의무의 부조리를 통박하였다.

어떻게 대통령이 정치 중립을 합니까? 대통령은 가치를 가지고 전략을 가지고 정당과 함께 치열한 선거를 통해서 정권을 잡고 다음 정권을 지키는 데까지, 비록 내가 안 나오더라도 의무를 가지고 있는 사람 아닙니까? [중략] 공무원법에서는 정치 활동은 괜찮다고 해놓았거든요. 대통령의 정치활동은 열외로 한다, 이렇게 되어 있습니다. 정치에는 중립 안 해도 되고 선거에는 중립하는 방법이 있습니까? 차라리 선거운동은 하지 말라고 하면 어느 정도 이해가 가지요. 어디까지가 선거운동이고 어디까지가 선거중립이고 어디까지가 정치 중립입니까? 모호한 구성요건은 위헌이지요, 그렇지 않습니까?[5]

그는 2007년 제헌절 기념사에서도 대통령에게 선거 중립 의무를 부과하고 있는 제도의 개선 필요성을 다시 한번 강조하였다.

대통령의 선거중립 조항도 손질이 필요합니다. [중략] 대통령에게 포괄적으로 선거중립 의무를 부여하게 되면 사실상 정치활동을 가로막게 됩니다. 대통령이 지켜야 할 것은 선거관리의 중립입니다. 자신의 권한을 동원해 공무원이나 행정부를 정치적으로 이용하지 않고 선거를 공정하게 관리하면 되는 것입니다. 선진 민주주의를 하는 세계 어느 나라에서도 선거관리의 중립성을 해치지 않는 한 선거중립이라는 이름으로 대통령의 정치활동을 금지하는 나라는 없습니다.[6]

그 후 노 대통령은 선진 민주주의 국가에서 유례가 없는 대통령 선거 중립 의무의 위헌성을 확인받기 위해 사인의 신분으로 헌법 소원(2007헌마700)을 제기하기도 하였다. 정치를 직업으로 하는 개인 입장에서 제기한 그의 헌법 소원은, 대통령 선거 중립 의무의 개폐를 위해 어떻게든 여러 방도를 찾아보겠다고 했던 대국민 약속의 실천이었다.[7] 그러나 그의 노력은 결실을 보지 못했다. 헌법재판소는 물론 정치의 생리를 잘 아는 국회의원들도 그의 호소를 외면했나. 대통령의 책임성 및 국정의 효율성을 제고하고자 대통령 4년 연임제를 내용으로 노 대통령이 추진했던 원 포인트 개헌 제안은 현직 대통령에게 재선을 위한 선거 운동을 허용한다는 점에서 이 제도의 폐지를 수반하였으나, 이 역시 결국은 좌초하고 말았다.[8]

오히려 이명박 정권의 국정원 선거 개입 사건 후 2014년 공직선거법 제85조를 개정하여 제1항에 공무원이 그 직무와 관련하여 선거에 영향을 미치는 것을 금지하는 규정을 추가하고,[9] 이를 위반할 시 형사처벌할 수 있도록 함으로써(제255조 제5항) 문제는 더욱 심화되고 말았다. 윤석열 검찰이 2020년 5월 21대 총선 전 이른바 '울산 고래고기 사건'을 이른바 '청와대 울산시장 선거 개입 사건'으로 변질시켜 총선에 영향을 미치고, 문재인 대통령에 대한 탄핵까지 겨냥한 시도에도 대통령 선거 중립 의무가 그 덫을 드리우고 있다.

이하에서는 먼저 노 대통령의 선거 중립 의무 위반 사건과 중앙선거관리위원회와 헌법재판소의 판단 근거를 개관한 뒤(2장), 선거 중립 의무를 대통령에게도 부과하는 것으로 공직선거법 제9조 제1항을 해석하는 입장의 문제점을 검토한다(3장). 이어 대통령도 선거 중립 의무를 진다는 법률 해석을 전제하면 공직선거법 제9조 제1항이 정당 민주주의 현실에 토대를 둔 대통령제 헌법에 위배되며, 나아가서는 정당 정치인으로서의 대통령이 지닌 정치적 표현의 자유를 불명한 규정으로 과도하게 제한하므로 위헌임을 논증한다(4장). 그리고 마지막으로 노무현 대통령이 이 문제를 통해 한국 정치에 어떤 기여를 했는지 정리하는 것으로 결론을 맺을 것이다(5장).

2

노무현의 선거 중립
위반 사건

국회 쿠데타의 발판이 된 대통령 선거 중립 의무

제16대 대통령 노무현은 2004년 2월 18일 청와대에서 가진 경인 지역 6개 언론사와의 기자회견에서 "…개헌저지선까지 무너지면 그 뒤에 어떤 일이 생길지는 저도 정말 말씀드릴 수가 없다"라고 발언하였다.[10] 다른 기자회견에서도 유사한 발언이 이어졌다. 2004년 2월 24일 전국에 중계된 한국방송기자클럽 초청 대통령 기자회견에서, "정동영 의장은 100석 정도를 목표로 제시했는데 기대와 달리 소수당으로 남게 된다면 어떻게 정국을 운영할 것인지" 등 총선 전망을 묻는 기자의 질문에 대하여, "국민들이 압도적으로 지지를 해주실 것으로 기대한다", "대통령이 뭘 잘해서 열린우리당에 표를 줄 수 있는 길이 있으면, 정말 합법적인 모든 것을 다하고 싶다", "대통령을 노무현 뽑았으면 나머지 4년 일 제대로 하게 해줄 거냐 아니면 흔들어서 못 견뎌서 내려오게 할 거냐는 선택을 우리 국민들이 분명히 해주실 것이다" 등의 답변을 하였다. 참여정부의 전반기를 혼돈으로 몰아넣었던 탄핵 사건은 이처럼 대통령제 국가의 대통령이라면 으레 할 수 있을 법한 말 한마디에서 시작되었다.

열린우리당은 새천년민주당 소속 의원들이 주축이 되고, 한나라당에서 탈당한 개혁파 의원 5명과 개혁국민정당에서 탈당한 2명의

의원이 합류하여 2003년 11월 11일 정치 개혁을 기치로 내걸며 창당했다. 당시 열린우리당의 국회 의석은 49석에 불과했다. 노 대통령은 2003년 9월 29일 새천년민주당을 공식적으로 탈당하였으나, 자신의 정치적 노선과 가깝고 또 그를 뒷받침하겠다고 공언했던 열린우리당에 입당하는 것을 미루고 있었다. 당시 그의 발언은 안정적인 국정 운영을 뒷받침할 수 있도록 열린우리당에 대한 충분한 국민적 지지가 있을 것으로 기대한다는, 지극히 상식선의 답변이었다. 당시 열린우리당은 인기가 치솟으면서 여론 조사에서도 1위를 차지하고 있었으며, 이에 정치적 위기감을 느낀 한나라당은 물론 대통령을 배출한 여당의 지위에서 졸지에 야당으로 전락한 새천년민주당역시 그의 발언에 거세게 반발했다. 결국 이들은 중앙선거관리위원회에 노 대통령을 고발했다.

중앙선거관리위원회는 2004년 3월 3일 노 대통령에게 "공무원기타 정치적 중립을 지켜야 하는 자(기관·단체를 포함한다)는 선거에 대한 부당한 영향력의 행사 기타 선거결과에 영향을 미치는 행위를 하여서는 아니된다"라고 규정하고 있는 공직선거 및 선거부정방지법(현재의 공직선거법) 제9조 제1항을 위반했다고 판정하고, 선거 중립 의무의 준수를 요청했다.[11] 중앙선거관리위원회가 대통령의 정치 행위가 선거법에 위반됨을 인정한 최초의 사례였다.

2004년 3월 4일, 청와대는 이 결정을 존중하지만 납득할 수는 없다는 입장을 내놨다. 그러자 다음날 새천년민주당은 대통령의 선거법 위반 및 측근 비리 등에 대해 사과하고 재발 방지를 약속하지 않으면 탄핵을 발의하겠다고 선언하였다. 2004년 3월 6일, 청와대는 이를 부당한 정략적인 압력이라며 사과를 거부했다. 이에 사흘 뒤인 2004년 3월 9일 당시 재적 의원 270명 중 한나라당 의원 108명, 새천년민주당 의원 51명 등 157명의 의원이 대통령 탄핵안을 발의하였다.

노 대통령은 절체절명의 정치적 위기에 몰렸다. 그러나 그는 2004년 3월 11일 특별 기자회견을 열어 야당의 사과 요구에 대해 "국민에게 사과하라고 하면 언제든지 할 수 있다"라고 하면서, "그러나 헌정이 부분적으로 중단되는 중대한 사태를 놓고 정치적 체면 봐주기, 흥정, 거래를 하는 것은 한국 정치발전을 위해서도 결코 이롭지 않다"라고 말했다. 또한, "지금이라도 야당이 (탄핵안을) 철회해주면 모든 문제가 해결되며 그러면 나도 사과할 것은 사과하고 타협할 것은 타협하겠다"라고 하며, "일방적으로 굴복을 강요하는 정치는 안 된다"라고도 말했다.[12]

2004년 3월 12일 국회 재적 271명의 2/3를 넘는 193명의 찬성으로 노 대통령에 대한 탄핵 소추안이 국회를 통과하면서, 그의 대통령 직무는 정지되었다. 이 소식을 접한 노 대통령은 "지금 이 과정은 새로운 발전과 도약을 위한 진통이라고 생각하며 그저 괴롭기만 한 소모적 진통은 아닐 것"이라고 말했다. 위기 속에서도 원칙을 견지하는 정치인 노무현의 면모가 선명하게 드러나는 순간이었다.

국민 여론은 노 대통령에 대한 탄핵 소추에 대해 매우 부정적으로 흘렀다.[13] 총선 3주 전 정동영 당시 열린우리당 의장의 "60대 이상 70대는 투표 안 해도 괜찮다"라는 발언을 야당과 언론 매체가 맥락을 무시한 채 노인 폄하로 왜곡, 증폭하면서 열린우리당의 압승

대통령 노무현, 한국 정치에 무엇을 남겼나

분위기는 급격히 가라앉았다. 그래도 유권자는 집권당에 과반 의석을 안겨 주면서 탄핵을 주도한 야당 세력을 사실상 심판해 버렸다.[14]

국민의 의사가 이처럼 압도적으로 탄핵 반대로 표출된 가운데, 헌법재판소는 두 달여의 심리 끝에 탄핵 심판 청구가 이유 없다는 결정을 내렸다.[15] 그가 세 가지 위법 행위를[16] 범하긴 했으나, 위법의 정도가 그를 대통령직에서 파면하여야 할 정도로 중대하지는 않다는 것이 핵심이었다.

노무현의 입을 봉하는 수단이 된 대통령 선거 중립 의무

노 대통령은[17] 2007년 6월 2일 서울 양재동 교육문화회관에서 열린 참여정부 평가포럼 주최 모임에서 '21세기 한국, 어디로 가야 하나'를 주제로 강연하면서, "해외 신문에서 한국의 지도자가 무슨 독재자의 딸이니 하는 얘기가 나오면 곤란하다", "창조적 전략 없는 대운하, 열차 페리 공약, 대운하 건설비는 단기간에 회수되지 않는 투자이다. 열차 페리는 2000년 해수부 장관 시절에 타당성 없다는 결론을 이미 내린 사업이다", "한나라당이 정권을 잡으면 어떤 일이 생길까, 이게 좀 끔찍해요. 무책임한 정당이다. 이 사람들이 정권을 잡으면 지역주의가 강화될 것이다" 등과 같은 내용의 발언을 하였다. 이에 한나라당은 노 대통령을 중앙선거관리위원회에 고발하였고, 중앙선거관리위원회는 2007년 6월 7일 그의 선거 중립 의무 위반을 인정한 뒤 대통령의 선거 중립 의무 준수를 요청한 후 이를 통고하면서 언론사에도 공표하였다.

같은 시비는 2007년 6월 8일 오전 익산시 소재 원광대학교 정치학 명예 박사 학위를 받는 자리에서 '정치·복지·언론 후진국에서 벗어나 성숙한 민주주의로'라는 주제로 한 특강 중 다음과 같은 발언 때문에 다시 불거졌다. "이명박 씨가 내놓은 감세론이요, 6조 8천억 원의 세수 결손을 가져오게 돼 있거든요. 6조 8천억 원이면 우리가 교육 혁신을 할 수 있고요, 복지 수준을 한참 끌어올릴 수도 있습니다. 이 감세론, 절대로 속지 마십시오. [중략] 대운하, 민자로 한다는데 그거 진짜 누가 민자로 들어오겠어요? 그런 의견을 말하는 것은 정치적 평가 아닙니까? 참여정부 안 그래도 실패했다고 하는데, 내가, 이 얘기 아닙니까? 여보시오, 그러지 마시오. 당신보다 내가 나아. 나만큼만 하시오. 그 얘기입니다"

또한 노 대통령은 2007년 6월 10일 일요일 오전 세종문화회관에서 열린 제20주년 6·10민주항쟁 기념식에 참석하여 다음과 같은 내용이 포함된 기념사를 하였다. "지난날의 기득권 세력들은 수구언론과 결탁하여 끊임없이 개혁을 반대하고, 진보를 가로막고 있습니다. 심지어는 국민으로부터 정통성을 부여받은 민주정부를 친북좌파정권으로 매도하고, 무능보다는 부패가 낫다는 망언까지 서슴지 않음으로써 지난날의 안보독재와 부패세력의 본색을 공공연히 드러내고 있습니다. 나아가서는 민주세력 무능론까지 들고나와 민주적 가치와 정책이 아니라 지난날 개발독재의 후광을 빌어서 정권을 잡으려 하고 있습니다."

이어 2007년 6월 13일 수요일 오전 청와대 접견실에서《한겨레》의 요청으로 있었던 6월 항쟁 20주년 기념 특별 대담에서는 여당 후보와 관련한 발언을 하였다. "참평포럼이 나를 따를 것이라고 생각한다면 내가 어디로 가느냐가 중요한 것 아닌가? [중략] 나는 열린 우리당에서 선택된 후보를 지지한다. 불변이다. 열린우리당이 선택 한 후보를 지지하고, 그 후보가 또 어디 누구하고 통합해 가지고 단 일화하면 그 단일화된 후보를 지지하는 것이 내가 갈 길이다."

유리한 대선 국면이 노 대통령의 발언으로 흔들릴까 우려한 한나 라당은 2007년 6월 중순 무렵 노 대통령의 원광대학교 특강과 6· 10 민주항쟁 기념사 중 위 발언 내용이 공직선거법 제9조 제1항 등 을 위반했다는 이유로 청구인을 중앙선거관리위원회에 고발하였다. 중앙선거관리위원회는 2007년 6월 18일 노 대통령에게 "이번 대통 령선거와 관련하여 후보자가 되고자 하는 자를 폄하하고, 특정 정치 세력 또는 정당이 집권하는 것에 대하여 부정적인 취지의 발언을 하 였으며, 특정 정당을 지지하는 발언과 함께 선거전략 등에 대해서 언급한 것은 공무원의 선거 중립 의무를 규정한 공직선거법 제9조 를 위반한 것"이라고 하면서 대통령의 선거 중립 의무 준수 재촉구 조치를 취한 후, 이를 노 대통령에게 통고하고 언론사를 통해 공표 하였다.

이에 노 대통령은 2007년 6월 21일 중앙선거관리위원회의 두 차 례의 조치가 자신이 사인으로서 가지는 정치적 표현의 자유를 침해 하였다고 주장하면서 헌법재판소법 제68조 제1항에 따라 헌법 소 원(2007헌마700)을 제기한다. 하지만 이는 2008년 1월 17일 기각 되고 말았다.[18] 그나마 노 대통령의 이의 제기가 타당하다는 2인의 소수 의견을 얻어 냈다는 것이 소득이라면 소득이었다.

헌법재판소와 중앙선거관리위원회의 위반 인정 논거

상술한 것처럼 중앙선거관리위원회와 헌법재판소는 공직선거법 제9조 제1항에서 선거 중립 의무를 부담하는 '정치적 중립을 지켜야 하는 공무원'에 대표적인 정당 정치인인 대통령도 포함되며,[19] 또 그렇게 이해된 공직선거법 제9조 제1항이 헌법에 위반되지 않는다고 보았다.

그 주된 논거는 공직선거법 제9조 제1항이 과거의 관권 선거의 폐해를 방지하기 위해 제정되었다는 점, 대통령 및 지방 자치 단체의 장은 정당 간의 경쟁 관계를 왜곡할 가능성이 큰 지위와 권한을 가지고 있다는 점, 공직선거법이 국회의원과 지방의회의원만을 예외로 명시한 것(공직선거법 제60조 제1항 제4호, 정당법 제22조 제1항 단서)은 대통령과 같은 정무직 공무원에게도 선거 중립 의무를 부과하고 있다는 추론을 가능하게 한다는 점 등이다.

두 기관은 공직선거법 제9조 제1항의 공무원의 범위에 대통령을 포함해야 하는 이유로 대통령이 행정부의 수반으로서 공익 실현의 의무가 있는 헌법 기관이고, 국민 일부나 특정 정치 세력의 대통령이 아니라 국가로서 조직된 공동체 및 모든 국민의 대통령이란 점을 든다. 또한 대통령은 선거 관리에 필요한 지원과 협조를 제공하는 행정부 공무원에 대한 인사권자이자 지휘 감독권을 가지고 있는 자이며, 따라서 그의 선거 중립이 긴요하다는 점을 강조하고 있다.

대통령 노무현, 한국 정치에 무엇을 남겼나

3

공직선거법 제9조 제1항의 부조리성과
그에 대한 합헌적 해석

부조리한 법률 조항인 공직선거법 제9조 제1항

공직선거법 제9조 제1항은 대통령선거법, 국회의원선거법, 지방의회의원선거법 등 공직선거별로 존재하던 선거법들을 1994년 공직선 및 선거부정방지법(법률 제4739호)으로 통합하면서 처음으로 채택된 뒤 헌법사 및 정치사에 큰 영향을 미치고 있다. 이 규정의 심각한 법률적 문제점부터 짚어 보자.

먼저 선거 중립 의무를 지는 자의 범위 확정부터 비논리적이다. 이 규정에 따르면, 선거 중립 의무의 주체는 "공무원 기타 정치적 중립을 지켜야 하는 자(기관·단체를 포함한다)"이다. 그러나 공무원에는 정당 정치인인 대통령이나 국회의원처럼 정치적으로 중립을 지킬 수 없는 정무직 공무원도 있다. 그럼에도 공직선거법은 공무원에 대한 개념 정의나 범위 한정 없이 "정치적 중립을 지켜야 하는 자"의 대표적인 예로 공무원을 제시하고 있다. 이로써 정치에 대한 혐오가 크고 정치의 본질이나 복잡성에 대한 이해가 부족한 우리 정치 문화에서 대통령까지도 선거 중립 의무를 지켜야 하는 자의 범주에 포함시키는 부조리한 해석의 씨앗이 뿌려지게 된 것이다.

공직선거법 제9조 제1항에서 "선거에 대한 부당한 영향력의 행사"가 "기타 선거결과에 영향을 미치는 행위"의 대표적인 예로 제시되는 것도 비논리적이다. 이 규정에 의하면, 공무원 등 정치적으로 중립을 지켜야 하는 자가 선거 결과에 영향을 미치면 선거 중립 의무를 위반하게 된다. 그렇지만 공무원 등은 다양한 방식으로 선거 결과에 합법적 영향을 미칠 수 있다. 가령 사인의 지위에서는 투표권을 행사함으로써, 정치적 문제에 대한 여론 형성에 참여함으로써 영향을 미칠 수 있다. 또한 공무원으로서도 좋은 정책을 만들고 효율적으로 정책을 집행하거나 잘못된 정책을 만들어 집행함으로써 긍정적 영향이나 부정적 영향을 미칠 수 있다.

입법자의 의도가 이와 같은 행위들까지 금지하는 것은 아닐 것이다. 그렇다면 공직선거법 제9조 제1항의 텍스트는 공무원 등은 '선거에 대한 부당한 영향력 행사, 기타 선거결과에 부당한 영향을 미치는 행위를 해서는 아니 된다'가 되어야 했다. 공직선거법 제9조 제1항의 법문을 이처럼 바로잡아 해석하더라도 공무원 등에게 금지되는 언행의 범위를 예측하기 힘들기는 마찬가지다. 선거 운동을 위해 공무원을 동원하거나 인사권을 배경으로 휘하 공무원에게 선거와 관련한 압력을 가하는 것과 같이 명백히 부당한 영향력 행사로 볼 수 있는 것은 공직선거법의 다른 규정들이 이미 금지하고 있으며, 또 처벌하고 있다. 공직선거법 제9조 제1항은 그러한 범위에서는 불필요하다. 이 규정이 독자적인 의미를 발휘하는 것은, 다른 공직선거법 규정이 금지하지 아니한 언행을 금지하는 경우일 것이다. 그렇지만 이 경우에도 금지한 언행의 범위가 불명확하다는 점에는 변함이 없다.

공직선거법 제9조 제1항이 이처럼 허술하게 만들어진 것은, 입법자가 이 규정을 단순한 선언적 규정으로, 즉 공무원을 비롯한 공적인 일을 수행하는 단체나 기관은 선거의 공정성 구현을 위해 언행을 조심해서 할 것을 촉구하는 규정으로 생각했기 때문일 수 있다. 당초 이 규정에 대한 위반 행위에 형벌은 물론 과태료도 부과할 수 없게 되어 있었다는 사정도 그러한 추정을 뒷받침한다. 그러나 이 규정에 대한 위반 행위의 주체는 탄핵이나 행정적 징계의 대상이 될 수 있을 뿐 아니라, 선거의 공정성을 해쳤다는 정치적 책임을 추궁당할 수 있으며, 상황에 따라서는 정권이 부정 선거 등 정통성 시비에 휘말릴 수도 있다. 더구나 최근 개정된 공직선거법 제85조, 제255조 제5항에 의해 형사처벌의 대상이 될 수도 있다. 그러므로 공직선거법 제9조 제1항은 그 선언성을 이유로 조문의 하자가 치유되거나 용서될 수 없는 것이다.

선거 중립 의무가 있는 '공무원'의 범위에 대한 해석

상술한 것처럼 공직선거법 제9조 제1항은 입법 기술적으로나 법리적으로나 잘못 만들어진 법 규정이다. 그렇기에 해석을 통해서 그 규정의 문제점을 해소하는 것에는 한계가 있을 수밖에 없으며, 그 개폐만이 이 규정의 문제점을 근본적으로 해소할 수 있다. 여기서는 이와 같은 근본적 결함을 전제하면서, 대통령도 선거 중립 의무를 지는 공무원의 범위에 포함된다는 헌법재판소와 중앙선거관리위원회의 해석이 부조리함을 논증하고자 한다.

먼저 공직선거법 제9조 제1항의 "공무원"에 이어지는 "기타 정치적 중립을 지켜야 하는 자"라는 문구는, 공무원 중에서 정치적 중립 의무를 지지 않는 자는 그 규정에 의한 의무를 지지 않는다는 해석을 뒷받침한다.

그런데 대통령과 같은 정치적 공무원들은 당원으로서의 정당 활동과 정치 활동이 가능하다. 정당법 제22조는 대부분 공무원에게 정당 가입을 금지하면서도 대통령, 국무총리, 국무위원, 국회의원, 지방의회의원 등에게는 이를 허용하고 있다. 정권의 획득이 본질적 목적인 정당에 가입하고 당원으로 활동할 수 있는 정무직 공무원들에게 정작 정치의 핵심인 선거에 영향을 미치는 활동을 일절 하지 못하도록 하는 것은 사리에 맞지 않는다. 변호사인 노무현은 이 점을 분명히 인식하고 정당 정치인인 대통령이 어떻게 중립을 지킬 수 있냐고 항변하면서, 이 조항이 뒤로는 다양한 방식으로 선거에 관여하면서도 겉으로는 안 그런 척하게 만드는 위선적 제도요, 독재 시대의 잔재라고 갈파했던 것이다.[20]

공직선거법 제9조 제1항의 공무원의 범위에 대통령과 같은 정무직 공무원을 포함시키는 해석은 국가공무원법상의 관련 규정과도 충돌한다. 대통령, 국무총리, 국무위원, 국회의원 등 정치 활동을 할 수 있는 이른바 정무직 공무원들은, 국가공무원법 제65조의 해석상 정당이나 기타 정치 단체의 결성에 관여하거나 이에 가입할 수 있고, 선거에서 특정 정당 또는 특정인을 지지하거나 반대하기 위하여 투표하거나 하지 아니하도록 권유 운동을 할 수 있다. 이들은 모두 공직선거법 제9조 제1항에 의하여 금지된 선거 결과에 영향을 미치는 활동이다. 그러므로 공직선거법 제9조 제1항이 국가공무원법에 대한 특별법으로 국가공무원법 제65조의 적용을 선거 영역에서 배제한다고 볼 수 없다.[21] 오히려 공직선거법이 신분을 불문하고 선거에 관한 모든 사람의 행위를 규율하는 선거에 관한 일반법이며, 공직선거법 제9조 제1항이 규율하는 사람과 그 행위 중 일부를 특별하게 규율한다는 점에서 국가공무원법 제65조가 공직선거법에 대한 특별법이라고 보는 것이 논리적이다. 공직선거법 제9조 제1항의 해석에서 국가공무원법을 배제해야 할 특별한 단서를 찾을 수 없고, 만일 그렇게 해석한다면 국가공무원법이 공직선거법과는 별개로 선거와 관련한 상당히 상세한 규율을 담고 있다는 취지를 몰각하게 될 것이다.[22]

법 규정에 대한 복수의 해석 가능성 중 헌법에 반하는 것이 있을 때는 이 해석의 대안을 버리고 합헌적 해석의 대안을 취하는 것이 헌법을 정점으로 하는 법질서의 통일성을 따르는 것이며, 국민에 의한 선거를 통해서 조직적 민주적 정당성을 획득한 입법자의 입법권을 존중하는 것이고, 민주주의 원리에 부합하는 일이다.[23]

후술하는 것처럼 전형적인 정치인인 대통령에게 선거 중립 의무를 부과하는 것은 단체·이익 다원주의에 기반을 둔 정당 민주주의 현실에 비추어 볼 때 부조리하며, 대통령이 집행부의 수장으로 국가의 주요 정책을 결정하고 집행해야 하는 대통령제 헌법의 권력 구조에도 부합하지 않는다. 이는 대통령의 정치적 표현의 자유를 필요 이상으로 제한하고, 법치 국가 원리의 파생 원칙인 명확성 원칙에도 반하므로, 위헌이라 볼 수 있다. 그렇다면 공직선거법 제9조 제1항의 공무원에 대통령도 포함된다고 해석하여 그 규정의 헌법적 문제점을 더욱 심화하는 시도는 법 해석의 관점에서도 설득력이 없다.

이와 관련해서도 노무현은 "중요한 것은 다른 나라에 없는 조항을 우리만 만들어 놨을 때에는 그것을 매우 축소 해석해야 합니다. 당연히 자유인 것을 우리만 금지해 놨을 때, 그 금지의 폭을 최대한 줄여서 해석하는 것이 법 해석의 원칙입니다"라며,[24] 법률가다운 예리한 통찰력을 보여 주고 있다.

이상의 고찰을 통해 공직선거법 제9조 제1항의 "공무원 기타 정치적 중립을 지켜야 하는 자"에 국가공무원법 및 정당법상 정치 활동이 허용된 대통령을 포함하는 것은 법 해석의 기본적 원칙을 무시한 잘못된 해석임이 밝혀졌다고 본다.

4
대통령 선거 중립 의무의 위헌성

위와 같은 법률 차원의 결함 이외에도, 선거 중립 의무를 지는 공무원에 대통령이 포함된다는 해석에 따를 시 공직선거법 제9조 제1항은 우리 헌법의 민주주의 원리에 반하며, 지나치게 불명확할 뿐아니라, 필요 이상으로 대통령의 권한과 그 정치적 표현의 자유를 제한하여 헌법에 위반된다.[25] 이는 노무현의 확신이기도 했다.[26] 이하에서는 그의 확신이 옳다는 것을 논증한다.

현대 정당 민주주의 현실에서 대통령의 선거 중립 의무가 지닌 부조리성

우리 헌법의 민주주의는 자유 민주주의 자체를 폭력적으로 부정하지 않는 한 누구나 각자가 옳다고 믿는 다양한 스펙트럼의 이념적인 지향을 자유롭게 추구할 수 있는 개방적인 정치 과정이다.[27]

고도로 전문화되고 분업화된 현대 산업 사회에서 공통의 이익이나 이념을 중심으로 개인이 결성한 다수의 정당, 이익 단체, 시민 단체는 국민과 국가 사이에서 정치적 의사 형성을 주도하는 세력으로서 개입한다. 즉 현대 민주주의는 단체 다원주의 내지 이익 다원주의의 성격을 띤다.[28] 우리 헌법은 정당의 설립 및 활동의 자유(제8조), 결사의 자유(제21조), 근로 3권(제33조) 등을 보장함으로써 이와 같은 다원주의 현실을 수용하고 있다. 또한 현행 헌법은 결사의 자유를 보장하고 있음에도 정당의 자유와 특권에 대해선 별도로 규율하고 있다. 이는 단체·이익 다원주의의 현실에 기반을 둔 현대의 민주주의가 정당의 활동에 의해 결정적으로 각인되고 있음을 고려한 것이다.[29]

그런데 정당 민주주의 현실에서[30] 권력 분립의 틀은 근본적으로 변화한다. 현행 국회법은 "국회에 20인 이상의 소속의원을 가진 정당은 하나의 교섭단체가 된다"라는 제33조 제1항의 규정을 통해 정당과 국가 기관인 국회 사이의 교차 관계를 공식적으로 인정하고 있다. 현실적으로 대다수 국회의원이 정당에 소속해 있으며,[31] 당의 추천과 지원을 받아 당선되고 또 정당의 공천을 의식하면서 활동한다. 따라서 이들은 법적으로 국민 전체의 대표인 동시에, 정치적, 사회학적으로 정당의 대표로서 강한 정당 구속을 받는다. 정당은 이처럼 원내 교섭 단체 내지 자당 소속의 국회의원을 통해 제도화된 국가 영역 안에서도 활동하고 있다.[32]

행정부 수반인 대통령도 현대 정당 민주주의에서는 정당의 추천과 지원을 받아 선출되는 것이 보통이다. 또 현행법상 대통령은 국회의원들을 국무위원으로 임명할 수 있다. 대통령은 소속 당의 당내 인사 중 국회의원이 아닌 자들을 국무위원으로 임명할 수 있고, 또 자신 내지 소속당의 정책적 구상을 이해하고 그것을 실현할 의지가 있는 무당적의 전문 관료나 전문가 등을 국무위원으로 임명할 수도 있다. 정부 여당은 행정부 구성권(제86조, 제87조, 제94조)과 공무원 임면권(제78조)을 가진 자당 소속의 대통령을 통해 행정부의 고위직에 소속 당원들을 진출시킬 수 있고, 이를 통해 행정부 전체에 영향을 미칠 수 있다.

정당 민주주의에서 대통령과 정부, 여당, 여당의 원내 교섭 단체들의 정치적 이해관계는 대체로 일치하며, 그렇기에 이들 사이에 긴밀한 협조 관계가 형성된다. 고도화된 정책 정당의 경우 당의 기구들이 수립한 포괄적인 전략에 입각하여 대통령과 정부 그리고 여당의 원내 교섭 단체가 공동의 목적인 정권 획득과 유지를 위해 상호 협력하고 지원하기 마련이다. 그러므로 정당 민주주의에서 정당은 실질적인 정치 권력의 보유자이다.[33] 선거에서 유권자가 정치적 책임을 묻는 궁극적인 대상도 전체로서의 국회나 대통령 또는 정부가 아니라 이 제도화된 국가 권력의 획득을 위하여 경쟁하는 정당들이다. 즉 정부 정책의 성공과 실패의 계산서는 궁극적으로 정당이 선거를 통해 유권자들로부터 받게 된다.

이러한 특징에 따라 의회의 기능도 변화하고 있다. 의회의 토론은 반대파 의원을 설득하고 타협을 모색하기 위한 것이라기보다는 정당의 입장을 대중에게 해명하고 설명하는 수단으로서 주로 활용된다. 국가의 중대한 결정도 의회의 본회의가 아니라 실질적으로는 이미 정당과 그 원내 교섭 단체 또는 정당과 정부의 협의체(당정 회의)에서 내려진다. 의회와 정부와의 관계도 분리를 통한 견제와 균형이라는 고전적 삼권 분립의 형태가 아니라 여당에 의한 정부의 지원과 야당에 의한 대 대통령 및 정부 비판과 통제의 관계로 변하고 있다.[34]

한편, 대통령제 국가에서 대통령은 국회 다수파의 지지 없이는 헌법이 자신에게 부여한 기능을 충분히 수행하기 어렵다. 집행부의 존속이 의회 다수파에 의존하지 않는 대통령제에서도, 효율적인 국정 운영을 위해선 의회 다수파의 지지가 불가결하다. 통치의 목표를 달성하려면 예산안에 대한 의회의 동의를 얻어야 할 뿐만 아니라, 법률의 제정도 필요하기 때문이다. 게다가 의회는 대통령과 행정부의 각종 행위에 대한 동의와 승인을 비롯해, 다양한 형태의 통제권을 행사함으로써 대통령의 권한 행사에 관여할 수도 있다.

이처럼 의회가 대통령의 통치 권능을 비롯한 권한 행사에 다양한 방식으로 관여한다는 것은, 정당 민주주의 현실에서는 결국 의회와 집행부에 진출해 있는 정당의 활동이 대통령의 권한 행사와 상호 밀접한 관계에 있음을 의미한다.[35] 정당은 정권과의 관계에 따라 통치 작용을 지지하고 추동할 뿐만 아니라 비판하고 견제하기도 한다.

더구나 대통령이 자신에게 부여된 권한을 원활하게 수행하려면 여론의 지지가 있어야 한다. 여론은 정부, 시민 사회단체, 언론 매체, 정당 등이 상호 영향을 주고받는 가운데 형성된다. 대통령과 정부는 자신의 정책을 설명하고, 취지와 효과 등을 알림으로써 여론을 자신에게 유리한 방향으로 이끌어야 한다.

그렇기에 대통령은 각종 공직 선거에서 자신에게 우호적인 정치 세력을 형성해 줄 것을 유권자에게 호소할 수 있어야 하고, 또 이를 위하여 야당과 정치적 공방을 벌일 수 있어야 한다. 정치적 반대 세력에 의해 그리고 여론에 의해 대통령과 그 정책이 부단히 비판받고 검증받으며 공격받는 현실에서, 대통령이 직무상의 활동이나 정당 활동 등을 통해 아무런 반론도 제기할 수 없도록 법을 제정하거나 해석하는 것은 대통령제 정부 형태 및 현대 정당 민주주의의 본질과 양립할 수 없다.

대통령이 어떻게 선거에서 중립을 지킬 수 있느냐는 노 대통령의 반론도 이렇듯 지극히 타당한 인식을 토대로 한 것이다. "대통령더러 그 말을 하지 못하게 하려면 야당도 대통령을 공격하지 말아야 한다. 야당은 대통령을 비난하게 돼있는데 대통령의 방어를 허용해야 한다. 이명박 씨가 균형발전 정책을 비판했고, 비판한 데 대해서 내가 대운하 정책과 비교했다. (비판의) 자유는 포괄적으로 열어 놓고, 그 다음에 그 말을 지지하는 사람은 나한테 박수 보내면 되고, 지지 안 하는 사람은 이명박 씨한테 박수 보내게 하면 된다."[36]

대통령 노무현, 한국 정치에 무엇을 남겼나

대통령의 국민 통합 기능과 여러 지위 사이의 충돌

대통령제를 채택한 우리 헌법에서 대통령은 의원내각제의 대통령과 달리 집행부의 최고 책임자이자 최고 실권자이다. 우리 헌법상 대통령의 헌법적 지위에 관하여 견해가 분분하긴 하지만,[37] 기본적으로 국가 원수의 지위와 행정부 수반의 지위로 대별할 수 있다고 본다. 즉 우리 헌법상 대통령은 국가 원수의 지위에서는 대외적으로 국가를 대표하며, 대내외적으로 국가와 헌법을 수호하고 국정을 통합·조정하며 헌법 기관을 구성한다. 행정부 수반으로서의 대통령은 행정을 지휘하고 그 결과에 대하여도 최종적으로 정치적 책임을 지며, 행정부를 조직하고 국무회의의 의장으로서 활동한다.

대통령은 국가 원수는 물론 행정부 수반으로서도 가능한 한 폭넓은 정치적, 경제적, 사회적, 문화적 세력과 공감대를 형성해 가며 국가 공동체의 과제를 포착해야 하며, 또 이를 실현함으로써 국민을 통합하는 기능을 수행하여야 한다. 정치적 통합의 촉진은 대통령이 지휘하는 정부 활동의 효과일 뿐만 아니라, 대통령이 수행하는 통치 기능의 지향점이 되어야 한다. 그러나 정당 민주주의 현실에서는 대통령이 이 과제를 수행하는 데 있어 특별한 문제가 발생한다. 대통령은 국가 원수로서 국민의 통일성을 상징하며, 항상 공익을 지향하여야 한다.[38] 그러나 동시에 행정부 수반으로서 대통령은 정당 정치의 한복판에서 정책을 추진할 수밖에 없다. 대통령은 구체적인 정책을 결정하고 자신이 속한 정파 내지 다수파의 지원 아래 때로는 야당과 협상하면서, 때로는 야당의 견제와 반대에도 불구하고, 경우에 따라서는 여당의 반대까지도 극복해 내며 정책을 관철하여야 한다.

행정부 수반인 대통령은 이처럼 정책의 결정과 집행 과정에서 정파에 대하여 정치적으로 중립적인 입장을 취할 수 없다.

한편, 대통령이 그 정책을 통해 지향하여야 하는 공익도 "그 자체로서 국가에 의하여 인식될 수 있거나 아니면 독자적·일방적으로 확정될 수 있는 고정·불변의 실체가 아니라 사회의 다양한 이익의 경쟁 속에서 합의와 타협을 통하여 비로소 추출되는 가변적인 것이다. 즉 공익이 무엇인가 하는 것은, 이미 확정된 것이거나 국가 권력이 일방적으로 규정할 수 있는 것이 아니라 모든 국민에게 개방되어 있는 민주적 정치의사 형성절차에서 매 경우에 따라 구체적인 사안마다 복수의 세력의 대립과 경쟁을 통하여 나오는 조화와 타협의 산물이다. 모든 사회적 세력이 정치적 의사 형성과정에 참여함으로써 사회단체 간의 세력균형과 경쟁을 통하여 비로소 사회적 이익이 적절히 조정된 공익을 추출할 수 있는 것이다."[39] "어떠한 표현행위가 '공익'을 해하는 것인지, 아닌지에 관한 판단은 사람마다의 가치관, 윤리관에 따라 크게 달라질 수밖에 없으며, 이는 판단주체가 법전문가라 하여도 마찬가지이고, 법집행자의 통상적 해석을 통하여 그 의미내용이 객관적으로 확정될 수 있다고 보기 어렵다. 나아가 현재의 다원적이고 가치상대적인 사회구조 하에서 구체적으로 어떤 행위상황이 문제되었을 때에 문제되는 공익은 하나로 수렴되지 않는 경우가 대부분"이다.[40] 그렇기에 대통령이 야당이나 일부 시민 단체에 반대하는 정책을 추진한다거나, 야당의 지도자나 후보자 내지 그들이 내세우는 공약을 비판한다는 이유만으로 공익에 역행한다고 할 수 없는 것이다.

그러므로 행정부 수반으로서의 대통령이 지닌 통합 기능은 정치적 중립을 지키는 방식과는 다르게 수행될 수밖에 없다. 대통령은 행정부 수반으로서 정치적 공동체가 나아갈 방향을 제시하여야 한다. 그런데 이때 그런 방향으로 나아가고자 추진하는 정책을 관철하려면, 적어도 국민 다수와 정치적 다수파의 동의 내지 지지를 얻어야 한다. 이를 위해 대통령은 자신이 옳다고 생각하는 정책적 제안, 목표, 조치를 본인이 직접 또는 행정 조직을 통해 국민에게 설명하고 대안을 제시해야 하며, 이들이 공개적인 논의를 거쳐 비판적으로 검증받을 수 있도록 하여야 한다. 때로는 반대가 거세더라도 본래의 정책을 밀고 나가야 할 수도 있다. 이는 행정부 수반으로서 대통령이 통합 과제를 실현하는 특별한 수행 방식이다.

이에 비하여 국가 원수로서 활동할 때의 대통령은 일당 일파의 대통령이 아니라 전체 국민의 대통령으로 행동할 필요가 있다. 그렇지만 대통령은 이와 같은 지위에서조차도 현실 정치의 문제에 무관심하거나 무대응으로 일관해야 하는 것이 아니다. 의원내각제 정부 형태를 취하고 있는 독일에서조차도 연방 대통령이 국민의 공적 의식의 수준과 발전에 영향을 미치고, 자극을 주며, 정치적 근본 문제에 대한 논의를 진전시키는 정치적 발언을 할 수 있다는 점에선 이론이 없다.[41] 관건은 국민 통합을 형성·촉진하는 연방 대통령의 역할을 수행하는 데 있어 무엇이 도움이 되느냐 하는 것이다.

이처럼 통합 과제를 상이한 방식으로 수행해야 하는 두 가지 지위, 즉 국가 원수의 지위와 행정부 수반의 지위가 우리 헌법에서는 모두 대통령 1인에게 귀속된다. 그러므로 대통령에게 이 두 가지 지위 중 어느 하나를 포기하도록 요구할 수는 없다. 가령 대통령은 정책의 결정과 집행 과정에서 스스로 야당과 직접 정치적 공방을 벌일 수도 있고, 이를 피하고자 자신이 전면에 나서는 대신 여당으로 하여금 야당의 비판에 대응하도록 할 수도 있다. 자신이 직접 정쟁을 벌일 경우 대통령이 정치적 갈등을 주도하는 것으로 비쳐 국가 원수의 지위에서 수행하는 통합 효과가 떨어질 수 있고, 야당의 직접적인 정치 공세에 심각하게 노출되는 정치적 위험을 초래할 수도 있다. 물론 대통령이 정치적 갈등의 전면에 나서서 공익을 증진할 정책을 관철함으로써 정책에 따른 통합 효과가 커지고, 정치적 권위가 강화될 수도 있다. 어떤 방식으로 대통령직을 수행할 것인지의 선택은 궁극적으로 대통령의 몫일 수밖에 없다. 복합적 지위 수행의 비중, 강조점, 방식, 야권에 대한 직접적 비판의 여부와 그 수위의 선택을 법적으로 획일적으로 요구하는 것은 합리적이지도, 가능하지도 않다.

선거 국면이라 해도 사정은 달라지지 않는다. 선거 시기라 해서 대통령의 직무 수행이 중단되는 것이 아니거니와, 선거 시기는 야당의 공세가 정점에 오르는 시기이므로 대통령이 그에 대응할 필요성이 더 커지는 시기다. 대통령은 선거의 결과에 대해 정치적 책임을 진다. 그럼에도 선거 중립 의무라는 미명으로 야당과 그 후보자에 대한 반격을 봉쇄함으로써 대통령을 부분적으로 무장 해제하는 것은 경쟁적 민주주의의 현실에 반하는 불공정 경쟁의 제도화와 다름없다. 금지해야 하는 것은 관권 선거이지, 대통령의 야당에 대한 반론이나 비판이 아니다.

대통령 노무현, 한국 정치에 무엇을 남겼나

집권 기간 내내 선거 불복에 가까운, 야비하기까지 했던 야당의 공세에 시달렸던 대통령 노무현은 이 점을 다음과 같이 적확하게 지적한다. "공무원이나 정부조직을 부당하게 선거에 이용하지 않는 한 대통령은 책임 있는 정치인으로 말하고 행동할 수 있어야 합니다. 특히 선거 때 벌어지는 국정 운영에 관한 논쟁에서 대통령이 책임 있게 임하는 것은 자유롭고 공정한 경쟁을 위해 꼭 필요한 요소입니다. 국민들에게 가장 유익한 것은 정치적·정책적 쟁점에 대해 의견을 달리하는 정치세력이 자유롭고 공정하게 경쟁하는 것입니다. 지난 5년 동안의 국정 운영을 놓고 논쟁한다면 이에 대해 당연히 대통령이 말해야 합니다. 그래야 책임 있고 정확한 논쟁이 이루어집니다. 대통령의 입을 묶어놓고 선거용 정치공세만 난무하는 상황은 민주주의 원칙에도, 국민의 이익에도 맞지 않습니다."[42]

결국 대통령이 통합 기능을 수행하므로 그에게 선거 중립 의무를 부과하는 것은 위헌이 아니며,[43] 자신을 공격하는 야당 대선 후보자에 대하여 반격하는 것은 대통령이 그 비중과 지위를 온당하게 이용하는 것이 아니라는 헌법재판소의 판단[44]은 대통령의 통합 기능이 정치적 중립을 견지하고 선거에서 중립을 지킬 때만 올바로 발휘될 수 있다는 잘못된 전제 위에 서있는 것이라고 평가할 수밖에 없다.

공직선거법 제9조 제1항의 지나친 불명확성

정치적 표현의 자유를 제한하는 법률의 위헌 여부를 가리는 데 있어, 명확성의 원칙은 특히 중요한 의미를 지닌다. 법률이 금지하는 표현의 내용과 범위가 불명확하면, 자신의 표현 행위가 법에 저촉하는

지를 계산하여 행동하기 어렵다. 따라서 합법적 표현조차 위축되기 쉽고, 집행 기관은 법을 자의적으로 집행할 가능성도 높아진다. 법 집행 기관에 적대적인 세력에게는 엄격하게, 우호적인 세력에게는 관대하게 적용하는 등 이중 잣대로 법을 집행할 가능성도 높아진다. 결과적으로 진실과 공익 실현을 촉진하고 권력과 그 부패를 감시하는 기능을 수행하는 공론장이 그만큼 왜곡되고 위축된다. 그러므로 공익을 위하여 표현의 자유를 제한하더라도, 금지하는 표현의 내용과 범위는 꼭 필요한 부분에 정밀하고 명확하게 한정하지 않으면 안 된다.[45]

그런데 공직선거법 제9조 제1항 중 "선거에 대한 부당한 영향력의 행사"가 "기타 선거결과에 영향을 미치는 행위"라는 요건은 선거에 영향을 미치는 행태나 방법이 매우 다양한 것에 비하여 너무도 불명확하며, 공무원에게 금지된 언행의 범위를 가측성 있게 한정해 주지 못한다.[46] 선거 중립과 정치 활동을 가를 수 있는 기준을 묻는 기자의 질문에 대하여 대통령 노무현은 다음과 같이 그 모호함을 적절하게 설명한다. "어디까지가 정치활동이고 어디까지가 선거활동이냐. 가치를 얘기하는 것도, 가치와 정책을 얘기하는 것도 정치활동이고, 그리고 자기 당을 자랑하는 것도 정치활동이고, 상대 당을 비판하는 것도 정치활동이지요. 그런데 당을 비판하고 자기를 자랑하는 것은 자연스럽게 득표에 영향을 미치게 되니까, 선거활동이라는 것을 넓게 해석하면 아주 넓게까지 되는 것이지요. 우리가 법제를 이상하게 만들어서 지금 질문하신 것처럼 혼선이 있는 것입니다."[47]

그러나 헌법재판소는 기괴한 논리로 공직선거법 제9조 제1항의 이 치명적 문제점을 외면하고 있다. 즉 이 규정의 "수범자는 법을 숙지하고 집행하여야 하는 공무원 등으로 한정되어 있고, 특히 대통령의 경우에는 행정부의 수반으로서 그리고 산하 공무원조직의 도움과 자문을 통해 이러한 내용의 파악이나 예측에 더욱 유리한 지위에 있으므로 일반 국민이 수범자인 경우와는 달리 그 명확성의 요구가 완화될 수 있다"라는 것이다.[48]

이어서 헌법재판소는 공무원 등에게 금지된 것은 "공직자가 공직상 부여되는 정치적 비중과 영향력을 국민 모두에 대하여 봉사하고 책임을 지는 그의 과제와 부합하지 않는 방법으로 사용하여 선거에서의 득표에 영향을 미치는 행위를 말한다"라고[49] 하면서, 공직선거법 제9조 제1항은 이처럼 "주체나 행위에 대한 제한적인 해석이 가능하여 그 범위를 한정할 수 있고," 나아가 그 "입법목적과 입법경위, 수범자의 범위 및 선거과정의 특징 등을 고려할 때, 그 수범자가 통상의 법감정과 합리적 상식에 기하여 그 구체적 의미를 충분히 예측하고 해석할 수 있으므로 명확성의 원칙에 반하지 않는다"라고[50] 결론을 내린다.

그러나 앞에서도 지적한 것처럼, 선거 중립 의무 위반이 일반 공무원에게는 징계 사유가 될 수 있고 대통령을 비롯한 탄핵 대상 공무원에게는 탄핵 사유가 될 수 있다는 점을 고려할 때, 형사 제재를 받지 않고 또 수범자가 공무원이라는 이유만으로 불명확한 법률을 감수하라는 주장은 납득하기 어렵다. 더구나 현행 공직선거법은 형사처벌 규정을 추가하였기 때문에(제85조 제1항, 제255조 제5항) 처벌 조항 부재를 이유로 한 심사 기준 완화는 이제 가능하지도 않다. 또한 선거법의 준수 및 이와 밀접한 연관성이 있는 선거의 공정성은 무엇보다도 경쟁하는 정치 세력과 그 지지자들의 선거 결과 승복에도 영향을 미칠 수밖에 없다. 선거법 규정이 모호할수록 그 준수 여부를 둘러싼 정쟁이 촉발하기 쉽고, 당선자 내지 정권은 선거 후에 민주적 정통성 시비에 휘말리며, 그 적용과 집행을 관할하는 선거관리위원회, 검찰, 법원 역시 공정성과 정치적 중립성에 관하여 의심받고 권위를 상실할 위험에 노출될 가능성이 크다는 사정을 외면하지 말아야 한다. 그러한 모호함이 소수파 정권의 존립까지 위협할 수 있음은 노무현 대통령의 탄핵 사태로도 명확히 드러난다.

대통령을 비롯한 공무원이 법을 잘 안다는 사정이나 대통령이 공무원 조직의 도움과 자문을 받아 가능한 언행의 범위를 한정할 수 있다는 사정도 표현의 자유 내지 그의 권한 행사를 제한하는 법률의 심사를 완화해야 할 근거가 될 수 없다. 치열한 정치적 공방이 오가는 정치의 한복판에 대한 불명확한 규율은 허용되는 표현의 범위를 둘러싼 정쟁을 조장하는 것과 마찬가지다.

공직선거법 제9조 제1항은 공직선거법의 다른 규정들에 의해서 이미 별도로 금지된 것 외의 부당한 언행이 무엇인지를 가측성 있게 제시하지 못한다.[51] 중앙선거관리위원회는 총선 약 2개월 전 기자의 질의에 답변하는 과정에서 특정 정당을 국민이 지지해 줄 것으로 기대한다는 노 대통령의 발언에 대하여 선거 중립 의무를 위반했다고 판단함으로써 그에 대한 탄핵 소추를 촉발하였다. 중앙선거관리위원회는 2007년 대선이 예정된 시점인 2007년 12월 19일로부터 6개월 전에 이뤄진 노 대통령의 강연, 기자회견, 기념사 등을 통한 발언에[52] 대해서도 같은 판단을 하였다.

반면 중앙선거관리위원회는 박근혜 전 대통령이 총선 약 10개월 전인 2015년 6월, 이름을 직접 거명하진 않았으나 정황상 특정이 충분히 가능한 정치인을 배신자로 규정하고 국민에게 심판을 촉구했던 국무회의 석상의 발언에 대해서는 국민을 중심에 두는 새로운 정치 문화가 필요하다는 취지의 정치적 의견을 표명한 것으로서 선거 중립 의무에 위반한 것이 아니라고 판단하였다.[53] 유사한 논란은 같은 해 11월의 "진실한 사람을 선택해 달라"라는 국무회의 석상의 발언 때도 있었다. 노 대통령의 기자회견 석상의 답변이 수동적이고 우발적이었던 것에 비해, 박 대통령의 문제의 발언은 주도적이고 능동적이며 계획적이었다. 그렇다면 선거 중립 의무의 위반 소지는 박 대통령의 발언이 더 크다고 볼 수도 있다. 또 그녀의 발언이 합법이라는 판단은, 6월 항쟁 기념사에서 다소 추상적으로 민주화의 역사를 되돌리려는 일부 정치 세력의 언동에 대한 노 대통령의 비판을 선거 중립 의무 위반이라고 판단한 것과 상치된다.

이해찬 당시 국무총리는 2004년 10월 18일 및 같은 달 19일 기자 간담회를 통해 "한나라당이 나쁜 것은 세상이 다 안다", "한나라당이 집권하면 역사는 퇴보한다"라고 발언했다. 중앙선거관리위원회는 이것이 2004년 10월 30일 실시된 국회의원 재보궐 선거에 부당한 영향력을 행사하거나 선거 결과에 영향을 미치기 위하여 행한 발언이라고 보기 어렵다고 2004년 11월 15일 판단했다. 여당 의원 신분의 총리가 보궐 선거 직전 공개적인 기자 간담회에서 주요 야당을 부정적으로 평가했는데도 그것이 선거 결과에 영향을 미치려는 발언이 아니라는 판단에 과연 일관성이 있는 것인지 의문이다.

한편, 박근혜 정권 당시 경제부총리 겸 기획재정부 장관이 집권당 소속 국회의원을 대상으로 한 특강에서 한 발언과 관련하여 중앙선거관리위원회는 "정당의 당원이라는 이중적 지위에 있는 사람으로서 소속 정당의 국회의원을 대상으로 한 특강에서 '내년에는 잠재성장 수준이 3%대 중반 정도로 복귀할 수 있도록 해서 당의 총선 일정이나 여러 가지에 도움이 되도록 하겠다'고 한 발언은 정부의 경제정책을 설명하면서 법안 처리에 여당의 협조를 구하는 과정에서 행한 발언으로 선거에 영향을 미치려는 행위를 한 것으로는 보지 않았다"라고 밝혔다.[54] 이러한 판단은 상식에 맞는 것이지만, 문제는 노 대통령의 발언에 대한 평가에 적용했던 기준이 지켜지고 있느냐는 것이다. 자당 소속 의원들을 대상으로 한 발언이라 하더라도 동석해 있는 기자들의 보도를 통해 결국은 유권자에게도 영향을 미칠 수밖에 없기 때문이다.

행정안전부 장관이 여당의 연찬회에 참석하여 건배사로 총선 필승을 기원한 것에 대해서도 중앙선거관리위원회는 "당정협의 차원에서 정당 초청을 받아 새누리당 연찬회에 참석했고 사전 계획된 바 없이 현장에서 사회자의 건배 제의 요청에 응해 특정 정당 소속 국회의원 등을 대상으로 한 인사말로 선거에 부당한 영향력을 행사하거나 선거결과에 영향을 미치는 행위라고 보기는 어렵다"라면서도, "정부의 선거 지원 사무를 관장하는 주무장관으로서 중립 의무가 강하게 요구됨에도 제20대 국회의원 선거를 앞두고 선거 중립을 의심받을 수 있는 행위를 했다는 점에서 공무원의 선거 중립 의무에 대한 강력한 주의 촉구를 하기로 했다"라고 덧붙였다.[55] 그의 행위가 위법이 아니라면, 오해의 소지가 있다는 이유만으로 주의를 촉구할 수 있는 것인지도 의문이다. 주의 촉구에는 조심하라는 것 이상의 구체적인 행위 지침이 없다. 유사한 상황에서 유사한 내용의 건배사를 반복한다면 선거 중립 의무를 위반하는 것이란 말인지, 만일 그렇다면 왜 그런지에 대한 논증도 없다.

또한 2008년 4월 9일 실시된 국회의원 총선거를 4일 앞두고 전격적으로 이뤄진 이명박 대통령의 은평 뉴타운 건설 현장 방문은 당시 경쟁 후보보다 열세에 처한 측근 이재오 의원을 지원하기 위한 것으로 충분히 해석될 수 있음에도, 중앙선거관리위원회는 선거 중립 의무 위반이 아닌 것으로 판단하였다. 박근혜 대통령이 총선 30여 일전 당내 경선을 위한 여론 조사를 하루 앞둔 시점에서 친박 세력을 지원하기 위하여 대구, 경북, 부산 지역을 연이어 방문하면서 이른바 총선 출마를 앞둔 '진박' 정치인들과만 사진 촬영을 하거나 악수를 하는 등 말이 아닌 행동으로 유권자들에게 일정한 시그널을 보냈을 때도 같은 논란이 벌어졌다.[56] 말로 하면 위반이고 행동으로 하면 위반이 아니냐는 의문이 증폭될 수밖에 없는 것이다. 정치적 의견의 표현은 말과 글만이 아니라 각종 상징의 사용, 행동 등으로도 이뤄질 수 있기 때문이다.

선거에 출마하는 측근을 위한 대통령의 비공개적인 격려성 지지 발언[57] 등도 측근들을 통해 유권자들에 전달되곤 하기에 선거 중립 의무 위반이라는 지적이 있기도 했다. 하지만 헌법재판소는 사적인 모임의 성격이 짙고 발언 내용도 공직상 부여되는 정치적 영향력을

대통령이 이용하여 선거에 부당한 영향을 미치고자 하는 의도가 있는 것으로 보기 어렵다고 판단하였다.[58]

위에서 살펴본 것처럼 대통령을 비롯한 정무직 공무원의 합법적 직무 수행 내지 합법적 정당 활동을 선거 중립 의무 위반 행위와 명확히 구분할 수 있는 기준을 제시하는 것은 극히 어렵다. 그 때문에 공직선거법 제9조 제1항은 행위 주체의 정치적 표현 행위의 자유 내지 권한의 행사를 위축하게 만듦은 물론, 정적을 공격하기 위한 수단으로 악용되면서 심각한 정쟁의 원인을 제공한다. 결과적으로 선거관리위원회, 검찰, 법원처럼 정치적 책임을 지지 않는 법 집행 기관에 그 위반 여부의 판단과 관련하여 헌법적으로 정당화될 수 없는 광범위한 정치적 재량권을 안겨 주며, 그때그때 상황에 따라 다른 잣대를 적용하면서 상이한 정치적 결정을 내릴 위험성이 배태한다.[59]

선거 중립 의무 없이도 대통령의 부당한 선거 개입은 충분히 막을 수 있다

대통령의 선거 중립 의무는 공정한 선거를 위하여 필요하지 않은 조치다. 이는 대통령이 된 사람이 사인이나 정당인으로서 행사할 수 있는 정치적 표현의 자유, 대통령으로서 행사할 수 있는 권한을 필요 이상으로 제한하며, 따라서 위헌이다.

대통령의 선거 중립 의무 필요설은 선거 관리에 협조해야 할 행정부 공무원들의 최종적인 인사권과 지휘권이 대통령에게 있음을 논거로 제시한다.[60] 그러나 현행 헌법은 독립적 헌법 기관인 선거관리위원회에 선거 관리의 관할권을 부여함으로써(헌법 제114조 이하 참조) 행정부가 선거 관리 책임을 맡는 법제에 비하여 선거 관리의 독립성, 공정성, 전문성을 제고하고 있다. 대통령의 소속 정당이나 정파, 그 정치적 지향은 이미 널리 알려진 사실이다. 즉 선거 결과가 대통령이나 정권에 대해 갖는 정치적 의미를 이해하는 것은 행정 공무원에게 어려운 일이 아니다. 이런 상황에서 행정부 소속 공무원이 최종 인사권자인 대통령의 눈치를 보며 선거를 공정하게 관리하지 못할지도 모르기에, 대통령에게도 선거 중립 의무를 부과하여야 한다는 것은 사리에 맞지 않는다. 더구나 행정 공무원에 대한 최종적 인사권조차도 대통령의 자의에 맡겨진 것이 아니다. 직업 공무원에 대한 인사권자는 직업 공무원에 대한 신분 보장과 업적주의에 의한 인사 원칙 등을 내용으로 하는 직업공무원 제도(헌법 제7조 제2항)를 존중하여야 하기 때문이다. 선거 관리를 보조하기 위하여 투입되는 행정 공무원들도 공직선거법 및 공직선거관리규칙 등에 의해 세세하게 규율된 관련 법령에 엄격히 구속될 뿐만 아니라, 그들이 행하는 일도 기계적 사무를 집행하는 것이기 때문에 재량권 행사의 여지가 없다.

한편, 대통령은 현행 공직선거법상 선거 운동을 할 수 없다(공직선거법 제60조 제1항 제4호 참조). 판례에 의하면 선거 운동은 "특정 후보자의 당선 내지 이를 위한 득표에 필요한 모든 행위 또는 특정 후보자의 낙선에 필요한 모든 행위 중 당선 또는 낙선을 위한 것이라는 목적의사가 객관적으로 인정될 수 있는 능동적, 계획적 행위"[61]로 정의된다. 선거 운동은 이처럼 특정성, 목적성, 능동성, 계획성이라는 표지를[62] 통해서 법적으로 허용되는 선거 운동 유사 행위

(공직선거법 제58조 제1항), 즉 선거에 관한 단순한 의견 개진 및 의사 표시, 입후보와 선거 운동을 위한 준비 행위, 통상적인 정당 활동과 정당의 후보자 추천에 관한 단순한 지지·반대의 의견의 개진과 의사 표시, 그리고 해석상 허용되는 직무 및 업무 행위와 구분된다는 것이다.[63] 그러나 선거에 관한 단순한 의사 표현과 선거 운동, 정무직 공무원의 직무 수행과 선거 운동, 정무직 공무원의 통상적 정당 활동과 선거 운동을 명확하게 구분할 수 있는지 의문이다. 이와 같은 추상적이면서도 포괄적인 선거 운동 금지와 이에 대한 복잡한 예외 체계는 폭넓은 회색 지대를 생성하면서 정쟁을 유발하고, 소수파 대통령에 대한 차별과 희생을 초래할 수밖에 없다.

어쨌든 공직선거법은 공무원의 선거 운동을 규제하기 위하여 제85조 제2항(지위를 이용한 선거운동 등의 금지)과 제86조(공무원 등의 선거에 영향을 미치는 행위금지)에서 금지되는 공무원의 행위를 나열하고, 이에 대한 처벌(제255조)을 예정하고 있다. 또한 일정한 유형의 선거 관련 행위를 처벌하면서 공무원의 경우에는 가중 처벌도 부여한다(제232조, 제237조, 제238조, 제243조, 제247조, 제249조 등).

이처럼 대통령이 선거에 관한 단순한 의견 개진, 정상적 직무 수행, 통상적 정당 활동 이상으로 선거에 직접 개입할 가능성은 이중 삼중으로 차단되어 있다. 그렇다면 대통령이 기자회견 석상에서 기자의 질문에 대해 소극적으로 소속 정파에 대한 국민의 지지를 기대한다고 답하거나, 대통령과 그 정책에 대한 야당의 정치적 공격에 반론할 기회를 허용한다고 해서 선거 결과를 부당하게 왜곡한다고 할 수는 없다.[64]

오히려 대통령의 그와 같은 발언을 허용하는 것이 다원화된 현대 대중 민주주의에서의 정당 정치 메커니즘이나 대통령이 지닌 헌법상의 복합적 지위에 부합하며, 자유로운 정치 과정을 통해 발견되고 구현되는 공익의 본질에도 부합한다. 대통령의 그러한 발언을 유권자가 어느 정도 수용할 것인지는 대통령과 집권당의 정치적 업적과 제시하는 비전의 호소력, 야당이 제시하는 대안의 설득력, 언론 환경 등 복합적인 요인에 달린 것이다.

물론 대통령과 같은 정무직 공무원의 선거에 대한 단순한 의견 개진, 통상적 정당 활동 및 직무 수행을 선거 운동과 구분하여 전자는 허용하고 후자만 금지할 수도 있겠지만, 이는 미봉책에 불과하다. 그 명확한 기준을 제시하기 어려워 정쟁과 위헌 시비의 악순환을 반복할 수밖에 없기 때문이다. 따라서 근본적인 해결책은 대통령과 같은 정무직 공무원에게 선거 운동을 원칙적으로 허용하되, 금지되는 선거 운동의 방식을 개별적으로 열거하는 것이다.

헌법 제7조는 대통령 선거 중립 의무의 정당화 근거?

공무원 등의 정치적 표현의 자유를 제한하는 특별한 헌법적 근거는 "공무원의 신분과 정치적 중립성은 법률이 정하는 바에 의하여 보장된다"라고 규정하는 헌법 제7조 제2항이다. 그런데 정치적 중립성이 보장되는 헌법 제7조 제2항의 공무원 개념에는 신분이 보장되는 직업 공무원만이 포함된다.[65] 직업 공무원은 전문 지식에 기초하여 정치 과정을 통해서 내려진 정치적 결정(법률, 정책)을 법령이 정한 대로 그리고 상관의 지시에 의거하여 구체적으로 집행함으로써 국민 전체에 봉사한다. 이들은 국민에 대하여 정치적 책임을 지는 것이 아니라 법적인 책임을 진다. 직업 공무원들은 신분 보장의 반대 급부로서 공무원 관계를 설정한 목적의 달성에 필요한 한도 내에서 일반 국민보다 기본권에 대한 강도 높은 제한을 받는다.

그러나 국민 전체에 대한 봉사자로서 공무원의 지위를 명시하는 헌법 제7조 제1항은 대통령의 정치적 중립성 및 선거 중립 의무의 근거가 될 수 없다. 헌법 제7조 제1항이 말하는 공무원은 신분이 보장되는 직업 공무원만이 아니라 정치적 방식으로 선출되는 정치적 공무원도 포함하기 때문이다.[66] 정치적 공무원은 정당 민주주의 현실에서는 개인적인 능력 및 도덕성은 물론 정치적 이념, 주장, 정책적 공약, 각 소속 정당에 기반을 둔 정치적 경쟁을 통해 국민이 선택했거나, 그렇게 선택받은 자들에 의하여 역시 정치적인 이유로 선임된 자들이다. 따라서 그들은 정치 활동을 통해 국민에게 봉사하며, 정치적 방식, 무엇보다도 공직 선거를 통해 국민에 대하여 책임을 진다.

정당 민주주의 현실을 전제하고 있는 헌법은 선거를 통해서 민주적 정당성을 획득한 대통령과 그가 속한 정당이 그 정치적 구상을 국회에서 제 · 개정되는 법률, 이 법률을 통해 입법자가 부여한 법 제정권에 기초를 둔 법규 명령, 행정 공무원들의 직무 행위에 대한 준칙인 행정 규칙을 통해서 관철하는 것을 전제로 한다. 이들은 국민에 대하여 무엇보다도 선거를 통해서 정치적 책임을 지며, 그렇기에 직업 공무원과는 달리 신분이 보장되지 않는다. 따라서 대통령을 비롯한 정치적 공무원들은 자신에게 정치적 책임을 추궁하고 또 유권자들에게 정치적 심판을 촉구하는 야당의 주장을 정치적 공방을

대통령 노무현, 한국 정치에 무엇을 남겼나

통해 반박할 수 있어야 한다. 만일 그것이 불가능하다면, 이들은 야당의 정치 공세에 항시 노출되면서도 이를 방어할 수는 없어 여야 간 정치적 경쟁의 구도가 왜곡되고, 유권자들은 야당 쪽에서 제공하는 편향된 정보를 더 많이 접하며 선거에 임할 위험성이 높다. 이처럼 정치적 활동을 통해 공익을 지향함으로써 국민 전체에 봉사하는 정치적 공무원들에게 정치적 중립이나 선거에서의 중립을 요구하는 것은 사리에 맞지 않는다. 헌법 제7조 제1항이 대통령의 선거 중립 의무의 근거가 될 수 없다는 사실은, 마찬가지로 국민 전체에 대한 봉사자인 국회의원이 선거 중립 의무를 지지 않는 것에서도 알 수 있다.

끝으로 대통령 단임제도 대통령의 선거 중립 의무의 정당화 근거가 될 수 없다. 선거 중립을 견지하여야 할 선거의 범주에 대통령 선거만 포함되는 것이 아닐뿐더러, 단임제 대통령도 결국 그 소속 정당이나 정파를 통해 선거에서 정치적 책임을 추궁당하기 때문이다.[67]

소결

상술한 것처럼 헌법재판소의 판례와 달리 정당법, 국가공무원법 그리고 정당 민주주의에 토대를 둔 대통령제 헌법에 대한 체계적·전체적 해석의 결과는 노무현 대통령의 인식이 옳다는 것을 보여 준다. 즉 선거 관리의 중립을 해치지 않는 한, 정치적 중립 의무를 지지 않는 대통령에게 선거 결과에 영향을 미치는 활동을 하는 것을 허용하는 것이 이치에 맞다. 대통령은 공직선거법 제9조 제1항에 의하여 선거 중립 의무를 지는 공무원 개념에 포함되지 않으며, 만일 대통령을 공직선거법 제9조 제1항의 공무원 개념에 포함하여 해석할 경우 그 규정은 다원적 민주주의 및 정당 민주주의의 현실을 수용하는 우리 헌법이 대통령에게 부여하는 권한을 침해함과 동시에, 헌법이 예정한 경쟁적 민주주의의 권력 균형 메커니즘 역시 침해한다. 그 밖에도 공직선거법 제9조 제1항은 그 규정에 의하여 금지된 행위를 합리적으로 추론하는 것이 불가능할 정도로 불명확하여 법치 국가 원리의 파생 원칙인 명확성 원칙을 위반하고, 대통령 등 정치적 공무원의 언론의 자유, 정당 활동의 자유 등을 필요 이상으로 제한한다. 따라서 과잉 금지 원칙에 반하여 위헌이라는 평가를 면할 수 없다.

5

노무현이 한국 정치에 남긴 유산

노무현은 합리적 논거에 의한 토론, 절충과 타협에 의해 공익을 추구하는 성숙한 민주 정치는 국민 경제의 발전을 위해서도 필요하다는 신념을 가지고 있었다.[68] 그는 이를 바탕으로 한국의 민주주의를 발전시키려는 전략을 온갖 현실 정치적 어려움 속에서도 실천하였다.[69] 그는 헌법의 테두리 안에서 정치 권력을 행사하려 했던 최초의 한국 대통령이었다. 민주화 이후에도 당의 총재를 겸하면서 여당을 사당화하고, 권위주의적 정치 수단을 온전히 포기하지 못한 이전의 대통령들과는 달랐다. 당정 분리를 지나칠 만큼 엄격하게 실시함으로써 당내 민주주의가 작동하도록 하는 한편,[70] 적대적 야당과 언론으로부터 '아마추어 정치'란 비아냥을 들어가면서까지 권력 기관들의 정상화를 추진했다. 노무현은 헌법과 법률이 정치에 설정한 한계를 수용하는 합헌적 리더십을 실천했으며,[71] '권언 유착'을 청산하는 것을 넘어서 언론의 십자 포화를 맞아가면서까지 언론의 특권과 반칙을 해소하기 위해서 분투했다.[72]

그러나 이와 같은 정치 개혁의 과정에서 그가 겪어야 했던 시련은 혹독했다. 언론, 특히 대형 상업 언론사들은 노무현 대통령의 말꼬리를 붙잡고 늘어지며 사실 왜곡을 일삼았고, 비주류 정치인인 그를 국민으로부터 고립시켰다.[73] 대통령의 초과 권력을 포기한 노무현에게 호전적 야당과 적대적 언론에 맞서며 대통령직을 수행하기 위해 남아 있는 것은 국민에 대한 설득과 호소밖에 없었다.

그러나 이 길을 가로막았던 것 중 하나가 대통령의 선거 중립 의무였다. 노무현은 대통령의 선거 중립 의무가 한국식 대통령 단임제, 과거의 관권 선거 경험, 현대 정당 정치의 메커니즘 및 대통령의 다중적 지위에 대한 이해 부족, 이익 다원주의 사회에서 공익의 본질에 관한 몰이해 등이 복합적으로 작용하면서 출생한 기형적 제도임을 국민에게 알리고자 애썼고, 그 폐지를 위하여 다각적 노력을 기울였다. 그의 노력은 우리 사회의 이해 부족으로 결실을 보진 못했으나, 그 위선적 성격과 구조적 문제에 대한 우리 사회의 이해를 심화하는 데 기여하였음은 부인할 수 없을 것이다.

부당한 탄핵을 저지하지도 못할 정도의 소수 원내 정치 세력에게 서만 지지받았던 노무현 대통령은 선거 중립 의무 위반 혐의로 탄핵 당할 위기 속에서도 야당의 부당한 사과 요구를 원칙을 이유로 일축 하고, 역사와 국민의 민주 역량에 대한 믿음 속에서 순순히 탄핵 절 차를 받아들였다. 대통령의 선거 중립 의무를 폐지하고자 노무현은 대통령의 권위를 내려놓고 사인의 지위에서 헌법 소원을 제기하기 도 하였다. 이 두 사건은 대통령이 헌법 초월적 존재나 다른 국가 기 관 위에 군림하는 존재가 아님을 국민에게 확인시켜 주는 상징적 사 건이었다.

이전 대통령들이 행사해 왔던 초헌법적인 초과 권력을 노무현이 포기하고 헌정을 정상화하면서, 헌법 재판은 더욱 활성화되었다. 참 여정부의 주요 정책들은 헌법 재판을 통해서 그 최종적 운명이 갈 렸다. 야당과 정치적 반대 세력이 헌법을 노무현과 그의 정책을 공 격하기 위한 발판으로 삼았기 때문이다. 노무현에 대한 탄핵 시도 만이 아니라 신행정수도 건설사업(헌재 2004.10.21. 2004헌마554 등), 행정중심 복합도시 건설사업(헌재 2005.11.24. 2005헌마579 등) 종합부동산 세재(헌재 2008.11.13. 2006헌바112 등), 언론의 다 양성을 제도적으로 보장하기 위한 신문법 사건(헌재 2006.06.29. 2005헌마165 등), 언론의 특권을 폐지하고 정상화하기 위한 취재지 원 시스템 선진화 방안(헌재 2008.12.26. 2007헌마775) 등이 그것 이다.

참여정부의 헌법 재판 활성화는 정치의 사법화 및 사법의 정치화 라는 심각한 부작용을 수반하면서 정치학계와 헌법학계에서 헌법

재판의 민주적 정당성에 대한 근본적 의문을 촉발하기도 하였다.[74]
어쨌든 노무현이 장기적 안목에서 뚝심 있게 추진한 헌정의 정상화
를 계기로 높아진 헌법 및 헌법재판소의 위상은 후일 국정 농단으로
탄핵의 위기에 직면한 박근혜가 친위 쿠데타 시도 등 헌정을 중단시
키기 위한 시도를 실행하기 어렵게 만든 밑거름이 되었다.

07　　노무현 대통령의 재정 혁신:

재정, 관료 정치를 벗어나다

박용수

1
예산 편성 방식에
주목하는 이유

경제협력개발기구(OECD) 회원국 중 국가채무비율이 100%를 넘는 국가도 있는데 '40% 마지노선'의 근거가 무엇이냐.[1]

위의 인용문은 2019년 5월 16일 국가재정 전략회의에서 나온 문재인 대통령의 발언을 언론이 보도한 내용이다. 이 발언은 국가 채무 비율을 40% 초반 이내에서 관리하겠다는 기획재정부 장관의 보고에 대한 문재인 대통령의 질문이었다. 그 내용은 국가 채무 관리 기준 근거에 대한 것이지만, 정부 재정 관리에 있어 경제 관료의 재량에 대한 논쟁을 내포하고 있다. 이에 대한 논쟁은 재난 지원금 보편 혹은 선별 집행 방식을 둘러싸고 2021년에도 전개되었다. 예산 편성 기준에 대한 이러한 질문과 논쟁이 진행된 회의가 바로 노무현 정부의 재정혁신을 통해 제도화된 국가재정전략회의이다.

노무현 정부의 재정 혁신은 예산 편성 방식을 중심으로 하여 정부 재정 관리 기조의 결정 주체를 경제 관료와 관료 정치로부터 대통령을 포함한 장관들 중심의 국무회의로 이전했다는 의미를 지닌다. 재정혁신은 민주화 이후 반복적으로 제기되고 추진되었지만, 노무현 정부에 이르러서야 완결되었다. 그 배경에는 이에 대한 노무현 대통령의 분명한 인식과 적극적 지원이 자리 잡고 있다.

> 모든 정책은 재정으로 통한다. [중략] OECD 국가를 재정의 크기 순으로 나열하면 보수의 나라와 진보의 나라 스펙트럼이 나온다.[2]

위의 인용문은 노무현 대통령의 퇴임 이후 회고록이자 한국 민주주의와 진보를 위한 기획서의 한 구절로서, 재정의 중요성에 대한 노무현 대통령의 인식을 보여 준다. 이는 정부 정책을 효과적으로 추진하려면 재정이 뒷받침되어야 한다는 의미뿐 아니라, 정부 정책의 성격이 재정을 통해 나타남도 의미한다. 예산 편성 시스템이 경직되거나 관료적 관행에 의존하는 경우, 정부의 개혁 정책에 필요한 재정을 뒷받침하기 힘들다. 그러므로 개혁을 추진하려는 정부는 기존 예산 편성 기조를 검토하고 재편할 수 있도록 시스템을 바꿀 필요가 있다. 이에 관한 노무현 대통령의 혁신 인식과 의지는 참여정부의 재정 혁신을 가능케 한 기본 동력이었다.

노무현 정부의 재정 혁신은 박정희 정부 시기 형성된 예산 편성 시스템의 기본 틀을 바꿨다는 의미가 있다. 발전 국가 시기 형성된 경직된 기존 예산 편성 시스템은 민주화 이후 정부 재정의 전략적 운용을 제약하는 고질적 조건이었다. 특히 IMF 경제 위기 이후 재정 지출의 구성 비율이 달라져야 했지만, 기존 시스템에서는 쉽지 않았다. 국가 재정은 이를 담당하는 경제 관료의 인식, 국회 예산 심의, 정부 재정에 대한 국민 여론 등으로부터 다양한 영향을 받지만, 그중에서 행정부의 예산편성이 차년도 예산의 기본틀을 결정한다.

노무현 정부의 재정 혁신은 한국의 국가 재정사에서 중요한 의미를 지닌다. 국가 재정이나 재무 행정과 관련한 최근의 국내 개론서에서도 이를 1951년 재정법과 1961년 예산회계법 이래 가장 중요한 변화로 소개하고 있다. 과거와의 차별화뿐 아니라, 내용상 OECD 주요국의 최근 재정 운용 방식과도 비교할 만하다. 그런데 이를 주도한 노무현 정부는 장기 재정 전략으로 제시된 '비전 2030' 발표를 계기로 일방적 비판을 받았을 뿐, 재정 혁신에 대한 객관적 평가를 받지 못했다. 이 글에서 우리는 노무현 정부의 재정 혁신 추진 과정 그리고 주요 내용 및 의미에 대해 살펴볼 것이다.

노무현 정부의 재정 혁신이 지닌 주요 특성을 간단히 언급하면 다음과 같다. 가장 우선적인 것은 재원 배분 방식의 전략적 특성이다. 기존의 재정 운용 방식은 예산 편성 과정에서 전년도 예산 편성과 예산 담당 관료 시스템의 관행에 크게 영향을 받았지만, 노무현 정부의 재정 혁신으로 정부는 정책 기조에 따라 주도적으로 예산을 편성할 수 있게 되었다. 총액 배분 자율 편성top-down 방식, 각 부처의 예산 범위를 결정하는 국가재정 전략회의, 그리고 부처 단위의 자율적 예산 편성 등은 이러한 전략적 재정 배분을 위한 것이다.

노무현 정부의 재정 혁신의 두 번째 특성은 정부 재정 조직 내부에 혁신 동력을 장착시키는 자기 혁신 시스템을 구축했다는 점이다. 그것은 관료가 정부 혁신의 수동적 대상이 아니라 능동적 주체로 설정되었기에 가능했다. 이를 위해 노무현 정부는 정부 혁신에 대한 동기 부여, 수직적·수평적 의사소통의 원활화, 견제와 균형을 통한 상호 자극 시스템 등을 도입했다. 나아가 자기 혁신 시스템은 재정 혁신에 대한 관료의 적극성뿐만 아니라 재정 편성과 집행에 대한 자율성과 책임성을 제고시켰다.

노무현 정부의 재정 혁신이 지닌 또 다른 특성은 완결성이다. 기존의 재정 운용 방식은 상향식, 1년 단위, 투입 중심, 점증주의 등 몇 가지 예산 편성 방식이 하나의 패키지로 묶여 있었다. 그래서 기존 정부의 재정 혁신은 부분적이거나 시범 사업 수준에 멈춘 채, 재정 운용 방식의 틀을 바꾸진 못했다. 노무현 정부의 재정 혁신은 총액 배분 자율 편성, 국가재정 전략회의, 국가재정 운용계획, 성과 중심의 재정 운용, 통합재정 시스템 등을 일괄적으로 채택하여, 민주화 이후 반복적으로 시도된 재정 혁신을 완결지었다는 의미를 지닌다.

재정 혁신은 노무현 정부가 진행한 정부 혁신의 일환으로 볼 수 있다. 국정 운영의 기본 요소를 예산, 인사, 정보로 압축할 수 있다면, 노무현 정부는 예산에 대한 재정 혁신, 인사 시스템 개혁,[3] 국가 정보 활동 관련 NSC 사무처 체계화[4] 등의 개혁을 추진했다. 또한 노무현 정부는 보고 시스템의 투명성과 책임성 제고를 위한 전자정부 보고·결제 시스템, 그리고 대통령 및 정부 기록물 관리 시스템을 제도화했다. 이것은 노무현 정부가 작은 정부나 효율성 제고 등의 특정 방향보다 정책 과정 전반의 책임과 자율 그리고 견제와 균형 원리에 충실했음을 의미한다.

이외에도 정부 부처의 상황별 위기 관리 매뉴얼을 체계화한 것역시 노무현 정부의 대표적인 정부 혁신 사례에 해당한다. 노무현정부는 다양한 국가 위기 상황에 대응하기 위한 상황별 매뉴얼을 체계화했고, 이를 시행할 담당 조직의 기능도 강화하였다. 최근 코로나 방역을 주도한 질병관리청도 노무현 정부 시기 질병관리본부로강화된 것이다. 청와대와 행정 부처의 보고 시스템도 노무현 정부시기 디지털화되어, 보고 내용과 결제 단계별 담당자를 실시간으로확인할 수 있는 체계가 만들어졌다. 노무현 정부의 재정 혁신은 이러한 정부 혁신의 완결성을 높이는 것이었다.

노무현 정부 재정 혁신 내용은 총액 배분 자율 편성 방식, 국가재정 전략회의, 중기 재정계획(국가재정 운용계획) 및 장기 재정전략,성과 중심의 재정 운용, 통합재정 시스템 등으로 대표된다.[5] 이들 내용은 2006년 국가재정법으로 제도화되어 현재까지 정부 재정 운용의 기본 틀로서 지속되고 있다. 아래서는 이들 내용을 기존 예산편성 방식과 비교하여 정리할 것이다. 그 전에 다음 장에서는 재정혁신에 대한 노무현 대통령의 인식과 배경을 우선 간단히 살펴볼것이다.

2

노무현 대통령의 인식

노무현 정부의 재정 혁신은 노무현 대통령의 인식과 의지를 출발점으로 볼 수 있다. 재정 혁신의 필요성은 민주화 이래 계속 제기되었지만, 그에 대한 여론 압력은 약했고, 관련 부작용의 우려를 불식시키긴 어려웠다. 이러한 사안이 높은 우선순위의 국정 과제로 설정되려면 대통령의 인식과 의지가 필수적이다. 노무현 대통령의 재정 혁신에 대한 인식은 대통령 후보나 해양수산부 장관 이전 국회의원 시기 국회 예산결산특별위원회(예결위) 경험을 통해 형성된 것으로 보인다. 다음은 1998년 11월 25일 제15대 제198회 정기국회 제7차 예결위 회의록에 있는 노무현 의원의 발언 내용이다.

90년 이후⋯ 100억 원 이상의 시설공사사업⋯ 당초 예산이 44조 2,551억 원이던 것이 변경 후에 76조 2,700억 원으로 32조가 증가했습니다. ⋯증가율을 따지면 평균 72% 정도가 됩니다. 대형사업의 경우에는 200%도⋯ 넘는 것이 있습니다. [중략] ⋯타당성 조사는 각 부처에서만 하고 있는데⋯ 타당성이 없다 이렇게 보고 나온 것은 11건밖에 없으니까 어쩐지 자꾸 의심이 갑니다. [중략] 그래서 계획의 수립과 타당성조사, 그리고 사후평가, 성과주의에 근거한 어떤 평가 시스템이 잘 갖추어졌으면 좋겠다고 생각하는데⋯ 내부의 상호견제가 가능하고 그 다음에 종합적인 조정이 가능한 그런 시스템으로 만들어져야 될 것⋯ 이라고 생각합니다. [중략] 일반회계와 특별회계를 포함해서 기금의 방만한 운영이라든지 분류에 있어서 위법성이라든지 많은 문제들이 지적되었는데⋯ 기금까지 포함한 통합재정운용도 중요하지만 저는 오히려… 지방재정을 포함한 통합재정 구조가 꼭 필요한 것 아니냐? [중략] …근본적인 대책이 필요한 것 아닌가 이렇게 생각합니다.[6]

위의 노무현 대통령의 발언 내용에서 예비 타당성 조사, 성과주의 평가, 통합재정 운용 등 재정 혁신 주요 개념을 확인할 수 있다. 노무현 대통령은 재정 혁신에 대한 기본 인식을 1990년대 후반 이미 갖고 있었던 것이다. 재정 혁신에 대한 노 대통령의 의지는 2002년 1월 대통령 예비 후보 시기 그와 만났던 당시 기획예산처 기획관리실장 변양균의 회고를 통해서도 확인할 수 있다.

국가재정을 국민을 위해 배분해 보고 싶다.[7]

위의 인용문은 노무현 (예비) 후보가 식사 자리를 따로 마련하여 변양균 실장에게 한 말이다. 민주주의를 지향하는 대통령 후보의 일반적인 발언으로 해석할 수도 있지만, 이는 관료 조직의 관행에 기초하고 정치적 영향력이 선별적으로 적용되는 기존 예산 편성 방식의 변화를 의미했다. 재정 혁신의 필요성을 인식하고 있었던 재정 전문 관료에게 이러한 인식과 의지를 지닌 대통령은 자신의 구상을 실현할 기회이자 조건이었다.[8] 대통령과 재정 전문 관료를 연결시킨 이 문구는 노무현 정부 재정 혁신의 화두가 된 셈이다.

대통령 당선 직후 노무현 대통령의 재정 혁신 관련 인식은 인수위원회 발언 내용에서 확인할 수 있다.

- 재정은 효율적인 재정집행 문제와 재정구조에 있어서 중앙재정과 지방재정의 관계설정이 중요
- 국가재원의 효율적 사용을 위한 사업목표의 설정과 사업성과를 어떻게 측정할 것이냐가 중요하고, 중앙재정과 지방재정의 관계 설정은 지방분권과 직결돼 있는 문제
- 재정건전성은 그때그때의 재정운용의 측면에서 고려해야 하며 항상 최고의 목표는 아닐 수도 있으며 조절의 문제로 판단
- 성과주의 예산제도는 포맷의 문제가 아니라 올바른 평가시스템과 평가 노하우를 축적해 예산을 효율적으로 사용하는 것이 핵심관건
- 기금 설립목적의 현실적 타당성, 기금운영의 투명성 및 효율성, 그리고 기금이 국가경제와 재정에 미치는 영향 등을 종합적으로 검토하는 작업 추진[9]

인수위 시기 노무현 대통령 당선인은 중앙-지방 재정의 관계 설정을 통한 지방 재정의 자립성 제고에 관심이 컸던 것으로 보인다. 재정 혁신과 관련하여 노무현 대통령이 검토를 요청한 내용은 재정 평가 시스템 체계화, 기금 운영의 투명성과 효율성, 원칙보다 조절의 문제로 재정 건전성을 설정하는 것 등으로 요약될 수 있다.

노무현 대통령의 재정 혁신에 대한 인식과 의지는 집권 과정에서도 지속되었다. 아래 인용문은 2004년 첫 번째 재정전략회의에서 노무현 대통령이 한 발언이다.

정치를 하고 행정을 하는 것이 가치를 실현하자는 것인데 예산에 가치와 목표전략이 들어있습니다. 이것이 이제 아주 목표를 향해 정확히 표적이 맞춰져 있고 전략적으로 정확하고 효율적이어야 합니다. 그동안 예산제 계획이 필요하다고 오랫동안 논의됐지만 한번 바꾸

기가 쉽지 않아서 사전적으로 예산을 짜고 집행해 왔습니다. 이제는 이대로 더 가기 어려운 상황이어서 재정개혁과 더불어 예산제도 개혁해보자고 해서 여러 변화가 시도되고 그 과정의 하나로 우리가 모였습니다. [중략] 개별부처를 맡는 국무위원들은 각기 하는 일이 제일 중요한 일입니다. 그러나 참여정부 전체에 가치지향과 전략이 균형 있게 조정되어야만이 가장 효율적이고 적합한 예산이 나올 수 있어 토론시간을 잡았습니다.[10]

위 인용문의 내용에서 노무현 대통령이 지적하는 바는, 예산이 국가 전략 기조를 반영해야 하는데 기존의 예산 편성 시스템은 그렇지 못했고, 이를 위해 국무위원들이 참여하는 전략 회의를 통해 예산안 틀을 만드는 일이 중요하다는 것이다.

3

재정 혁신 추진 과정

노무현 정부의 재정 혁신은 대통령직인수위원회에서 시작되었다.[11] 인수위원회는 경제 I 분과위원회에서 재정·조세 부문을 규제 개혁, 투명 공정, 금융 부문과 함께 다루었다. 인수위원회의 재정·조세 부문 논의를 통해 재정 구조 및 운영 시스템의 혁신, 중기 재정 계획 수립의 의무화, 예산 편성 및 집행에 대한 부처의 자율과 책임 등 재정 혁신의 핵심 과제가 정부 정책으로 채택되었다.[12] 인수위원회 경제 I 분과위원회는 정부 출범 이후 대통령 자문 정부혁신·지방분권위원회 산하 재정세제 전문위원회의로 연결된다.

노무현 정부 출범 직후 재정 혁신은 바로 시작되었고, 기획예산처가 담당 부처로서 그 중심이 되었다. 2003년 3월 기획예산처의 대통령 연두 업무 보고에서 중기 재정계획과 총액 배분 자율 편성 방식 등의 재정 혁신 핵심 과제가 제시되었으며, 4월부터 7월까지 재정 혁신을 위한 기획예산처, 관계 부처, KDI 전문가로 구성된 13개 분야별 작업반이 운영되었다. 이 과정에서 재정 혁신 시범 사업이 조달청과 국세청 등을 중심으로 실시된다. 그 결과 7월 29일 '재정세제 개혁 로드맵'을 통해 성과중심 재정시스템, 총액 배분 자율 편성 제도, 디지털 예산회계시스템, 국가재정 운용계획, 국가재원 배분 개선팀 설치 등이 발표되었다.[13]

기획예산처 변양균 실장은 정부 출범 초기 차관 임명에 이어 장관으로 승진했고 이후 청와대 정책실장을 역임하며 재정 혁신을 주도했다. 그는 기획예산처 조직 개혁을 통해 개별 사업 편성 기능을 축소하고 중장기 기획과 성과 관리 기능을 강화했으며, 그 산물 중하나가 기획예산처 재정전략실이었다.[14] 노무현 대통령은 그를 적극적으로 후원했다. 대통령은 임기 초 변양균 기획예산처 차관에게 각 부처 기획관리실장을 인솔하여 청와대로 오라는 지시를 내렸고, 그 자리에서 각 부처의 예산 편성에 미래 대비 및 국가 정책과 재원 배분 연계를 강조했다.[15] 이는 각 부처 기획관리실장에게 재정 혁신 기조를 제시하면서, 기획예산처 차관에 대한 대통령의 신임을 확인시켜 준 것이었다.

기획예산처 재정 혁신의 첫 번째 작업은 5년 단위 국가재정 운용

계획안(중기 재정계획) 마련이었다. 여기에는 과거와 달리 통합재정(일반회계+특별회계+기금)과 총지출(경상지출+자본지출+융자지출) 개념이 적용되었고, 기획예산처는 재정기획실을 신설하고 관계 부처, KDI 등 전문가로 작업반을 구성하여 2003년 12월 시안을 마련했다. 2004년에는 중기 재정계획안과 1년 예산안 사이의 연계를 강화하고, 이에 기초하여 국가재원 배분회의도 실시되어야 했다. 이러한 과정을 거쳐 재정 혁신안은 2005년부터 적용되기 시작했고, 2006년 국가재정법 제정과 장기 재정기획 '비전2030'이 발표되었으며, 2007년에는 디지털 통합 예산 시스템이 준비되어 적용되었다.[16]

노무현 정부가 추진한 재정 혁신의 또 다른 축은 정부혁신지방분권위원회의 재정세제 전문위원회였다. 노무현 정부는 위원회 공화국이라 불릴 정도로 대통령 자문위원회가 많았으며, 그 영향력도 컸다. 이들 기구에 관련 부처 장관이 참여했을 뿐만 아니라 대통령이 회의에 직접 참석하며 힘을 실어 주었기 때문이다. 그중 대표적인 것이 정부혁신지방분권위원회였다. 그 구성원으로는 재경부 장관, 행자부 장관, 기획예산처 장관, 국무조정실장, 청와대 정책실장 그리고 관련 민간 전문가가 참여했고, 산하에 7개의 전문위원회가 있었으며, 재정세제 전문위원회는 그중 하나였다.[17] 재정세제 전문위원회에는 행정자치부, 재정경제부, 기획예산처 재정 관련 국장이나 재정정책기획관 등이 참여했다. 2003년 7월의 재정 세제 개혁 로드맵은 기획예산처 장관이 참여한 재정세제 전문위원회의 협의를 통해 만들어진 것이다. 이 기구는 2003년 5월 9일부터 회의를 시작하여 2005년 5월부터 분야별 특별팀(TF)으로 바뀌었다가, 2006년 9월

부터 다시 재정세제 전문위원회로 활동했다[18]

노무현 정부는 재정 혁신을 제도 개혁으로 추진했던 만큼 집권 초부터 입법을 위해 국회의 동의를 얻고자 노력했다. 2003년 4월 국회 예결위원회 수석전문위원의 기자회견을 통해 재정 관련 법의 개정 방침을 발표했다. 그 이후 관련 기관 공청회를 거쳐 국가재정법안이 2004년 4월 《국회보》에 17대 국회 입법 과제로 발표되었다. 4월 총선 이후 5월 당시 여당이었던 열린우리당 당선자 워크숍에서 기획예산처가 국가재정법 관련 보고를 했고, 6월 재정경제부와 기획예산처가 국가재정법안 국회 제출을 발표했다. 7월 기획예산처의 입법 예고와 보고를 거쳐 9월 국무회의에서 입법 계획을 확정했으며, 10월 국회에서 야당과 합동 공청회를 통해 부분적인 수정을 거친 법안이 2004년 10월 13일 국회에 제출되었다.

김대중 정부 시기 제16대 국회에서 IMF 경제 위기 이후 재정 혁신에 대한 논의가 있었다. 2001년 1~4월 국회 기획재정위원회는 9인 소위원회를 구성하여 이를 논의한 바 있고, 2003년 1월부터 5개월간 국회재정제도개혁실무준비단을 구성하여 국민 참여 재정, 재정 투명성과 효율성, 재정 여건 변화 대응 체계, 성과 관리 강화, 국회 실질 심사 강화, 독립 기관의 예산 편성 및 집행 자율성 등의 내용을 발표했다. 그리고 2004년 10월 정부의 국가재정법안이 발의되자, 당시 제1야당이었던 한나라당은 12월 기존 국회 논의를 기반으로 국회의 예산 통제권을 강화하는 국가건전재정법안을 제출했다. 이후 국회 논의는 정부안과 한나라당 법안에 대한 국회와 기획예산처의 통합 TF 구성 제안, 성인지 예산 도입 제안, 그리고 국회와 대법원 등의 예산 편성권에 대한 위헌 논란 등으로 지연되다가, 2006년 8월 29일 국회운영위원회, 9월 7일 법사위원회를 거쳐 8일 본회의에서 국가재정법이 통과되었다.[19]

역사적 의미를 지니는 국가재정법 국회 합의 통과에도 불구하고, 여론의 주목을 받은 것은 2006년 8월 30일 발표된 '비전 2030'이었다. 이는 재정 혁신의 일환으로 노무현 정부가 집권 4년 차에 준비한 장기 재정전략이었다. 노무현 정부는 장기 재정전략 비전 2030을 통해 재정 혁신을 완결했다고 볼 수 있다. 그런데 국회의 국가재정법 통과와 달리 비전 2030은 야당과 언론의 비판을 받았다. 발표 직후 여야 정치권과 언론이 내린 평가는 "허황된 탁상공론", "공허한 청사진", "현 정부는 생색내고 다음 정부엔 고통을 주는 비전" 등이었다.[20] 이것은 노무현 정부의 재정 혁신과 비전 2030의 연계성을 이해하지 못한 것으로, 이에 대한 비난은 노무현 정부의 재정 혁신에 대한 부정적 인식 혹은 외면으로 연결되었다. 아래는 비전 2030에 관한 아쉬움을 표현한 노무현 대통령의 회고이다.

… '국가비전2030' [중략] …그것은 단순한 정책 구상이 아니라 성장과 복지를 함께 이루기 위한 장기 국가재정계획이었다. 그러나 이것은 꽃을 피워 보지도 못한 채 말라죽는 운명을 맞았다. 소위 '언론과의 전쟁'이 벌어져 있던 터라 최소한의 주목조차 받지 못했다. 보수언론과 한나라당은 '좌파정권의 허황된 탁상공론'이라고 무조건 비난했다. 집권당이었던 열린우리당이 이것을 수용해 당의 비전으로 발전시켜 주기를 원했지만 그것도 허사였다. 당에서는 발표 행사장에 아무도 나오지 않았다. 토론 한번 제대로 해조지 못했다. [중략] 정권이 바뀌면서 '국가비전2030'뿐만 아니라 '2단계 국가균형

발전 계획'을 담은 중기 재정계획까지 모두 폐기되고 말았다.[21]

4

기존 재무 행정 시스템의 특성

이 장에서는 노무현 정부 이전의 재무 행정 시스템에 대해 살펴 볼 것이다. 노무현 정부 재정 혁신의 역사적 배경에 해당하며, 그 필 요성과 의미를 이해하는 데 도움이 될 것이다.

한국 정부의 예산 편성과 의회의 예산 심의가 지닌 제도적 조건 은 1948년 정부 수립과 함께 제정된 헌법, 국회법, 정부조직법 등 을 통해 마련되었다. 그리고 1951년 '재정법' 제정을 통해 정부 예 산 편성과 심의 규정이 하나의 법률로 정리되었다. 같은 시기에 예 산 절차도 각 부처가 예산안을 재무부로 보내면, 재무부가 이를 검 토하여 총예산안을 국무회의에 올리고, 국무회의를 거친 정부 예산 안이 국회 심의를 거치는 과정으로 공식화되었다.[22] 정부 수립 직후 부터 이러한 관행은 지속되었고, 본 예산의 일반회계와 특별회계(원 조, 귀속 재산)도 구분되었다.[23]

1948년 정부 수립 직후에는 헌법상 의원내각제 성격의 정부 형태 로 인해 국무총리실 기획처 예산국이 예산을 담당했다. 1950년 이 승만 대통령의 경제 통제 폐지 지시에 따라 기획처 기능이 약해지 고,[24] 1954년 개헌으로 국무총리직 폐지와 1955년 정부조직법 개정 으로 예산국은 재무부로 이관되었다.[25] 예산 회기 시작 지점도 1948

년 4월, 1954년 7월, 1965년 1월로 바뀌었다. 초기 예산 당국의 이원화나 예산 회기의 변동은 미국의 영향에 의한 것으로, 원조 경제 시대 이승만 정부의 재무 행정 조건을 반영한다.

박정희 정부 시기 재무 시스템은 발전 국가의 재원 동원형 예산 편성 시스템으로 개편되었다. 1961년 5.16 쿠데타 직후 군정 시기 7월 경제기획원 설립과 함께 12월 예산회계법이 제정되었고, 기존 재정법이 갖추지 못한 예산 배정과 자금 공급 일원화, 계속비 규정, 예비비 계상, 예산 이체 규정 등이 보완되었다. 또한 이 시기부터 매년 예산 편성 절차의 시작으로 경제기획원장이 예산 편성 지침을 각 부 장관에게 전달하는 것이 제도화되었다.[26] 이 시기 예산회계법으로 예산 편성 지침과 성과주의 예산이 도입되긴 했지만, 내용상 포괄적 서술 방식의 예산 편성 기준만 제시될 뿐 관행과 기술적 이유로 성과주의 예산 방식은 시행되지 못했다.[27]

예산 조직 측면에서 보면, 이 시기에 예산 부처가 경제기획원으로 실질 통합되었으며, 경제기획원 예산처에 부처별 담당자를 지정하여 사안별 삭감 위주로 심의하는 예산 편성 시스템이 구축되었다. 박정희 정부는 일반회계 이외에 해당 법률에 기초한 기금과[28] 특별회계를 적극적으로 활용했다. 당시 특별회계는 공기업 채권 등 차입에 기반했으며, 일반회계에는 이들 부채가 반영되지 않았다. 그래서 특별회계를 통한 정부 지출은 재정 건전성 부담을 회피할 수 있었고,[29] 또한 당시 기금은 국회 보고나 심의 대상이 아니었다. 즉 박정희 정부는 특별회계와 기금을 통해 행정부의 재정 집행 자율성을 강화했던 것이다.

　　　　　　　대통령 노무현, 한국 정치에 무엇을 남겼나

전두환 정부는 1979~1980년 경제 위기 상황에서 정권을 장악한 직후 인플레이션 억제 조치를 강력하게 추진했다. 이를 위한 대표적인 조치가 제로 베이스에서 예산안을 심의하는 제도로, 전년도 예산안에 기초한 점증주의 예산 방식을 벗어나는 것이었다. 또한 전두환 정부는 예산심의회를 도입하여 예산 당국 내부에 협의 시스템을 마련했다. 이것은 예산 당국 내에 각 부처 담당관의 예산안을 실장 혹은 국장이 취합 정리했던 방식을 바꾼 것이었다.[30] 또한 전두환 정부는 1982년 중기 재정제도를 시도하기도 했다. 그런데 제로 베이스 예산 심의는 긴축 예산을 추구했을 뿐 기존의 품목별 예산 편성 방식을 바꾸지는 못했다. 중기 재정제도 또한 예산 당국 참조용으로 활용되었을 뿐, 각 부처의 예산안과 연계성이 부족하고 외부에 공개되지 않는 한계를 지니고 있었다.[31]

민주화 이후 노태우 정부 시기 대표적인 재정 혁신은 1991년 기금관리기본법 제정이었다. 당시 기금 수가 급격히 늘어나 그 규모가 정부 예산에 비교될 정도였으나, 예산회계법에 따라 설치가 허용된다는 규정 이외에 행정부의 기금 운용에 대한 관리 법규가 없어 행정부 재량에 따른 집행 여지가 컸다. 이러한 배경에서 기금관리기본법 제정을 통해 행정부 수준에서 결정하고 집행했던 기금 예산안을 국회에 보고하고 답변할 수 있도록 바꾸었다.[32]

김영삼 정부는 경제기획원과 재무부를 통합하여 재정경제원을 만들고, 기존의 경제기획원 예산국을 흡수했다. 그런데 이것은 예산 기획의 전문성과 재무부로부터의 자율성을 약화하는 방향이었다. 이외에 김영삼 정부는 재정 운용 측면에서 민간자본유치촉진법을 제정했고(1994년), 기금 관리를 강화하기 위해 기금 설치 조건을 제한했으며, 예산 비목 통합을 통한 부처별 예산 자율성을 확대했다.[33]

김대중 정부 이전까지의 재정 개혁은 주로 특별회계와 기금에 대한 신설, 폐지, 통합, 예산 편성과 집행에 대한 행정부 재량권 제고, 재정 통제 강화를 통한 재정 건전성 제고, 민주화 이후 국회 예산 심사 강화 등, 부분적인 재정 혁신으로 요약될 수 있다.[34] 김대중 정부는 김영삼 정부에 의해 재경원에 포함되었던 예산 담당 기구를 기획예산처로 분리하면서(1999년), 공공 개혁의 일환으로 재정 혁신을 추진했다.[35] 김대중 정부의 대표적 재정 혁신은 기금관리기본법 개정,[36] 예비 타당성 조사 제도, 성과주의 예산, 복식부기 회계제도, 통합재정, 예산절약 성과금제도 도입 등이었다. 가령 통합재정 취지에서 김대중 정부는 기획예산처 내에 기금관리국을 설치하여 기금 운용 계획에 대한 예산 당국의 심의를 강화했다. 이것은 그 이전 정부에서 이뤄진 특정 부분의 재정 혁신과 달리 전면적인 수준의 재정 혁신이었고, 노무현 정부의 재정 혁신의 기반이 되었다.

다만 김대중 정부 시기는 IMF 경제 위기 상황이었던 만큼, 당시의 재정 개혁은 구제 금융 등에 대규모로 투입된 재정에 대한 관리 측면의 성격이 강했다.[37] 이러한 김대중 정부의 재정 혁신은 총액 배분 자율 편성이나 국가재정 전략회의와 같은 전략적 예산 편성 방식과는 구분된다. 또한 김대중 정부는 재정 혁신 조치를 유기적으로 추진하지 못했고, 임기 말 중단되는 경우가 많았다.[38] 즉 재정 혁신을 종합적으로 추진하긴 했지만 이들 간의 연계성이 완결되기는 힘든 시기적 한계가 불가피했다.

박정희 정부 시기 발전 국가 성격에 부합하는 재정 시스템이 형성된 이후 모든 정부가 재정 혁신을 추진했다. 그렇지만 기존의 재정 혁신은 연관 제도(법, 시행령 등)나 관행(행정 절차) 등의 변화를 수반하지 못해 부분적이고 일시적인 효과만을 보았으며, 예산 편성 방식은 원상태로 돌아가곤 했다.[39] 그 결과 기존 예산 편성 방식의 몇 가지 특성이 지속되었는데, 그것은 상향식 예산 편성, 투입 중심의 재정 운용 방식, 복잡한 재정 구조, 단년도 예산 편성 등으로 요약될 수 있다. 이들 특성은 서로 연계되어 있기에 이를 바꾸기 위해서는 부분적 개혁이 아니라 종합적이고 동시적인 일괄적 대안total package이 필요했다.

5

노무현 정부
재정 혁신의 주요 내용

이 장에서는 참여정부 재정 혁신의 주요 내용으로서 총액 배분 자율 편성, 국가재정 전략회의, 중기 재정계획, 성과 중심 재정 운용, 디지털 예산회계시스템 등 다섯 가지 특성을 요약하고, 이들이 하나의 전략적이고 자기 혁신적인 시스템으로서 유기적으로 연결된 일괄적 재정 운용 방식이라는 것을 확인할 것이다.

총액 배분 자율 편성 방식

총액 배분 자율 편성 방식은 예산 당국이 부처별로 예산 총액을 할당하고, 각 부처는 할당된 예산 범위 내에서 재량을 갖고 예산을 편성하는 방식이다. 이러한 방식은 기존의 상향식 예산 편성 방식, 즉 부처별 예산안에 대해 개별 사업의 투입 비용 품목을 검토하는 방식과 대조적이다. 이 방식의 적용에 부처 관료들은 호의적이지 않았다. 부처별로 할당되는 예산의 총액 산정에 대한 신뢰 부족 때문이었다. 이에 부처별 예산 총액에 대한 객관적이고 합리적인 결정과 이에 대한 관료의 신뢰가 무엇보다 중요했다.

부처별 예산 총액 산정에 대한 합리성과 신뢰는 예산 당국과 각 부처가 함께 예산을 편성한다는 공감대에 기초한다. 그 공감대는 예산 당국이 지닌 국가 예산 총량 정보와 각 부처의 예산 편성 정보를 공유하는 과정에서 형성된다. 각 부처는 예산 할당 이전에 자신의 중기 사업계획서를 예산 당국에 제출하고, 예산 당국은 부처별 특성을 고려하여 부처별 지출 한도를 작성하며, 국가재정 전략회의를 통해 결정한다. 이에 기초하여 예산 한도가 전달되면 그 한도 내에서 부처별 예산안이 작성되고, 이를 예산 당국이 사업 성격별로 검토하여 확정한다. 이러한 정보 공유 피드백 과정을 통해 결정 기준과 배경을 공유하면서 예산 당국과 부처 간 신뢰를 형성한다.

총액 배분 자율 편성 방식의 가장 큰 장점은 전략적 예산 편성이 원활해진다는 점이다. 예산 편성의 출발이 부처별 예산 계획에 의존하지 않기 때문이다. 예산 당국은 예산에 대한 종합적인 기획과 조정 기능의 전문성을 강화할 수 있고, 각 부처는 자신의 사업에 대

대통령 노무현, 한국 정치에 무엇을 남겼나

한 자율성과 책임성을 강화하게 된다. 실제로 정부의 예산 편성 시기 각 부처의 과도한 예산 책정과 예산 당국의 무자비한 예산 삭감 양상이 줄어들었고, 예산 담당자 간의 대면 설득 필요성도 줄어들었다. 경기 조절 기능 측면에서도 전략적으로 경기 순환에 대응하는 예산 편성이 가능해졌다.

기존 예산 편성 방식은 각 부처가 예산안을 작성하여 예산 당국에 보고하면 이를 집계하여 정부의 전체 지출 규모가 산출되는 방식이었다. 이 과정에서 예산 당국은 부처에서 올라온 예산안을 심의했는데, 가용 자원을 고려한 재정 안정성 원칙에 따라 부처별 예산안 삭감에 주력했다. 이에 대응해 여타 부처들은 예산 당국의 삭감을 예상하여 사전에 팽창적으로 예산안을 준비했다. 이러한 관계 속에서 예산 당국과 각 부처는 서로 협조하거나 조율하기보다 불신하고 경쟁하는 경향이 강했다. 또한 각 부처는 확보된 재정 지출의 효율성보다 가능한 많은 예산을 확보하고, 확보한 예산을 잔액 없이 지출하려는 경향을 나타냈다.[40]

상향식 예산 편성 방식에서도 예산 당국이 작성하여 각 부처에 전달하는 예산안 편성 지침(기준)이 있었고, 중기 재정계획이 작성되기도 했다. 그렇지만 이 시기 예산 편성 지침에는 부문이나 기능별 혹은 소관별 할당 예산 규모가 제시되지 않았다. 다만 "주요 사업비 합계는 전년 대비 10% 증가율 이내"처럼 서술식으로 기술할 뿐이었다.[41] 또한 중기 재정계획을 작성하더라도 이를 각 부처와 공유하거나 예산 요구안 지침으로 활용하진 않았으며, 단지 예산 당국의 참조용일 뿐이었다. 이러한 부분적 시도가 예산 편성 방식의 틀을 바꿀 수는 없었다.

기존 상향식 예산 편성 방식의 한계는 기본적으로 국가 정책의 우선순위와 예산 편성이 조율되기 힘들다는 데 있다. 왜냐하면 부처의 예산안에서 출발하여 예산 편성을 취합하며, 각 부처의 예산안은 전년 예산에 기초하기 때문이다. 정부 규모가 커지면 예산 부처가 각 부처의 개별 예산을 구체적으로 파악하는 것도 불가능해진다. 게다가 상향식 예산 편성 방식은 정부 재정의 경기 조절에 대한 역기능을 초래하기 쉽다. 경기 상승 시점에서 세수가 커지는 경우 각 부처는 확장적 예산안을 준비하고, 반대로 경기 하강 국면에서는 위축된 세수에 기초하여 소극적 예산안을 준비하기 쉽기 때문이다.

투입 중심 재정 운용 방식은 지출에 필요한 인건비(보수, 수당 등), 재료비, 활동비(여비, 업무 추진비 등) 등 물품이나 서비스별로 재정을 편성하는 것으로, 품목(항목)별 예산이라 하기도 한다. 이러한 예산 편성 방식은 국가 재정 규모가 작고 정부의 정책 목표가 단순할 때 효과적이다.[42] 그런데 투입 중심 예산 편성 방식은 정부 사업 성과 평가와 국민적 수요 측면을 간과하기 쉽다. 국민 수요나 사업 평가를 차년도 예산에 반영하기 어렵기 때문이다. 그리고 정부 예산 규모가 커지고 사업의 수가 많아질수록 예산 부처가 각 부처의 사업별 투입 항목을 충실히 평가하기가 어렵다. 이외에 개별 부처로서는 재정 정책 기조에 부합하기 힘들고, 예산 부처와 여타 개별 부처 사이의 정보 공유가 차단되어 사전 갈등 관리도 제한적이다.[43]

총액 배분 자율 편성 방식은 이러한 투입 중심 상향식 예산 편성 방식의 한계를 극복하려는 것으로서, 이를 위해선 종합적인 재정 혁신을 추진할 필요가 있었다.

국가재정 전략회의(국가재원 배분회의)

정부 예산의 총액 배분 자율 편성 방식에서 총액 배분을 위한 예산안의 기본 틀은 국가재정 전략회의를 통해 결정된다. 대통령과 각 부처 장관이 모두 참여하는 이 회의에서 정부의 예산안 편성 지침이 결정되며, 이 지침이 차년도 예산안 및 중기 재정계획의 기초가 된다. 예산 부처(현 기획재정부, 노무현 정부 시기 기획예산처)는 국가재정 전략회의에 앞서 부처의 중기 사업계획서를 취합하여 향후 5년 국가재정 운용계획 실무예산 초안을 준비하고, 이를 토대로 부처별 지출 한도를 마련하여 국가재정 전략회의에 제출한다.[44]

국가재정 전략회의를 거쳐 작성된 예산안 편성 지침은 각 부처에 통보된다. 각 부처는 통보된 지침의 지출 한도를 기준으로 예산 요구안을 작성하여 예산 부처에 제출한다. 각 부처 예산 요구안에 대해 예산 당국과 부처의 조정 과정을 거쳐 준비된 예산안은 행정부 실무 조정, 예산자문회의, 그리고 당정회의를 거쳐 국무회의에 제출된다. 국무회의를 거친 예산안은 예산 부처를 통해 국회에 제출되고, 국회의 심의 과정을 거치게 된다. 행정부 수준에서 예산 편성의 기본 틀은 국가재정 전략회의에서 결정되고, 예산 부처는 그 사전 실무 준비와 이후 각 부처의 예산 요구를 조정하여 예산안을 구체화하는 것이다.

국가재정 전략회의는 행정부 예산 편성 과정에서 총액 배분 방식으로 재정 전략성을 관철하는 핵심 절차이다. 이 회의를 통해 차년도 예산안과 이를 포함한 5년 중기 재정계획의 기본 틀이 결정되기 때문이다. 행정부 예산 편성 과정에서 국무회의는 국가재정 전략회의와 정부 예산안 확정까지 두 차례 열리게 된다. 상대적으로 예산부처는 국가재정 전략회의 이전의 실무 준비, 회의 이후 예산안 확정을 위한 국무회의까지 실무 조정의 기능을 수행하게 된다. 이것은 정부 예산의 기본 틀이 관료가 아닌, 국민에 의해 선출된 대통령과 그가 임명한 장관들에 의해 결정된다는 의미를 지닌다.

국회의 예산 심의 전문성이나 영향력이 약한 경우, 행정부 예산안 편성의 중요성과 정치적 관심이 커지게 된다. 대통령의 예산 통제 기능이 강하다면 행정부의 예산 편성은 더욱 중요해진다. 발전 국가 시기 한국 행정부의 예산 편성은 경제기획원으로 대표되는 경제 관료가 주도했다. 경제기획원 장관은 부총리이자 제1장관으로서 대통령의 신임과 권한을 받아 예산 편성을 주도했다. 예산 협의는 경제기획원 장관이 각부 장관과 개별 접촉하여 진행했고, 국무회의는 경제기획원 예산 편성안을 검토하는 기능에 머물며 내용을 수정하는 경우는 드물었다.

발전 국가 시기 경제기획원은 관료적 계층 라인에 따라 단계별로 부처별 취합 조정을 거쳐 예산을 편성했다. 1차 조정 과정에서 부처별 사업의 타당성, 부처 간 형평성 등을 근거로 예산 재원을 70~80% 수준에서 사업별로 배정한다. 2차 조정 과정에서는 각 부처가 이의를 제기한 사업을 중심으로 심의를 거쳐 전체 예산의 90% 이상을 배정한다. 그 후 경제기획원 장관과 각 부처 장관의 개별 면담 등이 장·차관 협의회를 통해 조정되고, 그 결과를 대통령에게

중간 보고한 후 국무회의에 제출한다.[45]

1982년 경제기획원은 예산심의회를 도입하여 기존 계층별 조정 방식을 예산실장 주재 과장급 이상 합의 시스템으로 바꾸었다. 예산 부처의 예산심의회는 노무현 정부의 재정 혁신 이전까지 정부 예산안의 기본 틀을 결정하는 핵심 절차였다. 예산심의회는 예산실 이외의 관료나 장·차관이 참여할 수 없는 비밀이 보장되는 회의체로서, 개별 부처 및 사업별 예산안을 검토하던 방식이 아닌 예산안을 전반적으로 검토하는 방식을 취했다. 이런 방식으로 오랜 기간 한국의 정부 예산안 편성은 경제 관료가 주도하였으나, 노무현 정부에 의해 정부 예산안의 기본 틀을 결정하는 방식이 대통령과 장관의 합의로 바뀐 것이다.

국가재정 운용계획 및 장기 재정전략 '비전 2030'

노무현 정부 재정 혁신의 또 한 가지 특성은 매년 차년도 예산안 이외에 5년 단위의 중기재정 운용계획을 작성한다는 점이다. 이는 과거 경제개발 5개년 계획처럼 5년마다 작성되는 것이 아니라 매년 차년도 예산안 준비 과정에서 만들어진다. 이것은 1년 단위 예산안의 부처별 총액 책정의 근거이자,[46] 총액 배분 자율 편성 방식의 기초가 된다. 그리고 5년에 한 번씩 20~30년 단위의 장기 재정전략을 작성하며, 이는 조세와 재정 기조를 나타내는 한편 매년 준비되는 예산 편성의 방향을 제시한다. 장기적인 사회·경제적 추세 변화에 대응하고, 예측에 기초하여 선제적으로 대비하기 위해서였다.

중기 재정계획은 1982년 제5차 경제개발계획 수립과 함께 도입된 바 있으나 당시에는 대략적인 재정 수지 정책의 방향을 제시하는 수준이었다. 예산 당국이 예산을 편성하면서 참고하는 자료 정도였으며, 이후에는 비정기적으로 작성되었다. 노무현 정부는 중기 재정 계획을 2004년 행정부 차원에서 시범적으로 도입한 이후, 2006년 국가재정법을 통해 중기재정 운용계획으로 제도화했다. 노무현 정부의 중기재정 운용계획은 재정 수지와 국가채무 등의 재정 총량 지표를 연도별로 전망하고, 이에 따른 재원 배분계획을 제시하는 방식이다. 내용은 기본 방향, 중기 재정 전망 및 운용 목표, 재정 혁신 방안, 분야별 재원 배분계획 이외에 첨부 서류로 전년도 국가재정 운용계획 대비 평가분석 보고서, 향후 5년 기금재정 관리계획과 국가채무 관리계획, 중장기 조세정책 운용계획이 요구된다.[47]

중기재정 운용계획 수립 절차를 정리하면 다음과 같다. 우선 예산 부처 장관이 국가재정 운용계획 수립 지침을 마련하여 각 부처장에게 전달한다. 각 부처 장관은 향후 5년간 신규 사업 및 주요 계속 사업 등에 대한 중기 사업계획서를 예산 부처 장관에게 제출한다. 예산 부처는 분야별 정책 방향과 쟁점에 대해 시민 사회 민간 전문가 등과 함께 논의하며, 이를 기초로 중기재정 운용계획 초안을 국가재정 전략회의에 제출하고 차년도 예산안과 함께 논의하여 기본 틀을 합의한다. 국가재정 전략회의의 합의에 기초한 중기재정 운용계획 내용은 KDI와 공개 토론회를 거친 이후 국회 상임위에 보고되고, 그 30일 이후 국회에 제출하게 된다.[48]

한편, 저성장과 양극화, 저출산, 고령화 시대에 노무현 정부는 지속 가능한 균형 성장을 위해 체계적인 중기 전략과 이를 뒷받침할 수 있는 장기 전략이 필요했다. 권위주의 시대와 같은 국가 계획의 추진이 불가능한 민주주의 정부는 지속 가능한 경제·사회적 장기 비전을 제시하고 예측 가능성을 높이며, 이를 국민과 공유해야 했다. 노무현 정부는 이러한 관점에서 2004년부터 5년 단위 국가재정 운용계획을 마련했고, 2006년 이에 기초하여 장기 예측과 비전을 반영한 '비전 2030'을 발표한다.

비전 2030을 위해 2005년 7월 60명 규모의 전문가 중심의 민관 합동 작업단이 구성되었다. 정부 내에서 장기 비전은 기획예산처가 주도하고, 경제 및 재정 전망은 재정경제부가 제시했다. 기획예산처 는 2005년 5월 장기적이고 구조적인 문제와 관련한 재정 정책을 수 립하기 위해 재정전략실을 만들었다. 2006년 유시민 복지부 장관의 취임 이후 비전 2030은 복지 정책의 사회투자 정책 패러다임을 강 화했다.[49] 2006년 4월 국무위원 재원배분회의는 장기 국가재정 운 용계획으로 비전 2030을 논의했다. 비전 2030은 크게 비전과 전략 의 수립 그리고 재정 전망 및 재원 조달 방안(향후 25년간 총 GDP 2% 수준의 추가 재원 소요)으로 구성되었다.

그전에도 민주화 이후 경제개발계획에 대응하는 장기 계획이 없 었던 것은 아니다. 전두환 정부의 '경제사회발전 5개년 계획', 김영 삼 정부의 '신경제 5개년 계획', 김대중 정부의 'DJ-nomics: 국민과 함께 내일을 연다' 등이 그 예다.[50] 1979~1980년 경제 위기 직후 전 두환 정부, 1997~1998년 외환 위기 이후 김대중 정부 중기 재정계 획을 발표했지만, 이는 인플레이션 억제나 악화된 재정 수지 개선을 위한 단일 목적을 지닌 것이었으며, 예산안 전반에 대한 성격을 규정하는 것은 아니었다. 그리고 이들은 균형 재정 회복을 위한 수단으로 활용되었을 뿐, 연도별 예산 편성 지침 기능은 부족했다. 이외에 부처별 중장기 사업 계획을 수립하기도 했지만, 사업에 필요한 가용 재원의 규모나 조달 방식 부분이 검토되지 않아 부처 예산안으로 보기는 어려웠다.[51]

기존 정부의 예산 편성과 국회의 예산 심의는 차년도 예산안만 다루었다. 물론 1962년 경제개발 (5개년) 계획 채택 이래 한국 정부는 5년 단위의 중기계획을 산업 연관표에 기초하여 작성해 왔다. 그런데 경제개발계획은 정부와 민간의 재정, 금융, 무역, 외환, 산업 정책을 포괄한 것으로서, 연차별 재정 계획을 제시한 것은 아니었다. 경제개발계획은 객관적 지표에 기반한 합리성보다 성장 목표 달성에 필요한 재원 규모의 산출과 조달을 위한 것으로서, 예산과의 연계성은 떨어진다. 실제 경제개발 연차 계획에 해당하는 경제 운용 계획은 총량 위주로 작성되었고, 예산 편성이 끝난 이후 작성되었다.[52] 그러므로 경제개발계획은 일반회계 중심으로 예산을 매년 작성하는 5년 단위 중기 재정계획과 구분할 필요가 있다.

이러한 기존의 단년도 예산 편성 방식은 중장기 국내외 경제 여건 변화에 따른 예산의 전략적 편성이 어렵다. 그리고 정부가 추진하는 주요 사업은 1년 이상의 기간이 걸리는 경우가 많은데, 단년도 예산 편성 방식으로는 이러한 사업에 부합하는 예산을 준비하기 힘들다. 또한 예산이 매년 끊어지기 때문에 할당받은 예산을 효율적으로 집행하기보다 사업 효과와 관계없이 남기지 않고 집행하려는 경향이 강하다. 이외에 단년도 예산 편성 방식의 예산 총액은 사실상

전년도 세입과 세출에 기초하는데, 이 경우 단기적으로 경기 조절
기능보다 경기 순환을 증폭하는 경향이 크다. 그러므로 중기재정 운
용계획과 장기 재정전략은 기존 단년도 예산 편성 방식의 한계 극복
뿐만 아니라 전략적 재정 운용의 자의성을 통제하기 위한 주요 수단
이라고 볼 수 있다.

성과 중심 재정 운용

노무현 정부의 재정 혁신이 지닌 또 다른 특성은 성과 중심 재정
운용에 있다. 기존의 투입 중심 방식에서는 투입 요소가 계획대로
집행되었는지 확인하는 것이 중요했다면, 성과 중심 방식에서는 사
업 집행 후 이뤄지는 성과 평가가 예산 편성의 주요 기준이 된다. 그
런데 예산 편성은 사업 추진 이전에 진행되는 것이기에 예비 타당성
조사가 필수적이며, 이를 위해 각 부처는 사업의 전략 목표, 성과 목
표, 성과 지표 등이 포함된 성과 계획서를 작성해야 한다. 그리고 집
행 후 실적을 계획서상 목표와 비교·평가하여 다시 차년도 예산안
을 결정하게 된다. 이러한 성과 중심 재정 운용 방식은 각 부처의 사
업에 대한 책임성을 전제한다.[53]

한국에서도 성과주의 예산 편성의 필요성은 1960년대부터 거론
되었으나, 논의만 이뤄질 뿐 제대로 시행되진 못했다.[54] 성과주의 예
산 편성은 정부 부처 업무 평가 제도가 실시되고, 이것이 예산 편성
시스템과 연계될 때 가능하다. 한국 정부는 1961년 심사 분석 제도
를 도입한 후 부처별 주요 시책 일부를 평가했었다. 김대중 정부는
2001년 정부 부처 전반에 대한 업무 평가 제도를 도입하여, 정부 업

무 평가 시범 사업을 2000년부터 2002년까지 매년 확대 실시했다. 그렇지만 시범 사업이었던 만큼 이를 성과주의 예산 제도로 연결하지는 못했다.

노무현 정부는 2003년부터 '재정사업 성과관리목표 제도'를 4대 재정 개혁 일환으로 추진했다. 이 제도는 부처별 사업의 목표와 지표에 기초하여 성과를 평가하고, 이를 예산 편성과 집행 평가에 반영하는 피드백 방식이었다. 노무현 정부는 성과 목표와 지표 관리의 재정 사업 자율 평가 및 심층 평가를 포함하는 다단계 재정 성과 관리 방식을 채택했으며, 부처의 예산 편성 자율성을 제고하고자 사전 심사 기능을 축소하고 사후 평가를 강화했다. 또한 기존 정부의 대규모 투자 사업은 완성 비율이 20% 수준에 불과하고 계획과 달리 사업비 증가 사례도 많았던 만큼, 일반적인 재정 운용 방식과 다른 별도의 평가 절차를 거치도록 만들었다.[55] 이를 위해 도입된 방식이 총사업비 관리 제도와 예비 타당성 조사 제도였다. 그러므로 성과 중심의 재정 운용은 정부 업무 평가 시스템뿐 아니라, 총액 배분 자율 편성 방식의 실시와 함께 전면화될 수 있었다.

디지털 예산회계시스템(통합재정 정보시스템)

노무현 정부는 재정 혁신 성과를 반영한 통합재정 정보시스템을 구축했다. 중앙 정부의 예산은 일반회계, 특별회계, 기금으로 구획되었고, 공기업, 지방 정부 재정에 독립적 회계 시스템이 적용되었다. 개별 공기업이나 지방 정부 재정뿐 아니라 특별회계와 기금도 다수의 개별 단위로 구분되었으며, 담당 기관과 관리 방식도 달랐다. 정부 재정 규모가 커지고 복잡해지면서 정부 회계 시스템의 체계적 연계 없이 재정 시스템이 분화되었던 것이다. 민주화 이후 부분적 재정 관리 시스템이 진행되었으나, 노무현 정부는 재정 혁신 성과를 디지털 방식으로 포괄하는 통합재정 정보시스템을 구축한 것이다.[56]

노무현 정부는 재정 혁신을 위해 관련 부처별 혹은 예산 당국과 부처 간 예산 정보를 공유할 수 있는 시스템이 필요했다. 총액 배분 방식의 전략적 예산 편성을 위해서는 현재 재정 상태를 총체적으로 파악해야 했고, 정책 사업 단위 프로그램 예산 제도의[57] 투명하고 효율적인 관리와 활용 여건을 마련해야 성과주의 예산 편성의 판단 기준을 세울 수 있었기 때문이다. 역으로 이와 같은 재정 통계 범위의 재설정, 복식부기 발생주의 회계 제도의 도입,[58] 프로그램 예산 체계 등의 기초 위에서 통합재정 정보시스템이 가능하다.[59] 그리고 디지털 시스템은 통합재정의 실시간 정보를 수평적으로(각 부처), 수직적으로(청와대, 예산 당국, 각 부처) 공유할 수 있게 해준다.

통합재정 정보시스템은 일반회계, 특별회계, 기금을 포괄하여 작성하는 예산 편성 방식이다. 이것은 성과주의 예산을 위해 필수적이다. 이는 특정 사업의 개별 항목 단위의 예산이 아니라 같은 성격의 정책 사업 예산을 포괄하여 작성되기 때문이다. 가령 복지 분야의 경우 그 사업 예산이 일반회계, 특별회계, 기금 어디에 포함되어 있든지 종합적으로 파악하고 성과를 평가할 수 있는 방식으로서, 프로그램 예산 제도라고도 한다. 2009년 프로그램 예산의 경우 일반 공공행정, 통일외교, 교육, 사회복지 등 16개 분야 69개 부문으로 구분하여 분야나 부문 예산과 각 부처 개별 사업의 예산을 파악할 수 있었다.[60]

정부 예산은 일반회계, 특별회계,[61] 기금[62] 세 가지로 나뉜다. 이 가운데 특별회계와 기금은 해당 법률에 의해 관리되며, 특히 특별회계는 일반회계와 전출입이 가능하다. 이로 인해 재정 구조가 복잡해져 해당 부처 외에는 예산 내역을 파악하기 힘들 정도다. 그래서 예산 당국이나 국회의 심의 대상은 사실상 일반회계로 제한된다. 그러므로 재정 안정성 혹은 균형 예산에 대한 강조도 일반회계 부분으로 제한되고, 행정부는 특별회계와 기금을 통해 재정에 대한 재량권을 강화했던 것이다. 결국 실질적 심의와 평가 대상이 일반회계로 제한된 이러한 구조에서는 국가 재정 전반을 파악하기 힘든 한계가 있다. 민주화 이후 역대 정부들이 통합재정을 모색해 왔다면, 노무현 정부가 그 제도적 완결성을 높였다고 볼 수 있다.

1990년대 초 예산 편성 전산 시스템으로 개발된 '나라21'은 예산 편성 결과를 입력하고 해당 정보를 단순 조회하는 기능을 수행했다. 김대중 정부 시기에는 기획예산처의 예산정보 관리시스템Fiscal Information Management System(FIMSys)과 재정경제부의 국가재정 정보시스템National Financial Information System(NaFIS)이 중앙 정부 재정 사업 전반의 정보를 제공했다. 노무현 정부 초기의 재정 정보 시스템은 다음과 같이 몇 개로 분리되어 있었다. 재정경제부의 국가재정 정보시스템, 기획예산처의 예산정보 시스템, 행정자치부의 지방재정 정보시스템(e-호조), 교육인적자원부의 지방교육재정 정보시스템, 그리고 국방부의 국방재정 정보시스템이 그것이다.[63] 노무현 정부는 이들 시스템을 디지털 방식으로 수정, 보완, 연계하여 2007년 디지털 예산 회계 정보시스템(dBrain)이라는 이름으로 완결적인 통합재정 정보시스템을 구축하였다.

6
노무현 정부
재정 혁신의 효과

재정 혁신을 통해 노무현 정부는 전략적 재정 정책을 추진할 수 있었다. 그 직접적인 효과를 정리하면 다음과 같다.

가장 직접적인 재정 혁신 효과는 정부 내 예산 편성 과정에서 나타난 각 부처의 예산 요구액 증가율이다. 상향식 예산 편성 방식을 채택했던 시기의 예산 요구액 증가율이 평균 24~28% 수준이었던 반면, 하향식 예산 편성 방식의 채택 이후 해당 수치는 6.4~9.4% 수준으로 줄어들었다.[64] 이것은 기존 예산 편성 방식에서 나타났던 각 부처의 예산안 과대 계상이 줄어들었음을 나타내며, 예산 당국의 지침을 각 부처가 수용했음을 의미한다. 이는 곧 예산 부처와 여타 부처 간의 과도한 예산 신청 부풀리기와 삭감의 반복을 통한 불신과 마찰의 완화를 의미한다.

노무현 정부의 재정적 성과로 많이 거론되는 것이 처음으로 복지 지출이 경제(성장) 지출을 상회하게 되었다는 점이다.

표 7-1. 정부 재정에서 복지와 재정 분야 비중의 변화 추이(단위: %)[65]

	2002	2003	2004	2005	2006
복지	19.9	20.2	24.5	26.7	27.9
경제	22.6	28.7	23.2	21.0	18.4

위 표를 보면 2004년 정부 재정에서 복지 사업의 비중이 크게 늘어난 이후 지속적으로 증가하고, 상대적으로 경제 사업의 비중은 2003년 증가 이후 줄어듦을 알 수 있다. 이러한 재정 구조의 변화는 사회 조건의 변화를 노무현 정부가 정부 예산에 적절한 방향으로 반영했으며, 국가재정 전략회의와 체계적 예산 편성이란 재정 혁신을 통해 노무현 정부의 정책 기조가 영향을 미친 결과라고 볼 수 있다.

노무현 정부의 재정 혁신은 2006년 국가재정법이 통과된 후 2007년부터 시행되었으며, 이는 그것이 이후에도 지속될 수 있는 제도적 기반이 되었다. 이러한 제도화는 그로부터 벗어나려는 정부의 시도를 완전히 통제할 수는 없어도, 그 편법성을 드러내는 효과를 발휘했다. 한 가지 사례로 국가재정법 제38조는 500억 원 이상 국책 사업의 경우 예비 타당성 조사를 실시하도록 규정하며, 이는 이명박 정부의 '4대강 사업'의 편법적 집행을 드러냈다. 이명박 정부의 4대강 사업은 수조 원 규모의 예산이 필요한 대규모 국책 사업이었는데, 그중 11%만 예비 타당성 조사를 실시했음이 드러난 것이다. 이명박 정부는 예비 타당성 조사 시행령 개정으로 모법인 국가재정법 개정 없이 4대강 사업을 추진했지만, 시행령 개정으로 모법의 효력을 무력화시키는 것은 편법이었다.

한편, 중기 재정계획이 2004년부터 채택되면서 재정위험요인 관리시스템이 구축되었다. 그중에서 정부 부채에 대한 관리가 민감한 사항이었는데, 이에 대해 2006년부터 향후 5년간 재정 수지 및 국가 채무 등의 총량 목표와 재원 배분계획을 제시했다. 여기에 국가 채무 관리계획의 수립 및 국회 제출 의무화, 재정 부담 수반 법령의 조달 방안 첨부 의무화, 세계 잉여금의 국가 채무 우선 상환 등의 조항이 국가재정법에 반영되었다. 노무현 정부 시기 국가 부채 비율이 급격히 늘어난 것으로 나타나지만, 그 내용을 보면 증가분의 36%는 외환 위기 당시 공적 자금의 국채 전환이었고, 그 외에 외환 시장 안정용 재원 조달 39%, 서민 주거 생활의 안정을 위한 국민주택채권 발행 6% 등이었다. 실질적인 국가 채무 규모의 증가율은 노무현 정부 5년간 20% 수준을 넘지 않으며,[66] 이는 GDP 성장률을 고려할 때 늘었다고 보기 힘든 수준이다.

노무현 정부 이후에도 재정 혁신의 결과로서 그 예산 방식의 틀은 유지되고 있다. 이는 첫째, 그것이 국가재정법으로 제도화되었기 때문이고, 둘째, 그것이 정권 교체 이후 집권 세력에게 주도적 재정 정책을 위한 효과적인 시스템이었기 때문이다. 그래서 참여정부 이후에도 대통령과 국무위원들이 참여하는 국가재정 전략회의에서 재정 정책 기조를 발표했고, 매년 예산 편성 과정에서 향후 5년간의 국가재정 운용계획을 마련하고 이를 책자로 발간하였다. 2019년 5월 16일에도 국가재정 전략회의에서 문재인 대통령과 경제부총리 간에 GDP 대비 국가 부채 비율에 대한 이견이 표출되어 주목을 받은 바 있다.

노무현 정부의 재정 혁신으로 인한 재정 정책의 효과는 정부의 재정 정책 성향과 이를 둘러싼 국회, 언론, 시민 사회 등의 정치적 상황에 의해 결정된다고 볼 수 있다. 노무현 대통령은 좀 더 과감하게 복지 지출을 확대하지 못한 것에 대해 퇴임 이후 아쉬움을 표명하기도 했다.

> 내가 잘못했던 것은 오히려 예산을 가져오면 색연필 들고 '사회정책 지출 끌어올려' 하고 위로 쫙 그어 버리고, '여기에 숫자 맞춰서 갖고 와' 이 정도로 나갔어야 하는데… [중략] 사회복지 지출 몇 프로 올라가고, 앞으로 10년 뒤에는 어떻고 20년 뒤에는 어떻고 이러니까 가만보니, '야 그것만 해도 많이 올랐네' 이리 간 거거든… 총론적으로 복지에 많이 써야 된다 하는데, 각론으로 가면 공무원들이 옛날부터 하던 일에 예산을 자꾸 더 가져가려고 하지, 새로운 사업을 발굴해서 예산을 받아가려면 시간이 많이 걸리니까 잘 안 돼요.[67]

위 인용문은 대통령의 정치적 결단이 필요했다는 노무현 대통령의 아쉬움으로 이해할 수 있다. 그렇지만 참여정부 당시의 정치 상황을 고려할 때, 노무현 대통령에게 그것이 가능했을지 의문이다. 그러므로 재정 혁신이 재정 정책에 미치는 효과는 정부의 재정 정책 성향, 국회나 언론, 시민 사회 등의 정치적 조건에 의해 제한된다고 볼 수 있다.

다만, 노무현 정부가 도입한 재정 혁신이 그 이후 정착하거나 심화했다고 보기는 힘들다. 재정 운용의 하드웨어에 해당하는 예산 부처는 이명박 정부 초기 기획예산처에서 재정경제부를 거쳐 기획재정부로 바뀌어, 현재까지 기획재정부 예산실에서 기획예산처의 예산 기능을 담당하고 있다. 예산 담당 부처가 조직 구조상 경제 부처로 편입되면, 예산 정책은 경제 부처의 영향에서 벗어나기 힘들어진다. 이것은 예산기획처를 통해 예산 정책의 전문성과 자율성을 높이려 했던 취지가 후퇴하여, 다시 재정경제부 혹은 경제기획원 시기로 회귀하는 효과를 낳았다.

실제 이명박 정부는 2010년부터 '지속 가능한 재정 건전성', '균형 재정 조기 달성' 등의 목표를 제시하며 균형 예산을 기본적인 재정 전략 기조로서 강조했는데, 이것은 기획재정부를 중심으로 오랫동안 지속해 온 재정 기조였다.[68] 집권 첫해 부자 감세를 실시하고 국제 금융 위기를 맞이한 가운데 2009년부터 4대강 사업을 추진했으며, 재정 적자는 4% 수준으로 늘어났다. 이러한 조건에서 국가재정 전략회의와 하향식 예산 편성 방식은 이명박 정부가 균형 재정 정책을 추진하는 데에도 유리한 방식이었다.

박근혜 정부도 매년 국가재정 전략회의를 개최했으며, 2015년 5월 13일 회의에서는 2060년까지의 장기 재정 전망 준비와 재정 준칙 제도화 계획을 발표하기도 했다. 그리고 박근혜 정부의 재정 운용 방식으로 공약 가계부를 제시하여, 재정 지출을 줄이고 꼭 필요한 곳에만 쓰겠다는 의지를 표명했다. 박근혜 정부의 경제·사회 정책은 증세 없는 복지로 대표되는데, 이것은 이명박 정부의 균형 재정 정책 기조를 유지한 것으로 볼 수 있다. 이러한 재정 정책 기조는 장기 비전과 중기 예산에 기초한 노무현 정부의 전략적 재정 정책과는 상반된 것이다.

또한 예산 부처의 기능이 강화되면서, 부처별 예산을 사안별로 심사하는 이전 방식으로 복원되는 경향이 나타났다. 이것은 하향식 예산 편성 방식의 후퇴를 의미한다. 이명박, 박근혜 정부 시기 국가 재정 전략회의는 사실상 의례적 기구로 전락했다는 평가를 받는다. 이들은 집권 기간 동안 긴축 재정을 강조하면서 국가 재정을 통한 국정 비전을 적극적으로 기획하지 않았다.[69]

문재인 정부는 예산 조직을 개편하지 않았고, 정부 재정을 담당하는 기획재정부의 예산 편성 체제를 유지했다. 다만 문재인 정부는 집권 초 청와대에 재정기획관을 두었으며, 집권 2년 차 2018년 4월 정책기획위원회 산하에 재정개혁 특별위원회를 발족하여 2019년 2월 26일까지 네 차례의 전체 회의와 스무 차례의 예산 소위원회를 개최했다. 재정기획관과 재정개혁 특별위원회의 활동 결과, 재정 정보에 대한 국민의 접근성 제고 중심의 대안이 제시되었다.[70] 이에 기초한 성과 평가는 아직 이른 상황이지만, 노무현 정부의 재정 혁신의 틀이 복원되었다고 볼 수 있다.

7

노무현 정부
재정 혁신의 의미와 한계

노무현 정부의 재정 혁신이 지닌 의미는 전략적 예산 편성, 자기 혁신 시스템, 그리고 재정 혁신의 완결성으로 요약할 수 있다.

노무현 정부의 전략적 예산 편성은 전년도 예산에 기초한 기존의 관료적 관행에서 벗어나, 국가 정책 기조에 따라 예산을 편성하고 집행할 수 있는 틀을 갖추었다는 의미를 지닌다. 이를 위한 직접적인 제도가 국가재정전략회의다. 대통령과 장관들이 참여하는 이 회의를 통해 국가 정책 기조에 따른 재정 배분의 틀이 결정된다. 이러한 결정을 실제 예산 편성 과정에 적용할 수 있게 하는 제도가 총액 배분 자율 편성 방식이다. 이를 통해 정부 재정은 부처별 관료 중심의, 전년도 예산에 의존하는 점증주의 예산 편성 방식을 벗어날 수 있었다. 그리고 중기 재정계획, 장기 재정전략 등은 전략적 재정 운용에 일관성, 객관성, 미래 지향성을 부여하는 기준이 된다.

노무현 정부의 재정 혁신에서 자기 혁신은 예산 편성의 주체로서 정부 관료의 자율성과 책임성을 제고하기 위한 것이다. 예산 집행의 효율성을 위한 직접적인 조치로 김대중 정부 시기 예산 절약에 대한 인센티브 조치가 채택되기도 했다. 노무현 정부는 이러한 직접적이고 개별적인 수준을 넘어서, 부처 그리고 부처 간 관계 수준의 시스템을 구축하고자 했다. 예산의 총액 배분 자율 편성 방식에서 예산 당국은 각 부처의 개별 사업 방식에 개입하지 않으며, 부처별 자율성이 보장된다. 성과주의 방식으로서 사업 방식이 아닌 결과를 평가하고 이를 다음 해 예산에 반영하기에, 사업 성과에 대한 각 부처 담당자의 책임성이 제고된다. 이것은 재정 혁신에 대한 관료들의 관심을 높이며, 담당 사업에 관한 자율성과 책임성을 통해 전문성을 지속적으로 향상시키는 조건이 된다.

완결성은 재정 혁신에 필요한 다양한 조치의 유기적이며 일관적인 추진을 의미한다. 일관적인 혁신이 필요한 이유는 기존 재정 운용 방식의 주요 특성이 서로 긴밀히 연계되어 있어, 부분적 조치로는 이를 바꾸기 어렵기 때문이다. 예산 당국과 담당 부처의 상호 관계, 중기 재정계획과 연도별 예산안의 연계, 정책 성과와 성과 평가의 연계, 그리고 일반회계, 특별회계, 기금을 포괄하는 통합재정과 예산 기준과 과정, 정보를 실시간으로 공유하는 디지털 예산회계시스템 등, 종합적인 재정 혁신을 통해 비로소 예산 당국의 감독과 전문성뿐만 아니라 각 부처의 예산 편성과 집행의 자율성과 책임성을 제고할 수 있었다.

노무현 정부 재정 혁신의 완결성은 전자정부 사업을 매개로 정부 혁신과 연계되었다. 중앙재정 정보시스템 사업은 추진 과정에서 전자정부 사업과 연계되었다. 참여정부는 범정부 차원에서 업무를 온라인상으로 처리하고, 그 결과를 기록, 축적, 공유하는 정부 혁신을 추진했다. 청와대 '이지원' 시스템을 기반으로 구축한 '온-나라 업무관리시스템'은 행자부의 시범 운용을 거쳐 2007년 1월부터 모든 부처에서 사용되었다. 이를 통해 개인별, 기관별로 업무 처리 과정을 체계화, 표준화하였고, 정책 과정에 참여한 사람들의 의견이 모두 기록하고 공유하였다. 참여정부는 이러한 온라인 시스템을 통해 재정 부문의 징수, 채권, 채무, 물품, 국유 재산, 지방 재정, 국방 재정, 기금 시스템뿐만 아니라,[71] 인사, 국정 관리, 국정 홍보, 입법 정보, 국정 평가, 기록 관리, 정보 공개, 지식 관리, 민원 등 모든 정부 업무를 실시간으로 연계하여 활용하였다.[72] 전자정부 사업과 연계된 결과 통합재정 정보시스템은 디지털 예산회계시스템 사업이 되었던 것이다.

이외에 노무현 정부는 정부 차원의 재정 혁신을 시민 사회의 감시 기능과 연계했다. 그 주요 방식이 원스톱 예산 낭비 신고센터의 구축 이었다. 기존에 신고인이 담당 부처를 확인하고 부처의 상황이나 일 정에 따라 출두하는 등의 방식을 바꾸어, 신고인의 편의와 보람의 관 점에서 성실하고 빠른 응답과 성과금을 통한 금전적 보상 제도를 실 시했다. 시민의 예산 낭비 신고에 대한 정부의 정확하고 신속한 응답 이나 대응을 위해서는 통합 디지털 예산회계 프로그램이 기본 조건 이었다. 이는 재정 혁신에 대한 외부 감시와 수정 보완의 의미뿐 아니 라, 기본적으로 정부 예산을 국민과 공유하는 효과를 지니고 있었다.

노무현 정부 재정 혁신의 한계 측면을 정리하면 다음과 같다. 실 제 2008년 이후 시기를 대상으로 하는 재무 행정 관련 연구에 따르 면, 부처의 예산 편성 자율성 보장이 미흡하다는 평가가 많다.[73] 국 가재정법에도 불구하고 관료들의 관행은 쉽게 바뀌지 않고 있으며, 이명박 정부 집권 이후 기획예산처가 사라지고 기획재정부로 흡수 되면서 예산 기능을 경제 부처가 주도한다는 조건의 변화도 있다. 노무현 정부의 재정 혁신의 한계와 이후 정부의 재정 운용의 특성을 구분하여 평가하기는 어렵다. 다만 노무현 정부의 재정 혁신은 기존 재정 운용 방식의 틀을 바꿀 만한 완결성을 갖추었다는 평가는 할 수 있다.

이 글에서는 예산 편성 과정에 집중했는데, 전 예산 과정에서는 행정부의 예산 편성과 성과 평가 외에 국회의 예결산 심의도 중요하 다. 그렇지만 국회 예산 심의도 정부 예산안을 기초로 진행되는 만 큼, 행정부의 예산 편성은 예산 심의 절차와 상관없이 중요하다. 예산 삭감 측면에서도 예산 당국의 부처별 삭감 비율이 2004~2008년 2.3%인데 비해, 국회의 정부 예산안 삭감 비율은 0.51%에 그친다.[74] 이것은 국회의 예산안 심의 방식과 관련 있을 수 있으며, 노무현 정부의 재정 혁신은 국회 예산 심의 혁신에는 미치지 못했다.

미국의 예산안은 한국과 달리 법률안의 성격을 지닌다. 정부의 법안 발의는 허용되지 않기 때문에 공식적으로 행정부는 예산안을 상정할 수 없고, 의회가 예산안 심의뿐 아니라 상정을 위한 편성권도 지닌다. 그렇지만 연방 정부의 예산 편성에 필요한 실제 내용은 연방 의회가 아니라 백악관의 관리예산처Office of Management & Budget(OMB)를 중심으로 행정부가 담당하고, 대통령은 의회의 예산 심의안에 대한 거부권을 행사할 수 있다. 한국의 경우 정부의 법안 발의가 허용되며, 국회에 제출되는 정부 예산안 역시 법률안이 아니다. 따라서 정부는 편성권을 지니는 반면, 한국 대통령은 국회의 예산 심의 결과에 대한 거부권을 행사할 수 없다. 이러한 제도적 차이는 의회의 결산 심의에 대한 영향력 차이로 연결되지만, 예산 편성과 심의 과정상에서 행정부의 중요성은 한국과 미국에서 공통적이다.

노무현 정부의 재정 혁신 관련 쟁점 중 하나는 대통령제에서 국가 재정 전략회의의 효율성 여부이다. 국가재정 전략회의는 그 배경에 의원내각제를 반영한 것으로 볼 수 있다. 실제로 노무현 정부의 준비 과정에서 기획예산처 관료들이 방문했던 국가도 의원내각제를 채택하고 있는 스웨덴과 노르웨이였다.[75] 이것은 의원내각제의 합의제 방식에 기초한 것으로서 집권 이전 그림자 내각을 구성하고, 집권 이후 내각의 회의체 결정 방식과 연계된다. 이들 국가에서 재정회의 전체

과정은 비밀이 보장되며, 치열한 논쟁을 펼친다고 한다. 미국의 경우 총액 배분 자율 편성 예산 방식을 1980년대부터 채택해 오고 있지만, 재원 배분은 실무를 맡는 관리예산처와 재무부, 대통령 경제자문회의의 합의로 결정된다.[76]

한국이 대통령제 국가이기는 하지만 내각제 요소를 지니며, 국무회의가 행정부의 최종 의사 결정 기구이다. 그러므로 국가재정 전략회의라는 집단적 의사 결정 방식을 통한 예산안 편성 방식이 한국의 정치 제도상 문제될 것은 없다. 그렇지만 실제 과정에서 장관의 정부 전체 예산 구성과 부처별 예산 연계성에 대한 이해 수준 및 설득 문화가 미흡한 한계가 있다. 참여정부의 경우 주요 정책을 수평적이고 자유로운 회의를 통해 결정했고, 노무현 대통령도 회의를 통한 의사 결정에 적극적이었으나, 이것이 한국 정부의 관행으로 정착하기란 쉽지 않다. 그럼에도 스웨덴과 같은 엄격한 방식에서만 국가재정 전략회의가 효과적인 것이 아니라면, 기획예산처와 각 부처 담당 관료의 회의 지원을 부정적으로 볼 필요는 없을 것 같다.

결론적으로 노무현 정부의 재정 혁신을 계기로, 집권 세력의 의지와 능력에 따라 정부의 기획과 관리 능력, 재정 운용의 성과가 크게 달라질 수 있게 되었다. 노무현 정부의 재정 혁신을 통해 정부는 급격히 변화하는 국내외 경제 환경에서 장기 전략을 견지하며 합리적 예산 편성을 기획하고 추진할 수 있었다. 다른 한편으로, 재정 정책을 매개로 반대 세력의 비판과 견제가 강화될 가능성도 커지게 되었다. 이것은 결국 정치적 수준이 국가 재정에 직접적인 영향을 주는 조건이 형성되었다는 의미를 지닌다.

미 주

서문

1 홍세미(2017.04.04.).

01 노무현 대통령의 공화주의적 정신: 분권과 자율, 대화와 타협, 시민 참여 _채진원

1 비롤리(2006), p.244.

2 채진원(2019a), pp.92~128; 채진원(2019b).

3 마키아벨리(2008), pp.68~69; 마키아벨리(2009), p.89.

4 Viroli(2003); 페팃(2012).

5 노무현(2004.05.27.).

6 안수찬(2009.07.17.).

7 노무현(2004.05.27.).

8 노무현(2009.03.01.).

9 대통령자문정책기획위원회(2008), p.111.

10 노무현(2004.01.10.).

11 해밀턴, 메디슨, 제이(1955), pp.61~68.

12 Madison(1987), p.384.

13 노무현(2006.06.06.).

14 노무현(2004.01.10.).

15 노무현(2004.11.15.).

16 노무현(2007.06.02.).

17 노무현(2007.01.23.).

18 노무현(2009.03.01.).

19 노무현(2007.04.30.).

20 노무현(2007.06.16.).

21 노무현(2007.10.19.).

22 유시민(2010).

23 유시민(2010).

24 노무현(2002.08.23.).

25 노무현(2002.09.22.).

26 노무현(2002.12.16.).

27 대통령자문정책기획위원회(2008), pp.115~122.

28 노무현(2003.04.02.).

29 대통령자문정책기획위원회(2008), p.120.

30 대통령자문정책기획위원회(2008), p.120.

31 노무현(2005.06.24.).

32 노무현(2005.07.25.).

33 노무현(2006.01.25.).

34 노무현(2007.04.19.).

35 참여정부 국정운영백서 편찬위(2008), pp.98~100.

36 권재인(2004.10.12.).

37 노무현(2004.12.08.).

38 오준화(2005.12.01.).

39 나길회(2008.03.04.).

40 허문명(2012.04.16.).

41 노무현(2007.02.17.).

42 노무현(2009), p.93.

43 노무현(2009), pp.83~100.

44 노무현(2005.02.25.).

45 박중현(2005.08.16.).

46 채진원(2017).

47 공공서비스노동조합총연맹(2017.03.22.).

02 한국 민주주의를 위한 노무현 대통령의 전략 _이송평

1 김학노(2018).

2 노무현(2008.12.31.).

3 노무현(2008.12.31.).

4   노무현(2001.10.25.).

5   노무현(2007.01.23.).

6   노무현(2008.12.20.).

7   노무현(1993).

8   노무현(1993).

9   노무현(1993).

10 노무현(2002), pp.49~88.

11 노무현(2002), p.60.

12 노무현(2009.04.03.).

13 노무현(1987), p.176.

14 노무현(1989), p.22.

15 노무현(1989), pp.47~49.

16 노무현(1994), p.80.

17 노무현(1994), pp.37~45.

18 노무현(2009.03.27.).

19 노무현(1996), pp.95~96.

20 노무현(1996), p.95.

21 이송평(2012), p.127.

22 노무현 1995, pp.5~6.

23 박재동, 유시민, 천정배 외(2002), p.81.

24 이송평(2010).

25 노무현(2007.01.31.).

26 노무현(2003.06.10.).

27 안희정(2010), pp.25~31.

28 노무현(2001.10.25.).

29 노무현(2020.04.27.).

30 노무현(2009a), p.147.

31 노무현(2002.05.15.). 새시대전략연구소 특별 초청 강연

32 노무현(2002), pp.80~81.

03 노무현 대통령의 도전과 한국 정당 체계의 재편성: 지역에서 이익으로 _조기숙

1   조기숙(2020).

2   조기숙(2020a), 조기숙(2020b).

3   Sundquist(1983).

4   Carmines and Stimson(1984), pp.166~168.

5   조기숙(1999).

6   김용호(2001), p.297.

7   조기숙(2020a); 조기숙(2000b).

8   조기숙(1993).

9   Erikson and Tedin(1981).

10 Erikson and Tedin(1981); Erikson and Tedin(1986).

11 Campbell(1985).

12 Beck(1979).

13 조기숙(1999).

14 조기숙(1999).

15 Cho(1998).

16 Carmines(1991); Cho(2000), p.108.

17 김행(2000.01.26.).

18 류재성(2010); 이동윤(2012); 정재도. 이재묵(2018).

19 조기숙(2020b).

20 조기숙(2011), 재구성.

21 대북 정책이 2010년 6.2 지방 선거에서 다시 균열 쟁점으로 등장하게 된 것(이현
    우, 2011)은 이명박 정부가 천안함 사건을 지방 선거에 정치적으로 이용하려고 시
    도했기 때문이다. Oh and Arrington(2007) 참조.

22 조기숙(1993).

23 최준영, 조진만(2005). 2020년 총선 결과에서 지역주의가 강화된 것처럼 보이긴
    하지만, 이는 과거와 같은 단순한 지역주의 투표와는 다르다. 뒤에서 다시 언급하
    겠지만, 최근 양당에 대한 정당 일체감이 강화되는 추세 속에서 투표율이 높았고,
    이에 정당 일체감에서 우위를 갖는 정당이 해당 지역에서 승리한 결과로 해석할
    수 있기 때문이다. 지역주의 투표는 의석수가 아니라 득표율을 기준으로 판별해야
    정확하다.

24 조기숙(2002).

25 이현우(2011).

26 Burns(2006).

27 강원택(2003a); 강원택(2003b); 이현출(2005).

28 이현우(2006).

29 박종민(2008).

30 박신용철(2006).

31 이영섭(2009).

32 연합뉴스 미디어랩. 〈대통령 신년연설·신년사 키워드 그래프〉 http://www.yonhapnews.co.kr/medialabs/wd/nykw_or.html

33 박종민(2008).

34 중앙일보(2007.12.24.)

35 신창운(2009).

36 양재진(2008).

37 조기숙(2013).

38 미래발전연구원의 조사 결과에 따르면, 참여정부의 정책 중 계승해야 할 것 두 가지를 묻는 질문에서 복지 정책이 41.3%로 가장 높았으며, 그다음 지방 균형 발전 정책은 36.8%로 나타났다.

39 조기숙(2007); 김성재(2010); 문재인(2011).

40 노무현 대통령에 대한 지지 기반의 변화가 복지 정책 때문인지 단순히 담론 때문인지는 현존하는 자료로는 증명할 수 없다. 이 글의 핵심 주장은 각 당에 정당 재편성과 해체가 동시에 진행되었으며, 그 중심에 복지주의 대 성장주의 담론이 있다는 것이다.

41 이현출(2005).

42 강원택(2010).

43 Kang(2008), pp.471~472; 강원택(2010), p.200.

44 강원택(2010).

45 Burns(2003).

46 Cho(2003).

47 Cho(2003).

48 2008년 자료에서는 표본의 누락이 128개에 달하는데, 그중 111개가 소득과 관련한다. 누락자의 노 대통령에 대한 지지는 36.9% 대 57.9%로 부정적 지지가 높다. 그러나 다른 항목에 대한 답변으로 추론해 보면, 누락된 표본은 저소득층이라기보다는 고소득층에 가깝다. 가령 미국산 쇠고기를 먹겠느냐는 질문에 무응답자의 긍정적 응답은 41.2%에 불과하고 부정적 응답은 58.8에 달해 오히려 중상층의 의견

과 유사하다. 따라서 무응답자에 대한 분석은 이 글의 주장을 강화할 뿐 약화시키지 않는다.

49 Cho(2003). 2002년 노무현 투표(양분 변수), 2007년과 2008년의 독립 변수는 4점 척도의 노무현 평가.

50 전용주, 김도경, 서영조(2008).

51 다중공선성multi-collinearity의 문제를 제기한 이도 있으나, 이 분석에 사용한 각 변수의 상관관계는 모두 .3 이하인 것으로 나타났다.

52 강정인(2010).

53 홍여림(2007.12.13.).

54 윤호우(2009.06.23.).

55 조기숙(2007).

56 조기숙(2013).

57 중앙선거관리위원회(2020.12.03.)

58 조기숙(2000).

59 조기숙(2017).

60 조기숙(2012).

61 조기숙(2008).

62 Cho(2003).

63 조기숙(2020b).

64 조기숙(2020b).

04 노무현 대통령의 소통 혁신과 언론 개혁 _이소영

1 Bass(1985).

2 노무현(2019a).

3 최민희(2002).

4 최민희(2002), p.206.

5 최민희(2002), p.204.

6 노무현(2001); 최민희(2002), p.203 재인용.

7 류정민(2011.05.19.).

8 원용진(2003).

9 Neustadt(1990).

10 최민희(2002), pp.210~211.

11 청와대(2007.06.08.).

12 송의달(2003.05.20.).

13 홍준호(2006.07.28.).

14 최현정(2005.11.08.).

15 김순덕(2006.07.27.).

16 조선일보 사설(2006.08.30.).

17 동아일보 사설(2007.12.19.).

18 김성재, 김상철(2014).

19 중앙일보(2005.03.25.); 김성재, 김상철(2014)에서 재인용.

20 동아일보(2005.07.27.); 김성재, 김상철(2014)에서 재인용.

21 이용인, 김이택(2008.01.28.).

22 김기창(2007.01.23.).

23 오연호(2009), p.95.

24 공무원 기타 정치적 중립을 지켜야 하는 자(機關·團體를 포함한다)는 선거에 대
한 부당한 영향력의 행사 기타 선거 결과에 영향을 미치는 행위를 하여서는 아니
된다.

25 김선수(2016.04.25.).

26 한종호(2005).

27 남재일(2007).

28 김재영(2011).

29 남재일(2007).

30 한종호(2005).

31 노무현(2007.06.02.).

32 이백만(2009), p.479.

33 김창호(2010), p.60.

34 오연호(2009), pp.257~259.

35 강원택(2004).

36 강원택(2004).

37 오연호(2009).

38 한종호(2005).

39 남재일(2007).

40 조선일보 사설(2007.10.18.).

41 양송이(2019.05.21.); 정절운(2019.05.21.) 재인용.

42 오연호(2009), p.42.

43 오연호(2009), p.255.

44 이준(2006.11.21.).

45 이용인, 김이택(2008.01.28.).

46 박성준(2003.06.25.).

47 정우상(2003.06.25.).

48 이용인, 김이택(2008.01.28.) 재인용.

49 남재일(2005).

50 이주희(2004.02.22.).

51 노무현(2007.11.11.).

52 오연호(2009), pp.95~96.

53 노무현(2007.06.02.).

54 노무현(2006.12.21.).

55 노무현(2004.05.27.).

56 노무현(2005.10.27.).

57 노무현(2006.12.21.).

58 남궁욱(2006.12.26.).

59 노무현(2007.01.23.).

60 신정록(2007.01.24.).

61 신정록(2006.12.28.).

62 김민웅(2007.02.20.).

63 최장집, 유철규, 김유선 외(2005).

64 최장집(2005).

65 손호철(2005.09.06.).

66 노무현(2007.02.17.). 그는 이 기고문에서 "저는 신자유주의자가 아닙니다. 그렇다
고 한나라당이나 일부 정치언론이 말하는 그런 좌파도 아닙니다. 저는 진보의 가
치를 지향하는 사람이지만 무슨 사상과 교리의 틀을 가지고 현실을 재단하는 태도
에는 동의하지 않습니다. 오늘날은 개방도, 노동의 유연성도 더 이상 이념의 문제
가 아니라 현실적 효용성의 문제입니다. 세계 시장이 하나로 통하는 방향으로 가
는 시대의 대세는 중국의 지도자들도 거역하지 못한 일입니다. 이런 마당에 개방
을 거부하자는 주장이나 법으로 직장을 보장하자는 주장은 현실이 아닙니다. 그것
은 지난 시대에나 가능했던 일입니다"라고 말하며, 시대의 요구에 부합하는 유연
한 사고의 필요성을 강조한다.

67 손제민(2007.02.28.).

68 최장집(2007.05.30.).

69 김윤태(2009.05.07.).

70 남재일(2005).

71 노무현(2003.05.13.).

72 이창길(2007.05.23.).

73 위키리스크 공개; 임병도(2012.11.30.) 재인용.

74 김헌식(2009), p.69.

75 김헌식(2009), p.286.

76 오연호(2009), p.239.

77 오연호(2009), p.241.

78 한종호(2005).

79 노무현(2007.06.02.); 오연호(2009), p.129 재인용.

80 노무현(2008.01.03.).

81 최민희(2002), p.204.

82 노무현(2007.11.11.).

83 오연호(2009), p.42.

84 노무현(2019a), pp.195~196.

85 노무현(2019a), p.196.

86 노무현(2019b).

05 노무현 대통령의 입헌주의 정치 담론 _김종철

1 미합중국의 경우 대통령 탄핵 시도는 여러 차례 있었지만 성공한 탄핵은 공식적으로는 없다. 리처드 닉슨의 경우 탄핵을 면하기 위해 사임한 것으로, 실제로 최초의 탄핵 사례가 될 뻔했다.

2 김기춘 대통령 비서실장 등이 권력을 남용하여 정부 비판적인 문화 · 예술계 인사들의 블랙리스트를 작성하여 차별한 사건, 양성태 대법원장 등이 사법 행정권을 남용하여 정치적 동기로 재판에 관여한 등 사법 농단 사건 등이 대표적이다.

3 흔히들 적폐 청산의 과제에 대해서도 한국 사회의 고질병으로 언급되는 이분법적인 대립 구도가 작용하는 측면이 있다. 과거 청산은 그 자체로 올바른 미래 설계를 위한 필수 과정이므로 과거 청산의 과제는 부정될 수 없다. 그러나 과도한 과거 청산 또한 정작 과거의 올바른 청산을 어렵게 할 만큼, 현재와 미래의 현안에 대한 의

제 설정이나 사회적 자원의 효과적 분배를 제약하는 문제가 있음을 직시해야 한다.

4 문화·예술계나 한국 문화에 대한 해외 전파 현상을 흔히들 '한류'라고 부르는데, 한국의 민주화 또한 정치 변동의 모델 사례가 되고 있다. 예컨대 홍콩의 민주화 시위는 〈1987년〉 등 영화 한류의 영향으로 외국에도 알려진 87년 6월 항쟁이나 2017년 촛불 혁명의 전파 사례에 영향받은 것으로 언론은 보도한다(한주홍, 2020.06.10. 참조).

5 권기욱(2007), p.37.

6 이기형(2006), pp.109~110.

7 조희연 외(2003).

8 윤평중(2011), p.80.

9 김종철(2020.03.26.) 참조.

10 정당법 제22조는 국회의원선거권자만이 정당원이 되도록 규정하면서 국가공무원법 제2조와 지방공무원법 제2조상 정무직공무원을 제외한 공무원 대부분이 정당에 가입할 수 없도록 금지하고 있으며, 국가공무원법 제65조 등을 통해 정치 활동을 금지함으로써 선거권과 정당 활동을 과도하게 결속하고 있다. 정당법에서 국회의원선거권자로 정당 활동의 기준을 세움으로써 청소년의 정치 활동을 과도하게 제한하며, 대부분 사립 학교의 교원을 비롯하여 현실적으로 정치적 영향력이 클 수 있는 직업군의 정당의 자유를 박탈함으로써 정치 활동을 과도하게 제한하고 있다.

11 예컨대, 공직선거법 제232조가 후보자에 대한 매수 및 이해유도죄를 통해 선거 협상을 통한 공직의 배분을 금지 대상으로 삼고 있는 경우, 선거 연합이나 정치 연합을 매수 및 이해유도죄로 처벌할 수 있는 길이 열린다.

12 헌법 제31조 제4항은 교육의 정치적 중립성을 헌법적 가치로 보장하며, 교육기본법 제6조 제1항과 제14조 제4항은 각각 교육이 정치적·파당적 또는 개인적 편견을 전파하는 방편으로 이용되어선 안 되며, 교원이 특정한 정당이나 정파를 지지하거나 반대하기 위하여 학생을 지도하거나 선동해서는 안 된다는 일반적 원칙을 제시한다. 하지만 이를 확대 해석하여, 사실상 정치적 사안은 교육 현장에서 교육 자료로 활용할 여지가 극도로 적으며, 이에 따라 민주 시민 교육이 위축된 형편이다.

13 김종철(2020a), pp.27~30.

14 김종철(2014), pp.137~184; 정태호(2012), pp.106~127.

15 김종철(2020b), pp.202~215.

16 Tomkins(2003), Ch.1; Bellamy(2007), pp.1~13.

17 김종철(2005); 김종철(2018); Kavanagh(2019), pp.43~73; Goldoni, McCorkindale(2019), pp.74~96.

18 이외에 헌법을 재판 과정에서 관철될 수 있는 '법적 형식의 헌법the law of the constitution'과 재판 과정에서는 관철될 수 없으나 정치 과정에서 일종의 행동 규범으로 작용할 수 있는 '도덕으로서의 헌법the morality of the constitution'으로 구분하는 관점(김종철, 2016a, pp.8~12)에서도 사법적 헌법 담론과 정치적 헌법 담론의 구별이 가능할 수 있다.

19 헌재 2004.05.14. 2004헌나1, 판례집 16-1, 609.

20 헌재 2004.05.14. 2004헌나1, 판례집 16-1, 609, 634.

21 헌재 2004.05.14. 2004헌나1, 판례집 16-1, 609, 637.

22 헌재 2004.05.14. 2004헌나1, 판례집 16-1, 609, 647.

23 윤태영(2014), pp.131~132.

24 김종철(2016b), pp.48~52.

25 이종수(2004), pp.20~26.

26 김종철(2016b), pp.52~53.

27 노무현(2007.06.08.).

28 노무현(2007.06.10.).

29 임석규, 김태규(2007.06.14.).

30 헌재 2008.01.17. 2007헌마700, 판례집 20-1상, 139, 166~167.

31 헌재 2008.01.17. 2007헌마700, 판례집 20-1상, 139, 170.

32 노무현재단, 유시민(2010), p.290.

33 노무현(2003.04.02.).

34 노무현(2005.07.05.).

35 동아일보 사설(2005.07.29.).

36 강희철(2005.07.28.).

37 대연정 제안 관련 위헌 논쟁에 관한 노무현 대통령의 기자 간담회 관련《연합뉴스》기사(2005.07.29.) 참조.

38 김종철(2007), p.78.

39 대통령 비서실(2007).

40 김종철(2007), p.78.

41 한겨레 온라인 뉴스팀(2007.01.10.).

42 인터넷판《중앙일보》의 신창훈(2007.02.15.)에서 연내 개헌에 대한 여론을 조사한 결과, 25.7%만이 찬성이었다. 인터넷판《한겨레》의 성연철(2007.02.04.)에서 역시 연내 개헌 반대가 68.1%로 찬성 23.4%를 압도하였다.

43 정태호(2016).

44 노무현(2003.10.10.).

45 헌재 2003.11.27. 2003헌마694등.

46 헌재 2004.05.14. 2004헌나1, 판례집 16-1, 609, 613~614.

47 필자도 당시 위헌론을 피력한 바 있다. 김종철(2003.10.11.) 참조.

48 헌재결 2003.11.27., 2003헌마694 · 700(병합), 742(병합).

49 노무현(2007.02.17.).

06 노무현 대통령의 헌정 질서 수호: 대통령 선거 중립 논쟁을 중심으로 _정태호

1 김현아(2018.11.05.) 참조. "미국 현지언론에 따르면 트럼프 대통령은 이날 조지아
· 테네시주를 방문한 데 이어서 5일에는 오하이오 · 인디애나 · 미주리주 등을 방문
해 6일 중간선거 직전까지 공화당 후보와 민주당 후보가 박빙 양상을 보이는 지역
을 중심으로 총력지원에 나설 계획이다."

2 연합뉴스 기사(2017.05.18.) 참조. "에마뉘엘 마크롱 프랑스 대통령이 새 정부 1기
내각 인선을 마치자마자 여 · 야가 한 달여 앞으로 다가온 총선 전투태세에 본격 돌
입했다. 총선에서도 의회의 과반 의석을 차지하겠다고 벼르고 있는 마크롱 대통령
은 에두아르 필리프(47) 신임 총리를 내세워 내각을 총동원한 가운데 여당의 총선
지원에 나설 계획이다."

3 노무현(2007.07.17.).

4 노무현(2007.07.17.).

5 노무현(2007.06.08.). 강조는 필자.

6 노무현(2007.07.17.). 강조는 필자.

7 노무현(2007.06.08.) 참조.

8 이에 대한 상세한 논의는 정태호(2016a), p.103 이하 참조.

9 제85조(공무원 등의 선거관여 등 금지) ① 공무원 등 법령에 따라 정치적 중립을 지
켜야 하는 자는 직무와 관련하여 또는 지위를 이용하여 선거에 부당한 영향력을 행
사하는 등 선거에 영향을 미치는 행위를 할 수 없다.

10 청와대(2004.02.19.) 참조.

11 당시 중앙선거관리위원회는 역대 전체 회의 사상 가장 긴 6시간여의 마라톤 회의
를 진행했고, 결국 합의에 의하여 결정을 내리던 기존 관행을 깨고 표결로 결정을
내렸다고 한다. 중앙선관위원회는 사전 선거 운동 부분은 5대 3으로 위반이 아님
을, 선거 중립 의무에 대해선 6대 2로 위반이라 판정하였다. 이에 대해서는 《중앙
일보》 기사인 이철희(2004.03.04.) 참조.

12 노무현(2004.03.11.).

13 탄핵이 발의된 2004년 3월 9일 오후 KBS의 여론 조사 결과에 따르면, 야당의 노 대통령 탄핵 추진을 반대한다는 응답이 65.2%로 집계됐다(김창우, 2004.03.10.). 탄핵 소추 의결 직후 MBC 의뢰로 실시한 여론 조사에서도 국회가 노무현 대통령 탄핵안을 의결한 것은 잘못됐다는 의견이 70%로, 잘한 일이라는 의견이 22.7%로 나타났다(도인태, 2004.03.12.).

14 총 299석 중 열린우리당은 152석(+103석), 한나라당은 121석(-18석), 민주노동 당은 10석(+10), 새천년민주당은 9석(-50석), 자유민주연합 4석(-6석)을 차지하 였다. 괄호 안은 17대 총선 전 의석수다.

15 헌재 2004.05.14. 2004헌나1. 2014년 7월 15일 방영된 KBS1TV의 〈시사기획 창: 헌법재판소에 대한 심층보고서〉에 의하면, 당시의 헌법재판소 법에 의해서 소수 의견을 표시할 수 없어 공개되지 않았던 노 대통령 탄핵 사건에 대한 재판관 의견 분포는 기각 5, 각하 1, 인용 3인이었다.

16 선거 중립 의무 위반 이외에도, 중앙선거관리위원회의 경고 결정에 대하여 대통령 이 현행법을 관권 선거 시대의 유물로 폄하하고 법률의 합헌성과 정당성에 대하여 대통령의 지위에서 공개적으로 의문을 제기한 것, 재신임 국민 투표를 제안한 것 등도 헌법 위반으로 인정하였다.

17 이하 노 대통령의 발언 내용 등 사실관계는 헌재 2008.01.17. 2007헌마700, 판례 집 20-1상, 139, 151 이하를 인용한 것임을 밝혀 둔다.

18 헌재 2008.01.17. 2007헌마700.

19 헌재 2004.05.14, 2004헌나1; 헌재 2008.01.17. 2007헌마700.

20 노무현(2007.06.08.) 참조. 마찬가지로 비판적인 견해로는 조재현(2008), p.29 이 하 참조.

21 헌재 2008.01.17. 2007헌마700에 대한 조재현, 송두환 재판관의 반대 의견 참조. 그러나 헌재 2008.01.17. 2007헌마700의 법정 의견 요지 나(1)은 공직선거법을 특별법으로 본다.

22 헌재 2008.01.17. 2007헌마700에 대한 조대현 재판관의 반대 의견과 송두환 재판 관의 반대 의견 참조.

23 헌재 2002.11.28. 98헌바101; 헌재 2015.05.28. 2012헌마653 등을 참조.

24 노무현(2007.02.27.).

25 물론 필자는 공직선거법 제9조 제1항은 지나치게 불명확하고 필요 이상으로 공무 원의 정치적 표현의 자유를 제한해서 위헌이라고 보지만, 여기서는 이를 논외로 한다.

26 노무현(2007.06.08.).

27 헌재 2014.12.19. 2013헌다1 참조.

28 헌재 1999.11.25. 98헌마141.

29 이에 대하여 상세한 것은 정태호(200b), p.98 이하; 정태호(2005c), p.129 이하 참조.

30 이에 대하여 상세한 것은 정태호(2005a), p.495쪽 이하 참조.

31 가령 제15대 국회의원 선거에서는 재적 299명 중 15명, 제16대 국회의원 선거에 서는 무소속 국회의원은 재적 273명 중 5명, 제17대 국회의원 선거에서 무소속 국 회의원은 재적 299명 중 2명에 불과하였다.

32 헌재 2006.07.27. 2004헌마655; 헌재 2008.03.27. 2004헌마654; 헌재 2020. 05.27. 2019헌라3 참조.

33 Hesse(1995), pp.157~158; 계희열(2005), p.241 참조.

34 물론 여당도 대통령과 정부에 대한 통제 기능을 수행한다. 이 통제 기능은 주로 원 내가 아닌 원내 교섭 단체의 의원총회, 당정 협의, 정부와 여당의 연석회의, 전당대 회 등을 통해 행사된다. 원내에서는 여당은 대체로 정부를 비판하기보다는 야당의 정부 공격으로부터 정부를 옹호한다. 여당의 정부 정책에 대한 통제는 오늘날 사 후적·교정적 통제보다는 정책의 입안 단계에서부터 시작되는 사전적·예방적 통 제의 양상을 보이고 있다.

35 Hesse(1995), p.531,

36 청와대(2007.06.15.).

37 대통령의 지위 분류에 대하여 상세한 것은 김종철(2005), p.7 이하 참조.

38 헌법재판소의 법정 의견은 대통령의 선거 중립 의무를 논증하기 위하여 바로 이와 같은 측면만을 강조하고 있다. 헌재 2008.01.17. 2007헌마700 참조.

39 헌재 1999.11.25, 98헌마141(김문희, 이재화 재판관의 반대 의견). 공익 개념의 불 명확성에 대해서는 헌재 2010.12.28. 2008헌바157 등 참조. 그러나 노무현 대통령 이 제기한 헌법 소원 사건에서 헌법재판소의 법정 의견은 대통령의 공익 지향 의 무를 선거 중립 의무의 근거로 봄으로써(헌재 2008.01.17. 2007헌마700, 공보 136 호 230~231) 이 점을 간과하고 있다. 이 사건에서 헌법재판소는 공익이 실체적으 로 선재하는 것이고, 무엇이 공익이고 또 어떻게 그 공익을 실현할 수 있는 것인지에 대하여 정치적 이견이 있을 수 없는 것처럼 전제하는 오류를 범하고 있는 셈이다.

40 헌재 2010.12.28. 2008헌바157 등 참조.

41 Schlaich(1972), p.54.

42 노무현(2007.07.17.).

43 헌재 2008.01.17. 2007헌마700; 헌재 2004.05.14. 2004헌나1.

44 헌재 2008.01.17. 2007헌마700; 헌재 2004.05.14. 2004헌나1.

45 헌재 2002.06.27. 99헌마480; 헌재 2008.01.17 2007헌마700.

46 한편, 공무원의 '정치적 중립'도 그다지 명확한 개념이 아니다. 헌법재판소는 헌법 제7조 제2항에 의해 보장되는 직업 공무원의 정치적 중립을 불편 부당성으로만 해석한다(헌재 1999.12.23. 99헌마135를 원용하는 헌재 2014.08.28. 2011헌바 32 등, 판례집 26-2상, 242, 257; 헌재 2014.08.28. 2011헌바50, 판례집 26-2상, 274). 그러나 공무원의 정치적 중립은 승인된 규범에 입각하여 객관적으로 그리고 사리에 맞게 과제를 수행하여야 한다는 의미의 적극적 중립성, 이기심이 아닌 전문성에 입각하여 과제를 처리할 것을 요구하는 중립성, 상호 대립하는 집단을 포괄하는, 따라서 이 모든 대립을 자체 안에서 조정해 내야 하는, 통일성과 전체성을 의미하는 중립성의 요소 등 다층적인 의미를 지닌다. 카를 슈미트Carl Schmitt가 직업 공무원의 중립성에 대하여 명확한 좌표를 설정하지 못한 것도 정치적 중립성의 다층적 의미에 기인한다. Schlaich(1972), p.46 참조. 공무원의 정치적 중립의 복합적 의미에 관한 행정학계의 글로는 박천오(2011), p.25 이하; 윤견수, 한승주(2012), p.237 이하 참조. 공무원의 정치적 중립 의무를 정치적 불편 부당성만으로 이해하면 이는 궁극적으로 정권에 대한 충성 의무로 변질되고, 직업공무원 제도는 사실상 집권 세력의 충실한 도구로 전락하고 만다(이에 대해서 상세한 것은 정태호(2016b), p.24 참조).

47 노무현(2007.02.27.).

48 헌재 2008.01.17. 2007헌마700.

49 헌재 2008.01.17. 2007헌마700, 판례집 20-1상, 139, 165; 헌재 2004.05.14. 2004헌나1, 판례집 16-1, 609, 639 참조. 헌법재판소는 헌재 2001.08.30. 99헌바92 사건에서 위 문언보다 더 포괄적인 공직선거법 제93조 제1항 중 "선거에 영향을 미치게 하기 위하여" 부분이 명확성의 원칙에 반하지 않는다고 결정한 바 있다.

50 헌재 2008.01.17. 2007헌마700. 그 외 장영수(2015), p.23; 음선필(2011), p.50 참조.

51 헌재 2008.01.17. 2007헌마700에 수록된 송두환 재판관의 반대 의견.

52 발언 내용에 대해서는 헌재 2008.01.17. 2007헌마700 참조.

53 중앙선거관리위원회(2015.07.14.).

54 김경욱(2015.09.14.).

55 김경욱(2015.09.14.).

56 박원경(2016.03.31.).

57 김혜연(2014.03.10.).

58 헌재 2004.05.14. 2004헌나1.

대통령 노무현, 한국 정치에 무엇을 남겼나

59 유사한 취지의 논증은 헌재 2008.01.17. 2007헌마700에 수록된 송두환 재판관의 반대 의견 참조. 이 문제에 대한 언론의 비판으로는 홍정순(2012.04.02.) 참조.

60 헌재 2008.01.17. 2007헌마700. 헌법재판소 판례에 동조하고 있는 글로는 장영수 (2015), pp.22~23; 음선필(2011), p.41 이하 참조.

61 헌재 2001.08.30. 2000헌마121 등; 대법원도 유사하게 선거 운동을 정의한다. 대판 2007.03.30. 선고 2006도9043 판결. 목적성에 대해서는 무엇보다도 대판 2016.08.26. 2015도11812 전원합의체 판결 참조.

62 그러나 판례는 이들 표지를 모두 상대화하고 있어 선거 운동의 외연이 법치 국가 적 명확성 원칙이 요구하는 수준만큼 명확하게 드러나는 것은 아니다. 이 때문에 사전 선거 운동 금지 규정 역시 정치적 표현의 자유를 과도하게 제한할 뿐 아니라 그 요건이 불명확하여 위헌이라는 주장이 계속 제기되고 있다. 물론 헌법재판소는 한국 선거 문화의 특성을 근거로 합헌이라는 입장을 견지하고 있다.

63 대통령에게 선거 운동을 금지한 것이 현행 헌법과 합치하는지는 의문이 제기될 수 밖에 없다. 여당과 야당의 경쟁과 대립이 권력 균형의 핵심 요인으로 작용하는 현 대 정당 민주주의 현실에서, 각종 선거의 결과는 대통령직 수행의 성과에 대한 평 가로 해석되는 것을 넘어서 대통령직의 수행에 직간접적으로 많은 영향을 미칠 수 밖에 없기 때문이다. 그러나 여기서는 대통령의 선거 운동이 현행 공직선거법상 금지되어 있다는 것을 전제로 선거 운동 이외에 선거에 관한 단순한 의사 표시까 지도 금지하고 있는 것으로 해석되는 공직선거법 제9조 제1항이 과연 필요한 것 인지, 따라서 법치 국가 원리의 파생 원칙 중의 하나인 과잉 금지 원칙을 위배하는 지만을 살펴보기로 한다.

64 남경국(2019), p.28 이하도 유사한 이유로 중앙선거관리위원회의 판단을 비판하 고 있다.

65 헌재 2002.11.28, 98헌바101.

66 그러나 헌재 2008.01.17 2007헌마700; 헌재 2004.05.14. 2004헌나1는 헌법 제7 조 제1항도 그 근거가 된다고 본다.

67 헌재 2008.01.17. 2007헌마700에 수록된 송두환 재판관의 반대 의견 참조. 이를 논거로 대통령의 선거 중립 의무를 뒷받침하고 있는 글로는 장영수(2015), p.23; 음선필(2011), p.41 참조.

68 노무현(2007.01.23.) 참조.

69 더 상세한 내용은 이송평(2019) 참조.

70 이에 대해서 상세한 것은 채진원(2016), p.207 이하 참조.

71 가령 "이제 이들 '권력기관'은 국민을 위한 기관으로 거듭나야 합니다. 참여정부는

더 이상 '권력기관'에 의존하지 않을 것입니다."(노무현, 2003.03.01.); 참여정부 정책총서 정부운영(2011), p.438 이하; 대통령자문정책기획위원회(2008); 정태호 (2012), p.257 이하, 특히 p.269 이하; 박용수(2016), p.61 참조.

72 이에 대해서 상세한 것은 이소영(2019) 참조.

73 제40회 방송의 날 축하연에서 그가 한 다음의 말은 매우 시사적이다(노무현, 2003.09.02.). "말을 가공하고 전달하는 분들은 좀 더 깊이 생각해서 갈라 치거나 불신하게 하거나 증오하고 싸우게 하는 정보를 주지 말았으면 좋겠습니다. [중략] 대통령은 국민의 선출에 의해 국정운영을 하는 것인 만큼 그만큼 인정해 주고 대통령의 직무를 존중해주면 상호관계가 원만하게 됩니다."

74 상세한 것은 김하열(2012) 참조.

07 노무현 대통령의 재정 혁신: 재정, 관료 정치를 벗어나다 _박용수

1 박경담, 민동훈(2019.05.18.).

2 노무현(2009), pp.48~49.

3 노무현 정부는 인사수석비서관 신설하여 후보자를 검증했던 민정수석과 균형 관계를 유지했고, 이외에 인재풀 시스템과 다면 평가시스템을 체계화했다(박일환, 2011, p.164).

4 NSC사무처는 국정원이 수집, 정리한 정보 중 대통령 보고 대상을 제외하고, 내용별로 각 부처로 전달하는 정보의 수요와 공급을 매개하는 기능을 수행했다. 이것은 실무적인 국가정보기관 통합조정시스템으로 볼 수 있다(이종석, 2014, pp.421~423).

5 노무현 정부는 분권과 지방 발전에 적극적이었고, 재정 혁신 측면에서 이것은 국가균형발전특별회계로 나타났다. 국가균형발전특별회계는 재정 혁신의 주요 사안이지만, 지방 분권과 관련하여 따로 다룰 필요가 있는 만큼 큰 사안이라 보고 이 글에서는 다루지 않았다.

6 국회회의록(1998.11.25.), pp.16~17.

7 변양균(2012), p.35. 변양균은 1970년대 경제기획원 시기부터 예산 부문 전문 관료로서 2002년 초 당시 국회 민주당 수석전문위원 임기를 마치고 기획예산처로 돌아간 상태였다. 노무현 대통령은 그를 통해 임기 동안 지속적으로 재정 혁신을 추진했다.

8 변양균(2012), p.36; 양재진, 윤성원, 유란희(2015), p.220.

9 제16대 대통령직인수위원회(2003), pp.85~86.

10 노무현(2004.06.19.).

11 노무현 대선 공약집 〈국가비전과 전략: 2002, 미래를 향한 희망과 도전〉에서 재정

혁신은 8대 핵심 전략이나 12대 정책 과제에 포함되지 않았다.

12 인수위원회 제 I 분과위원회는 재정 건전화, 공정하고 투명한 세제 및 세정, 지역 균형발전 특별회계 신설, 재산세 및 종합토지세 과표 과실화 등을 주요 정책 과제로 채택했다. 제16대 대통령직인수위원회(2003), pp.85~86, 253 참조.

13 대통령자문정책기획위원회(2008), p.25.

14 양재진, 윤성원, 유란희(2015), p.221.

15 변양균(2012), pp.40~41.

16 대통령자문정책기획위원회(2008), pp.24~27.

17 정부혁신지방분권위원회 산하의 전문 위원회는 재정세제 전문위원회 이외에 행정개혁 전문위원회, 인사개혁 전문위원회, 지방분권 전문위원회, 전자정부 특별위원회, 기록관리 전문위원회, 혁신분권평가 전문위원회 등이 있었다. 이에 대한 자세한 내용은 행정안전부 국가기록원 홈페이지를 참조(https://www.archives.go.kr/next/viewMain.do).

18 정부혁신지방분권위원회(2008), pp.39~45.

19 김상헌(2007), pp.22~24; 국회예산정책처(2014), pp.16~17.

20 함승민(2017.05.21.).

21 노무현재단(2010), p.217.

22 유훈(1973), pp.57~58.

23 신무섭(2007), p.175.

24 박성진(2016), pp.54~55.

25 김선혁, 정재동, 정태헌(2007), p.263. 한편 당시 정부 재정 수입원에서 비중이 컸던 원조는 1955년 설립된 부흥부가 담당했기에 재무부가 온전히 정부 예산을 관리했다고 보기는 어렵다(최상오, 2008, pp.198~199).

26 유훈(1973), p.162.

27 김선혁, 정재동, 정태헌(2007), p.267.

28 한국에서 기금은 1960년 공무원연금기금, 군인연금기금, 대한교통안전협회기금 설치와 함께 도입되었고, 1961년 예산회계법을 통해 법적 근거를 갖게 되었다(임동완 2018, 142).

29 재경회, 예우회(2011), p.69.

30 재경회, 예우회(2011), p.144.

31 강신택(2000), p.240.

32 이계수(1992), p.73.

33 재경회, 예우회(2011), pp.165~167.

34 옥동석(2003), p.44.

35 김대중 정부는 IMF 경제 관리 체제하에서 집권하여 기업, 금융, 노동, 공공 등 4대 부문 개혁을 추진했고, 재정 혁신은 공공 개혁의 일환으로 추진되었다.

36 김대중 정부 시기 기금관리기본법 개정으로 기존에 국회에 보고되던 기금 예산 안이 국회심의 대상으로 변경되었다. 기금관리기본법은 기존 예산회계법과 함께 2006년 국가재정법으로 통합되었다.

37 장병완(2006), p.101.

38 기획예산처(2002), pp.221~251; 옥동석(2003), pp.44~49.

39 옥동석(2003), p.50.

40 옥동석(2003), p.122.

41 옥동석(2003), p.127; 김용식, 김지엽(2018), p.6.

42 대통령자문정책기획위원회(2008), p.17; 고영선, 허석균, 이명헌(2004), p.22.

43 고영선, 허석균, 이명헌(2004), p.23.

44 대통령자문정책기획위원회(2008), p.59.

45 반장식(2003), pp.72~73.

46 대통령자문정책기획위원회(2008), p.26.

47 김용식, 김지엽(2018), pp.6, 11~12.

48 김용식, 김지엽(2018), p.13.

49 이 과정에서 아동발달계좌(희망통장), 북스타트 사업, 빈곤층 아동 인지능력향상 지원 사업, 지역사회서비스 혁신사업, 질병예방을 위한 건강투자 정책, 노인장기요 양보험, 기초노령연금, 방문보건 사업, 아동보육비 국가지원 확대 등이 포함되었다 (양재진, 윤성원, 유란희, 2015, p.225).

50 양재진 윤성원, 유란희(2015), p.212.

51 고영선, 허석균, 이명헌(2004), pp.21~22.

52 이종익, 강창구(2000), pp.44~45.

53 이론적으로 성과 중심 재정 운용은 주인-대리인 관계에서 대리인에 대한 주인의 정보 비대칭성을 완화하고, 대리인의 자율성을 제고시키는 방법이다. 업무 수행 방법에 대한 정보는 사업을 직접 추진하는 대리인이 이를 맡기고 평가하는 주인보 다 더 많이 갖고 있으며, 성과 평가 방식에서 대리인은 사업 추진 방식으로 평가받 지 않기 때문이다(권오성, 오시영(2008), p.29).

54 장병완(2006), p.109.

55 권오성, 오시영(2008), pp.54~56.

56 대통령자문정책기획위원회(2008), pp.100~101.

57 대통령자문정책기획위원회(2008), p.104.

58 재정 사업을 평가하려면 원가 정보가 필요한데, 단식부기 현금주의 회계 방식은 이에 대한 정보를 제공하지 못한다. 김대중 정부 시기 1999년 이 제도의 도입 방안이 마련되고, 2000년 위원회를 구성하여 검토 작업을 수행하여, 2003년 4월 정부회계법안을 입법 예고했다. 이에 대한 제도화는 2007년 국회를 통과한 국가회계법을 통해 이루어졌다(권오성, 오시영(2008), p.66).

59 권오성, 오시영(2008), pp.61~68.

60 오건호(2010), pp.71~73.

61 특별회계는 일반회계와 구분하여 국가가 특정 사업을 운영하거나, 특정 자금을 보유하거나, 특정 세입으로 특정 세출에 충당하는 경우 적용될 수 있다. 특별회계는 이승만 정부 시기 대충자금 특별회계와 귀속재산처리 특별회계에서 출발했고, 박정희 정부는 경제개발 특별회계 등을 통해 경제개발에 적극 활용하였다. 2018년 기준 법률이나 조례에 따라 지역발전 특별회계, (지방)공기업 특별회계, 교육비 특별회계 등 19개의 특별회계가 존재한다. 그런데 특별회계의 세입은 사업 수입, 목적세, 수수료, 부담금 등으로 구성되며, 그 수가 많고 일반회계와의 전출입도 많다. 이것이 정부의 재량에 의해 결정되기 때문에 예산 내역을 파악하기 힘들다(강인재, 윤영진, 전중열 외(2004), pp.22~24).

62 기금은 1960년 민주당 정부 시기 만들어진 이후, 박정희 정부 시기 급격히 확대되었다. 대표적 기금으로는 1968년 농수산물가격안정기금, 1973년 국민투자기금 등이 있고, 지금도 고용보험 기금, 국민연금기금, 농산물가격안정기금 등 60개 이상의 기금이 있다(기획재정부 2016 기금현황). 기금은 특정한 재원으로 특정한 분야의 사업에 대해 지출이 필요한 경우 예산과 별도로 설치운영되는데, 이러한 규정이 특별회계와 구분이 모호하다. 기금의 규모는 정부의 일반회계를 넘는 수준이지만, 국회심의는 2001년 기금관리기본법 개정에 따라 국회심의를 받게 되었다. 그렇지만 예산 편성은 통합재정이 아닌 각각 분리되어 진행되었다(고영선 외 2004, 23-24).

63 대통령자문정책기획위원회(2008), p.99.

64 권오성, 오시영(2008), p.26.

65 대통령자문정부혁신지방분권위원회(2008), p.50.

66 대통령자문정부혁신지방분권위원회(2008), p.246.

67 노무현(2009), pp.234~235.

68 한국은 정부의 강한 규제와 금융 통제를 수단으로 시장에 개입해 왔고, 재정 안정성과 낮은 조세 수준을 유지해 왔다. 이러한 작은 국가의 특성을 김미경(2018)은

근대 초기 중상주의적 재정 정책과 국가 주도의 강한 규율, 관방주의로 규정했다.

69 오건호(2017.06.06.).

70 문재인 정부의 재정개혁특별위원회가 제시한 첫 번째 개선안은 재정 정보 플랫폼 '열린 재정'이다. 그 이외의 제안은 검색 기능 강화를 통한 수요자 맞춤형 재정 정보의 제공, 예산 통계 해설 재정 운용 중간보고서 공개, 재정 정보 표준화 공개 관련 법률 제정 추진, 중기재정 분석보고서, 기금과 회계 간 중복 사업 조정 및 통폐합, 건강보험 정보 공개 확대 및 기금화 추진, 조세 지출(세금 감면)과 재정 지출 항목 간 연계 작업, 4차 산업혁명 관련 재정 투자를 국가재정 운용계획에 포함하는 것, 중기 총지출 규모 변동 사유를 예산 편성 과정에 상세히 설명, 기재부와 각 부처 예산 편성 행태의 문제점 보완, 전략적 지출 검토 제도 도입 등이다(재정개혁특별위원회(2019), pp.14~16).

71 대통령자문정책기획위원회(2008), p.114.

72 참여정부 국정운영백서 편찬위(2008), pp.96~99.

73 권오성, 오시영(2008); 김은지, 유지연, 김상헌(2016).

74 권오성, 오시영(2008), p.142.

75 대통령자문정책기획위원회(2008), p.55.

76 권오성, 오시영(2008), p.87.

대통령 노무현, 한국 정치에 무엇을 남겼나

참고 문헌

서문

홍세미. 2017.04.04. 〈노무현, 역대 대통령 평가 1위〉. 《머니투데이》.

이유미, 홍준석. 2021.07.28. 〈이준석, 여(與) 언론법 강행처리에 "노무현 정신과 어긋나"〉. 《연합뉴스》.

01 노무현 대통령의 공화주의적 정신: 분권과 자율, 대화와 타협, 시민 참여 _채진원

공공서비스노동조합총연맹. 2017.03.22. 〈'노-사-민-정 거버넌스 구축'으로 '한국형 연대임금제' 정착시켜야〉.

권재인. 2004.10.12. 〈새마을운동을 매도하지 말라〉. 《동아일보》.

나길회. 2008.03.04. 〈노무현 前대통령, 새마을운동 다시 하자고 해볼까 싶다〉. 《서울신문》.

노무현. 2002.08.23. 〈민주당 정책위원회 워크샵 연설〉. 노무현 사료관.

_____. 2002.09.22. 〈노무현 대통령후보 선대위 출범 선언 기자회견문〉. 노무현 사료관.

_____. 2002.12.16. 〈천년민주당 중앙선대위 연수 연설〉. 노무현 사료관.

_____. 2003.04.02. 〈제238회 임시국회 국정연설〉. 노무현 사료관.

_____. 2004.01.10. 〈대통령 비서실 직원 연수 특강〉. 노무현 사료관.

_____. 2004.05.27. 〈2004년 5월 27일 연세대 초청 연설문〉. 노무현 사료관.

_____. 2004.05.27. 〈연세대학교 초청 연설〉. 노무현 사료관.

_____. 2004.12.08. 〈2004 전국 새마을지도자 대회 메시지〉. 노무현 사료관.

_____. 2004.11.15. 〈LA 동포 간담회〉. 노무현 사료관.

_____. 2005.02.25. 〈노무현 대통령 취임 2주년 국회 국정연설문〉. 노무현 사료관.

_____. 2005.06.24. 〈한국정치 정상으로 돌아가야 한다〉. 노무현 사료관.

_____. 2005.07.25. 〈당원에게 보내는 편지(지역구도 등 정치구조 개혁을 위한 제안)〉. 노무현 사료관.

_____. 2006.01.25. 〈신년 기자회견 모두연설 및 질문·답변〉. 노무현 사료관.

_____. 2006.06.06. 〈제51회 현충일 추념사〉. 노무현 사료관.

_____. 2007.01.23. 〈2007년 신년연설: 참여정부 4년 평가와 21세기 국가발전전략〉. 노무현 사료관.

_____. 2007.02.17. 〈진보 진영 내 논쟁에 관한 기고문: 대한민국 진보, 달라져야 합니다〉. 노무현 사료관.

_____. 2007.04.19. 〈제47주년 4.19혁명 기념사〉. 노무현 사료관.

_____. 2007.04.30. 〈국민화합을 위한 기원대법회 연설〉. 노무현 사료관.

_____. 2007.06.02. 〈참여정부 평가포럼 강연〉. 노무현 사료관.

_____. 2007.06.16. 〈제8회 노사모 총회 축하 메시지〉. 노무현 사료관.

_____. 2007.10.19. 〈혁신벤처기업인 특별강연〉. 노무현 사료관.

_____. 2009.03.01. 〈민주주의와 관용과 상대주의〉. 노무현 사료관.

_____. 2009.《진보의 미래: 다음 세대를 위한 민주주의 교과서》. 동녘.

대통령자문정책기획위원회. 2008. 〈참여정부 정치개혁의 성과와 과제〉.《참여정부 정책 보고서》, 1-01. 노무현 사료관.

박중현. 2005.08.16. 〈盧대통령, 대기업 노조는 기득권 포기하라 촉구〉.《동아일보》.

비롤리, 마우리지오. 2006.《공화주의》. 김경희, 김동규 옮김. 인간사랑.

안수찬. 2009.07.17. 〈노무현의 시대는 끝나지 않았다〉.《한겨레21》.

오준화. 2005.12.01. 〈노 대통령, 박정희의 새마을 격찬〉.《폴리뉴스》.

노무현재단, 유시민. 2010.《운명이다: 노무현 자서전》. 돌베개.

참여정부 국정운영백서 편찬위. 2008.《참여정부 국정운영 백서 2: 민주주의》. 국정홍보처.

채진원. 2017. 〈노동개혁-임금차별 해소를 위한 스웨덴 모델의 교훈〉. 윤태곤, 서용석, 손석춘, 최병성, 정승일, 김홍규, 안병은, 강은주, 김익중, 한기호, 금태섭, 정성장, 추원서, 정욱식, 김광진, 이동준, 김덕원, 김공회, 채진원, 차두원, 이권능, 이정모, 최예용, 이용기, 남웅, 정초원, 이승훈, 조창완, 정윤수, 김혜선, 장은수, 김경집, 오찬호, 권두승, 김정인, 김육훈, 오준호, 강남훈, 안효상, 백승호, 금민, 윤자영.《2017 한국의 논점》. 북바이북.

_____. 2019a. 〈시민권 보장의 차이로서 공화주의 논의 민주주의, 민족(국가)주의, 세계시민주의와의 비교〉.《동향과 전망》, 제105호. pp.92~128.

_____. 2019b.《공화주의와 경쟁하는 적들》. 푸른길.

페팃, 필립. 2012.《신공화주의: 비지배 자유와 공화주의 정부》. 곽준혁 옮김. 나남.

허문명. 2012.04.16. 〈허문명 기자의 사람 이야기: 前 청와대 정책실장 김병준 국민대 교수〉.《동아일보》.

해밀턴, 알렉산더., 메디슨, 제임스., 제이, 존. 1995.《페더럴리스트 페이퍼》. 김동영 옮김. 한울아카데미.

마키아벨리, 니콜로. 2008.《군주론》. 강정인, 김경희 옮김. 까치.

_____. 2009.《로마사 논고》. 강정인, 안선재 옮김. 한길사.

Madison, J. 1987. "From Madison to Washington, April 16, 1787". *The Paper of James Madison*, Vol.9. University of Virginia Press.

Viroli, M. 2003. *For Love of Country: An Essay on Nationalism and Patriotism*. Oxford University Press.

02 한국 민주주의를 위한 노무현 대통령의 전략 _이송평

김종엽 엮음. 2009.《87년 체제론》. 창비.

김학노. 2018. 〈형세: 정치학적 개념 탐구〉.《한국정치학회보》, 제52권 제1호. 한국정치학회. pp.229~256.

노무현. 1987. 〈노동운동과 노동법의 발전〉.《부산지방변호사회지》, Vol. 6. 부산지방변호사회.

_____. 1989.《사람 사는 세상》. 현장문학사.

_____. 1993. 〈민주당 더 빨리 더 크게 달라져야: 노무현의 민주당 개조론〉.《말》, 통권 83호. pp.60~65.

_____. 1994.《여보 나 좀 도와줘》. 세터.

_____. 1996. 〈한국사회에서의 진보와 보수〉.《고대문화》, 제43호. 고려대학교 고대문화편집위원회.

_____. 2001.10.25. 〈원광대 행정대학원 특강 연설: '가치문화의 시대'를 열자〉. 노무현 사료관.

_____. 2002.《노무현의 리더십 이야기》. 행복한책읽기.

_____. 2002.04.27. 〈불신과 분열의 시대를 넘어 개혁과 통합의 시대로: 새천년민주당 제16대 대통령 후보 수락 연설문〉. 노무현 사료관.

_____. 2002.05.15. 〈새시대전략연구소 특별 초청강연 연설: 대화와 타협으로 통합의 새 시대를 열어가자〉. 노무현 사료관.

_____. 2003.06.10. 〈6월 항쟁 16주년 기념 메시지〉. 노무현 사료관.

_____. 2007.01.23. 〈2007년 신년연설: 참여정부 4년 평가와 21세기 국가발전전략〉. 노무현 사료관.

_____. 2007.01.31. 〈참여정부 4주년 기념 국정과제위원회 합동 심포지엄 특강〉. 노무현 사료관.

_____. 2008.12.31. 〈진보주의 연구모임 회의록 2008~2009〉.

_____. 2009a. 《못다 쓴 회고록-성공과 좌절》. 학고재.

_____. 2009b. 《진보의 미래: 다음 세대를 위한 민주주의 교과서》. 동녘.

_____. 2009.03.27. 〈진보주의 연구모임 회의록 2008~2009〉.

대통령비서실. 2008. 《노무현 대통령 연설문집》. 국정홍보처.

박재동, 유시민, 천정배, 손혁재, 정혜신, 최민희, 노무현, 강민석, 노건호, 명계남, 이광호, 장봉군, 화미남자, 문성근. 2002. 《노무현: 상식, 혹은 희망》. 행복한책읽기.

안희정. 2010. 《247명의 대통령》. 나남.

이송평. 2010. 〈노무현의 민주주의 혁신전략〉. 박사학위논문. 영남대학교 대학원.

_____. 2012. 《노무현의 길》. 책보세.

03 노무현 대통령의 도전과 한국 정당 체계의 재편성: 지역에서 이익으로 _조기숙

강우진. 2013. 〈제18대 대선과 경제투표: 경제성장에 대한 정책선호의 일치의 영향력을 중심으로〉. 《한국정치학회보》, 제47집 제5호. 한국정치학회.

강원택. 2003a. 〈한국 정치의 이념적 특성-국회의원과 국민에 대한 경험적 분석을 중심으로〉. 《한국정당학회보》, 제2권 제1호. 한국정당학회.

_____. 2003b. 《한국의 선거정치: 이념, 지역, 세대와 미디어》. 푸른길.

_____. 2010. 《한국 선거정치의 변화와 지속》. 나남.

_____. 2017. 〈2017년 대통령선거에서의 보수 정치: 몰락 혹은 분화?〉. 《한국정당학회보》, 제16권 제2호. 한국정당학회.

_____. 2019. 〈정당 지지의 재편성과 지역주의의 변화: 영남 지역의 2018년 지방선거 결과를 중심으로〉. 《한국정당학회보》, 제18권 제2호. 한국정당학회.

강정인. 2010. 〈율곡 이이(李珥)의 정치사상에 나타난 대동(大同)·소강(小康)·소강(少康): 시론적 개념 분석〉. 《한국정치학회보》, 제44권 제1호. 한국정치학회.

김성연. 2016. 〈한국 선거에서 경제 투표의 영향: 제18대 대통령 선거 패널 데이터 분석 결과〉. 《한국정치학회보》 제50권 제4호. 한국정치학회.

김성재. 2010. 〈[이 책을 말한다 1: 김대중의 《김대중 자서전》 삼인] 민주주의와 평화의 트랜스포머, 김대중〉. 《기독교사상》. 대한기독교서회.

김용호. 2001. 《한국정당정치의 이해》. 나남.

_____. 2012. 〈총선평가와 대선전망: 역사적 조망〉. 국회입법조사처·한국정당학회 주최 총선평가 학술회의 발표논문. (2012. 4. 25).

_____. 2013. 〈한국 정당정치는 안정될 수 있는가? 민주화 이후 한국 정당정치의 제도화에 대한 평가와 전망〉. 《한국정치학회 춘계학술회의》. 한국정치학회.

김형준. 2012. 〈4.11 총선 평가와 유권자 재편성 고찰〉.《국가전략》, 제18권 제2호. 세종
　　연구소.

김행. 2000.01.26. 〈"지지정당 없다" 71%〉.《중앙일보》.

동아시아 연구원. 2011.05. 〈EAI 여론브리핑〉, 제97호.
　　http://www.eai.or.kr/korean/index.asp

류재성. 2010. 〈제5회 영남지역 지방선거 결과 분석: 지역패권정당체계의 지속과 변화〉.
　　《의정논총》, 제5권 제2호. 한국의정연구회.

문재인. 2011.《문재인의 운명》. 가교.

박신용철. 2006.12.14. 〈노무현 정부, 상당히 성공한 부분 있다〉.《오마이뉴스》.
　　http://bit.ly/12KvlF

박원호. 2018. 〈지방선거와 정당 재편성〉.《EAI 논평》. 재단법인 동아시아연구원.

박원호, 송정민. 2012. 〈정당은 유권자에게 얼마나 유의미한가?: 한국의 무당파층과 국
　　회의원 총선거〉.《한국정치연구》, 제21집 제2호. 한국정치연구소.

박원호, 신화용. 2014. 〈정당 선호의 감정적 기반: 세월호 사건과 지방선거를 중심으로〉.
　　《한국정치학회보》, 제48집 제5호. 한국정치학회.

박종민. 2008. 〈한국인의 정부역할에 대한 태도〉.《한국정치학회보》, 제42집 제4호. 한
　　국정치학회.

송건섭. 2019. 〈2018년 지방선거에서 젊은 유권자 층의 투표결정분석〉.《지방정부연
　　구》, 제22권 제4호. 한국지방정부학회.

신창운. 2009.02.23. 〈MB 정부, 지지율보다 신뢰 회복이 더 급해〉.《중앙일보》.
　　https://news.joins.com/article/3503178

양재진. 2008. 〈적극적 복지정책, 그러나 실패한 지지동원〉. 한반도 사회경제연구회 편.
　　《노무현 시대의 좌절: 진보의 비판적 재구성을 위한 비판적 진단》. 창비.

오수진, 박상훈, 이재묵. 2017. 〈유권자의 계급배반과 정치지식: 제20대 총선에서 나타
　　난 투표향태를 중심으로〉.《한국정치학회보》, 제51집 제1호. 한국정치학회.

윤호우. 2009.06.23. 〈[특집] 정당지지도 '30·40대의 대이동'〉.《주간경향》.

이동윤. 2012. 〈제19대 국회의원선거와 부산지역 정당지지도 분석〉.《OUGHTOPIA》,
　　제27권 제1호. 경희대학교 인류사회재건연구원.

이영섭. 2009.12.31. 〈76% '올해 기억에 남는 정치사건, 盧 서거〉.《뷰스앤뉴스》.
　　http://www.viewsnnews.com/article?q=58280

이용마. 2013. 〈한국 사회 계층균열의 등장과 정당재편성〉. 서울대학교 대학원 박사학
　　위논문.

_____. 2014. 〈2000년대 이후 한국 사회 계층균열 구조의 등장〉.《한국정치학회보》, 제

48집 제4호. 한국정치학회.

이준한, 임경은. 2004. 〈과연 '중대선거' 인가? - 제17대 국회의원 선거에서의 유권자 투표결정요인 분석〉. 《한국정치연구》, 제13집 제2호. 한국정치연구소.

이현경, 권혁용. 2016. 〈한국의 불평등과 정치선호의 계층화〉. 《한국정치학회보》, 제50집 제5호. 한국정치학회.

이현우. 2006. 〈16대 대통령 선거에서 나타난 이슈와 후보자 전략〉. 어수영 편. 《한국의 선거 V》. 오름.

_____. 2011. 〈제5회 지방선거의 주요 이슈와 유권자 평가〉. 《선거연구》, 제1권 제1호. 중앙선거관리위원회.

이현출. 2001. 〈무당파층의 투표행태: 16대 총선을 중심으로〉. 《한국정치학회보》, 제34집 제4호. 한국정치학회.

_____. 2005. 〈한국 국민의 이념성향: 특성과 변화〉. 《한국정치학회보》, 제39집 제2호. 한국정치학회.

장승진. 2012. 〈제19대 총선의 투표 선택: 정권심판론, 이념 투표, 정서적 태도〉. 《한국정치학회보》, 제46집 제5호. 한국정치학회.

_____. 2013. 〈2012년 양대 선거에서 나타난 계층균열의 가능성과 한계〉. 《한국정치학회보》, 제47집 제4호. 한국정치학회.

전용주, 김도경, 서영조. 2008. 〈부산·광주지역 대학생들의 정치성향 비교연구: 설문조사결과를 중심으로〉. 《한국정치학회보》, 제42집 제4호. 한국정치학회.

정재도, 이재묵. 2018. 〈영남 지역주의 투표형태의 변화연구〉. 《대한정치학회보》, 제26권 제4호. 대한정치학회.

정진민, 황아란. 1999. 〈민주화 이후 한국의 선거정치: 세대요인을 중심으로〉. 《한국정치학회보》, 제33권 제2호. 한국정치학회.

조기숙. 1993. 〈합리적 유권자모델과 한국의 선거분석: 여촌야도, 지역주의, 정당본위투표를 중심으로〉. 이남영 편. 《한국의 선거》. 나남.

_____. 1999. 〈쉬운쟁점의 선거전략〉. 《한국정치학회보》 32집 4호.

_____. 2000. 《지역주의 선거와 합리적 유권자》. 나남.

_____. 2002. 《16대총선과 낙선운동》. 집문당.

_____. 2007. 《마법에 걸린 나라》. 지식공작소.

_____. 2008. 〈광장의 정치와 문화적 충돌: 2008 촛불집회에 대한 경험적 분석〉. 《한국정치학회보》, 제42집 제4호. 한국정치학회.

_____. 2011. 〈정당재편성 이론으로 분석한 2007 대선〉. 《한국과 국제정치》, 제27권 제4호. 경남대학교 극동문제연구소.

_____. 2013. 〈'정당지지'에 기초한 선거예측 종합모형: 19대 총선의 구조를 중심으로〉.《한국정치학회보》, 제47집 제4호. 한국정치학회.

_____. 2017) 〈〈국민의당〉은 포퓰리즘 정당인가: 안철수와 국민의당 지지자 특성의 변화와 지속성: 2012-2016〉. 한국선거학회 편.《한국의 선거 VII》. 오름.

_____. 2020a.《한국선거 예측가능한가?》. 이화여자대학교 출판부.

_____. 2020b. 〈한국 정당재편성의 역사와 기제: 세대교체, 전환, 혹은 동원?〉.《한국정당학회보》, 제19권 제2호. 한국정당학회.

중앙일보. 2007.12.24. 〈"이명박 당선자 국정운영 잘할 것" 86%〉.《중앙일보》. 중앙일보-SBS-EAI-한국리서치 공동 여론 조사.
https://news.joins.com/article/2988788

중앙선거관리위원회. 2020.12.03. 〈선거투표율〉. 국가지표체계.
https://www.index.go.kr/unify/idx-info.do?idxCd=4268

최준영, 조진만. 2005. 〈지역균열의 변화가능성에 대한 경험적 고찰〉.《한국정치학회보》, 제39집 제3호. 한국정치학회.

한귀영. 2011. 〈대통령의 정책 아젠다와 대통령 지지의 관계에 관한 연구: 참여정부 및 이명박정부 초반 여론조사를 중심으로〉. 서울대학교 행정대학원 박사학위논문.

한정훈. 2012. 〈한국 유권자의 정당일체감: 정강, 정당지도자 및 정당활동가의 영향〉. 박찬욱, 강원택 편.《2012년 국회의원선거분석》. 나남.

허석재. 2014. 〈한국에서 정당일체감의 변화: 세대교체인가, 생애주기인가〉.《한국정당학회보》, 제13집 제1호. 한국정당학회.

현재호. 2008. 〈한국사회의 이데올로기 갈등: 정치적 대표체제로서의 정당을 중심으로〉.《한국정치학회보》, 제42집 제4호. 한국정치학회.

현종민. 1990. 〈選擧人의 再編成과 投票: 1987 年度 大統領 選擧分析〉.《한국정치학회보》, 제23집 제2호. 한국정치학회.

홍여림. 2007.12.13. 〈세대 · 이념 · 지역구도 약화〉.《조선일보》.

황아란. 2008. 〈제17대 대통령 선거의 투표선택과 정당태도의 복합지표 모형〉.《현대정치연구》, 창간호. 현대정치연구소.

Beck, Paul Allen. 1979. "The Electoral Cycle and Patterns of American Politics". *British Journal of Political Science*, Vol.9 No.2.

Burnham, Walter Dean. 1970. *Critical Elections and the Mainsprings of American Politics*. Norton.

Burns, McGregor. 2003. *Transforming Leadership*. Grove Press.

Campbell, Angus, Philip Converse, Warren Miller, and Donald Stokes. 1960. *The*

American Voter. John Wiley & Sons, Inc.

Campbell, James. 1985. "Sources of the New Deal Realignment: The Contribution of Conversion and Mobilization to Partisan Changes". *Western Political Quarterly*, Vol.38 No.3.

Carmines, Edward G. 1991. "The Logic of Party Alignments". *Journal of Theoretical Politics*, Vol.3 No.1.

Carmines, Edward G. and James A. Stimson. 1984. "Two Faces of Issue Voting". edited by Richard G. Niemi and Herbert F. Weisberg. *Controversies in Voting Behavior*, 2nd ed. Congressional Quarterly Inc.

Cho, Kisuk. 1998. "Regional Voting in New Democracies: the case of South Korea from a comparative Perspective". edited by Stuart Nagel. *Global Public Policy: Among and Wihin Nations*. Macmillan.

_____. 2000. "Regional Voting in New Democracies: the Case of South Korea from a Comparative Perspective". edited by Stuart Nagel. *Global Public Policy: Among and Within Nations*. New York: Macmillan.

_____. 2003. "Continuity and Change in the 2002 Presidential Election". *Korea Journal*, Vol.43 No.2.

Erikson, Robert S. and Kent L. Tedin. 1981. "The 1928-1936 partisan realignment: The case for the conversion hypothesis". *American Political Science Review*, Vol.75 No.4.

_____. 1986. "Voter Conversion and A New Deal Alignment: A Response to Campbell". *Western Political Quarterly*, Vol.39.

Kang, Won-Take. 2008. "How Ideology divides Generation? The 2002 and 2004 South Korean Elections". *Canadian Journal of Political Science*, Vol.41 No.2.

Key Jr., Vladimer O. 1955. "A Theory of Critical Realignment". *Journal of Politics*, Vol.17.

Sundquist, James L. 1983. *Dynamics of the Party System*. Brookings Institution.

04 노무현 대통령의 소통 혁신과 언론 개혁 _이소영

강원택. 2004. 〈인터넷 정치 집단의 형성과 참여: 노사모를 중심으로〉.《한국과 국제정치》, 제20권 제3호.

김기창. 2007.01.23. 〈대통령과 우리 언론〉.《한겨레》.

김민웅. 2007.02.20. 〈'유연한 진보'라기보다 '왜곡된 진보' 아닌가?〉.《프레시안》.

김선수. 2016.04.25. 〈청와대에서 찾아왔다 "소송 하나 맡아주오."〉《시사인》.

김성재, 김상철. 2014.《다시보는 야만의 언론》. 책보세.

김순덕. 2006.07.27. 〈[김순덕 칼럼] 세금 내기 아까운 '약탈 정부'〉.《동아일보》.

김윤태. 2009.05.07. 〈'노무현 모델의 붕괴' 이후〉.《프레시안》.

김재영. 2011. 〈웹2.0 관점에서 본 노무현의 언론관〉.《언론과학연구》, 제11권 제2호.

김창호. 2010.《《폴크루그먼 미래를 말하다》보수의 시대와 진보의 고민》. 고철환, 김창호, 조기숙, 박능후, 김병준, 안병진, 김용익, 이동걸, 윤승용, 김성환.《10권의 책으로 노무현을 말하다》. 오마이북.

김헌식. 2009.《노무현 코드의 반란》. 선학사.

남궁욱. 2006.12.26. 〈군대는 인생의 블랙홀이 아니다〉.《중앙일보》.

남재일. 2005.《대통령보도와 청와대 출입기자》. 한국언론재단.

남재일. 2007. 〈참여정부의 언론정책과 취재관행 변화〉.《한국언론정보학회 토론회》. 한국언론정보학회.

노무현. 2001. 〈2001 무주단합대회 연설〉. 노무현 사료관.

_____. 2002.《노무현의 리더십 이야기》. 행복한책읽기.

_____. 2003.05.13. 〈코리아소사이어티 초청 만찬연설〉. 노무현 사료관.

_____. 2007.11.11. 〈KTV 특집 인터뷰 다큐멘터리: 대통령 참여정부를 말하다〉. 노무현 사료관.

_____. 2004.05.27. 〈연세대학교 초청 연설〉. 노무현 사료관.

_____. 2005.10.27. 〈제3회 대통령 과학 장학생 장학증서 수여 및 오찬〉. 노무현 사료관.

_____. 2005.12.06. 〈민주평화통일자문회의 제50차 상임위원회 연설〉. 노무현 사료관.

_____. 2007.01.23. 〈2007년 신년연설: 참여정부 4년 평가와 21세기 국가발전전략〉. 노무현 사료관.

_____. 2007.02.17. 〈진보 진영 내 논쟁에 관한 기고문: 대한민국 진보, 달라져야 합니다〉. 노무현 사료관.

_____. 2007.06.02. 〈참여정부 평가포럼 강연〉. 노무현 사료관.

_____. 2018.01.03. 〈2008년 신년인사회: 민주주의 성숙해져야 경제 더 발전한다〉. 노무현 사료관.

_____. 2019a.《그리하여 노무현이라는 사람은》. 노무현재단 엮음. 돌베개.

_____. 2019b.《성공과 좌절: 노무현 대통령 못다 쓴 회고록》. 돌베개.

동아일보 사설. 2007.12.19. 〈국민 눈 가린 양정철에 훈장 안긴 盧 대통령〉.《동아일보》.

류정민. 2011.05.19. 〈노무현 언론관과 이명박 언론관 어떻게 달랐나〉.《미디어오늘》.

박성준. 2003.06.25. 〈"때론 대통령 팬히 했다 싶어"〉. 《세계일보》.

번스, 제임스 그리거. 2006. 《역사를 바꾸는 리더십》. 조중빈 옮김. 지식의 날개.

손제민. 2007.05.30. 〈최장집 교수 "언론비판 귀막은 盧… 사이비 민주주의"〉. 《경향신문》.

손호철. 2005.09.06. 〈차라리 합당을 하라〉. 《프레시안》.

송의달. 2003.05.20. 〈盧정부 3개월, 나라가 흔들린다: 전문가 진단〉. 《조선일보》.

신정록. 2003.07.23. 〈盧대통령 "'개새끼들'이라 해요"〉. 《조선일보》.

_____. 2006.12.28. 〈노대통령 "난 특권집단과 충돌할 수밖에…"〉. 《조선일보》.

_____. 2007.01.24. 〈노대통령 "민생파탄 책임없다"〉. 《조선일보》.

양송이. 2019.05.21. 〈'격정 토로' 노무현 친필 메모 266건 원문 공개〉. 《뉴스타파》.

오연호. 2009. 《노무현의 마지막 인터뷰》. 오마이뉴스.

원용진. 2003. 〈노무현 정부와 언론개혁〉. 《문화과학》, 제34권.

이백만. 2009. 《불멸의 희망》. 21세기북스.

이용인, 김이택. 2008.01.28. 〈노대통령 '거친 말' 수구언론 '5년간 트집'〉. 《한겨레》.

이준. 2006.11.20. 〈'막 나가는' 정권 길들이기〉. 《조선일보》.

이창길. 2007.05.23. 〈"노무현 정부의 오만과 독선"〉. 《미디어오늘》.

임병도. 2012.11.30. 〈아이엠피터, 추악한 한국언론의 '민낯' 고발하다〉. 《진실의길》.

임혁백. 2008. 〈한국 정치에서의 소통〉. 《평화연구》, 제16권 제1호.

정우상. 2003.06.25. 〈"대통령도 해보니까 팬히했다 싶을때 있다"〉. 《조선일보》.

정철운. 2019.05.21. 〈2007년 노무현 대통령의 분노 "썩어빠진 언론"〉. 《미디어오늘》.

조기숙. 2010. 《《역사를 바꾸는 리더십》 '변혁적 리더' 루스벨트와 노무현〉. 고철환, 김창호, 조기숙, 박능후, 김병준, 안병진, 김용익, 이동걸, 윤승용, 김성환. 《10권의 책으로 노무현을 말하다》. 오마이북.

_____. 2017. 《왕따의 정치학》. 위즈덤하우스.

조선일보 사설. 2006.08.30. 〈이번에는 1100조원 복지 프로젝트〉. 《조선일보》.

조선일보 사설. 2007.10.18. 〈'개인적 원한'을 '대통령 권력'으로 풀고 있는 대통령〉. 《조선일보》.

중앙일보 사설. 2005.03.24. 〈외교에 외교부가 안 보인다〉. 《중앙일보》.

청와대. 2007.06.08. 〈노 대통령 "모호한 선거중립 구성요건은 위헌"〉. 대한민국 정책브리핑.

최민희. 2002. 〈노무현은 왜 조선일보와 싸우는가〉. 박재동, 유시민, 천정배, 손혁재, 정혜신, 최민희, 노무현, 강민석, 노건호, 명계남, 이광호, 장봉군, 화미남자, 문성근. 《노무현: 상식, 혹은 희망》. 행복한책읽기.

최장집. 2005.《민주화 이후의 민주주의》. 후마니타스.

_____. 2007.02.28. 〈민주세력 신자유주의 편승이 '서민 절망' 불렀다〉.《경향신문》.

최장집, 유철규, 김유선, 조성재, 박홍주, 류정순, 박영란, 노대명, 김순영, 이병훈, 강연
하, 문광훈, 고세훈, 순정순, 케빈 그래이. 2005.《위기의 노동》. 최장집 엮음. 후
마니타스.

최현정. 2005.11.04. 〈안병직 교수 "참여정부는 건달정부"〉.《동아일보》.

한종호. 2005. 〈참여정부와 언론정책〉.《관훈저널》, 제94호.

홍준호. 2006.07.28. 〈[홍준호 선임기자의 정치분석] '계륵 대통령'〉.《조선일보》.

Bass, Bernard M. 1985. *Leadership and Performance Beyond Expectations*. The Free Press.

Neustadt, Richard E. 1990. *Presidential Power and the Modern Presidents: The politics of leadership from Roosevelt to Reagan*. the Free Press.

Thompson Jr., William A. P. 2015. "Transformative Presidents: A Review of Definitions, Focused on the Reagan Presidency." *International Relations and Diplomacy*, Vol.3, No.7.

Tucker, Robert C. 1981. "How To Choose A Leadership Pattern." *Harvard Business Review*.

05 노무현 대통령의 입헌주의 정치 담론 _김종철

강일신. 2015. 〈헌정원칙으로서의 민주주의: 공화주의적 이해〉.《법철학연구》, 제18권
제2호.

강일신, 김종철. 2015. 〈환경민주주의와 심의적 시민참여〉.《강원법학》, 제45권.

강희철. 2005.07.28. 〈국민뜻 거스른 권력이양은 위헌 소지〉.《한겨레》.

권기욱. 2007. 〈정보사회담론에 대한 외부로부터의 고찰: 정보사회담론의 이데올로기
적 지형〉.《담론 201》, 제10권 제1호.

김종철. 2003.10.11. 〈[기획시론] 대통령재신임 法근거 없다〉.《중앙일보》.

_____. 2005. 〈'정치의 사법화'의 의의와 한계: 노무현정부전반기의 상황을 중심으로〉.
《공법연구》, 제33권 제3호.

_____. 2007. 〈대통령 4년 연임제 '원 포인트' 개헌론에 대한 비판적 검토〉.《헌법학연
구》, 제13권 제1호.

_____. 2014. 〈한국에서 사법권 독립의 과제와 법원개혁: 사법민주화의 필요성을 중심
으로〉.《강원법학》, 제41권.

_____. 2016a. 〈헌법개정과 공법학자의 역할〉.《공법연구》, 제45집 제1호.

_____. 2016b. 〈노무현과 정치인 대통령론〉. 김종철, 조기숙 외.《노무현의 민주주의》. 인간사랑.

_____. 2018. 〈헌법전문과 6월항쟁의 헌법적 의미: 민주공화국 원리를 중심으로〉.《헌법학연구》, 제24권 제2호.

_____. 2020.03.26. 〈막장 공천파동과 정당민주주의의 위기〉.《오피니언뉴스》.

_____. 2020a. 〈국회의원 선거법제 개혁 다시 보기: '한국형 민주공화체제' 진화의 관점에서〉.《법과사회》, 제64호.

_____. 2020b. 〈법은 누구 편인가?: 걸리기만 하면 당선무효인 선거법의 역설〉. 윤진수, 한상훈, 안성조 외.《법의 딜레마》. 법문사.

노무현. 2003.04.02. 〈제238회 임시국회 국정연설〉. 노무현 사료관.

_____. 2003.10.10. 〈긴급 기자회견: 최도술 씨 문제 관련〉. 노무현 사료관.

_____. 2005.07.05. 〈국민 여러분께 드리는 글: 한국 정치, 정상으로 돌아가야 한다〉. 노무현 사료관.

_____. 2007.02.17. 〈진보 진영 내 논쟁에 관한 기고문: 대한민국 진보, 달라져야 합니다〉. 노무현 사료관.

_____. 2007.06.08. 〈원광대학교 명예박사학위 수여식 특별강연〉. 노무현 사료관.

_____. 2007.06.10. 〈6 · 10민주항쟁 20주년 기념사〉. 노무현 사료관.

노무현재단, 유시민. 2010.《운명이다: 노무현 자서전》. 돌베개.

대통령 비서실. 2007. 〈개헌 관련 대통령 담화 설명자료〉.

동아일보 사설. 2005.07.29. 〈국민은 聯政 안돼 힘든 게 아니다〉.《동아일보》.

성연철. 2007.02.04. 〈"개헌 차기 정부 이후" 68%〉.《한겨레》.

신창운. 2007.02.15. 〈"4년 연임 개헌 찬성" 63%, "시기는 다음 정부서" 51%〉.《중앙일보》.

연합뉴스 기사. 2005.07.29. 〈노대통령 '대연정' 구상과 헌법해석〉.《연합뉴스》.

윤평중. 2011. 〈담론의 원리와 소통의 실천: 사실과 합리성이 소통을 가능케 한다〉.《한국 사회의 소통 위기: 진단과 전망》. 한국언론학회 심포지움 및 세미나 자료집.

윤태영. 2014.《기록 : 윤태영 비서관이 전하는 노무현 대통령 이야기》. 책담.

이기형. 2006. 〈담론분석과 담론의 정치학 – 푸코의 작업과 비판적 담론분석을 중심으로〉.《언론과 사회》, 제14권 제3호.

이종수. 2004. 〈대통령의 정치활동과 선거중립의무에 관한 단상〉.《민주사회를위한변론》, 제57호.

임석규, 김태규. 〈노대통령 "참평포럼은 노무현 지키는 조직"〉.《한겨레》.

정태호. 2012. 〈검찰개혁의 필요성과 개혁의 기본 방향〉.《계간민주》, 제5호.

_____. 2016. 〈노무현과 정부형태 원포인트 개헌론〉. 김종철, 조기숙 외.《노무현의 민주주의》. 인간사랑.

조희연 외. 2003.《한국의 정치사회적 담론 변화와 민주주의의 동학》. 함께읽는책.

페팃, 필립. 2012.《신공화주의: 비지배 자유와 공화주의 정부》. 곽준혁 옮김. 나남.

한겨레 온라인 뉴스팀. 2007.01.10. 〈한나라 "일체 개헌논의에 응하지 않을 것"〉.《한겨레》.

한주홍. 2020.06.10. 〈조슈아 웡, "한국 촛불집회 홍콩시민에 감동… 용기 얻고 버텨"〉.《뉴시스》.

Bellamy, Richard. 2007. *Political Constitutionalism*. Cambridge: Cambridge University Press.

Goldoni, Marco., Chris McCorkindale. 2019. "Three Waves of Political Constitutionalism". *King's Law Journal*, Vol. 30, No. 1.

Kavanagh, Aileen. 2019. "Recasting the Political Constitution: From Rivals to Relationships". *King's Law Journal*, Vol. 30, No.1.

Pettit, Philip. 1999. "Republican Freedom and Contestatory Democratization". Ian Shapiro and Casiano Hacker-Cordon eds. *Democracy's Value*. Cambridge University Press.

_____. 2012. *On the People's Terms : A Republican Theory and Model of Democracy*. Cambridge University Press.

Tomkins, Adam. 2003. *Public Law*. Oxford University Press.

_____. 2005. *Our Republican Constitution*. Hart Publishing.

06 노무현 대통령의 헌정 질서 수호: 대통령 선거 중립 논쟁을 중심으로 _정태호

계희열. 2005.《헌법학 (상)》. 박영사.

_____. 2007.《헌법학 (중)》. 박영사.

김경욱. 2015.09.14. 〈선관위 "정종섭 '총선 필승' 발언, 선거법 위반 아니다"〉.《한겨레》.
  https://www.hani.co.kr/arti/politics/politics_general/708857.html

김종철. 2005. 〈대통령의 헌법상의 지위와 권력비판의 올바른 방향〉.《언론과 법》, 제4권 제2호.

김창우. 2004.03.10. 〈"盧, 사과는 해야 하지만 탄핵은 글쎄…"〉《중앙일보》.

https://news.joins.com/article/307449

김철수. 2004.《헌법학개론》. 박영사.

김하열. 2012.〈헌법재판의 역할과 과제〉. 조기숙, 정태호, 김종철, 김하열, 박용수, 박호성, 서보학, 소순창, 안병진, 전재호, 조진만, 채진원.《한국 민주주의 어디까지 왔나》. 인간사랑.

김현아. 2018.11.05.〈트럼프, 조지아·테네시 등 박빙지역 지원 유세〉.《문화일보》. http://www.munhwa.com/news/view.html?no=2018110501070909314001

김혜연. 2014.03.10.〈"朴이 하면 덕담…盧가 하면 탄핵?"〉.《사건의내막》. http://sagunin.com/2322

남경국. 2019.《헌법참견: 독일에서 바라본 한국사회와 정치》. 헌법과공감.

노무현. 2003.03.01.〈제84주년 3·1절 기념사〉. 노무현 사료관.

_____. 2003.09.02.〈제40회 방송의 날 축하연〉. 노무현 사료관.

_____. 2004.03.11.〈특별기자회견(대선자금 관련)〉. 노무현 사료관. http://archives.knowhow.or.kr/m/record/video/view/2046248?page=39

_____. 2007.01.23.〈2007년 신년연설: 참여정부 4년 평가와 21세기 국가발전전략〉. 노무현 사료관.

_____. 2007.02.27.〈인터넷신문협회 주최 '취임 4주년 노무현 대통령과의 대화'〉. 노무현 사료관.

_____. 2007.06.08.〈원광대학교 명예박사학위 수여식 특별강연〉. 노무현 사료관.

_____. 2007.07.17.〈제헌절에 즈음하여 국민 여러분께 드리는 글〉. 노무현 사료관.

대통령자문정책기획위원회. 2008.〈권력기관 제자리 찾기: 권력기관을 국민의 품으로〉.《참여정부 정책보고서》, 1-04. 노무현 사료관.

도인태. 2004.03.12.〈MBC 여론조사, 노무현 대통령 탄핵 잘못됐다 70%〉.《MBC 뉴스》. https://imnews.imbc.com/replay/2004/nwdesk/article/1960546_30775.html

박원경. 2016.03.31.〈[마부작침] 대통령 선거개입 ②: '노무현-이명박-박근혜' 권력자의 욕망〉.《SBS뉴스》. https://news.sbs.co.kr/news/endPage.do?news_id=N1003496878

박용수. 2016.〈노무현과 권력기관의 정상화론〉. 김종철, 조기숙, 박용수, 정태호, 이송평, 채진원.《노무현의 민주주의》. 인간사랑.

박천오. 2011.〈공무원의 정치적 중립: 의미와 인식〉.《행정논총》, 제49권 제4호.

슈미트, 카를. 2012.《정치적인 것의 개념》. 김효전, 정태호 옮김. 살림.

_____. 2020.《헌법과 정치》. 김효전 옮김. 산지니.

연합뉴스 기사. 2017.05.18.〈佛 마크롱 총선서 과반의석 확보 '사활'…"내각 총동원령")、《매일경제》.

https://www.mk.co.kr/news/world/view/2017/05/333584/

윤건수, 한승주. 2012. 〈정치적 중립의 경험적 범주에 관한 연구: 지방자치단체 중하위
    적 공무원을 중심으로〉、《행정논총》, 제50권 제3호.

음선필. 2011. 〈대통령의 선거중립의무〉、《헌법학연구》, 제17권 제2호.

이소영. 2009. 〈노무현의 소통 혁신과 언론, 그리고 분투〉、《노무현은 한국 정치에 무엇
    을 남겼나?〉、 민주주의 · 리더쉽연구회 세미나 자료집.

이송평. 2009. 〈한국 민주주의를 위한 노무현 대통령의 전략〉、《노무현은 한국 정치에
    무엇을 남겼나?〉、 민주주의 · 리더쉽연구회 세미나 자료집.

이철희. 2004.03.04. 〈관권 시비 盧 '입' 묶일까〉、《중앙일보》.

https://news.joins.com/article/304655

장영수. 2015. 〈공무원과 교원의 정치적 의사표현 제한에 대한 헌법재판소 결정 평석〉.
    《헌법재판연구》, 제2권 제2호.

정태호. 2005a. 〈정당국가에서의 당내민주주의의 개념과 본질〉.《헌법논총》, 제16집.

_____. 2005b. 〈정당설립의 자유와 현행 정당등록제의 위헌성에 대한 관견〉.《인권과
    정의》, 제343호.

_____. 2005c. 〈현행 정당법상의 정당개념의 헌법적 문제점〉.《경희법학》, 제42권 제2호.

_____. 2006. 〈지구당의 강제적 폐지의 위헌성〉.《헌법실무연구》, 제7권.

_____. 2008. 〈대통령의 선거중립의무의 부조리성: 공직선거법 제9조 제1항의 위헌성
    에 대한 고찰〉.《경희법학》, 제43권 제1호.

_____. 2011. 〈대통령직에 있는 자의 기본권행사와 그의 헌법소원의 적법성〉. 문광삼
    외.《헌법학의 과제: 김효전 교수 정년기념 논문집》. 법문사.

_____. 2012. 〈민주화 이후의 '검찰개혁'에 대한 반추와 검찰개혁 방안에 대한 평가〉.
    조기숙, 정태호, 김종철, 김하열, 박용수, 박호성, 서보학, 소순창, 안병진, 전재
    호, 조진만, 채진원.《한국 민주주의 어디까지 왔나》. 인간사랑.

_____. 2016a. 〈노무현과 정부형태 원포인트 개헌론〉. 김종철, 조기숙, 박용수, 정태호,
    이송평, 채진원.《노무현의 민주주의》. 인간사랑.

_____. 2016b. 〈한국에서 직업공무원 및 교원의 정치적 자유: 정권의 도구로 전락하고
    있는 한국의 직업공무원〉.《헌법연구》, 제3권 제1호.

조재현. 2008. 〈공무원의 정치적 중립성과 선거중립의무〉.《인권과 정의》, 제385호.

중앙선거관리위원회. 2015.07.14. 〈대통령의 국무회의 발언의 공직선거법 위반 여부에
    관한 질의회답〉.

http://law.nec.go.kr/necwWqreInqy1030.do

참여정부 정책총서 정부운영. 2011.《진보와 권력》. 한국미래발전연구원.

청와대. 2004.02.19.〈경기·인천지역 언론 합동회견 전문〉. 대한민국 정책브리핑.

　　　https://www.korea.kr/archive/speechView.do?newsId=132012490

　　　. 2007.06.15.〈노무현 대통령, 한겨레 특별인터뷰 전문〉. 대한민국 정책브리핑.

　　　https://www.korea.kr/news/policyNewsView.do?newsId=148626194

채진원. 2016.〈노무현과 당정분리론〉. 김종철, 조기숙, 박용수, 정태호, 이송평, 채진원.

　　《노무현의 민주주의》. 인간사랑.

최문호. 2004.07.15.〈헌법재판소에 대한 심층보고서〉.《KBS 뉴스》.

　　　https://news.kbs.co.kr/news/view.do?ncd=2893882

홍정순. 2012.04.02.〈'여당 도우미'로 전락한 선관위 '이중잣대' 실태〉.《일요시사》.

　　　http://www.ilyosisa.co.kr/news/articleView.html?idxno=17155

Henke, W. 1991. Bonner Kommentar zum Grundgesetz. Art.21.

Hesse, K. 1995. Grundzüge des Verfassungsrechts. der BRD.20.

Ipsen, J. 1996. GG Kommentar(Sachs). M. Sachs (Hrsg.). Art.21.

Knöpfle, F. 1996. "Das Amt des Bundespräsidenten". Bundesrepublik Deutschland.

　　DVBl, S.713.

Kunig, Ph. 1998. "Parteien". HStR II, Isensee/Kirchhof (Hrsg.), §33.

Schlaich, K. 1998. "Die Funktionen des Bundespräsidenten im Verfassungsgefüge".

　　HStR II, Isensee/Kirchhof (Hrsg.). §49.

Schlaich, K. 1972. Neutralität als verfassungsrechtliches Prinzip. 1972.

Schmitt, C. 1924-1954. "Das Problem der innerpolitischen Neutralität". Ders.,

　　Verfassungsrechtliche Aufsätze aus den Jahren 1924-1954, 2.

　　　. 1932. "Der Hüter der Verfassung" Der Begriff des Politischen.

Seifert, W. 1975. Die politischen Parteien im Recht der Bundesrepublik Deutschland.

Stern, K. 1980. Das Staatsrecht der Bundesrepublik Deutschland.

07 노무현 대통령의 재정 혁신: 재정, 관료 정치를 벗어나다 _박용수

강광하. 2000.《경제개발 5개년 계획: 목표와 집행의 평가》. 서울대학교출판부.

강신택. 2000.《재무행정론: 예산과정을 중심으로》. 박영사.

강인재, 윤영진, 전중열, 옥동석, 박재희. 2004.〈일반회계, 특별회계와 기금의 차이〉.《기
　　본연구과제》, 제2004권. 한국행정연구원.

강태혁. 2013.《예산제도와 재정관리》. 율곡출판사.

고영선, 허석균, 이명헌. 2004.《중기재정 관리체계의 도입과 정착》. 한국개발연구원.

국경복. 2015.《재정의 이해》. 나남.

국회예산정책처. 2014.《국가재정법 이해와 실제》. 진한엠앤비.

국회회의록. 1998.11.25.〈제198회 제7차 예산결산특별위원회 회의록〉. 제15대 국회. http://likms.assembly.go.kr/record/mhs-40-010.do#none

권오성, 오시영. 2008.〈Top-down 예산제도에 의한 예산자원 배분방식의 효율화 방안〉. KIPA 연구보고서. 한국행정연구원.

기획예산처. 2002.《국민의 정부 공공개혁백서》. 기획예산처.

길종백, 노종호. 2015.〈정부정책의 책임성에 대한 분석과 평가: 4대강사업을 중심으로〉.《국가정책연구》, 제29권 제4호.

김미경. 2018.《감세국가의 함정: 한국의 국가와 민주주의에 관한 재정사회학적 고찰》. 후마니타스.

김상헌. 2007.《국가재정법 추진현황과 개선방향》. 한국경제연구원.

김선혁, 정재동, 정태헌. 2007.〈우리나라 제1~3공화국의 예산정책 변화과정 분석〉.《한국정책과학학회보》, 제11권, 제2호.

김성태. 2008.〈우리나라 중기재정계획의 실효성 제고방안〉.《재정학연구》, 제1권 제4호.

김용만, 조성택. 2007.〈한국 예산제도의 변천과 개선과제: 결과지향적 예산개혁을 중심으로〉.《한국행정사학지》, 제20권.

김용식, 김지엽. 2018.〈국가재정운용계획의 운영현황과 제도개선방안 연구〉. 국회예산정책처 연구용역보고서.

김은지, 유지연, 김상헌. 2016.〈총액배분자율편성 예산제도: 이상과 현실의 괴리〉.《행정논총》, 제54권 제2호.

김호언. 2011.〈한국의 산업연관분석 연구와 경제개발계획의 수립〉.《경영경제》, 제44권 제1호.

김흥기. 1999.《(비사 경제기획원 33년) 영욕의 한국경제》. 매일경제신문사.

나중식. 1999.〈한국 중앙재정기구 변천의 역사적 분석: 박정희, 김영삼, 김대중정부의 재무행정조직개편에 관한 사례분석을 중심으로〉.《한국행정논집》, 제11권 제3호.

노무현. 2004.06.19.〈국무위원 토론회〉. 노무현 사료관.

_____. 2009.《진보의 미래: 다음 세대를 위한 민주주의 교과서》. 동녘.

노무현재단, 유시민. 2010.《운명이다: 노무현 자서전》. 돌베개.

대통령자문정부혁신지방분권위원회. 2008.〈참여정부의 재정세제개혁〉.《정부혁신지방분권 종합백서 05》.

대통령자문정책기획위원회. 2008. 〈재정운영시스템 혁신: 한국의 재정, 어제 오늘 그리고 내일〉.《참여정부 정책보고서 3-14》, 노무현 사료관.

대한민국정부. 2013. 〈이명박정부 국정백서 02: 글로벌 경제위기 극복〉. 대한민국 정부.

문병효. 2016. 〈국가재정법 10년 결산, 한계와 개혁과제〉.《일감법학》, 제35권.

박경담, 민동훈. 2019.05.18. 〈"재정수지 집착한다"…기재부 질타한 文대통령〉.《머니투데이》.

박성진. 2016. 〈경제참모본부의 식민지적 유산과 제1공화국 기획처의 탄생〉.《동아연구》, 제35권 제2호.

박일환. 2011. 〈참여정부 인사정책〉. 참여정부 정책총서 정부운영.《진보와 권력》. 한국미래발전연구원.

반장식. 2003. 〈한국의 재정건정성 결정요인에 관한 연구: 예산과정의 집중화 및 의사결정시스템이 재정건전성에 미치는 영향을 중심으로〉. 고려대학교 행정학 박사학위 논문.

박형수, 류덕현, 박노욱, 백웅기, 홍승현. 2012. 〈재정제도 및 재정운영 시스템의 개선〉. 한국조세연구원.

변양균. 2012.《노무현의 따뜻한 경제학》. 바다.

신무섭. 2008. 〈성과 지향 예산제도: 개념과 역사적 배경〉.《사회과학연구》, 제32집 제2호. 전북대학교.

양재진, 윤성원, 유란희. 2015. 〈'비전 2030'의 입안과정 분석과 재조명: 민주국가의 장기 경제사회발전계획에 대한 함의를 중심으로〉.《민주사회와 정책연구》, 제27권.

오건호. 2010.《대한민국 금고를 열다: 진보의 눈으로 국가재정 들여다보기》. 레디앙.

_____. 2017.06.06. 〈재정 전략 대담하게 짜라〉.《시사IN》, 제507호.

옥동석. 2003.《재정개혁의 목표와 과제》. 한국조세연구원.

유성열. 2016.09.21. 〈박근혜표 '공약가계부' 결국 空約〉.《국민일보》.

유한성. 2000. 〈경제개발계획 초기 경제구조와 재정구조에 관한 고찰〉.《재정정책논집》, 제2권.

유훈. 1973.《재무행정론》. 법문사.

이계수. 1992. 〈국가의 재정활동과 기금관리기본법(Ⅰ)〉.《민주법학》, 제5권.

이근수. 1993. 〈경제개발계획 수행과정에서 개발자금 조달전략과 회계제도의 관계〉.《회계저널》, 제1권.

이용근. 1969. 〈경제개발계획과 예산의 괴리와 연계에 관한 연구〉.《행정논총》, 제7권 제2호.

이정희, 황혜신. 2010. 〈행정부의 예산편성 선진화를 위한 제도개선 연구〉. 한국행정연구원.

이종석. 2014.《칼날위의 평화》. 개마고원.

이종익, 강창구. 2000.《재무행정론》. 박영사.

임동완. 2018. 〈국가 및 지방재정 70년 주요 변천사〉. 국회예산정책처.

장병완. 2006. 〈우리나라의 재정혁신 정책: 국민의 정부와 참여정부의 비교를 중심으로〉.《한국정책학회보》, 제15권 제1호.

전택승. 2004.《우리나라와 외국의 성과주의 예산제도》. 한국조세연구원.

재경회, 예우회.《한국의 재정 60년, 건전재정의 길》. 매일경제신문사.

재정개혁특별위원회. 2019. 〈재정개혁보고서〉.

제16대 대통령직인수위원회. 2003.《대화: 제16대 대통령직인수위원회 백서》. 노무현 사료관.

참여정부 국정운영백서 편찬위. 2008.《참여정부 국정운영 백서 7: 정부혁신》. 국정홍보처.

최상오. 2008. 〈1950년대 계획기구의 설립과 개편: 조직 및 기능 변화를 중심으로〉.《경제사학》, 제45호.

하연섭. 2016. 〈재정건전화의 정치경제: 비교제도분석〉.《한국정책학회보》, 제25권 제1호.

한국재정40년사편찬위원회. 1991.《한국재정 40년사: 제7권 재정운용의 주요과제별 분석》. 한국개발연구원

함승민. 2017.05.21. 〈비운의 2030 보고서, 정권마다 벤치마킹〉.《중앙일보》.

황성현. 2011. 〈정권별 조세재정정책기조의 평가와 시사점: 문민정부에서 박근혜 정부까지〉.《재정학연구》, 제7권 제2호.

황혜신, 김철회, 나희. 2010. 〈통합재정정보시스템(디지털예산회계시스템) 평가 및 개성방안〉. 한국행정연구원.

저자 소개

박용수 oosyhyun@hanmail.net

2007년 고려대학교 정치외교학과에서 〈민주화 이후 한국의 규제개혁의 정치〉 논문으로 박사학위를 받았다. 현재 연세대 국가관리연구원에서 한국의 대통령제 관련 연구를 하고 있다. 주요 논문으로 〈민주화 이후 한국의 만성적 입법교착 연구〉(2020), 〈한국의 제왕적 대통령론에 대한 비판적 시론〉(2016), 〈한국의 대통령제와 연합정치〉(2016), 〈제2차 북핵위기 전개과정과 노무현대통령의 리더십〉(2013), 〈김대중정부의 자유주의적 대북, 대외전략의 현실주의적 측면〉(2011) 등이 있다.

채진원 ccw7370@hanmail.net

2009년 경희대학교 일반대학원에서 〈민주노동당의 변화와 정당모델의 적실성〉이란 논문으로 정치학 박사학위를 받았다. 경희대 후마니타스 칼리지의 교수로 '시민교육', 'NGO와 정부관계론', '정당과 선거' 등을 강의했으며, 현재는 경희대 공공거버넌스 연구소 교수로 일하고 있다. 논문으로 〈시민정치의 흐름과 네트워크정당모델의 과제〉(2016), 〈시민권 보장의 차이로서 공화주의 논의: 민주주의, 민족(국가)주의, 세계시민주의와의 비교〉(2019) 등이 있고, 저서로는 《무엇이 우리정치를 위협하는가》(2016), 《공화주의와 경쟁하는 적들》(2019) 외 다수가 있다.

이송평 noma@ynu.ac.kr

2008~2009년 노무현 대통령이 이끌었던 '민주주의 2.0'과 '진보주의 연구모임'에서 운영자와 간사로 일했다. 2010년 영남대학교 대학원에서 〈노무현의 민주주의 혁신전략〉으로 박사학위를 받았으며, 같은 해부터 영남대학교 정치외교학과에서 한국 정치론과 민주주의론 등을 강의하고 있다. 2014년에 민주주의 혁신전략연구소를 설립하여 노무현 대통령과 관련 연구를 진행하는 한편, 연구소 부설의 대구 노무현시민학교를 통해 일반 시민을 대상으로 다양한 강의 활동도 병행하고 있다. 대표 저서로는《노무현의 길》(2012)이 있다.

조기숙 choks@ewha.ac.kr

현재를 위해 정치를, 미래를 위해 교육을 연구하는 이화여자대학교 국제대학원 교수이다. 이화여자대학교 정치외교학과 학부를 졸업했으며 미국 인디애나대학에서 정치학 박사학위를 받았다.《정치학회보》편집 이사와 International Studies Review의 편집장을 역임했으며, 노무현 대통령의 홍보수석을 지냈다. 2013년 이화여자대학교 국제대학원에 공공외교센터를 설립하고 2020년 7월에 창립한 한국공공외교학회의 준비위원장과 초대 회장을 지냈다. 선거와 여론, 리더십, 공공 외교 분야에서《포퓰리즘의 정치학》,《한국 선거 예측 가능한가》등 수많은 책과 논문 등을 저술했다.

이소영 soyoung.sylee@gmail.com

연세대학교 정치외교학과에서 정치학사 및 석사 학위를 취득하고 미국 텍사스대학교(오스틴)에서 정치학 박사학위를 받았다. 비교정치 및 정치커뮤니케이션을 전공하였으며, 현재 대구대학교 국제관계학과에 재직 중이다. 주요 논문으로 〈미국 유권자의 당파적 정체성과 정치적 부족주의〉(2020), 〈대중이 이야기할 때: 숙의민주주의와 대중의 협의〉(2018), 〈한국 유권자의 정치적 태도에 대한 미디어 효과〉(2017), 〈한국 선거에서의 미디어 매개 효과〉(2015) 등이 있다. 저서로는《한국의 선거 VI》(공저, 2015),《한국정당의 미래를 말하다》(공저, 2015) 외 다수가 있다.

김종철 jkim386@yonsei.ac.kr

1998년 런던 정치경제대학교(LSE)에서 "Constitutionalising Political Parties in Britain"으로 법학 박사학위를 받았다. 현재는 연세대 법학전문대학원 교수로 헌법의 다양한 주제 영역인 인권, 민주주의, 법치주의에 관한 연구와 교육을 담당하면서, 정치 개혁과 사법 개혁 등 입헌 민주주의의 발전을 위한 시민사회 활동과 민주 시민교육에도 참여하고 있다. 최근 저술로는 〈헌법개정의 정치학〉(2017), 〈헌법전문과 6월항쟁의 헌법적 의미: 민주공화국 원리를 중심으로〉(2018), "Social Equality and the Korean Constitution : Current State and Legal Issues"(2020), "Constitutional Adjudication and Democracy in the Republic of Korea: A Quest for a Republican Reformulation of Constitutional Democracy"(2021) 등이 있다.

정태호 mitbuerger@khu.ac.kr

독일 학술교류처(DAAD) 장학생으로 1994년 독일 레겐스부르크 법과대학에서 법학 박사학위를 취득하고, 전남대학교 조교수를 거쳐 현재 경희대학교 법학전문대학원 교수로 헌법학을 강의하고 있다. 〈외국인의 기본권주체성과 헌법해석의 한계〉(2019) 외 다수의 논문이 있으며, 저서로는《주석 헌법재판소법》(공저, 2015), 역서로는《독일기본권론》(2021),《정치적인 것의 개념》(공역, 2012),《헌법과 민주주의: 헌법이론과 헌법에 관한 연구》(공역, 2002),《독일헌법재판론》(2001)이 있다.